北京市哲学社会科学规划办公室
北　京　市　教　育　委　员　会　资助出版

北京文化安全
研究报告

2017

BEIJING WENHUA ANQUAN YANJIU
BAOGAO 2017

刘　益　王关义　田志虹　主编

文化发展出版社
Cultural Development Press

图书在版编目（CIP）数据

北京文化安全研究报告.2017/ 刘益，王关义，田志虹主编.
-北京：文化发展出版社，2018.5
ISBN 978-7-5142-2204-3

Ⅰ.①北… Ⅱ.①刘…②王…③田… Ⅲ.①文化－国家安全－研究报告
－北京－2017 Ⅳ.①G127.1

中国版本图书馆CIP数据核字(2018)第067215号

北京文化安全研究报告·2017

主　　编：刘　益　王关义　田志虹

责任编辑：张　琪　　　　责任校对：岳智勇
责任印制：邓辉明　　　　责任设计：侯　铮
出版发行：文化发展出版社（北京市翠微路 2 号　邮编：100036）
网　　址：www.wenhuafazhan.com　　www.printhome.com
经　　销：各地新华书店
印　　刷：北京虎彩文化传播有限公司

开　　本：787mm×1092mm　1/16
字　　数：410千字
印　　张：25
印　　次：2018年7月第1版　2018年7月第1次印刷
定　　价：108.00元
ISBN：978-7-5142-2204-3

◆ 如发现任何质量问题请与我社发行部联系。发行部电话：010-88275710

目 录 Contents

文化安全与文化产业安全研究

文化产业创新管理研究

文化产业数字化发展研究

文化安全与文化产业安全研究

中国国家形象与文化安全问题

毛　峰*

[摘　要] 本文探讨了文明传播的几种主要模式，而中国可大可久的文明具有普遍的文明价值。但近代以来，中国的“文化断裂”严重损害了中国的文化安全，这又进一步影响了中国在世界上的国家形象。本文针对此问题，提出了一些有价值的对策与建议。

[关键词] 文明传播；文化断裂；文化安全

总是在国际上起起伏伏的“中国崩溃论”“围堵中国论”，一再凸显出中国在重新走向世界主流国家的旅途中所遭遇的巨大的文化挑战，中华文明如何捍卫自身的文化价值并尽力建构一个合乎世界主流价值的“国家形象”与“文明形象”，从而进一步发扬自身文化软实力，在全球竞争中立于不败之地，这一文明传播学的重大战略问题，已经呼之欲出，不可回避。中华文明传播的辉煌历史、全球化文明传播的现状、当代中国内外传播的一系列困境，强烈地呼唤着一个新传播学范式——文明传播学范式的诞生！本文试图简单勾勒这一范式以及这一范式的历史、现实背景，并提出一些战略性的建议。

一、文明传播的几个主要模式

历史地看，居欧亚大陆两端的中华文明与环地中海文明代表着两种基本的文明传播模式：中华文明自新石器时代晚期的炎黄、尧舜时代以降，

* 毛峰，国家社科基金重点项目专家、北师大媒体策划与文化传播研究中心主任、央视国际频道《文明之旅》主讲嘉宾，北师大文学院教授，博士生导师，北京市文化安全研究基地特聘专家。

就逐步确立了“万邦协和”“天下一家”的文明理想和“一视同仁”的各种文明制度，进而成功地把东亚大陆上的众多种族、部落融合为统一的“中华民族”和以“王朝礼乐”为标志的文明传播秩序，这些理想、制度和秩序，深根宁极地奠定了中华文明在2000余年的漫长历史跨度中维系、修复长治久安的政治、社会、文化局面的伟大基础。

相反，在环地中海地区以及整个中亚细亚地区，古希腊罗马文明、古犹太文明、古波斯文明等众多文明处于恒久对立、冲突、相互征服、彼此交融但仍然难以最终达至完全统一的不稳定局面。比起中华文明的统一稳定，欧西文明更生动活泼、兼收并蓄：当古罗马帝国陷于内外动乱的危急时刻，古犹太文明中的强大要素——犹太教被改造为基督教，这一伟大信仰不仅感化了横扫欧洲的北方蛮族，更凭借其教会力量，实现了整个欧洲的精神与政治统一。

近代早期，伴随天主教会的腐败僵化和欧洲世俗国家力量的崛起，欧洲再次面临分崩离析的文明危机。此时文明传播再次发挥出巨大而神奇的力量：亚洲新崛起的伊斯兰文明，把自亚历山大大帝时代和希腊化时代即广泛传播的古希腊泛神论的、理神论的以及完全世俗的人文主义思想，经过一番消化后又反哺、回传欧洲；同时，由于耶稣会士等天主教教士、商人、旅行家等来华访问、居留、传教、研究，中华人文主义的伟大思想也源源不断地输入欧洲；在希腊人文主义和中华人文主义的双重哺育下，欧洲率先发生了两场影响极其深远的思想文化解放运动——文艺复兴和启蒙运动，这两场巨大的文明变革促使原本落后的欧洲迅速崛起并称霸世界。而曾经启发、照亮了西欧文明的中华文明、伊斯兰文明却因自身的专制与僵化而蒙受西方列强的百般欺凌。

举目四望，近现代民族国家的文明传播史一再表明：当民族国家的政治经济社会现实处于深重危机的严峻时刻，这些国家的精英人士与受其影响的一般大众，如果在内忧外患的危急情势下，仓皇失措、进退失据，则这个国家的近代化过程必然一波三折、困顿连连；相反，如果这个国家的精英人士和受其影响的一般大众，能在危急时刻不忘本民族文化恒久而普遍的文明价值，非但不否弃自身的文明传统与文化特色，还要予以大力弘扬、激发这些传统与特色，使之配合自身的近代化进程，那么这个国家就会成功地将传统激活为强大的民族凝聚力，使之有效地服务于自己的重新崛起。

二、当代中国的“文化断裂”与文化安全问题

伟大的德国哲学家马丁·海德格尔在1936年所作的有关现代哲学第一人——弗里德里希·尼采的系列演讲中，高度评价了作为系统颠覆西方哲学传统的伟大哲人尼采对待过往历史的清醒态度：“谁要是以为哲学思想能够用一种绝对命令摆脱历史，那他就会在不知不觉中受到历史本身的打击，而且是这样一击：他绝不能从这一击中恢复过来，因为这是令人晕头转向的一击！……一种彻底变革愈是要成为伟大的变革，它就愈加深刻地被置于自己的历史中。”

很可惜，中国近代以来的文化史就遭受了海德格尔所形容的“令人晕头转向的一击”，以胡适等人为代表的“新文化派”以“全盘西化”为号召，主张“砸烂孔家店”“丢弃线装书”，对中华文明近万年的伟大传统采取了虚无主义的态度，这种错误态度一直谬种流传，成为一种固定的意识形态，在全民族的文化心理层面，埋下“中国事事不如西方、西方月亮比中国圆”等自我轻贱的祸根！流毒至于今日，不仅中国的很多非物质文化遗产遭受破坏、污染、被外国抢注商标，更在深广层面上，形成对西方社会各种制度、做法不负责任的照搬照抄：举凡工商、科技、传媒、教育、学术、行政管理、文化建设，乃至日常生活的衣食住行，无不残留着“全盘西化”的思想痕迹，中华文明的伟大传统与伟大精神，仍面临深刻的传承危机与文化断裂。其间，虽迭经政府部门与民间人士的反复呼吁、提倡，但迫于各种原因，这些呼吁、提倡，大多缺乏制度贯彻与经济保障，常常难以为继。

具体的学术、教育、文化表现，约略如下：

首先，在教育观念、教育模式、教育体制上，急功近利的应试教育观念、制度、模式，让考试分数死死捆住教师、学生、家长的手脚，使之根本无暇以古今中外的伟大思想、伟大作品、伟大道德风范作为教育蓝本，通过学生、家长、教师这一最广大的人群，对全中国社会进行深入细致的人文主义、理性主义培育、教养，进而训练每一个中国人独立审慎地判断和行动的能力，这一“人文主义的理性缺失”，不仅造成中国学生、家长、教师巨大的生理—心理负担，更造就了一个浮躁无序、盲目投机、极具风险的社会。

中国被举世尊为“最具历史感的民族”，可眼下大中小学以及研究生的教学大纲中，根本没有贯通古今中外、讲解精确周详的全球通史、中国

通史、中国文化史等必修课程，相反，却充斥着各种“魔鬼训练营”式的枯燥习题练习、芜杂浅俗过目堵心的教材、各种根本背离实际操作情形的“实用技艺”。尤其是大学教育，能真正培养一个人独立分析、判断、抉择的人文主义内容微乎其微，在一种片面强调“专业化、实用化”的、急功近利的、支离破碎的教育模式、学术模式、思维模式下，大学生们在杂乱无章、深浅不一的众多芜杂课程之间门门混个及格，根本无从分辨每一学科的价值预设、根本原理与实用技术之间的细微区别与联系，只能怀抱着一些浮光掠影式的空泛印象，盲目地投入一个异常纷纭复杂、竞争空前激烈的社会。爱因斯坦曾批评说：“学分制令学生肤浅”，一个美国大学生修满 80 多个学分即可毕业，中国大学生却必须修满 160 多个学分。造成的教育效果是：许多大学生头脑空空，“什么都一知半解，什么都不加深究，还自命不凡，以为自己一专多能”，远远比不上民国时代的高中生。

在“应试教育”模式的挤压下，学生把宝贵的时间全部用来练习那些考试一结束即完全置之脑后的“高分诀窍题”，他的心灵的成长、人格的完善、学识的增进，完全被考试分数死死捆住，无从伸展；在这种教育体制和教育模式下，学生根本无法油然产生对本民族优秀历史文化传统的敬仰、钻研、继承、传播之心，也难以从根本处、精妙处吸收外来文化、西方文化的优长，最终更无法认清并承担每一个人身上应当承担、继承、发扬、传播、创造优秀文化的社会责任、历史责任！

其次，在学术管理体制上，目前妨碍中国文化崛起、文化奋进、文化创新的最大障碍，来自于目前通行于全国各高校和研究机构的、高度官僚主义的、事事处处以数量标准衡量一切的学术管理体制。

稍通学术者都还记得这句千古名言：“板凳要坐十年冷，文章不写半句空。”但中国许多大学的学术管理部门，半年就要求学者报告一次所发表的专著、论文，并以此评定学者的薪酬。如此，谁还能安静做学问，全都去匆忙炮制那些发表以后即被扫入历史垃圾堆的学术赝品、学术垃圾，而一些所谓“核心”期刊的编辑便据此收受贿赂，大搞学术腐败。

这其中，尤以发表论著的数量、发表论文的杂志规格而不以论著本身的质量为基本评判标准（比如 CSSCI 论文统计源）的学术评价体制最不合理：这种依照标准化工业生产模式建立起来的学术模式，实际上是把一个民族的文化生产力、创造力、想象力、审美力、道德力、传播力、影响力乃至一个国家的软实力，全都扼杀了。孔子曰：“始作俑者，其无后乎！”

在“CSSCI”体制的挤压下，学者们无心钻研学术，全部精力用来拼凑论文并争取发表，不仅使学术腐败横生，更令教师的学术威望扫地。

常言道：“天下本无事，庸人自扰之。”目前学术管理体制的最大弊病，在于各级学术管理部门热衷于大搞特搞“政绩工程”“形象工程”“面子工程”，盲目追求扩大规模、夺取锦标、抢夺资源，美其名曰“引入竞争机制”，实则是极大地浪费国家宝贵的物质资源和人才资源。为了争取国家对重点基地、重点学科、重点项目的投资或应付层出不穷的各种考评、验收，各级大学管理机器，役使着大批学者，围绕那些“重点”团团乱转，制造出一批批堆积如山的“学术垃圾”，不断遭到包括诺贝尔奖获得者在内的国际顶尖学人的讥评却乐此不疲，致使当代中国学者，连连发出“仿古”哀叹：“中国之大，竟安放不下一张平静的书桌！”

往昔日寇侵华，学子投笔从戎；如今国泰民安，学者竟然不能安心做学问、教书育人，学术生产力、文化生产力根本无法获得解放，目前这一问题的严重程度，是中国漫长学术史上空前绝后的，必须引起全民族的警觉和最高领导层的关注。

清代学者阮元尝云：“学术盛衰，当以百年前后论其升降焉。”窃以为，百年前后之升降，尚嫌不足，现如今仅仅半年即妄自评定学者之优劣！譬如，我正研读的、清末大儒孙诒让（1848—1908）积30年之功撰成之230万字、洋洋86卷之巨著《周礼正义》，孙诒让为著此书，常年不出“玉海楼”书房，才撰成此一“持论宏通、断制精确”的总结性、里程碑式的经学巨著，若依当今数量主义的标准衡量，孙先生一定是“不合格”。

学术是一个民族的最高精神堡垒、可持续发展的最强大后劲、一个国家软实力的最深根底。如今，远有国家“首席院士”对“非典病毒”的误判而腾笑国际学界的案例，近有荣获全球仅几人具此资格的德国“洪堡学者”称号的中科院的青年科学家，因论文发表数量“不够”而被迫调动工作并抑郁自杀的悲剧，中国啊，你已初步繁荣富强并雄立世界，你竟不能宽容你的学者从容、安静地做成一种稍微像样一点，无愧祖宗、自己与外人的学问吗？！

目前最可怕的管理体制，就是那种“独断论”“一刀切”式的学术行政管理模式。个别大学、科研机构，迎此逆流而上，坚持“一本书主义”，即以一本或几篇论著的质量，作为衡量一个学者理论素养、知识视野以及学术水平的基本标准，这种不以数量、以学术质量评定学者水平的合理方式，简便易行、功德无量，畅行坚持，必能促使中国学术起死回生。

最后，在传媒体制上，片面强调利润、票房、收视率、市场份额、广告收益的所谓“传媒经济学”思维，将图书、报刊、影视、音像、网络等媒介的社会责任完全置之脑后，一味靠恶俗的“畅销书”“商业大片”“娱乐节目”来吸引眼球，使全国巨大的图书、报刊、影视、音像市场被几个“各领风骚没几天”的流行产品统治，一旦“风光不再”，这些产品就大量积压库房、无人问津，造成中国文化产业的巨大损失。异军突起的网络传媒，更是把大海狂潮一般的信息堆积在原本毫无思想鉴别力、审美判断力的大众、学生、小资、中产阶层面前，造成中国读书人口、大学生、研究生、博士、教授素质的急剧下降，网络资讯迅速湮没、替代了原先大众传媒已然十分突出的低俗乏味的同质化产品，使整个文化市场更呈无序竞争的态势……

教育、学术、传媒三大体制所暴露出来的根本缺陷，既是长期以来中国社会片面追求经济增长速度、规模，忽视经济社会人文生态综合平衡和可持续发展的“不科学、不和谐的发展观”的产物，更促成整个社会急功近利的浮躁心态、全民族的精神贫乏和价值混乱，实在是社会乱象之一大病根。急功近利、“政绩工程”式的选拔人才、评定学术、推出媒介的文化体制，不仅造成中国当代思想、学术、文化的荒芜、虚浮，更直接损害了中国在全球社会的文化形象与传播能力，成为中国谋求文化复兴与崛起的巨大体制瓶颈与思想瓶颈。

司马光在《资治通鉴》中尝言：“政简则风清。”因为观念、体制“择本执要”，政策的推行就简便、从容，许多不必要的环节、审批、摊派、验收功夫都可以省去，就会让许多企图从中获得利益者无从下手，则政风、民风必然清廉、纯正，行政效率也必然因此提高。

笔者认为，眼下中国教育、学术、传媒体制，恰如西汉初年“文景之治”时代的社会，急需一番层层减压、体制松绑、简便规章、轻薄“学役”的“精兵简政”功夫，即“休养生息”的文化培育政策，亦即在全社会推行注重道德素质、人文素质的“和谐、宽松、有序的教育、学术与人文传媒”的培育制度。

所谓教育的“休养生息”政策或“和谐有序的教育”制度，即变盲目扩张规模、贪大求洋、以各种考试分数评定选拔人才的“统一招考制度”（“新科举制”）为在教育观念、教育体制上推行综合、全面的教育深度改革，开展教育改革的“全民讨论”与专家论证，推行货真价实的、人文主义的大学教育、中小学教育，切实营造龚自珍所企望的“不拘一格降人才”的教育环境，在体制上解放全国教师、学生、家长，是解放中国文化生产力、创造力、传播力的第一步。

所谓学术“生息”政策或“和谐学术”制度，即立即废止以“CSSCI”为代表的、数量主义的学术评定制度，停止各种“重点基地、重点学科、重点项目”的申报、审批、验收等名目繁多的官样文章，变“政绩工程”式、官僚主义式的管理为宽松、民主、和谐的学术管理模式，让中国学者大大松一口气，让他们潜心学术、心无旁骛，尽最大努力切实保护每个学者的独特个性与学术追求，这样，一流的人才、一流的学术必能从这种宽松的环境中脱颖而出。

在媒介体制方面的“和谐有序的人文传媒”制度，即变单一商业模式为主导的传媒体制而为国有、民有、外资等多元传媒体制，国家合理控制并大力扶持少数资质优异的大型国有传媒，使其免去生存之忧，立法责成其全力培育传播中外优秀文化；对资质一般的国有、民有传媒，交由市场去优胜劣汰；对有外资介入的传媒机构，则可有效监督管理、适度放开、市场准入。

在文化立法、行政建制方面，为保障贯彻“休养生息”的文化培育政策，中国应仿效欧洲各国，迅速研究、设立一个立法、行政配套的政策体系，责令每个教育、学术、传媒机构，承担传播祖国文化的法律义务和社会责任，这些机构必须提供一个较大规模和较高层次的中国传统文化的讲授、学习、研究、出版、发行、传播的空间，使中国5000年的伟大遗产不至于在当今全球化实则西方化、实用化的时尚文化潮流前被逐步湮灭。

这样，我们就面临一个更深层次的、具有全局战略意义的、有关中国文化传播能力、中国民族精神的“休养生息”问题：即深刻反思并清醒直面一个历史时期以来，全盘否弃中国文明传统和优秀文化遗产而在全社会蔓延、延续而成的“中国文化断裂”格局，重新界定、诠释、创造性地理解、弘扬中国文化的核心精神，重新培育起中国人的文化自信与文化认同，从中国伟大的文明遗产中，提炼、生发出一种具有普世意义的人类价值体系，让这一体系与西方文化的价值体系进行“对接”，这一中西融会的价值体系、道德秩序，不仅使中西之间（尤其是中美、中欧之间等）的文明对话成为可能，更进而增进了解，避免冲突碰撞，使中西两大文明体系之间，加强沟通、互惠，共促世界和谐与繁荣。

现代国学宗师钱基博（1887—1957）说："国于天地，必有与立。"即一个国家、一个民族或一个文明，之所以能挺立于天地之间，必有一种足以挺立的伟大精神存在于国人心中，而这种精神，必须透过宣扬、培育一种对本国以及外国文明大趋势、人类文明的基本价值的深度自觉，并透过这种深度的自觉与认同，从而油然产生出一种深邃的"文明延续感"和"历史使命感"，唯其如此，才能培养出人的"道德情感"，促使人摆脱仅仅为了生存而生存、为了名利而名利的"无根基感"，最终勇于承担每一个人的社会责任与历史使命。当今教育、学术、传媒、宣传机制的最大盲区，恰在这里：一个毫无历史感的俗人，无论多少知识、学历、权力和资产，也不能被造就为一个真正的爱国者、一个为民族和人类事业奋进不息的君子。

笔者认为，我们应当在"新时期中国特色社会主义"的伟大理论对中国当代社会现实的伟大综合与指导、儒家人文主义对中华文明传统、人类历史发展进程及其价值目标的古典综合的基础上，实现更高层次的"第三度综合"，即将注重社会责任、自我克制与道德秩序的儒家人文主义，与西方自古希腊罗马—欧洲文艺复兴时代以来的注重个人权利、自由，满足于生命愉悦的西方人文主义伟大遗产直接打通、对接，相互诠释、修正，从中提炼出以个人与社会之间、权利与责任之间、阶层与阶层之间、国家与国家之间、不同的人类价值之间，彼此尊重、协调、互补的"和谐有序的人文主义"，以这种中国式的"和谐有序的人文主义"为中心，建构起一个具有普适性的人类共同价值的思想体系、信念体系、文化传播体系，从而使我国文化传播能力处于全球制高点上。

三、中国国家形象与文化安全问题

当代中国的飞速发展，正面临一个巨大的战略挑战：如何建构、设计、传播一个与其历史、现状和未来相适应的、恰如其分的文明形象。美国高盛公司顾问、清华大学教授、因提出"北京共识"而引起国际瞩目的战略分析家乔·库·雷默（Joshua Cooper Ramo）在《中国形象：外国学者眼里的中国》一书中指出：中国目前最大的"战略威胁"在于"中国的国家形象"目前仍是模糊不定的，中国是"走向不明的国家"，因此具有潜在的威胁性。中国形象的内外评价存在巨大反差。他援引一些国际知名的调查机构在2004—2006年对全球十几个国家的受访者进行调查分析的数据，发现：在人们对中国的评价中，“难以亲近”“不可信赖”是几乎满分的评价，除“充满活力”一项外，其他诸如“有创新力”“可靠可信”等许多方面都得分很低，并且在“其他国家如何看中国”和“中国如何看自己”之间存在巨大落差。他认为，中国国家形象的危机、声誉资本的匮乏，不仅增加经济改革、开放、社会稳定诸方面的成本，更不利于营造缓和、协调的国际环境。

要树立良好的国家形象，必须深刻体认“文明传播”的重大作用。文明传播是促成一个国家内外部和谐、稳定的重要基础。伟大的加拿大传播学家哈罗德·伊尼斯（1894—1952）在名著《帝国与传播》中，把“传播”尤其是“文化传播”视为“政治的组织与实施中”最关键的一环，在他看来，帝国的形成与毁灭、文明的稳固或早夭，都直接受制于传播机制与传播手段的变更。换言之，以往把“文明传播”或“文化传播”划入“新闻传播、信息传播”的狭小领域，是完全错误和有害的，新闻信息传播仅仅是文明传播或文化传播的手段，而不是这一具有重大社会政治意义的研究领域的中心内容；文明传播或文化传播的中心内容是以各种媒介手段促成一个国家的政治稳定、社会协调、文化发展和内外部环境的和谐。

具体来说，提升我国文化传播能力，目前面临的问题是：文化传播的实际效果与文化建设的目标存在较大差距，围绕“和谐社会”伟大理论的核心价值体系、文明传播的秩序、文化传播的机制、文化发展的战略规划机制、具体操作系统等尚未形成；文化传播观念与经济社会发展需求还不适应，文化产品的生产和消费尚不占据国民生产总值等经济社会指标的重要位置；文化传播中的无序化、低俗化问题对当前社会生活带来非常消极的影响，造成一段时期以来中华民族整体道德素质、文明素质的巨大滑坡，引起国际间的鄙视，极不利于树立良好的国家形象；文化传播逆差在对外文化交流领域广泛存在，本国文化产品毫无国际竞争力与号召力，等等。

追根究底，目前我国文化传播能力、文化安全的低下水平，是长期以来教育、学术、传媒三大体制在大规模发展之后正遭遇日益巨大的体制瓶颈和思想瓶颈，这些巨大瓶颈，目前已成为阻碍中国文化崛起的最大障碍，必须引起有关方面的高度重视并迅速积极地予以有效解决。

我们正面临一个关系到中国崛起和中华民族全面复兴伟大事业成败的重大战略性问题。中国在文化安全问题上面临被西方当代商业文化侵蚀、同化的危险，究其根本原因在于：中国当代文化自身，根本尚未形成一个稳固持久、活力无限的伟大体系：

（一）在文化的纵向传播方面，对于如何继承中国悠久博大的传统文化并使之在全中国人心目中生根开花，中国当代社会始终没有设计出一套深谋远虑、切实可行的文化传播战略。从幼儿园学前教育到大学研究生教育，在门类杂多、常常压得学生透不过气来的课程中竟然没有一门系统的传统文化课程，全球唯一的万年绵延的伟大文化传统在当代大众、青少年中面临断绝之忧；传统文化中蕴含的非常丰富、极具现实指导意义的人文智慧、生态智慧、人与自然、社会之间如何和谐相处等深厚智慧资源和精神资源，被当代社会各层面长期忽视荒废；传统文化中蕴含着极其丰厚的个人承担社会责任、推进社会进步等道德伦理资源，一度被宣判为“封建礼教”而横遭否弃，社会出现巨大的道德伦理真空，各种实用主义、虚无主义大行其道，全民族的道德素养和文明素质长期处于低下水平，中国游客在公共场合的不良行为经常引发海内外媒体的讨论热潮，其中不乏讥讽和鄙夷之词。

（二）在文化的横向传播方面，由于中国当代社会是 20 世纪 80 年代才对外开放，当代中国人对西方文化传统的真正价值也往往认识不清或重视不够，只急功近利地引进西方当前流行的经济社会思潮和工商科技知识，对博大精深的西方文明传统非常无知，遂造成对外文化交流与西方社会文化背景的严重脱节，政府机关、企事业、媒体，由于缺乏对西方文化的深入了解，所以在设计、实施、宣传报道一些对外文化交流项目时经常出现事倍功半的情况。当代知识分子以及一般大众，受西方强势文明的物质诱惑与精神影响，在如何将中国传统文化与当代社会潮流恰当结合方面长期陷于困惑、盲从。中国文化的内部发展与对外传播战略也因此难以合理有效地建立并完善，中国的综合实力中的文化含量、“软实力”远低于欧美发达国家甚至是印度、韩国等发展中国家或新兴工业国家。

（三）全局性的“文化滞后”问题：在全球一体化和西方强势文明的强大冲击下，中国当代文化不仅长期处于被动、模仿、照搬西方模式的劣势且有被日益同化的危险，主要的文化产品——精英层次的教育、学术，大众层次的电影、电视、唱片、网络游戏、时尚、书刊等文化产业，日益西方化，很多正被操控于西方跨国企业机制中，中国文化人只能刻意模仿西方文化产品并削足适履地投合西方受众的趣味，具有全球普遍价值和强烈现实意义的中国文化，被无形消解为“地方性的奇观”“正在消逝的东方奇景”或“古玩”“杂耍”，中国文化被降格、扭曲、肢解并被同化，文化传播与对外交流由于中国文化对等地位的消失而不具有影响力……

孔子尝言：“不患无位，患所以立。”如今清醒有识之士正积极探讨“中国文化的传播能力”“中国的软实力”，但最值得深思的问题是：自“二战”结束以来，至少在人文社科领域，中国为什么没有产生出具有世界影响的哲学家、历史哲学家、思想家、文学家、艺术家、巨匠式的学者以及举世尊崇的、具独创性的人文思想体系，大批的人文学者主要依靠翻译、介绍、消化西方当代人文社科思想为生，在如此局面下，除了在某些电影节、艺术节上贩卖一些中国民俗旧货以外，如何能令世人将尊崇的目光投向中国，投向这个直至17世纪末仍居世界经济文化前列的、拥有5000年以上绵延不绝的辉煌历史的文明古国？

四、增强文明活力、维护文化安全的九个战略建议

决定一个民族文化水准、传播实力、文化面貌的，是教育、学术、传媒三大文化体制。目前中国的文化复兴，在这三大文化领域正遭遇巨大的体制瓶颈与思想瓶颈。据此，笔者提出九个战略性建议：

（一）以“新时期中国特色社会主义”伟大理论和“十九大精神”的伟大战略部署为指引，在全国推行“全面复兴中国传统文化”尤其是中国文化“和谐有序的人文主义”精神的教育、学术、传媒、宣传战略，将这一文化发展与文化传播的重大战略，迅速置于国家总体发展战略的突出地位。

利用一切文化力量（教育、学术、传媒）和媒介手段（图书、报刊、音像制品、影视、网络、各种高端论坛、信息发布、广告、街头标语牌等），大力弘扬、宣传、传播饱含中华文明智慧与历史经验、被各大文明体系普遍认同的核心价值——“新时期中国特色社会主义”的伟大理论、中国儒家人文主义、道家以及佛教智慧中人与万物和谐共存的可持续思想，尤其是从炎黄、尧舜开始，中经孔子奠定，下至岳飞、文天祥等仁人志士所组成的，深深浸透在中国、东亚乃至全部海外华人社会中的伟大道德象征谱系，这一“光荣谱系”不仅是全民族道德教化最根本最丰富的资源，更是中国文化继承、发展与传播的精神基础，这一道德传统或象征谱系，对全球各文明具有普遍感召力，应当成为文化战略与文化品牌形成的精神核心。

（二）当代中国的教育学术体系，严重缺乏本土文化继承以及外来优

秀文化的精确选择、诠释与传播，严重缺乏道德素质、人文素质的积极培育，造成学生、教师、家长以及整个社会急功近利、庸俗浮躁的流弊。目前应当迅速从修订大中小学教育大纲入手，普遍开设传统文化课，将思想品德教育与中国传统文化的正心、诚意、修身、齐家等举世尊崇的修身方式充分结合，将学生身心品格、道德操守与对学生的智力水平的评价、选拔、招考、录用等制度紧密联系在一起；同时开设西方文化的诠释课程，培养学生鉴别汲取西方文化精华的能力，逐步使中国文化传统的继承、西方文化精华的吸收融合确实在中国教育学术体系中居于重要位置。

成功的范例比比皆是：自晚唐直至现代，绵延1000年以上的中国书院教育传统，积累了从根本上补救科举应试教育僵化模式的丰富而有效的经验，从幼童到国子监祭酒如何诵读经典、师生之间如何讲习经典、交换批改彼此日记、共同以道德情操相砥砺的故事千年流传、万古叹美，影响深入东亚各国，韩国、日本至今还有书院学生清晨登山大声背诵《大学》《弟子规》等中国修身经典的传统；兴盛于我国台湾、香港等地区以及新加坡等地的“青少年读经活动”也回传中国大陆，影响更加深远。

（三）由中央统筹，对全国中层以上干部迅速深入地实行一次中国传统文化的系列培训，加强、加深全国知识精英、管理精英对中国博大深厚的文化传统尤其是道德修身传统的基本认识与自觉，这不仅可以极大地提高全社会对中国文化的深层把握，更为目前任重道远的反腐倡廉、执政为民、提高效率、改善社会风气提供取之不尽、用之不竭的道德精神资源。

中国文化传统的精髓，与当代世界文化潮流的结合点，恰正在于中国儒家尤其是先秦原始儒家思想中那种至大至刚的人格独立精神与担当社会责任、天下道义的道德负责精神，这种精神作为中国文化传统的主流，与全球社会和谐共存、平等互惠、绿色和平的社会潮流非常合拍，是参与全球文化对话、传播与交流的文化基点。

为了贯彻这一战略，不仅要将传统文化的修习课程列入大中小学统一的教学大纲，更应当鼓励并资助各种教育、科研、社会机构开办独具特色的国学、西学研修课程与研究项目，让中国传统文化与外来优秀文化的精华从书斋、高端走向民间、大众。

（四）迅速改变纠正目前以论文发表的数目和规格衡量教育科研质量的错误学术评价体系，建立健全中国教育、学术、科技、文艺领域积极合理的管理机制、评价机制与创新机制，逐步恢复中国作为世界思想学术中心和文化中心的地位。目前国家为实施“科教兴国”战略，加大投入教育科研，各种项目林立，但耗资不少却收效不佳，原因就在于不遵循教育科研的基本规律，以急功近利的经济模式、标准化工业生产模式管理、评价教育学术，造成中国核心竞争力的落后。

百年树人、树文化。文化传播能力的提升，根本在于教育、学术、传媒体制的深度变革，即在大力推行“休养生息”的文化培育政策（详前）的基础上，迅速开展“和谐教育、和谐学术、和谐传媒”的文化体制改革与机制创新，大力推展“文化松绑”“文化培育”“文化和谐”的社会风气，解放全中国的文化生产力、创造力、传承力、凝聚吸附力、影响播散力，使中国教育、学术、传媒走上和谐、安详、博大、深厚、雍容、可持续发展的正确轨道。推行“休养生息”的文化培育政策和“和谐教育、和谐学术、和谐传媒”，是拯救民族文化未来的紧迫问题和战略问题，必须马上研究、讨论、施行。

（五）根据以上认识并参考欧美发达国家的经验，建议由中央统筹，创设一个直属党中央、国务院的“国家文化发展委员会”，统一研究、规划、设计、组织、实施、审核、管理全国教育、学术、传媒、宣传事务，统一制定我国文化发展战略、文化立法体系、文化行政管理体系、文化发展政策与文化传播策略，成为管理全国文化事务的最高机关。

（六）在国家主管部门的统一部署下，迅速构建起一个积极、合理、有效地弘扬中华文明传统、人类优秀文化遗产、当代和谐文化的教育、学术、传播、宣传的国家政策法律体系，以国家立法、行政等多种手段，在大中小学教育和研究生教育体系、各种培训课程、学术评价系统、传播媒介、公共服务设施、各级宣传机关等，普遍设立相关课程、指标、栏目等，以法律、行政手段确保这些优秀人文内容，在各种教育、学术、传媒、宣传系统中的牢固地位和相当规模、层次的体现，这是提升我国文化传播能力最根本、最关键的步骤。

（七）为了研究、确立中国文化继承、发展、传播的国家战略与民间战略，建议设立“中国文化发展战略研究院”，以专门机构从事这一战略的设计、规划、实施、检验、奖惩，鼓励从国家机关到民间团体的一切社会力量弘扬中华文明传统、传播人类优秀文化遗产，逐步形成具有鲜明民族特色与时代特色的中国文化传播体系。

（八）加强中西方文明之间各个层次的对话、交流，宣传“新时期中国特色社会主义”的伟大理论、当代“和谐文化”建设的最新成果、中华文明的伟大传统与优秀遗产。目前尤其重要的是在中美之间、中欧之间以及中国与其他发达国家或地区之间，进行战略性的文明对话，以宣传“和谐的人文主义”观点，争取国际社会尤其是国际高端人士的支持，树立和谐的中国国家形象，减少国际间对中国崛起的各种疑虑。

（九）迅速开展“提升我国文化传播能力”与“文明传播学”领域的综合研究，设立专门机构、聘请相关专家、投入国家资金，在国家文化继承、发展、传播战略的设计实施，中华文明对内对外传播，中西文明之间的战略对话、交流等方面，发挥主导作用。

目前，在中国传播学界异军突起、备受国际瞩目的一种“新传播学”范式——中国传播学派，正努力拼搏，将以往仅仅局限于新闻信息传播等狭窄领域、美国实用主义范式下的旧传播学研究，提升推进到“文明传播学”研究的广阔领域，预料这一学派将为提升我国文化传播能力提供巨大的智力支持，充任中国文化发展、中西文明传播、文明对话交流的“思想库”。

总之，如何迅速、积极、有序地形成比较合理、有效的文化传播机制，以思想解放、制度创新带动中华民族的文化生产力的大解放、大飞跃，保持、培育、提升中国的文化传播能力，最终促使中华民族文化复兴，再铸中华文化的灿烂辉煌，不仅能有效维护中国的文化安全，更是中国长治久安的最深基础。

人权视域中《公共文化服务保障法》的制度构造

——基于文化人权的视域

石东坡　陈俊文*

引言

文化权利作为公民的基本权利，由我国宪法得以确认。但长期以来我国对公民文化权利的规定停留在宪法宣告层面，没有专门的法律予以保障。2016年12月25日，《中华人民共和国公共文化服务保障法》（以下简称《公共文化服务保障法》）经全国人大常委会审议通过，以标准化和均等化为基本原则，对公民文化权利的保护由行政保障转变为法律保障，开启了对公民文化权利保护的新纪元。有学者认为这是推动宪法深入实施、补齐文化领域立法“短板”的重要举措，《中国文化报》评论员认为这标志着全面依法治国战略在文化领域的进一步贯彻落实。笔者在赞同这些观点的同时，提出以下问题：首先，《公共文化服务保障法》对公民文化权利实现有何意义？其次，该法构建了怎样的人权保障机制？由此人权法和文化法有何研究上的意义？对此，本文拟通过论述公共文化服务保障法的意义，构建了五项机制以及其对特殊群体的保护来分析该法的人权意义。

一、《公共文化服务保障法》是公民文化人权保障的基本法

文化是一种主体性态度，也是一种生活方式。人与其他生物的一个重

* 石东坡，法学博士，教授，浙江工业大学文化与法制研究中心主任暨“文化法治创新团队”首席专家，学术期刊社主任，主要研究立法学、文化法学、海峡两岸法制比较；陈俊文，浙江工业大学文化与法制研究中心助理研究人员，主要研究行政法与行政诉讼法学。

要区别在于人的精神世界丰富多样。现代社会人的需求在物质层面得到了基本的满足，而文化层面的需求得不到满足将严重制约社会的发展。文化权益的满足更具有必要性、基础性、平等性和迫切性。权利与法制相互依存，所以公共文化服务保障法是一部人权保障法。

（一）公共文化服务保障法是文化领域的社会保障法

文化权和其他社会权利相比，所受法律保护不足。与公民权利和政治权利相比，经济、社会、文化权利是一种积极权利，不具有即刻实现的权利，要求国家对公民采取积极作为的手段和方法帮助和服务。我国宪法将公民的社会权利分为劳动权、物质保障权、财产权以及文化权等。1994 年制定的劳动法和 2007 年制定的劳动合同法通过规定公民的平等就业权、选择职业权、取得劳动薪酬权、休息权等法律权利来保证劳动者的合法权益不受损害，达到保障人权的目的。社会保障法其功能不仅在于化解国民物质生活方面的后顾之忧，而且要特别考虑到精神慰藉与情感保障。2007 年制定的物权法通过明确物的归属，保护权利人的私人财产所有权，为广大人民群众生存权和发展权的实现提供法律保障。文化领域法律长期缺失，只能通过政策文件在行政领域来调整和保护。而 2016 年底通过的公共文化服务保障法更注重于保障公民的文化受益权，弥补了该领域的空白。该法的原则、结构，由此才衔接和印证以上观点。

（二）公共文化服务保障法是文化领域的基本法

一直以来，文化领域相关的立法是我国立法中的薄弱环节。文化领域基本法的缺失，致使我国对文化权利的保护长期停留在宪法和政策层面，明显处于滞后状态，具体表现为文化领域立法数量极其匮乏。在目前颁行的 240 多部法律中，文化传承保护方面的两部，即文物保护法和非物质文化遗产保护法，前者的保护对象是各类文物，而后者的保护对象是非物质文化遗产；相关的两部，即通用语言文字法和著作权法，前者是为了推动国家通用语言文字的规范化、标准化及其健康发展，后者是保护文学、艺术和科学作品作者的著作权，以及与著作权有关的权益。加上新出台的电影产业促进法，一共有 5 部法律。对公民文化权利的保护，更多是以政府文化政策、规划的形式来规定的。政策法规往往变化较多，效力层级较低，不利于全方位地保护公民文化权利。而公共文化服务保障法明确规定了政府具有保障公民文化权利的义务，以标准化和均等化作为公共文化服务的基本原则，告别了法律长期缺失的状况，改变了只能依靠政令保护文化权利的状况。

为了理解该法作为文化领域的基本法，笔者将从三个维度进行分析：宪法和基本法律、基本法和单行法、中央立法和地方立法（自治立法）。

首先，该法与宪法一脉相承。中华人民共和国公民有进行科学研究、文学艺术创作和其他文化活动的自由。公共文化服务保障法的出台是将宪法宣告性权利变为法律权利再变为现实权利，通过规定公民的文化权利和政府的保障义务，将宪法所规定的文化权利具体化。其次，该法是文化领域的基本法，在具体领域还有待于出台单行法律。例如，由敦煌研究院发布的敦煌石窟高清数字化内容，将敦煌壁画搬运上网，让人们足不出户就能欣赏到世界文化遗产。互联网的发展带来网络公共文化服务的蓬勃发展，这是公共文化服务保障法没有做出细致规定的，所以需要单行法律进行规制，在这个过程中，公共文化服务保障法起到了统领的作用，体现了其基本法的地位。最后，该法属于中央立法。作为全国人大常委会通过的法律，其位阶高于行政法律法规，但在具体实施过程中需要地方立法的辅助。中央层面的立法需要统筹全局，而全国各地情况差异较大，这就需要地方有立法权的人大发挥主观能动性，结合地方实际情况制定具体实施细则。

（三）公共文化服务保障法是文化领域的宪法实施法

权利根据不同状态可以分为应有权利、法律权利、实有权利。应有权利就是按照人性、人道、人权，作为人应该拥有的权利。法定权利是按照法律规定，公民拥有的权利。实有权利是公民在现实中拥有的权利。从人道主义角度，文化权利作为公民在社会文化生活中不容侵犯的自由和权利，势必成为一个人所应有的权利。《世界人权宣言》和《经济、社会及文化权利国际公约》等国际公约，以及我国的宪法都对公民的文化权利做了相应的规定。但是宪法层面的权利是宣告性质的，在具体法律出台以前，由于缺少相关立法，文化权停留在宪法宣告阶段。宪法总纲关于文化的规定，首先从根本上确立了我国文化权利属于人民的基本原则，即人民有权依照法律规定，通过各种途径和方式管理文化事业。虽然有学者认为该法仍然是在宣告文化权，尚不具有现实性；也有学者认为该法是属于行政性质立法。但笔者认为，公共文化服务保障法作为文化领域的“社会保障法”“政府义务法”和“人权实现法”，是一部文化领域的基本法。文化人权在该法中具体细化为文化社会权的子权利，即文化需求表达权、文化服务选择权、文化艺术共享权、文化（设施）空间利用权、民族文化保护权、文化服务评价（监督）权、文化尊严（受到侵犯的）救济权、文化（服务）决策参与权。该法的出台使人民群众基本文化权益和基本文化需求实现了从行政性“维护”到法律“保障”的跨越，有助于实现公共文化服务的标准化、均等化。

二、基于普惠正义，构建科学完备的文化人权实现的治理体系

在文化社会权的法律实现过程中，有哪些具体的环节和机制？有学者从六个方面，以人权保障和政府义务为切入点，对于该法在公民经济社会文化权利的保障和实现上蕴含的精神、所具有的意义和能发挥的作用进行了开阔视野的分析。但遗憾的是，其与该法的制度设定和规范创新之间的关联分析不足；对文化权未做文化自由权与文化社会权（受益权）的区分；对国家义务、政府公共文化给付职责的刚性法律规范未进行归纳和强调，仅仅指出其兜底性。我们认为，纵观该法的篇章结构和制度规范，可知该法通过构建五项保障机制，建立了行之有效的体系来保障公民的文化权利。

（一）公众文化需求调查制度

公共文化服务应以需求为导向，提供符合人民群众实际需要的公共文化服务。文化下乡是件利民惠民的好事，但是会出现台上演员卖力演出，台下观众屈指可数的情况。与此同时，广场舞扰民纠纷时有发生，甚至因此发生刑事案件。一方面是文化下乡观众寥寥无几，另一方面是广场舞场地需求得不到满足。这些情况反映出当前阶段的文化供给和文化需求存在不匹配的矛盾，公民难以充分享受到理想的服务。为此，公共文化服务的提供需要以需求为导向，统筹兼顾。

统筹考虑文化需求就是要以民众需求为导向，建立文化需求调查制度。开展文化需求调查的主体可以是文化部门和乡镇街道办事处工作人员，在村委会和居委会的协助下开展调查。调查对象应包括不同区域、不同年龄层次、不同职业的群众。通过调查了解文化需求，有针对性地提供公共文化服务，做到有的放矢。在调查方式上，有学者提出了“积极—消极”的程序模式，即实施手段高效有限度。需求调查是政府决策的有力保障，只有通过调查研究，充分利用有限的资源才能尽可能满足群众的文化需求，保障其文化权利得以实现。

（二）公共文化设施规划建设制度

物质保障是基础条件。公共营造物被看作行政组织的一种，其利用规

则必须符合其设立之目的，在法律或法规所允许的范围内规定其对外营运的细节，以及与利用者之间的权利义务关系。政府设立的图书馆、博物馆等公共文化设施，作为公营造物，在目的联系、组织、存续和管理方面，要受其设立人的持续不断的影响和支配。

《公共文化服务保障法》第十四条规定，本法所称公共文化设施是指用于提供公共文化服务的建筑物、场地和设备，主要包括图书馆、博物馆、文化馆（站）、美术馆、科技馆、纪念馆、体育场馆、工人文化宫、青少年宫、妇女儿童活动中心、老年人活动中心、乡镇（街道）和村（社区）基层综合性文化服务中心、农家（职工）书屋、公共阅报栏（屏）、广播电视播出传输覆盖设施、公共数字文化服务点等。县级以上地方人民政府应当将本行政区域内的公共文化设施目录及有关信息予以公布。

首先，该法要求在公共文化设施的选址上充分考虑群众意见。改进公共文化服务，不仅要加强硬件设施建设，还要增强公共文化服务的可及性，以此构建现代公共文化服务体系。当前中国正在迈入快速城市化的发展阶段，城市建成区的急剧扩张成为城市化和社会经济快速发展的重要特征。在土地资源紧缺的情况下，地方政府甚至会为了经济利益，将文化设施用地转变为商业用地，导致公民的文化权利无法实现。基于这一背景，公共文化设施用地更迫切地需要法律保障。为解决这一问题，法律规定政府部门在规划选址过程中应保障群众的知情权，让更多的群众参与到规划编制中，加强群众对政府的监督。该法第十九条规定，任何单位和个人不得侵占文化建设用地，不得将公共文化用地用于商业用途，确保了公共文化用地始终用于公共文化服务。

其次，该法保障公民对文化设施的知情权，有利于提高文化设施的利用率。现实中存在人们想要参与文化活动，享受公共文化服务却不知去哪儿的困境，对公共文化设施的不了解和政府宣传的不到位直接影响了人们文化权利的实现。该法出台后对公共文化服务设施范围做出了明确列举，并要求政府部门予以公布，保障了公民的知情权，较好地解决了人们信息获取不足而无法享受文化生活的困境。

最后，该法规定了政府保障公共文化设施正常运营的义务，确保文化设施物尽其用。有的文化场所远离居民区，交通不便；也有一些场所装饰花费巨大，造成铺张浪费。种种情形导致许多公共文化服务基础设施只是徒有其表，无法发挥其真正的作用，影响到公民文化权利的实现。针对这些情况，法律对文化设施的选址、规划、运营做了相关规定。要求公共文化设施的选址，应当征求公众意见，符合公共文化设施的功能和特点，有利于发挥其作用。公共文化设施的建设用地，应当符合土地利用总体规划和城乡规划，并依照法定程序审批。任何单位和个人不得侵占公共文化设施建设用地或者擅自改变其用途。公共文化设施管理单位应当按照国家规定的标准，配置和更新必需的服务内容和设备，加强公共文化设施经常性维护管理工作，保障公共文化设施的正常使用和运转。

（三）公共文化服务供给保障制度

1. 社会供给

公共文化服务必须坚持以政府为主导，但政府没有必要也不可能提供一切群众所需的文化服务。政府一方面鼓励社会力量参与公共文化服务，丰富了多样性，扩大供给总量；另一方面通过引入市场竞争机制，提高公共文化服务的质量。我国公共文化服务的供给主体已由政府一元供给逐步转为政府市场和非营利组织多元供给。随着我国市场经济的不断发展，社会组织力量壮大以及在公共文化服务供给中的重要性日渐显现，社会组织在公共文化服务供给中更有占据主体地位的趋势。《公共文化服务保障法》第四十二条规定，国家鼓励和支持公民、法人和其他组织通过兴办实体、资助项目、赞助活动、提供设施、捐赠产品等方式，参与提供公共文化服务。

该法将鼓励和支持社会力量参与公共文化服务上升为法定原则，明确了社会力量在公共文化设施建设、管理和服务提供等方面的重要作用，为社会力量更好地参与公共文化服务体系建设拓宽了渠道。在这个过程中，政府、市场、社会三者缺一不可。政府通过保障文化服务的基础供应，促进公共文化服务均等化发展；市场通过提供丰富的文化服务，以满足不同层次的文化需求；社会通过舆论引导和宣传教育，完善公共文化服务志愿者服务机制，让更多人投入到公共文化服务的实践中。

为了更好地提供公共文化服务，前提是服务提供主体的多元化。政府、企业、社会团体在充分竞争下形成提供文化服务的多元主体，保障基础文化服务，提供高层次文化服务，关注个性化文化需求，形成完整的供给体系。加强公共文化社会组织建设，以转变政府职能为契机，在公共文化服务的提供上引入市场竞争机制，实现优胜劣汰。

2. 服务标准制度

《公共文化服务保障法》第二十八条规定，设区的市级、县级地方人民政府应当根据国家基本公共文化服务指导标准和省、自治区、直辖市基本公共文化服务实施标准，结合当地实际，制定公布本行政区域公共文化服务目录并组织实施。

过去政府的发展方向是全面全能型的政府，但受限于经济原因，提供文化公共服务的职能被弱化。而现在则要求建立服务型政府，由原来指令性管理转换到为社会、为公众服务上来。该法确立了由政府主导，社会参与的原则，首次以法律的形式明确了各级人民政府是承担公共文化服务工作的责任主体，对各级政府保障公民文化权利提出了新要求，为监督考核各级地方政府提供公共文化服务情况提供了法律依据。

《公共文化服务保障法》第四十一条规定，国务院和省、自治区、直辖市人民政府制定政府购买公共文化服务的指导性意见和目录。国务院有关部门和县级以上地方人民政府应当根据指导性意见和目录，结合实际情况，确定购买的具体项目和内容，及时向社会公布。政府面向全社会购买公共文化服务，既是深入推进依法行政、转变政府职能、建设服务型政府的重要环节，也是规范和引导社会组织健康发展、推动公共文化服务社会化发展的重要途径，对于进一步深化文化体制改革，丰富公共文化服务供给，提高公共文化服务效能具有重要意义。例如，鄞州区的“天天演”工程、无锡市政府购买公共文化产品和服务、杭州市政府采购公益性文化项目等，通过政府购买公共文化服务项目，为群众提供了一系列精彩的公益文化演出项目，丰富了人民群众的精神生活，履行了政府供给文化服务的职能。

3. 财政保障

许多人权学者提出《经济、社会及文化权利国际公约》必须在可获得的资源的帮助下“逐步被意识到”，意味着这些权利需要财政保障中，如同执行民事权利、政治权利那样立即被执行。目前我国各地在文化领域的财政保障存在低预算、不平衡、难持续的弊端。城乡之间、不同城区之间财政支出不平衡，地区间经济发展水平的不平衡直接影响政府财政收入和投入公共文化服务中资金总量，财政能力的大小决定了地区提供文化服务的数量和质量。部分地区还存在文化投入不持续的问题，在经济发展和财政收入增加的情况下对文化事业的投入比例却不升反降；而文化基础设施投资不过是整个经济投资过热的连带受益者。

《公共文化服务保障法》第四十五条规定，国务院和地方各级人民政府应当根据公共文化服务的事权和支出责任，将公共文化服务经费纳入本级预算，安排公共文化服务所需资金。针对城乡二元经济体制，可通过设立中央、省、市三级专项公共文化服务资金，对经济发展较落后地区进行财政补助，通过转移支付统筹公共文化服务发展，确保公共文化服务的均等化发展。

《公共文化服务保障法》第四十七条规定，免费或者优惠开放的公共文化设施，按照国家规定享受补助。政府部门可以财政补助等方式对公共文化事业予以支持，在增强了资金利用率的同时，可以充分调动不同文化服务主体的积极性和主动性。通过实施文化信息资源共享工程、非物质文化遗产保护、数字图书馆工程建设等重大文化工程，加大政府对公共文化服务体系建设的资金支持力度。公共文化服务保障法将公共文化服务纳入财政预算，可有效保障文化投入的资金数量。建立分级保障，通过转移支付和财政补助协调区域间公共文化服务均等化发展。通过税收优惠和鼓励捐赠等方式鼓励社会力量参与文化事业，引导带动公众参与公共文化服务等多种保障途径，加强了财政对文化权利的保障。以杭州市图书馆为例，自 2008 年全面免费开放以来，杭州市图书馆吸引了大量读者，其中包括了一些拾荒者。通过免费开放和举办各类免费讲座，为杭州增添了人文气息，更丰富了人们的文化生活。杭州市图书馆还根据读者的社会信用情况，推出了免证免押金借阅服务，让读者更好地享受阅读的快乐，确保公民文化权的实现。

（四）公共文化服务管理监督制度

1. 文化服务活动监管制度

健全公共文化服务监督管理制度，需要加强执法巡查。以追求权力为指向的官本位文化、以提升社会地位为指向的消费文化、以营销欲望为指向的商业文化，共同促成了需要到欲望的异化。多元化的供给主体势必需要规范化的管理来保障文化服务市场的稳定。文化执法部门应加强对公共文化设施日常巡查力度，加强对群众普法宣传力度。对于在巡查中发现的非法经营行为，应当及时查处，并对整改情况进行回访再评估。文化执法还需完善协作执法机制。文化执法部门联合公安、工商等部门形成联合文化执法工作机制，对非法经营文化服务进行严打严查。除了政府监管，还需构建社会监管体系。完善公共文化服务市场监督举报制度，对群众举报的非法文化经营行为及时查处。市场具有逐利性，而公共文化服务最大的特点就是公益性。确保市场的逐利性和文化服务的公益性在政府监管下得到有机平衡，防止经营者借公共的名义进行非法牟利。

2. 资金监督管理制度

加强对政府购买服务的监督，应当完善审计制度。把事后审计转变为事中审计，将审计贯穿于政府采购的整个过程，并加强信息公开力度，保障公民的知情权。将政府购买公共文化服务置于阳光之下，促进工作的公开化、透明化。针对审计中发现的问题，及时提出整改意见，并要求政府在规定期限内进行整改，评估整改结果，并对整改不到位的进行追究问责。政府在加强资金管理的同时，也要提高自身合同管理能力。经过竞争性的政府招标采购程序后，便进入到合同管理过程，合同管理能力就成为市场交易成功的关键。在这期间的资金监管也应做到透明可查。

3. 公共文化服务设施安全监管制度

加强安全监管，是享受文化权利的前提。《公共文化服务保障法》第二十二条规定，公共文化设施管理单位应当建立健全安全管理制度，开展公共文化设施及公众活动的安全评价，依法配备安全保护设备和人员，保障公共文化设施和公众活动安全。公共文化服务的供给主体多样，除了政府建立的“公营造物”之外，还包括了民营单位。遗憾的是，该法仅对公共文化设施的安全制度进行规定，并未对民营文化设施进行规范。

一般而言，公共文化设施由政府部门出资兴办，建立了一套较为完善的管理措施，安全监管更为到位，但民营文化场所出于对逐利性的追求，有时会存在一些安全隐患。这就要求相关部门应安全监督管理。消防和工商执法部门应定期开展执法检查和不定期抽查，确保民营文化场所的安全运行。

（五）公共文化服务绩效评价制度

考核评价体系是检验公共文化服务发展成果的有效手段，能直接反映服务质量与人们的满意程度，为政府部门改进服务水平提供参考依据。目前我国公共文化服务的评价考核体系严重落后于公共文化服务的发展，缺乏公信度高的评价机制，公众对当今开始的公共文化服务的切身感受、意见建议等无法通过便捷的渠道反馈给政府有关部门和公共文化机构。公共文化服务的提供者们只能根据自己的理解去完善服务，对服务本身的认识不足，与公众沟通交互不够，从而阻碍了公共文化服务的深层次发展。

绩效评价的对象是政府贯彻落实《公共文化服务保障法》的情况，评价应由政府、公共文化服务对象、第三方共同参与。有学者认为，可以从人均占有文化设施的面积、某地区文化工作总量、人均参与文化活动的次数等公共文化服务指标来衡量政府文化工作的绩效。也有学者认为，应强调量化评价，将主观评价定量化，以问卷的方式测评群众的看法并将其定量计分。还有学者认为，可以从可获得性、可接近性、可接受性和可适应性四个相互联系的维度来进行评价。笔者认为，在绩效评价体系中，要侧重服务对象对公共文化服务的满意度评价。公共文化服务带有很强的社会效益价值，不能光靠指标说话，还必须引入主观型评价方式。通过设立公共文化服务指标，以标准化、均等化等作为考核依据，将主观评价以量化分析。将绩效评价纳入政府年度考核项目，以提高政府对于公共文化服务的重要性认识。以政府购买公共文化服务为例，将绩效评价结果作为以后年度编制政府向社会力量购买公共文化服务预算和选择政府向社会力量购买公共文化服务承接主体的重要参考依据。以上五种制度构成一个相对完整的文化公共服务保障的政府服务行政以协同治理的基本范型开展的、全链条的闭合式制度体系。

三、基于实质正义，强化对特殊人群及地区的文化权益保障

政府的责任在于保障最基础的公共文化服务，在这一层面应该是无差别的服务，即要求的是不论地区、不论贫富，都应该享受均等化的服务。但是，公共文化资源总是相对稀缺的，面对公民平等享有的文化权，国家所负担的最主要义务就是保证公众对于既有资源的平等获得权。我国社会发展不均衡导致贫富差距扩大，如何保障特殊地区及弱势群体的文化权利成为公共文化服务均等化的一大难题。

文化权利按照不同环节可分为表达、共享、监督评价；按照功能划分可分为积极权利和消极权利；按主体可分为一般主体和特殊主体。保障弱势群体的文化权利既是公平公正的立法原则对政府主导公共文化服务做出的要求，又是落实公共文化均等化的内在要求，是实现整体文化素质提升的保障。该法的出台使人权保护更加深入，更加具体，更加真实。针对这一现状，公共文化服务保障法规定地方各级人民政府应当根据当地实际情况，在人员流动量较大的公共场所、务工人员较为集中的区域以及留守妇女儿童较为集中的农村地区，配备必要的设施，采取多种形式，提供便利可及的公共文化服务。

（一）对流动人口文化权利的保护

我国各地区之间经济发展程度各不相同，人们热衷于涌向一二线城市寻找工作机会。随着经济发展和社会保障的进步，农民工的物质问题正日益受到重视。农民工问题还集中地体现在农民工的素质未能得到全面有效的提升上。

政府通过建设工人文化中心、青少年活动中心等文化设施，为外来务工人员及其子女提供文化活动场所。政府文化部门和社会组织可以定期举办文化活动，以送文化的形式，支持各地各级艺术院团深入用工企业、农民工聚居区开展慰问演出活动。同时，深入开展面向农民工子女的公益性文化艺术培训服务，加强阅读辅导、艺术培训、科学普及、文体活动等方面的文化服务，提高农民工子女的科学文化素质。

（二）对少数民族文化权利的保护

《公共文化服务保障法》第四十条规定，国家加强民族语言文字文化产品的供给，加强优秀公共文化产品的民族语言文字译制及其在民族地区的传播，鼓励和扶助民族文化产品的创作生产，支持开展具有民族特色的群众性文化体育活动。这是对宪法中关于民族区域自治制度的有效落实和衔接。我国是统一的多民族国家，少数民族地区有着独特的民族文化。加强少数民族地区的文化服务，满足民族群众的公共文化需求，有利于提高少数民族群众的科学文化素质，促进民族团结、社会凝聚和国家认同。

1. 支持当地民众开展特色文化体育活动

文化体育活动是民族地区文化休闲的主要方式，也是各民族地区文化旅游的特色项目。国家和各级政府通过政策优惠、资金保证等方式，鼓励民族地区举办特色的文化体育活动。通过支持开展具有民族特色的群众性文化体育活动，有利于深入发掘少数民族优秀传统文化内涵，传承和弘扬少数民族优秀传统文化。

以蒙古族的那达慕大会为例，通过举办摔跤、赛马、射箭等体育项目庆祝牛羊丰收。其间举办的集体舞蹈、摄影展和美食节等活动吸引了众多游客的参与，不仅为当地少数民族群众带了丰富的收入，更有利于其他民族了解蒙古族的悠扬历史，促进该民族的文化特色、传承和融合、创新。

2. 加强民族语言文字文化产品供给

优秀的民族文化作品能够让我们感受到民族传统与悠久的文明之间的深刻联系。保护少数民族文化权利，首先要加强民族语言文字文化产品的供给。国家可以设立更多的少数民族语言电视频道和广播频率。对于优秀的电影电视及文化作品，加大译制力度，将优秀文化资源提供给各民族群众。通过财政转移支付，支持出版更多的民族语言双语书籍，将汉族地区优秀作品送到民族地区，加强民族融合和文化认同。

保护少数民族文化权利，还要加大财政支持力度。目前国家通过设立各项基金会，向社会提供文化创作支持。

（三）对特定地区人民文化权利的保护

地方各级政府部门有义务确保公共文化服务的均等化实施。各级政府通过财政资源配置促进城乡协调发展，将贫困地区公共文化服务体系建设和国家扶贫战略有机结合，有助于改变农民因愚返贫、农村可持续发展后劲不足的现状，提高贫困地区人民群众文化素质，带动经济发展。《文化部“十三五”时期文化发展改革规划》指出全面落实国家基本公共文化服务指导标准和地方实施标准，以标准化促进均等化，是加强贫困地区公共文化服务体系建设的基本思路。扶贫首先应当扶“智”，包括教育、科技和文化三方面。提高贫困地区群众的文化素质，确保其作为“人”所应当享有的尊严，否则类似甘肃杨改兰的悲剧还将重演。

李克强总理在 2017 年的政府工作报告中指出，贫困地区和贫困人口是全面建成小康社会最大的短板。《公共文化服务保障法》第八条规定，国家扶助革命老区、民族地区、边疆地区、贫困地区的公共文化服务，促进公共文化服务均衡协调发展。

以广西百色地区为例，地方政府通过建立非遗传习基地和非遗展示馆，举办各种非遗培训班让更多群众掌握了非遗生产新技艺，每月定期开展的服饰制作教学和画蜡、纺线、织布、刺绣体验活动。这些文化活动不仅让苗族服饰制作技艺得以传承，更成为当地群众增收的手段。通过文化扶贫，贫困地区群众既感受到了优秀文化的熏陶，文化素质得到了提升，又增加了收入，物质生活得到保障。

四、走向法治化，切实保障《公共文化服务保障法》的落实

《公共文化服务保障法》是文化领域的基本法，该法从文化需求、文化设施、文化供给、文化监管、绩效评价五个方面构成较为完整的逻辑链条，形成完备的文化权利保障制度体系。但是作为文化领域的基本法，毕竟是一部开创性的法律，具有探索性、概括性和广泛性。因此立法过程中难度较大，对立法的统筹协调能力和规范设计能力提出很高挑战，尤其是在强

调立法的针对性和操作性而不是宣示性和框架性的新的时代背景下，其内容仍有欠缺之处，需要通过建立配套法律、制度建设来完善。

（一）公共文化服务保障法存在的缺憾

1. 问责不足

政府对公共文化服务重视程度不足是现阶段存在的主要问题。《公共文化服务保障法》在第五章法律责任规定了政府保障不力和违反规定应当接受的行政处分。通过列举了未尽保障义务、不按规定使用公共文化设施、挪用资金等行为规定了政府和相关部门的违法责任。

《公共文化服务保障法》第五十八条规定，违反本法规定，地方各级人民政府和县级以上人民政府有关部门未履行公共文化服务保障职责的，由其上级机关或者监察机关责令限期改正；情节严重的，对直接负责的主管人员和其他直接责任人员依法给予处分。该条文以高度概括的形式规定了未履行保障职责应受到处分，但是并没有对违法情节进行细化规定。哪些情况属于未履行保障职责，其参照依据是什么，整改不到位有何法律后果等，这些问题都没有详细规定，需要制定相配套的实施办法和细则。

2. 救济不足

要切实增进和强化公众的文化权利主体地位，在其权利能力和行为能力上予以充实和保障，因此在文化受益权的可诉性上可将其纳入司法保障的轨道。有学者认为文化权利是政府提供的一种福利，不属于基本人权。“没有救济就没有权利”，这也是众多学者认为文化权不是一项基本权利的原因。经济、社会和文化权利委员会认为没有哪项公约权利被绝对地否认，至少在某些方面具有可诉性。实践表明，个人申诉程序是加强人权公约实施监督的一个有用和有效的方式。通过处理与公约规定的权利相关的个案，可以进一步澄清有关权利的内容和范围，并使之具有一定的“可诉性”。《公共文化服务保障法》仅从政府责任和内部处分等形式规定了法律责任，对公民文化权利受到侵害没有建立行之有效的救济制度。

（二）加快配套立法

《公共文化服务保障法》作为文化领域的基本法，其规定的内容具有纲领性和概括性，但是没有对如何具体实施进行明确规定，这就需要制定相配套的实施办法或实施细则将法律条文进行细化规定。同时，我国幅员辽阔，各地文化发展状况不同，需要地方人大、政府发挥主观能动性，结合辖区的实际情况制定地方性法规规章。通过制定实施细则和地方立法，将基本法具体化，因地制宜更好地保护公众的文化权。

以浙江义乌为例，由于外贸发达，义乌地区有着众多的外来人口，有52个民族近130万名外来建设者、80多个国家和地区1.3万名境外客商常年在这里生活工作。不同国家，不同宗教信仰的人们其文化需求各不相同。针对外国人员，义乌市通过卡通漫画等形式宣传我国的法律法规，引导其融入义乌，感受中国文化。通过举办各类联谊会，促进各国人民相互了解，增进对中国文化的认同。

2017年11月30日，浙江省第十二届人大常委会第四十五次会议审议通过了《浙江省公共文化服务保障条例》（以下简称《保障条例》），《保障条例》将于2018年3月1日起正式施行。《保障条例》在指导思想上注重顶层设计、坚持问题导向、体现地方特色。根据浙江省"两个高水平""文化浙江"的建设要求，结合浙江省在公共文化服务领域的创新实践，将近年来的成功经验写入条例。这是一个显著的进步和积极的探索。

（三）建立文化权利报告制度

针对我国文化状况，政府部门尚未发布全面的文化报告。文化状况只有在人权白皮书、地方文化产业白皮书中被提及，没有专门的文化报告来总结我国文化发展历程所取得的成就。英国政府于2016年发布文化白皮书，内容涵盖文化的内在价值、社会价值、经济价值，通过总结文化带来的经济价值，规划未来发展方向。可以在人才培养、文化发展方向、扩大文化影响力等方面进行科学有效的规划。该法本身即属于人权法的体系和范围，按照人权实施的国际法律机制与国内法律机制相衔接的原则，我国可借鉴英国政府的做法，在《公共文化服务保障法》出台后，政府部门可以以一年或五年为一周期发布文化报告，总结我国在文化权利保护领域取得的进展，让公众和其他国家了解我国在人权保护方面的成就和进步。

（四）建立文化公益诉讼制度

宪法中的经济、社会、文化权利若不借助立法加以保障则会使宪法变得苍白无力，同时这些权利若不付诸司法机关的实践也将成为一纸空文。文化权利作为一项宪法权利，由于我国尚未确立宪法诉讼制度，故不能获得完全的司法救济。笔者通过查阅中国裁判文书网，目前和文化相关诉讼极为鲜见。仅有四川昌平文化馆侵犯表演者权利诉讼，杭州不服政府部门未将原告列入非遗传承人的行政诉讼。笔者发现，侵犯公民文化权利的侵权人大多是政府部门，其中符合行政诉讼起诉条件的可通过行政诉讼解决，但同时也存在尚未列入诉讼制度之中的情况。有学者提出，根据我国国情构建公民经济、社会和文化权利分类分层制度。对于一些重要的、基本的和明晰的权利尽早允许司法救济，而对于其他的权利种类，则允许其在条件成熟后再赋予其可诉性的特征。结合现阶段正在试点的行政公益诉讼制度，笔者建议将文化诉讼纳入公益诉讼之中。检察院其职责就是监督法律实施，通过公益诉讼将文化权利纳入司法保障体系，建立起全方位的法律保障体系，有利于保障人权的实现。

结语

综上所述，对公民文化权利的保护是人权发展的必然要求，也是实现人格尊严、个性创造、繁荣文化生活、传承优秀文化的必由之路。《公共文化服务保障法》在制度上构建了五大制度保障体系，通过在国家层面确立文化领域的基本法，并辅以政府规章和地方性法规以此保障公民的文化权利不受侵犯。该法结束了长期以来文化权利保障无法可依的局面，将宪法规定的文化权利从抽象变为具体，使得文化权利的保障迈向法制轨道。虽然该法存在问责不足、救济不足等结构性缺憾，但仍不能否认其进步意义。随着相关文化法律的出台和具体实践，我国的人权事业必将取得新的进步。

参考文献：

［1］参见柳斌杰：《依法保护人民群众的文化权益——关于公共文化服务保障法和文化立法的思考》，载《中国人大》2016 年第 8 期。

［2］陈忠：《城市权利：全球视野与中国问题——基于城市哲学与城市批评史的研究视角》，载《中国社会科学》2014 年第 1 期。

［3］秦前红、涂云新：《经济、社会、文化权利的可司法性研究——从比较宪法的视角介入》，载《法学评论》2012 年第 4 期。

［4］郑功成：《中国社会福利改革与发展战略——从照顾弱者到普惠全民》，载《中国人民大学学报》2011 年第 2 期。

［5］柳斌杰：《依法保护人民群众的文化权益——关于公共文化服务保障法和文化立法的思考》，载《中国人大》2016 年第 8 期。

［6］武贤芳：《自然权利与法定权利的争锋》，载《理论界》2011 年第 8 期。

［7］张艺耀：《中国宪法文本中“文化”概念的规范分析》，载《河北法学》2015 年第 4 期。

［8］朱琳、张媛：《文化领域将迎两部基本法》，载《法制日报》2015 年 8 月 22 日，第 3 版。

［9］张健华、杜谆：《统筹服务设施网络建设　促进基本公共文化服务标准化、均等化》，载《中华文化论坛》2014 年第 3 期。

［10］参见王琳琳：《文化权视角下的公共文化服务立法》，载《中国社会科学报》2017 年 4 月 20 日，第 7 版。

［11］黄锴：《论给付行政的程序控制——以行政救助中的“经济状况调查”为分析对象》，载《时代法学》2016 年第 4 期。

［12］代刃、冯露君：《公共营造物主体规制问题探析》，载《学术探索》2012 年第 5 期。

［13］周友军：《德国民法上的公法人制度研究》，载《法学家》2007 年第 4 期。

［14］徐梦洁、於海美、梅艳、李娜、庄舜尧：《近年我国城市土地扩张研究进展》，载《国土资源科技管理》2008 年第 1 期。

［15］叶菊华：《公共文化服务体系的财政保障构建》，载《经济论坛》2013 年第 7 期。

［16］蔡秀云、赵春生：《非营利组织公共文化服务供给研究》，载《经济研究参考》2014 年第 41 期。

［17］胡惠林：《论政府与文化市场的关系》，载《长白学刊》2014 年第 3 期。

［18］参见王振：《政府购买公共文化服务的绩效评价研究》，浙江大学 2014 年硕士学位论文。

［19］Olokaonyango J：*The Problematique of Economic, Social and Cultural Right in Globalized Uganda: A Conceptual Review*，Pain, 2007, 128(1-2):20-30.

［20］章建刚、陈新亮、张晓明：《中国公共文化服务发展的历史性转折》，社会科学文献出版社 2007 年版，第 11 页。

［21］闫平：《试论公共文化服务体系建设》，载《理论学刊》2007 年第 12 期。

［22］范广垠：《制度三大基础要素理论与中国法治建设——兼论传统文化的学习》，载《观察与思考》2016 年第 11 期。

［23］李山：《政府购买公共文化服务的现实困境与改革路径》，载《湘潭大学学报》（哲学社会科学版）2014 年第 5 期。

［24］参见陈露：《我国公共数字文化服务体系研究》，南京大学 2013 年硕士学位论文。

［25］参见张海珍：《论人权维度下的政府职能定位》，南京航空航天大学

2012 年硕士学位论文。

［26］ 郑方辉、尚虎平：《中国法治政府建设进程中的政府绩效评价》，载《中国社会科学》2016 年第 1 期。

［27］ 王前、吴理财：《公共文化服务可及性评价研究：经验借鉴与框架建构》，载《上海行政学院学报》2015 年第 3 期。

［28］ 焦德武：《公共文化服务体系的绩效评价》，载《安徽农业大学学报》（社会科学版）2011 年第 1 期。

［29］ 国务院办公厅转发文化部等部门《关于做好政府向社会力量购买公共文化服务工作意见的通知》，国办发〔2015〕37 号。

［30］ 黄明涛：《公民文化权研究——〈宪法〉第 47 条之规范建构》，中国政法大学出版社 2015 年版，第 227 页。

［31］ 郑功成、黄黎若莲：《中国农民工问题：理论判断与政策思路》，载《中国人民大学学报》2006 年第 6 期。

［32］ 文化部、国务院农民工工作领导小组办公室、全国总工会印发《关于进一步做好为农民工文化服务工作的意见》，文公共发〔2016〕2 号。

［33］《文化部"十三五"时期文化发展改革规划》，载 http://www.mcprc.gov.cn/whzx/bnsjdt/whcys/201704/t20170420_493285.html，最后访问时间：2017 年 5 月 28 日。

［34］ 2016 年 8 月杨改兰杀死四个孩子后服毒自尽，不日其丈夫服毒身亡。

［35］ 宾阳、郭少东、郭凯倩：《广西百色文化扶贫传佳信》，载《中国文化报》2016 年 12 月 28 日，第 2 版。

［36］ 柳华文：《论国家在＜经济、社会和文化权利国际公约＞下义务的不对称性》，北京大学出版社 2005 年版，第 74 页。

［37］ 毛旭倩：《义乌"万国咏鹅"活动启动　百国友人齐咏骆氏绝唱》，载中国义乌网，http://news.zgyww.cn/system/2016/12/15/010088818.shtml，最后访问时间：2017 年 5 月 6 日。

［38］ 参见郑苒编译：《英国 50 年后再次发布的文化白皮书长达 72 页》，载《中国文化报》2016 年 4 月 11 日，第 3 版。

［39］ 秦前红、涂云新：《经济、社会、文化权利的保障路径及其选择——在立法裁量与司法救济之间》，载《交大法学》2013 年第 1 期。

［40］ 分别是（2016）川民终 900 号和（2016）浙 01 行终 731 号。

［41］ 王德新：《经济、社会和文化权利可诉性问题探析》，载《北方法学》2010 年第 6 期。

文化产业安全预警定量方法研究*

陈学民**

[摘　要] 文化产业安全预警模型选择能够反映该产业安全度的多项指标，采用一定的方法将指标蕴含的信息加以汇集，给出文化产业安全的整体预警，从而前瞻性地全面反映文化产业的安全情况。本文研究的文化产业安全预警的定量方法，主要包括线性多属性综合预警模型、非线性多属性综合预警模型、模糊综合预警模型、数据包络分析模型、神经网络预警模型等方法。本文也讨论了文化产业景气指数的预测，最后阐述了预警方法的集成。只有在预警的各个阶段都比较科学、合理的情况下才能最终保证综合预警结果的科学性、合理性。集成方法有助于提升具体方法的可行性，促进多指标综合预警的发展，提高结果的准确程度。

[关键词] 文化产业；安全预警；综合评价

一、引言

在新时代中国特色社会主义发展中，文化产业承载着发展经济、传承文化的重任。对于这样一个深刻影响中国社会发展与现实生活的新兴产业，予以密切关注和深度解读十分必要。文化产业不同于纯物质形态的商品生产行业，不能按照一般意义的经济活动来理解，它具有文化、政治、意识形态等特殊属性与功能。在文化产业生产过程中，内在的外在的、国内的

* 本文受北京印刷学院课题（04190117003/036）资助。

** 陈学民，经济学博士后，北京印刷学院文化产业安全研究院讲师，研究方向：文化经济学，货币经济学。

国际的、生产者与消费者、生产者与管理者，不同的参与者从自身利益和需要出发，对文化产业生产的产品或提供的服务有着各自的价值取向。中国的文化产业及其理论与实践，是在文化体制改革不断深化和社会主义市场经济改革的背景下提出来的。中国文化建设由过去单一的福利性的“文化事业”向市场型的“文化产业”和公共性的“文化事业”共同发展，并逐渐在当代中国文化建设与文化发展中进入学术研究视野。

文化产业安全是指一国在对外开放的条件下，在国际竞争的发展进程中，具有保持民族产业持续生存和发展、保持本国资本对本国文化产业主体控制的能力。中国作为一个发展中国家，在经济发展阶段，体制制度和文化特征方面与西方国家存在较大差异，这就要求政府更加需要注重文化产业自身安全。因而，如何科学地认识、分析和判断文化、文化产业及其系统运动所构成力量的作用，就成为当代中国文化建设面临的重大课题。我国文化产业结构面临着远较以往复杂的发展局势，随着政府将更多产业向外开放，民族文化产业将会面临新一轮资本与话语权的竞争。

文化产业安全预警模型选择能够反映该产业安全度的多项指标，采用一定的方法将多项指标的信息加以汇集，给出文化产业安全的整体预警，从而前瞻性地全面反映文化产业的安全情况。安全预警需要包含若干个指标，因为单项指标的定量与定性预警只反映了该单项指标对文化产业安全的影响，至于这些单项指标之间的联系及对安全总目标的共同影响却无法分析，从而有可能使得安全预警结论具有片面性，影响了相关部门对该产业安全情况的判断，进而影响了相关政策的制定。

本文建立的文化产业安全预警模型具备如下特点，第一，模型包含有若干个指标，多个预警指标分别从不同方面衡量文化产业是否安全；第二，预警方法最终要对文化产业的安全做出一个具有总结性和整体性的评判，用一个总指标来说明文化产业安全的水平。完整的文化产业安全综合预警可以分为如下几个阶段：

（1）确定预警目标。

（2）构建预警指标体系。主要涵盖了使预警目的体系化，建立指标体系，从整体以及单体两个角度评估指标体系，改进体系，将各个定性变量数量化等方面的内容。

（3）确定具体的预警方式与模型。涵盖了预警方式的确定、权数的建构、预警指标系统以及预警方法等方面的内容。

（4）施行综合预警。涵盖了采集体系信息、预警信息、关键的信息预测、相关参数求解等方面的内容。

（5）预警和检验预警所得数据。结合定性分析，判断预警结果是否合理。若与实际情况不符，需要返回到前述的环节，判断所确定的模型、指标，以及相关权数等是否符合实际，如果仍旧不合理，则再次实施修正。

多指标综合预警，即以数学模型为工具“合成”不同预警指标值，将之变成一个具有整体特征的预警值。在此过程中，关键在于如何根据预警准则及被预警系统的特点来选择较为合适的合成方法。

在构建文化产业安全预警指标体系时，本文确定的构建原则有：（1）科学性原则；（2）可比性原则；（3）系统性原则；（4）可行与有效性原则；（5）关联性和独立性的统一；（6）可重构和可扩充性原则。

本文的余下内容分布：第二部分线性多属性综合预警模型；第三部分非线性多属性综合预警模型；第四部分模糊综合预警模型；第五部分数据包括与神经网络模型；第六部分文化产业景气指数预测；第七部分预警方法的集成。

二、线性多属性综合预警模型

线性多属性综合预警模型假定产业安全程度与各影响因素之间为线性关系，这种方法的特点是比较直观明了，但在相当程度上可以反映问题的本质。设产业安全度满足以下函数关系：

$$S = \beta_1 X_1 + \beta_2 X_2 + \cdots + \beta_m X_m$$

其中，S 表示文化产业安全预警度量，X_i 表示影响因素指标，β_i 表示各级指标的权重，且有 $\sum_{i=1}^{m} \beta_i = 1$。如果存在二级指标，此时 X_i 的含义就是一级指标，并有关系：

$$X_i = \prod_{j=1}^{n_i} \alpha_j x_j$$

其中，x_{ij} 表示二级指标，a_{ij} 表示二级指标权重，$\sum_{j=1}^{n} a_{ij} = 1$。

影响因素 X_i 度量了某影响因素的安全程度，它通常需要进行归一化处理。

线性多属性综合预警模型具有以下特性：

（1）该模型比较适合运用于各预警指标之间互不影响的情况，此时各个指标对整体的预警所产生的作用是相互独立的。由于“合成”运算采用“和”的方式，其现实关系应是“部分之和等于总体”，若各预警指标之间不独立，“和”的结果就会是信息的重复，也就难以反映客观实际。

（2）该模型可让各种不同指标之间实现线性补偿。即作用减小的指标值可用另外某些作用增强的指标值进行补偿，任意指标值的增大都有可能使得整体的预警值升高。另外，可以采用提高某些指标值的方法以应对某些指标值的下降，从而确保整体预警水平的稳定性。

（3）该模型中权重系数的影响相对于其他方法中的解释更为明确，更为明显地突出了各指标值所产生的影响。

（4）在该模型中，当已经确定权重系数时（因为不同指标值可实现线性补偿），对不同方案间的差别并不敏感。

（5）该模型对其中的无量纲指标并不做较为特殊的要求。

（6）此模型计算更为方便，且较容易进行普及和应用。

决策人员在运用该模型对相关对象实施综合预警时，除了要考察综合预警数值之外，还需要考虑具体分指标的安全程度，以免导致系统 (或被预警对象) 的“畸形”发展或预警的不完全。

三、非线性多属性综合预警模型

非线性多属性综合预警模型假定产业安全与各影响因素之间为非线性相关，两个变量之间的非线性关系可以有多种，这里为简化起见仅阐述最常用到的指数模型。设产业安全度满足以下函数关系：

$$S = \alpha X_1^{\beta_1} \cdot X_2^{\beta_2} \cdots X_m^{\beta_m}$$

其中，S 表示文化产业安全预警度量，X_i 表示各级影响因素指标，α 是一个调整指标系数，β_i 表示各级指标的指数，且 $\sum_{i=1}^{m}\beta_i = 1$。同时，如果存在二级指标，那么一级指标 X_i 与二级指标 x_{ij} 有关系：

$$X_i = \prod_{j=1}^{n_i} x_{ij}^{a_{ij}}$$

其中，a_{ij} 表示二级指标的指数，且有$\sum_{j=1}^{n} a_{ij} = 1$。

对上式两端取对数，有：

$$\log S = \log\alpha + \beta_1 \cdot \log X_1 + \beta_2 \cdot \log X_2 + \cdots \beta_m \cdot \log X_m$$

或

$$\log S = \log\alpha + \beta_1 \cdot \log\prod_{j=1}^{n_1} x_{1j}{}^{a_{1j}} + \beta_2 \cdot \log\prod_{j=1}^{n_2} x_{2j}{}^{a_{2j}} + \cdots \beta_m \cdot \log\prod_{j=1}^{n_m} x_{mj}{}^{a_{mj}}$$

$$= \log\alpha + \beta_1 \cdot \sum_{j=1}^{n_1} a_{1j} \log x_{1j} + \beta_2 \cdot \sum_{j=1}^{n_2} a_{2j} \log x_{2j} + \cdots \beta_m \cdot \sum_{j=1}^{n_m} a_{mj} \log x_{mj}$$

$$= \log\alpha + \beta_1 \cdot (a_{11} \cdots a_{1n_1}) \begin{pmatrix} \log x_{11} \\ \vdots \\ \log x_{1n_1} \end{pmatrix} + \beta_2 (a_{21} \cdots a_{2n_2}) \begin{pmatrix} \log x_{21} \\ \vdots \\ \log x_{2n_2} \end{pmatrix} \cdots + \beta_m \cdot (a_{m1} \cdots a_{mn_m}) \begin{pmatrix} \log x_{m1} \\ \vdots \\ \log x_{mn_m} \end{pmatrix}$$

其中，$\sum_{i=1}^{m} \beta_i = 1$，$\sum_{j=1}^{n_i} a_{ij} = 1$。

我们可以设定 $S' = \log S$，从而可以将上式重新表述为：

$$S' = \log\alpha + \beta_1 \cdot (a_1 \ \cdots a_{1n_1}) \begin{pmatrix} \log x_1 \\ \vdots \\ \log x_{1n_1} \end{pmatrix} + \beta_2 (a_2 \ \cdots a_{2n_2}) \begin{pmatrix} \log x_2 \\ \vdots \\ \log x_{2n_2} \end{pmatrix} \cdots +$$

$$\beta_m \cdot (a_{m1} \cdots a_{mn_m}) \begin{pmatrix} \log x_{m1} \\ \vdots \\ \log x_{mn_m} \end{pmatrix}$$

此方法的运用过程充分展现了系统工程制订计划确定决策思路的特点，亦即实施划分、判别与整体性，方便运用，且协调了定性以及定量两种不同的方法，属于体系化的分析方法，因此普及范围甚广。一般所采用的模型以层次分析法为主，构建了具有多种角度的递阶结构。根据各种目标以及相应的功能上的区别，可将系统分成几种不同的层次。和层次分析法的区别在于，此方法在确定不同指标的稳定性和安全程度时，并不将同类的指标特性进行平均，而是将各个不同指标的安全程度相乘。

非线性加权综合预警方法具有以下特征：（1）适用于各指标间有较强的关联性的场合。（2）强调的是各备选方案指标值大小的一致性。即这种方法是突出指标值中较小者的作用。（3）指标权重系数的作用不如线性加权综合法那样明显。（4）对指标值变动的反应比线性加权综合法更敏感。因此，非线性加权综合法更有助于体现备选方案之间的差异。（5）对指标值的数据要求较高，即要求无量纲指标值均大于或等于 1。此外，与线性加权综合法相比，非线性加权综合法在计算上要复杂些。

四、模糊综合预警模型

模糊综合预警法是运用模糊集理论实施预警的方法，其在模糊关系合成理论的基础上，利用多种指标从整体上评估具体对象的隶属等级状况。此预警方法不但可以从分值高低的角度实施预警并进行相关的排序，并且可根据最大隶属度原则去评估各个具体对象所对应的等级。解决了运用传统方法所获得的结果过于单一的不足，而且判断变得更为准确。不同因素的预警，可根据实际的状况，将各种因素分成数种不同的层次，然后按层次进行逐层预警。较低层次的不同因素的整体性预警皆是上一层次的单因素预警，这样便可从最低层开始逐渐实现最高层的预警。

模糊综合预警法的步骤如下：

第一，建立模糊集合。首先构造指标集$M=\{m_1,m_2,\cdots,m_k\}$，然后构造评判集$N=\{n_1,n_2,\cdots,n_l\}$。

第二，建立隶属度矩阵。由专家参照评判集 N 对指标集中的各因素进行预警，给出各因素的评语，构造模糊映射 $f:M\to F(N)$。$F(N)$ 是 N 上的模糊集全体$m_i\to f(m_i)=(y_{i1},y_{i2},\cdots,y_{l})\in F(N),(i=1,2,\cdots,k)$。映射 f 表示相对于指标集 m_i 分别做出预警 n_i 的隶属度。因此，整个指标集内诸因素的隶属度向量组成隶属度矩阵，即模糊矩阵：

$$Y=\begin{bmatrix} y_{11} & y_{12} & \cdots & y_{1l} \\ y_{21} & y_{22} & \cdots & y_{2l} \\ & & \cdots & \\ y_{k1} & y_{k2} & \cdots & y_{kl} \end{bmatrix}$$

第三，假设各指标相应的权向量为 $A=(a_1,a_2,\cdots,a_k)$， $a_i\in(0,1)$（$i=1,2,\cdots,k$），且$\sum_{i=1}^{k}a_i=1$。

第四，模糊综合预警结果为：$S=AR=(s_1,s_2,\cdots,s_l)$。按照最大隶属度原则，$s_j(j=1,2,\cdots,l)$ 中的最大值所对应的安全度的预警值即为该产业的安全度。

在该方法中，对安全因素进行预警并非单纯地肯定或者是单纯地否定，建立隶属度函数，然后运用模糊集合进行描述，有利于更为合理地研究产业现状。

有必要表明的是，该方法也具有一定的限制条件。不同指标的判定数值准确性较低，而且预警的结果不具有独立性，结果与指标的赋权有密切的关系，即包含了一部分主观层面的因素。同时，即使某部分指标明显不利于安全的稳定性，但因为个体指标在被进行综合之后，最终给出的结果仍然可能偏向于“安全”。所以运用此方法研究产业的整体安全现状时，不但要注重整体的评估结果，还应着重关注风险度较大的指标。

五、数据包络与神经网络模型

数据包络分析（Data Envelopment Analysis，DEA）方法是运用数学工具预警经济系统生产前沿方面有效性的非参数方法，它适用于多投入多产出的多目标决策单元的绩效预警。此种方法的核心在于相对效率，按照多指标的投入和产出对同种类型的决策单元实施预警。实施绩效预警时使用此种方法的另一种特征为，无须用参数方式确定生产前沿函数，而且该函数可随实际情况而改变，无须完全掌握各个单元的输入输出间的关系，而仅需运用极值的办法，其中，整体上的衡量标准为相对效益，变量则为DMU 中的输入输出的权重向量，从有助于正确决策的方向实施预警，进而消除主观因素对分析结果准确程度的影响。此方法运用了数学规划模型，无须将各单元的输出区别对待。其中相关的价值设置和虚拟系数有较大的联系，有助于明确对决策单元效益产生作用的各类因素。此方法有足够的经验支持，实施步骤极具科学化，因此能在一定程度上评估各类决策单元对应不同投入时的不同输出，而且可以确定非 DEA 有效的单元里投入无法达到预期的程度。最为关键的是此方法还可明确某特定单元相对有效时，所对应的输出与输入的具体数值。

DEA 有效性的预警是对已有决策单元绩效的比较预警，属于相对预警，它常常被用来预警部门间的相对有效性（又称为 DEA 有效）。DEA 模型中最常用到的是 CCR 模型，又称为 C^2R 模型。从生产函数角度看，这一模型是用来研究具有多项输入，特别是具有多项输出的“生产部门”时衡量其“规模有效”和“技术有效”较为方便，而且是卓有成效的一种方法和手段。

人工神经网络（Artificial Neural Network，ANN），简称神经网络，是一种模仿生物神经网络的结构和功能的数学模型。此网络系统结构极其复杂，其处理相关数据的具体手段为，按照实际需求调整内部众多节点间的联结方式。人工神经网络可实现自主学习以及适应环境之变化。作为一种非线性统计性数据建模工具，在工程与学术界被广泛地应用于对输入和输出间复杂的关系进行建模。

BP 人工神经网络（Back-Propagation Artificial Neural Network），简称 BP 神经网络或 BP 网络，是 Hinton and Williams 于 1986 年提出的，是目前应用最广泛的一类神经网络。BP 人工神经网络是利用误差反向后传 BP(Back Propagation) 学习算法训练的多层前馈网络，能够从大量的实验数据中建立内部的映射关系。神经网络理论中的 Kolmogorov 定理证明了，BP 人工神经网络具有强大的非线性映射能力和泛化功能，任一连续函数或映射均可利用典型的三层网络实现。

BP 神经网络由大量的神经元（或“节点”）联结构成。每两个神经元间的联结都代表一个对于通过该联结信号的加权值，称之为权重（weight），相当于神经网络的记忆。BP 神经网络采用并行的网络结构，包括输入层（input layer）、隐含层 (hide layer) 和输出层 (output layer)。

六、文化产业景气指数预测

景气指数是对经济发展状况的一种综合性描述，文化产业景气度是指总文化产业呈上升或健康的态势，类似的金融景气度是指金融系统处于良好发展的态势。景气预测是通过正确选择景气指标体系来实现。经济指标是从众多经济指标中优选而出，分为先行指标、同步指标和滞后指标三类。

先行指标是指它的变化预示着整体的经济将发生变化，并且能确定同步指标可能产生的变化。同步指标即是其所发生的改变与整体经济所发生的改变较为近似，可充分展现目前经济的发展方向。滞后指标所产生的变化一般会较为滞后一段时间，它的变化意味着总体经济景气程度的变化。

景气指标的筛选可以用聚类分析及非参数检验来进行。聚类分析首先将要分析的 m 个指标看作一类，然后计算各类指标之间的某种距离，并将关系最密切或距离最短的两个指标归为一类，把另外一些相似程度较大的指标归为另一类，直到把所有指标都聚合完毕，形成一个谱系图。非参数检验可以采用秩和检验法以及 K-W 检验法等。

国际通用的景气指数方法有扩散指数法（DI）与合成指数法（CI）等。扩散指数是指标组内在某个时期上升指标个数占组内所采用指标个数的比率，计算公式为

$$DI_t = \sum_{i=1}^{n} w_i I\left(x_{it} \geqslant x_{it-s}\right) * 100\%$$

其中，DI_t 为 t 时刻的扩散指数，x_{it} 为第 i 个变量的波动值，w_i 为权重，I 为示性函数，n 为变量指标总数。

从扩散指数的定义可知，DI_t 总是位于 0–100% 之间。当 $50\% < DI_t < 100\%$ 时，经济向扩张方向运动，处于景气时期，当 DI_t 接近 100% 时，意味着经济可能过热。

利用先行扩散指数、同步扩散指数和滞后扩散指数可以有效监控经济运行。

合成指数又称景气综合指数，是由一些特征指标以各自的变化幅度为权重的加权平均综合指数，它还能在一定程度上反映经济周期的波动，其计算方法为

$$C_{it} = \frac{d_{it} - d_{it-1}}{\left(d_{it} + d_{it-1}\right)/2} * 100\%$$

景气综合预警也用于预警系统中，将多个指标合并为一个综合性指标，对当前经济或产业状况发出不同信号，通过观察信号的变动情况判断经济或产业的健康程度。

七、预警方法的集成

综合预警方法依赖于方法的选择。针对同一预警对象，逻辑上可行的方法可能得到不同的预警度量，这是综合预警方法中的一个难题。各种方

法的优劣成为研究中的一个主题，但各种方法的提出都有特定的背景和意义，存在各自的适用范围；即方法本身无所谓优劣，难以从机理上判别方法的好坏。为此，本文提出将各方法进行组合集成的思路。

预警度量本身是较为复杂的事物，涵盖了不同对象、不同指标以及不同方法的集合等，整体上的预警结果由上述种种因素共同决定。对于一个较为复杂的对象可否预警成功，不仅深受参与专家以及相关指标体系的作用，还受所选择方法的影响，对同一组对象使用不同方法进行预警其结论可能存在一定差异。这个问题在现实中普遍存在，但至今没有有效的解决方法。因此，许多学者探讨能否从系统观的角度分析该问题，然后结合不同种类的预警办法进行处理。

在掌握各类预警法的优劣势上，本文给出了对单一综合预警实施两两集成的方法。如前文所述，在结合不同种类的预警方式实施综合预警时需注重其余的几个不同阶段。只有在各个阶段都比较科学、合理的情况下才能最终保证综合预警结果的科学性、合理性。“两两集成”是两个(或以上)综合预警方法的有机结合，能使主观意识尽量趋近于客观实际，从而提升具体方法的可行性。充分结合现有方法，有助于促进多指标综合预警的发展，可有效提升结果的准确程度。如今，已在此方向上进行了一些试验，但相关的运用研究严重不足，而想要妥善处理较为复杂的对象的预警难题，就必须根据不同的情况采用有所差别的方法，所以需要更多地研究如何综合运用多种不同的方法。

比如，在求解 DEA 线性规划的最优解时，实际上是选取对被预警决策单元最为有利的权系数(输入和输出的权系数)。在许多现实事件中，输入输出的重要程度是有极大区别的，所以在确定权系数时应当始终在一定范围之内，譬如在选取相对重要性时不可忽视主观因素所产生的作用。倘若可有效结合层次分析法以及数据包络分析法，此种权重确定的方法将比其余的方法更为准确，可解决运用 DEA 法存在的种种不足。

以往的 BP 网络研究输入、输出层维数确定的建模问题。然而，当我们研究复杂系统建模时，如社会、经济系统，系统内各因素的复杂关系还不能由我们现有的理论知识完全合理地进行解释，即不明确哪些因素(自变量)对我们所关心的变量(因变量)关系更密切。这时，为避免对因变量有重要影响的因素的漏选，常用的方式是将所有对因变量有影响的变量均作为输入变量，着手建立系统模型。当这些因素(自变量)很多时，把它们都作为BP网络的输入，这显然会增加网络的复杂度，降低网络性能，大大增加计算运行的时间，影响计算的精度。层次分析法为解决这一难题提供了较好的方法。由于层次分析法是一种定性与定量相结合的、系统的、层次化的分析方法，它通过专家判断、比较、预警等手段将多个变量的重要程度数量化，所以，运用它可确定其中较为关键的变量。方法如下，先用层次分析法确定其中最为重要的变量作为输入值，然后运用BP算法进行学习。如此为之的理由是，尽管层次分析法可较为准确快速地确定自变量，但是用其余的方法实施拟合，其准确程度一般较BP算法差。所以，为确保结果的合理性，结合两种方法进行学习，进而大幅度提高BP网络构造模型的水平。根据上述方法组建的新模型，对于较为复杂的系统，不但能自动获取输入维数，并且提升了学习的整体效率，优化了网络的收敛效果，进而改进了网络的组成方式，使BP网络具有更强的适应能力。

本文仅对预警方法的集成做一概述性说明。

（1）层次分析法与模糊综合评判预警法的集成。AHP方法充分协调了定性以及定量分析两者间的关系，不但可确保模型运作的科学性，且可使决策层能根据实际利用其所掌握的经验以及决策能力，进而制定更为符合时下需求的决策。层次分析法以及模糊综合评判法两者的综合运用，特征在于将预警指标体系转变为具有递阶结构的系统，利用前者明确指标的权重，接着从不同层次实施模糊综合评判，最终获得整体的预警结果。

（2）层次分析法与数据包络分析方法的集成。AHP法的判断规则主要由相关参与者确定，所以其一致程度难免深受相关人士的知识体系、评判标准，以及个人喜好等诸多主观原因的作用。在DEA法中，变量为各指标的权重，预先明确不同指标的权重，便使得其中受主观因素的作用程度较小。而前后两者的结合无疑可以发挥互补的优势，从而改进综合预警方法。

（3）层次分析法与人工神经网络预警法的集成。

在解决众多预警问题过程中，往往存在定性因素相互作用的复杂情况，需要相关人员充分结合现有的经验和理论知识制定和实施决策。层次分析法可使决策思维标准化，使其适合运用于定性因素发挥重要作用的场合。但是，要避免人的主观因素的影响，使不定性因素的作用降到最低，则需要利用人工神经网络预警法。

（4）模糊综合评判与数据包络分析方法的集成。

在运用 DEA 时，最为重要的流程是输入输出指标系统的建立以及获取各个不同决策单元的相关数据。如今现有的 DEA 模型所运用的指标系统都是明确不变的，而且输入输出的相关数值亦然，因此如今的模型为固定不变之模型。但是在实际的运用实践中，大部分领域的预警以及决策都包含许多不确定性因素，而采用 DEA 解决此类问题显然存在明显的问题。所以需要提出能解决包含不确定性因素的各类实际问题的 DEA 模型。

在众多领域中都可寻觅到模糊综合评判方法的踪影，可是在实际的运作中，此种方法只能确定不同方案的水平高低，而难以确定导致水平低的具体原因。尤其是在评判时，不同因素相对应的权重往往由人的主观意识决定，当因素数量较大时，则难免准确性较低。针对此种情况，可综合运用模糊集合论以及数据包络分析法，进而提出以 DEA 为基础的模糊综合预警方法。

一个较为庞大且复杂的系统，所包含的因素往往很多，并且不同因素之间的关系也难以采用数学方法进行阐述，因此，一般唯能应用软预警法实施预警。软预警法即以评委为数据发出方，让评委按照具体的标准对各类因素进行预警。

模糊综合评判方法是典型的软预警方法之一。当因素较多时，给出方法中的权重具体数值大小一般难以实现。同时，模糊综合评判法只是从各个不同单元本身实施预警，但实际上不同的单元之间具有极为密切的关系。倘若充分利用此类关系，不但能寻找到预警对象的相对有效性，并且能按照所得到的数据确定预警对象的劣势所在，进而据此给出相应的解决方法。而 DEA 方法恰好可以解决上述评判方法中存在的问题。运用 DEA 时，确定预警单元是否有效，一般以其余所有决策单元为参照对象。另外，该方法中变量是输入输出的权重，并且在原始数据的基础上进行确定，进而消除了人的主观因素的影响，提升了结果的准确性。即此方法中运用的相对有效性可靠程度较高，有效避免了由人确定权重所产生的不良影响。基于以上分析，有必要也有可能将模糊综合评判方法和 DEA 方法进行集成。在模糊综合评判过程基础上，引入 DEA 理论，通过构造 DEA 的“输入”和“输出”指标，建立新的系统综合预警模型方法。

参考文献：

［1］李孟刚 . 产业安全理论 [M]. 北京：经济科学出版社，2012。

［2］何维达，潘玉璋，李冬梅 . 产业安全理论评价与展望 [J]. 科技进步与对策，2007（4）。

［3］雷家骕 . 国家经济安全理论与方法 [M]. 经济科学出版社，2000。

［4］丁战，段辉 . 多属性综合评价模型在技术分成率确定中的应用 [J]. 技术经济与管理研究，2007（1）：20-22。

［5］杨贵彬 . 基于 BP 神经网络的我国产业政策作用力评价研究 [J]. 科技进步与对策，2007（24）：16-19。

［6］金成晓，余志刚，俞婷婷 . 我国产业安全研究的历史与发展动态评述 [J]. 财经问题研究，2010（7）。

［7］纪宝成，刘元春 . 对我国产业安全若干问题的看法 [J]. 经济理论与经济管理，2006，（9）：5。

法国民族文化保护的可持续创新机制及启示分析*

刘统霞　王丽欣**

[摘　要] 随着人类数据处理技术和能力的改变，为一个国家民族文化的传承提供了一种全新的文化书写和传播模式，也同样为一个国家传统民族文化资源的保护、传承、创新等文化管理工作带来挑战。本研究项目在追溯法国在不同社会历史背景下所采用的系列文化保护与创新政策的基础上，重点分析了法国在不同时期如何因地制宜地采取多种防护政策，呈现了什么趋势和特征，又如何形成了其特有的传统民族文化保护的可持续性创新机制，以期对中国的民族文化保护、传承和创新机制有所启示。

[关键词] 民族文化保护；政策变迁；可持续创新机制

一、研究背景及问题意识

信息技术的不断提升使人类的数据处理能力得到了质的飞跃，数据中蕴藏着社会发展的规律，彻底改变了人类的文化表述模式、传播机制。在大数据的媒体背景下，中国传统民族文化的保护、传承和创新的文化管理任务将变得更为严峻，这也直接影响着中国民族文化品牌的建构、民族文

* 北京印刷学院校级重点课题“北京民俗文化资源的再生模式研究”（23190115019）。

** 刘统霞，文化人类学博士，北京印刷学院文化产业管理系副教授，硕士研究生导师，研究方向：传媒文化与民族文化传播研究；王丽欣，北京印刷学院传媒经济与管理专业 2017 级硕士研究生（在读）。

化的安全和国际文化传播的能力。所以本研究重点在于从制度层面探讨如何建构中国传统民族文化的可持续性创新保护机制。

可持续性的创新保护必然是动态的、多维的、共同的、公平的、协调的和高效的创新保护，可持续发展已经成为人类的共识和共同的发展诉求。就保护和传承民族文化而言，可持续的创新保护必须以提高整个民族的人文素养、整体保护人文和自然环境、确保民族文化资源的永续利用为宗旨。

不可否认的是，中国现阶段的民族文化保护体系存在整体发展不均衡、民众参与不足、保护形式单一、立法不健全、动态发展不足、整体效率低下等问题。就政府管理层面而言，其文化管理理念、顶层法律和制度设计、文化管理与经营主体的选择都存在问题。因为政府政策和法令的出台是指挥棒，由此引发具体文化单位的管理模式和文化企业的运营模式也相应会存在许多限制因素和实际的运作问题。

但如何做到对民族文化进行动态的整体保护和以保护为前提的创新发展利用，以达到保护与发展的平衡和可持续性的有机更新，并确保民族文化历史脉络的延续性，特别是如何实施政府与公众共同参与等方面，中国急需借鉴国外成功的文化管理经验，特别是有着类似丰富的民族文化资源和政府管理模式的民族国家，学习其成熟的文化管理经验，抓住历史性的机遇，实现民族文化的可持续性传承与有机创新。

欧洲民族国家众多，各民族国家历史悠久，民族文化资源丰富而多元。以法国、意大利、德国等为代表的欧洲非英语文化国家早在 19 世纪工业化过程中就非常重视本国传统民族文化的保护。进入到 20 世纪，这些民族国家在抵御英语国家特别是美国传媒文化的强势传播过程中，特别是在具体保护民族文化安全和实现民族历史文化创新等方面积累了丰富的经验。法国在欧洲一体化的进程中相对于其他欧盟国家较好地保持了法兰西民族文化传承保护上的主动；在国际范围内，法国更是积极号召“文化例外”和“文化多样性保护”；随着时代变迁或技术条件的变化，法国总是及时调整国家民族文化保护政策和相关策略。

本研究在追溯法国民族文化保护与有机创新机制形成的历史文化背景分析基础上，重点探讨法国在不同的历史条件下是基于什么文化理念之下采取了什么样的防护策略，又形成了以什么参与主体为主导的可持续性的传统民族文化立体发展模式，以期对中国的民族文化保护和文化创新机制有所启示。

二、法国传统民族文化政策研究及可持续创新机制特征分析

（一）法国文化政策研究

法国就现行的政府管理模式和文化遗产集中由国家统一管理方式等方面与中国有很多相似之处，同样在面对工业化、信息化条件下英语文化的强势传播在自身民族文化的保护和创新传承等方面也面临着艰巨挑战。

近年来，本着“他山之石，可以攻玉”的探索学习精神，中国的学者在十多年前就关注研究法国的民族文化传承理念和具体的文化遗产保护措施，有关法国文化政策的研究主要集中在出版影视传媒作品、博物馆、公共图书馆、艺术珍藏、建筑遗产、语言文化、历史记忆以及对外文化交流传播等。

顾军在《法国文化遗产保护运动的理论与实践》（2005）曾讨论说法国在近100多年的法制建设中仅文化遗产法一项，便颁布过100多部法律规章，这无疑为法国人依法保护自己的传统文化遗产奠定了最坚实的基础。

邵甬的《法国建筑·城市·景观遗产保护与价值重现》（2010）详细叙述了法国作为欧洲历史文化遗产保护方面的一个代表如何对其建筑与城市遗产进行保护，其实施“动态综合平衡”保护模式，以实现可持续性的价值重现。这包括新旧保护理念的平衡，传统与现代建筑风格和空间的平衡以及政府与公众的关系平衡等。

巴帕·易卜希马·谢克在《法国在非洲的文化战略》（2016）试图从社会和政治的角度分析法国从1817年到1960年之间殖民教育战略认识论上的方法和理论框架。

王晶在《挑战与反思：法国文化政策的新变革——对弗朗索瓦兹·贝娜穆教授的采访》探讨过法国文化政策在以“文化民主化”和“鼓励创造”作为法国公共文化政策的核心目标方面的功过得失。

李竞爽在《当代文化政策的兴起与代际更迭》（2016）讨论了作为公共政策重要组成部分的文化政策，面对各历史时代对其的不同诉求而产生的代际更迭，特别是讨论分析了目前中国文化政策所面临的现状及存在的部分问题。

蔡德明在《欧美文化政策研究》（2015）中采用文本分析和实地调研相结合的研究方法首先重点分析了欧盟的文化战略和多样性中保持统一的文化政策特点，并辅以欧盟其他各国的建筑、旅游、博物馆、城市文

化品牌塑造等政策研究，就法国而言，他探讨的是“法国的公共图书馆政策研究”。

（二）法国文化政策变迁的趋势特征分析

法国的民族文化体系不是一蹴而就的，而是随着时代的变迁和不同历史时期民众诉求的不同而及时地进行着政策调整，从而具备了其独特的可持续性的立体保护体系。综合分析，为保护传承法兰西民族文化，法国的文化政策随着管理理念的转变主要呈现了以下趋势特征。

1. 从文物破坏到文物保护的理念转变

法国在漫长君权神授的封建时期积累了大量的建筑、雕塑、艺术珍品、经典著作等民族文化遗产，如辉煌的教堂，城堡、城墙、宫殿、博物馆、艺术藏品等。这些封建时期的民族文化遗产为当时的教会、皇室和贵族所拥有，自然这些民族文化遗产由这些私有机构继承保护和管理收藏。

但1789年法国大革命的到来使得文化遗产的产权性质发生了变更，代表着新兴资产阶级利益的共和政府着手对有着浓郁的宗教色彩和封建特权色彩的文化遗产进行销毁、破坏或更名。但这些极端的文化破坏活动很快遭到历史文化学者的异议，他们认为这些建筑文物和艺术珍品等不仅曾为某些特权个体和团体所有，是特权的象征，同时这也是一定历史时期整个法兰西民族文化的整体象征，是整个法兰西民族历史记忆中必不可少的一部分。随后，新的国家政府在1790年建立了“文物建筑委员会”，对需要保护的建筑、雕塑等进行普查；很快又于1792年建立“国家艺术品基金”，用于保护文化艺术珍品。这些措施在当时对一些传统民族文化起到了临时保护的作用。

2. 从保护单体文物到保护文化遗产历史文化环境立法理念的转变

19世纪中叶，法国开始从法律上严格规范和监管民族文化的保护工作。法国第一部文化遗产保护法是颁布于1840年的《历史性建筑法案》，这也是世界上最早的一部关于文物保护方面的法律。随着交通条件的改善，旅游业的兴起，人们对民族文化旅游的诉求越来越多，如何让文物闪光或具有新的盈利点成为当时的讨论热点。有专家主张“修旧如旧”的加固原则；也有专家主张个人化、完美化的“风格式修复”。时间进入到19世纪下半叶和20世纪初期，意大利学派兴起，这一学派的学者反对任何人为的、脱离历史背景的唯美式修复，他们主张保护历史文化建筑，就是要保护其在历史进程中所呈现的一切文化。法国民族文化保护理念受其影响，很快与时俱进地颁布了1887年《纪念物保护法》和1913年《历史古迹法》。“一战”时期，法国作为战场，多处民族文化遗迹遭到重创。面对民族文化保护的困境，法国于1930年颁布了《景观地保护法》；“二战”时期，1940年马其诺防线失守，法国诺曼底省的民族文化遗产更是遭到了前所未有的大面积重创。在民族文化重创之后，法国很快于1943年出台了《文物建筑周边环境法》。新的法令不但提出历史环境的整体性保护，还重视保护基础上的再生性利用，这是历史街区保护和有机发展的必然趋势。由此，法国传统民族文化的保护由保护单体的文物保护转型为内涵不断扩大的“文化遗产保护”，也由此更加注重传统民族文化的世代传承性和民族文化所在地公众的参与性。

3. 从保护历史文化环境到社会文化大环境下景观创新的整体保护理念

“二战”之后的20世纪四五十年代，战后百废待兴，法国城市重建开始，同时还要应对大众传媒环境下英语文化的入侵，因此法国就如何发展与保护法兰西民族文化进行了一系列的文化保护和文化创新策略。

1959年法国成立“文化部”，把“文化民主化”和“鼓励创造”作为法国公共文化政策的核心目标，试图通过政府的财政手段来补贴文艺创作者和文化设施单位，让优秀的民族文艺作品和完善的文化服务普惠于普通民众，以此提高民族文化的创造水平和提升普通民众的民族文化素养。为支持民族电影的发展，国家电影中心设立“电影产业资助账户”，此账户只限于资助法国本土电影，并制定《电影资助法》，以鼓励本土电影的制作和本民族文化的传播。

对宣传民族文化的戏剧创造和上演发展成立“戏剧资助基金”，对从业人员实施特殊的社会保障制度，以稳定民族文化创造和传播队伍。

对民族文化传播方面的图书出版、音乐制作、电子游戏等也设置专项的资助政策，或直接补贴，提供融资的便利条件或是间接的税收优惠，以保证民族文化消费的最大可能性。

1962年制定了《马尔罗法》，即《历史街区保护法》。在这一法律条款中第一次有了文物周边地带“文化保护区”的概念，其主旨是保护区的更新不应局限于物质的更新，更重要的是如何改善文化遗迹周边的环境品质和由此带来的社区活力。这是法国在民族文化遗产保护方面进行的另一重要举措。为了保护文化景观的完整性，1967年法国对原有《景观地保护法》进行了大规模修改，对已经进入本国遗产名录的文化遗产及自然景观周边环境的保护提出更加严格的具体保护要求，这部法律与 1973 年在此基础上制定和颁布的《城市规划法》一同构成了法国对历史文化建筑与历史文化街区进行整体有机保护最为重要的法律依据。这几部法律共同为法国独特的民族文化遗产保护的理论与具体实践提供了重要的法律保证。

4. 从由政府主导到发动公众参与的保护文化管理主体的转变

早在 19 世纪，法国政府就计划对全国的民族文化遗产进行一次广泛的总量普查，但单普查量浩繁，人力资源和技术条件一直达不到。随着 20 世纪 60 年代计算机的出现和应用，使得这一愿望变成了现实。这次文化遗产普查为后来更深入的探讨分析和更切实的文化保护活动提供了最基本的数据支持和前提条件，也为普通公众共同参与到民族文化的保护中带来了动力和努力方向，所以说，这次民族文化普查具有着非同一般的现实意义和历史意义。

民族文化全面持续保护的前提是普通民众的自觉和自发行动。法国为了号召更多的民众了解接触人类的文化遗产和培养保护民族文化遗产的文化自觉，早在 1984 年就将 9 月的第三个星期日定为法国的“文化遗产日”，这也是全世界第一个文化遗产日。随后其活动在欧洲和全世界流行开来。从 1997 年开始，每年 5 月的最后一周定为“文化遗产周”。在此期间，免费向全社会开放所有的国家级文化遗产地，并组织各种级别和不同参与主体的文化活动。这些活动很形象、很系统地向普通民众普及了民族文化，提升了普通民众的民族文化自觉。

秉承可持续的发展理念，让公众参与到民族文化的保护运动中来是关键。法国政府确保普通公众的民族文化保护参与，制定相关政策，给出足够的社会公共空间，允许成立各种文化协会等非政府组织，并给予一定的特权和荣誉，来调集社会公众的力量支持民族文化的传承与保护，如“文化赞助协会”“历史纪念物基金会”“文化艺术遗产委员会”与“考古调查委员会”等文化组织都是非营利的非政府组织；法国于 2003 年通过了《文化赞助法》（修正案）对赞助公共民族文化艺术的中小企业实施优厚的免税条件。特别是近年来，随着欧债危机的消极影响，在中央和地方财政普遍吃紧的情况下，法国民间的经济赞助力量弥补了政府对民族文化保护及传播活动公共资助的不足。

在公众参与民族文化传播、传承和保护的过程中，普通公众由一个民族文化的自觉者，变成了坚定的民族文化的传播者、传承者、赞助者和保护者。这一过程使得法国的民族文化保护体系有了真正的可持续性、有机再生性或创新性。

法国保护民族文化遗产的非政府团体数目众多，如在20世纪60年代法国年轻人自发成立的群众性民间团体“城墙联合会”，就以保护和修复古迹为宗旨发起了“城墙行动”。所谓“城墙”就是关注和自动修复那些未能列入国家重点保护计划的文化古迹。招募来的年轻志愿者在参与“城墙行动”运动过程中产生了更好的民族文化自觉性和更多的社会担当，有的志愿者因为在这一活动中具备了经验和技术积累，从而在相关民族文化保护领域谋得了正式工作。“城墙联合会”作为非营利性协会得不到政府或文化部的专项拨款，但它得到了政府的两项特许权，一是允许制作并出售“全国分级文化遗产”挂牌服务，二是允许其编辑出版文化遗产通俗读物进行流通销售。这两项特许权使“城墙行动”获得了一定经济收益从此来补贴青年志愿者的食宿，并能维持协会的正常运作。这一行动的影响不断广大，后来吸引了欧洲其他国家的年轻人前来应征，这一组织自成立起到现在接待志愿者的数量超过了15多万人次。这为民族文化保护的可持续性和有机创新提供了不竭动力和后备军。

5. 从单一国家号召文化保护运动到联合欧盟和国际社会共同行动的转变

法国的传统民族文化保护体系开始于历史文化学者的呼吁和一系列国家法令的出台。法国从最初保护自己法兰西民族文化遗产开始，随着保护运动的深入，法国作为联合国常任理事国积极推动联合国教科文组织于1972年签署的《保护世界文化和自然遗产保护公约》。这一公约对文化遗产的定义、价值、评价标准在世界范围内达到共识，由此推动了全球范围内民族文化保护的探讨。同时，法国利用在欧洲的影响力促使欧洲理事会发起“欧洲建筑遗产年”活动，并通过了《关于建筑遗产的欧洲宪章》和《阿姆斯特丹宣言》，就欧洲的历史文化建筑遗产的整体保护形成共识和坚定的统一阵线。

20世纪90年代在与世界贸易组织进行关贸总协定中，法国提出了“文化例外”的贸易主张，反对美国主张的文化自由贸易，强调文化产品及服务不同于一般商品，它具有浓郁的民族地域性和历史文化特殊性。法国在商品贸易中坚决主张遵循“文化例外”的原则，以抵制传媒强国的文化入侵和文化同化，努力保护法兰西民族和其他欧洲国家的民族文化传统和特色。

进入到21世纪，在全球高度信息化的背景下，法国推动联合国发布《文化多样性宣言》，并成为《保护和促进文化表现形式多样性公约》的签约国，现对于保守的侧重于文化保护的“文化例外”主张，法国支持“文化多样性”的主张无疑是积极的，更注重可持续的文化治理体系，这是世界文化多样性和传统民族文化的传承发展的重要保障，也是人类文化传承的整体诉求和人权自由的基本体现。这次保护文化多样性的动议在全球化的话语背景下得以实施，使得多元民族文化的保护工作在全球范围内有了前所未有的可持续性和无限创新性。

从上面的文献梳理与分析可以看出，法国在保护法兰西传统民族文化和构建法兰西民族文化品牌的过程中，其成功经验可圈可点。从国家立法到国家财政补贴等制度设计，从顶层中央政府到各级政府机构，再到各种到民间组织的发动，从国内惠及民众的动员再到国际整体行动动员，从历史纵向地不断推进到横向洲际和国际之间的推动等不同维度，从而形成了严格法律保障体系下由内闭到外向的、由地方到国际的一个有机再生、立体式的民族文化保护的可持续性创新机制，它兼具着全民化、多层次的开放特色与常规化、系统化的法制保障特色。

三、构建中国民族文化的可持续性创新保护机制

（一）民族文化保护中存在的主要问题

鉴于种种的历史原因，中国的传统民族文化自20世纪“新文化运动”以降就一直处于一种被改造、被改良，甚至被革命的窘迫境地。受某些历史阶段主流意识形态的影响，中国的民族文化一度被蒙上“落后”或“没落”色彩，特别是“文化大革命”期间，彻底把相当一部分民族文化划作“四旧”，将其打倒粉碎在地。

对“文化大革命”破坏活动的反思力度不足，致使接下来矫枉过正，经济改革开放以后，以发展文化产业的名义对民族文化进行商业性过度开发，又把某些民族文化推向另一种濒危处境。身处中原汉族地区的传统民族文化受冲击最大，处于偏远地区的少数民族文化受冲击相对较少。随着旅游业的开发，近年来，少数民族文化异化，商业气息越来越重。即使原本对民众起教化和开悟功能的道家和佛教场所也在进行商业化运作，造神造庙的活动四起，敛财手段无所不用其极，社会影响极坏。

当然，这期间有无数的历史专家、文化专家、艺术专家在呼吁民族文化的保护与传承，特别是随着2005年非物质文化遗产申请工作的开始，各地各级政府牵头争相挖掘当地的文化遗产资源，争取财政补贴，赚文化资本钱，或上演“文化搭台，经济唱戏”。民族文化在某些地方成为噱头，经济利益依然是最终的关怀。

正如在文章的第一部分所分析的，由于历史原因，也受行政管理体制、经济发展水平及意识形态的影响，民族文化的保护工作一直在路上，走得很艰难，存在的问题很多。就现阶段中国民族文化保护体系依然存在整体发展不均衡、民众参与不足、保护形式单一、立法不健全、动态性应对发展不足、整体效率低下等问题。就政府管理层面而言，其文化管理理念、顶层法律和制度设计、文化管理与经营主体的选择也都存在问题。

（二）如何构建民族文化的可持续性保护机制

1. 培养文化自觉，把民族文化传承理念贯穿于整个教育体系

一个民族文化自觉的培养应该从娃娃抓起，因材施教，把传统手工艺，如剪纸、泥塑、木雕等穿插在手工艺课上；把民间音乐贯穿在音乐课上；把民间舞蹈、地方戏曲、民间体育项目贯穿到体育课或才艺课上；把民族文化、节日背后的价值和意义编写在文化历史教材中。如山东商河县为了传承当地的民间舞蹈“鼓子秧歌”，早在10多年前就开展“鼓子秧歌进课堂”的普及活动。很快全县有了很多支少儿秧歌队、中学生秧歌队。同时，各地的教材编写应该给予一定的灵活性，引导学生学习认识当地的民族文化，做好当地民族文化保护的宣传员、志愿者和传播者。

2. 完善民族文化保护立法，把公众纳入立法听证会

到目前为止，中国政府已经签署了《经济、社会及文化权利国际公约》，并为民族文化的保护制定了相关的法令条例。按照该国际公约，缔约各国承担保证男子和妇女在该公约所载一切经济、社会及文化权利方面有平等的权利。签约国公民享有对其文学、艺术、科学的权益进行保护的权利，且签约国必须保障其公民保存、发展和传播科学和文化所必需的步骤和进行创造性的文化活动所应有的自由。

所以要完善民族文化保护的逐项立法，首先要明确公众参与到立法程序中来的具体程序，严格杜绝“行政部门决策的任意性”，在决策前让民众充分讨论，召开必要的立法听证会，调动社区民众的参与能动性。

以北京的历史街区南锣鼓巷为例，如果政府在决定对其破墙开洞进行

整治前与公众展开充分讨论，就能保留一些小而有特色的品牌民俗老店。某些行政机构“一刀切”运动式的整治活动把这条民俗文化小巷变成了文化产品种类越来越单一的“伪民俗一条街”。

3. 搭建多媒体的信息交流平台，确保公众对地方民族文化管理规划的知情权

要发动民众的能动性，就必须让当地民众了解民族文化规划的相关信息，所以对民族文化管理规划的知情权的保障是基本的人权之一。搭建多媒体的信息交流平台，让不同年龄、阶层、收入、教育的民众都能通过他们熟悉的媒体方式了解到相关文化管理信息，进而进行交流探讨，或调查问询，或征集意见。

4. 放宽民间组织的审批条件，疏通公众参与文化公益事业的通道

中国政府对民间组织的审批条件一直在调整。但要想激发社会组织的活力，除了行业协会商会类、科技类、公益慈善类和城乡社区服务类四类社会组织，不再经由业务主管单位审查和管理，可以依法直接向民政部门申请登记。这些审批条件的放宽还应该适用于更多民族文化保护和传播交流等民间组织，疏通好公众参与到民族文化保护的基本通道，是激发普通民众参与文化公益事业的热情。

中国早在 2007 年就向联合国提出申请并缔结《保护和促进文化表现形式多样性公约》。按照这一公约，政府与民间社会的合作就是一个重要的检测领域，其基本指标是：支持民间社会的立法和财政基础；民间社会参与促进政策设计及实施；民间社会积极参与批注和促进公约。

就北京的民族文化场所的保护而言，政府的公共补助不足、管理不善，使得这些民族文化传播场所存在种种问题。如北京民俗博物馆的萧条与破败；中华民族园因存在管理不到位问题被旅游局摘掉了 4A 级景区的牌照；位于昌平的老北京缩微园因后续资金难以为继经营不善被直接关门。如果有公众赞助，或能认领保护，或作为志愿者直接参与讲解和修葺，或能够为保护建言献策，这些民族文化的传承场所都会有新的活力。

5. 消除政府行政管理功能条块分割，提高文化机构的运行效率

保护民族文化是系统工程，需要多部门在文化保护达成共识的基础上保持功能的协调一致。而实际的情况是文化保护部门实际行政功能有限，面对民族文化破坏行动和运动，无力保护。如所谓的中国版权保护中心只是个版权注册单位，没有执法能力。各种非遗组织在非遗文化普查和审核

方面做了大量工作，但对好多没有来得及挂牌就被肆意破坏的、或挂牌后拿到补助维护不善的，都没有惩罚资格。而目前公安、城管、安监等部门联合行动对一些自发形成的文化经营场所进行的强拆就是所谓的行政执法，但只管拆，不管建。

还是以南锣鼓巷的整治为例，好多人气很好、经营了多年的民俗艺术摊位、民俗文化小店和文艺书店因为没有所谓的产权证，2017 年都被城管强拆了。被整治后的南锣鼓巷民俗文化种类少了，因为整治后租金高涨，有的民俗小店存活困难只好搬迁，有的流动摊位被取缔。现在能存活下来的大多是有大公司、大企业集团支持背景的门店，如“北京稻香村”，多达十几家。

6. 采取国际联合行动，争取国际援助

民族的，都是世界的。保护民族文化的多样性已经成为地球人的共识，目前已经有 140 多个国家签署了《保护和促进文化表现形式多样性公约》。本公约规定，缔约各国需要认识到鼓励和发展科学与文化方面的国际接触和合作的好处。今天的民族文化保护已经跨越了国家层面，上升到地域层面和全球层面。别的民族国家在民族文化保护的指导理念、政策制定、民众参与措施、专业人才的培养等方面都积累了丰富的经验，所以，我们应该尽可能学习借鉴少走弯路，争取国际援助，特别是在世界非物质文化遗产项目的管理上。

四、结语

本研究追溯了法国在不同社会历史背景下所采用的系列文化保护与创新政策，重点分析了在不同时期法国采取多种防护政策变迁的趋势和特征以及背后的理念转变。研究法国传统民族文化保护的可持续性创新机制的成因，并与中国面临的民族文化保护问题进行对比分析，期望中国在建立自己可持续性、立体的、有着中国特色的民族文化保护、传承和创新机制的过程中有所借鉴。

参考文献：

［1］顾军：《法国文化遗产保护运动的理论与实践》，载《江西社会科学》

2005 年第 3 期。

［2］邵甬：《法国建筑・城市・景观遗产保护与价值重现》，同济大学出版社 2010 年版。

［3］巴帕・易卜希马・谢克：《法国在非洲的文化战略》，邓皓琛译，商务印书馆 2016 年版。

［4］王晶、弗朗索瓦兹・贝娜穆：《挑战与反思：法国文化政策的新变革——对弗朗索瓦兹・贝娜穆教授的采访》，载《经济资料译丛》2015 年第 4 期。

［5］李竞爽：《当代文化政策的兴起与代际更迭》，载《艺术科技》2016 年第 29 卷第 7 期。

［6］蔡德明：《欧美文化政策研究》，时事出版社 2015 年版，第 166-198 页。

［7］《经济、社会及文化权利国际公约》，载中国人大网，http://www.npc.gov.cn/wxzl/wxzl/2001-06/01/content_136875.htm。

［8］联合国教科文组织编：《重塑文化政策》，意娜译，社会科学文献出版社 2016 年版，第 220-221 页。

马克思精神生产理论视域下的中国文化创意产业考察*

韩宝华**

[摘　要] 马克思的精神生产理论建立在对人类社会历史的考察、对社会现实的考察基础之上。在多层次地阐释精神生产的内涵基础上，以历史与逻辑相统一的方法考察文化创意产业的形成过程、内部结构，将理论与实践两种研究进路融合起来，完整地认识和把握当前我国文化创意产业中发展的问题，在当代精神生产实践中更深入地丰富与发展马克思的精神生产理论。

[关键词] 马克思；精神生产；中国文化创意产业

随着知识经济时代的到来，人类的劳动能力表达方式更加多元化，脑力劳动越来越成为占主导地位的劳动方式，马克思精神生产理论中前瞻性的预测已经变成了现实。但是，以文化、创新、高新科技等为主要内容的现代精神生产活动出现了与传统的精神生产不同的特点。马克思的精神生产理论将历史与未来、理论与实践有机地联系起来，探究其中的内在理路，深入、系统地研究马克思的精神生产理论具有重大的理论价值和现实意义。

从理论层面上看，由于长期不关注马克思精神生产理论在其思想体系中的重要地位和作用，严重影响了马克思主义的整体性、时代性、科学性

---

* 基金项目：国家社会科学基金后期资助项目《马克思精神生产理论视域下的文化创意产业研究》（17FKS020）阶段性成果。

** 韩宝华，河南大学经济学院理论经济学专业博士后流动站研究人员，河南大学马克思主义学院讲师，哲学博士，研究方向：产业哲学。

的彰显与发展。马克思的社会生产理论被理解为物质生产理论的同义语，不仅引起了思想上的混乱，一些别有用心的质疑者甚至指责马克思的思想体系为“经济决定论”。从实践层面上看，在新世纪，资本主义已经形成了统一的世界市场，资本的扩张性，使得精神生产领域也被资本所蚕食。以互联网为代表的智能科技，推动着资本从日常生活用品浸润到精神产品。葛兰西的文化霸权理论和福柯的话语权力理论都表明，我们很大程度上被西方所表达。目前，大部分新闻节目由西方七大国家的跨国公司垄断，我国精神产品在国际中缺乏话语权。如何用马克思精神生产理论指导我国的精神生产实践，是我们必须面对的一个现实问题。在我国鼓励自主创新的社会氛围里，随着社会的开放、自由与民主发展，精神生产需要进一步发展，以丰裕的精神产品提高我国整体的公民素养。深入研究马克思精神生产理论，回应其面临着新的机遇与挑战，并在当代社会精神生产活动中运用与发展马克思主义是当前学界关注的一个重大课题。当前，国内外学者对此问题的研究侧重点也有所不同，国内学者对马克思精神生产理论的研究，主要围绕其本体论问题、与相关概念的关系、理论地位、理论来源、精神生产理论的发展与重建等领域展开；国外学者对精神生产问题的研究则更关注与其相关的现实问题，譬如西奥多·舒尔茨对精神生产与分工、阶级问题的探讨；尤尔根·哈贝马斯关注科学技术作为生产力的巨大作用；居伊·德波则聚焦文化产业提出了“景观社会”文化理论。将理论与实践两种研究进路融合起来，在历史地、完整地、准确地认识和把握马克思主义精神生产理论的精神实质的同时，在当代精神生产实践中对其丰富与发展是一种研究范式的新尝试。

一、马克思精神生产理论的主要内容

马克思的精神生产理论产生于 19 世纪 40 年代，形成于 50—80 年代。它的产生既是人类思想内在逻辑发展的必然结果，同时又是当时社会发展的客观需要。精神生产理论作为马克思唯物史观的重要组成部分，深入把握相关概念及其含义是进行马克思精神生产理论研究的基本前提。

马克思的精神生产理论及其相关范畴在《1844 年经济学哲学手稿》中首次论及，而第一次使用“精神生产”这一术语则是在马克思与恩格斯 1844 年合著的《神圣家族》一书中，在阐述劳动时间是衡量劳动产品价值大小这一政治经济学的基本原理时，马克思、恩格斯指出：“在直接的物质生产领域中，某物品是否应当生产的问题即物品的价值问题的解决，本质上取决于生产该物品所需要的劳动时间。因为社会是否有时间来实现真正人类的发展，就是以这种时间的多寡为转移的”，又指出“甚至精神生产的领域也是如此。如果想合理地行动，难道在确定精神作品的规模、结构和布局时就不需要考虑生产该作品所必需的时间吗”。在这里，马克思已经把在《1844年经济学哲学手稿》中所提到的“宗教、家庭、国家、法、道德、艺术等等，都不过是生产的一些特殊的方式；并且受生产的普遍规律的支配”，其中的这种“特殊的”生产，直接地规定为精神生产。

精神生产即“关于意识的生产”，它是人类社会生产实践的基本形式之一。关于其基本含义，马克思曾从不同角度进行过不同层次的论述。首先，从人的生产与动物的活动相区别的角度称之为“真正的生产”。其次，从物质生产和精神生产相比较的角度来看，精神生产是一种“特殊”的生产，“并且受生产的普遍规律的支配”。再次，根据社会意识生产的不同层次把它分为两个部分：“思想、观念、意识的生产”和“政治、法律、道德、宗教、形而上学”等诸种社会意识形式的生产。此外，马克思主义经典作家们还不同程度地把“精神劳动”“脑力劳动”“科学实验”“科学和艺术的活动”以及“天文学上的观察和发现”等，也列入精神生产的范畴。马克思的精神生产理论比较系统地区分了与精神生产相关的几个范畴：精神生产与物质生产、精神生产与分工、精神生产（自由）时间与物质生产（劳动）时间、精神生产与自由自觉活动。

此外，马克思在其一系列著作中还对与精神生产相关的一系列范畴，如精神生产的主体、精神生产的性质、精神生产的历史形式、精神产品的分类及其价值、精神产品的阶级性和世界性等问题进行过明确的论述，并详细论证了精神产品的创造属性、阶级属性、商品属性、赓续属性、自由属性。

二、精神生产视域下的文化创意产业考察

纵观世界近现代史，自19世纪以来，国际经济、政治、文化、劳动者地位、精神生产状况等方面存在各种新的变化，正是这种新的现实状况，促使马克思恩格斯对精神生产现象进行关注，与资产阶级古典政治经济学、德国古典哲学不同的是，他们是从产生这些现象的原因进行着手的，他们系统考察了当时的精神生产活动赖以发展的经济、政治、文化等原因，这些研

究成果对于我们从历史与现实之维度考察文化创意产业的发展具有重要启示。

从历史的视角看，文化创意产业是随着人类精神生产活动的产生和发展而不断产生和形成的。虽然文化创意产业是新兴的产业，但从精神生产活动的产生和发展历史说起，可谓是源远流长、历史悠久。换言之，随着人类的产生和发展，人类的精神生产活动贯穿始终，直至与当代最新科技发展成果紧密结合，方才形成了文化创意产业。从人类经济发展史的角度来说，自原始经济之后，人类经济按照产业结构的划分大致经历了农业经济时代、工业经济时代和知识经济时代。在原始经济时代，随着人类本能意识、朦胧意识的产生，人类的精神生产活动也随之萌生，只是与物质生产活动浑然一体，具有典型的不自觉性；到了农业经济时代，人类摆脱了野蛮生存状态，精神生产活动有了个别性和自发性；进入工业经济时代，随着科学技术的飞速发展及广泛应用，精神生产活动具有了普遍性和自觉性；直到知识经济时代，精神生产活动飞速发展，文化创意产业逐渐得以形成与发展。遵循历史的发展轨迹，按照历史与逻辑相统一的原则，全面考察精神生产活动的萌芽、形成、兴起与加速发展的各个阶段，动态展现文化创意产业的形成历程。

从现实的视角看，文化创意产业作为市场化运作的精神生产活动系统，其基本特性受精神生产活动系统内在的规定。国内外文化创意产业划分标准参差不齐，或因各个国家的文化特色不相一致，或因各国发展的重点与战略不同，但在理论界与产业界都引发了热烈的讨论，肯定、质疑、批评等兼而有之，这也从侧面反映出文化创意产业类型划分的多样性与艰难性。澳大利亚学者戴维·思罗斯比用同心圆来描绘文化产业的范围。该模型以产生创意思想为最核心的层面，这就是传统意义上的创意艺术，如音乐、文学等，由此不断融合其他投入要素向外辐射；第二层产业由第一层扩展得到，可称为“主要文化商品和服务”的比例低于核心层，如出版业、电影业；第三层把文化产业的边界进一步扩展，使其容纳那些形式上不属于文化领域但部分地包括某种程度文化内容的产业，如旅游、广告与建筑等。戴维·思罗斯比的分层划分方法涵盖了更广泛的生产领域，强调了创意的核心地位，被普遍认可。我国 2004 年制定的《文化及相关产业分类标准》对文化产业进行的划分表达了类似的思路。本文从精神生产活动的构成出发，不仅从创意的生产（创意劳动）角度划分文化创意产业，而且根据精神生产活动所界定的文化创意产业的定义，突出创意管理、创意消费的介入，将文化创意产业划分为三个同心圆层次，从里向外依次是：核心层文化创意产业、中间层文化创意产业、拓展层文化创意产业，如下图所示。

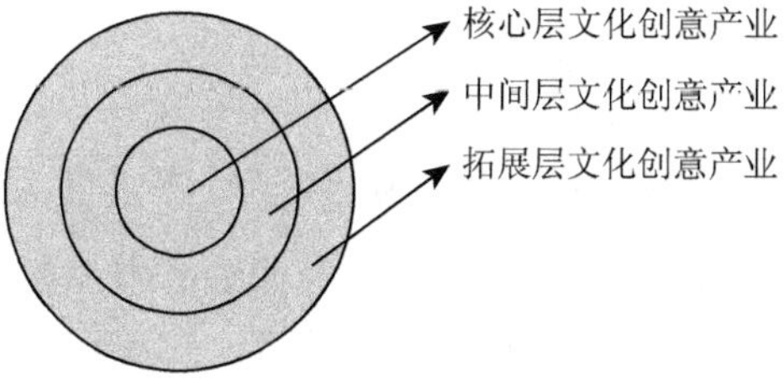

核心层文化创意产业主要通过核心层创意劳动的产业化来实现。核心层创意劳动属于原创型的劳动，主要包括设计和研发阶段的创意劳动。处于精神生产活动的核心地位，占据文化创意产业生产环节的最高端，这种狭义上的核心层创意劳动是文化创意产业附加值的源泉。文化创意产业同心圆模型的中间层次由中间层创意劳动所创造，其在整个文化创意产业中起到承上启下和协调作用。根据中间层创意劳动属于物质性生产劳动与非物质生产性劳动，中间层文化创意产业又可分为两个层次：中间层物质性文化创意产业与中间层非物质性文化创意产业，主要包括创意管理劳动、生产与创意劳动直接相关设备与物质载体产品的创意劳动。拓展层文化创意产业是处于文化创意产业同心圆模型的最外层的文化创意产业。拓展层文化创意产业主要依照中间层创意劳动提供的新的策划和机制，将原创型创意劳动所提供的创意成果通过相应的载体表现出来，生产出带有鲜明特征的有形产品。这个过程包括了真正意义上的物质生产过程，它是一种标准化的产品生产过程，同时还为中间层文化创意产业提供需要的硬件和原材料。除此之外，处于产品拓展层的文化创意产业的功能还体现在：将新产品推向市场，并试图使消费者接受凝结了全新功能和符号价值的产品。在这个意义上的创意劳动，包括了广告创意劳动和营销策划创意劳动。总之，创意劳动是精神生产活动系统的枢纽，其产生的创意成果必须具有原创性，因此，创意性是文化创意产业的首要特性。精神生产活动系统浸润于文化之中，文化符号的传递、文化价值的实现给消费者带来丰富的精神体验，文化是其贯穿始终的始基。精神生产活动系统通过对文化、创意与科技资源、内部各实践环节、现实与虚拟的开放性融合，凸显了文化创意

产业作为横断产业的分布脉络，以达到对整个社会的创意资源的整合。同时，精神生产活动系统中的“创意与实践”“经济价值与哲学价值”“生产与消费”“虚拟与现实”之间的良性互动存在断裂的可能性，尚需深度开掘文化创意产业“创意为核”“文化为基”“整合为脉”“持续为源”“风险为伴”的实践特性，以保证其持续地发展。

三、精神生产视域下的我国文化创意产业发展

我国正处于现代化进程之中，传统农业经济占国民经济的比重还比较大，我国的经济社会转型担负着向工业经济、知识经济共同迈进的重大任务。因此，我国在注重发展新兴战略性产业的同时，非常注重发展繁荣社会主义的精神生产，追赶世界向知识经济转换的浪潮。在内在方面，兼顾做大做强文化事业与文化产业，建设社会主义文化强国；在外在力量方面，积极推进创新驱动，提高科学技术水平，完成对我国旧工业、农业的改造，在经济方面实现现代化产业结构转变，以做到两手都要抓，两手都要硬，使我国早日建成在高生产力水平上的精神生产强国。

经过近年来的实践探索，我国以文化创意产业为代表的新兴产业形态已获得了一定的发展，产业体系初具雏形。在北京、上海等发达城市，文化创意产业已成为支柱产业。文化创意产业在我国生产实践中起到越来越重要的作用，对社会意识的影响越来越明显，为人的自由全面发展提供了更多条件。但是，我国的文化创意产业发展也存在很多不足之处：我国文化创意产业理论研究显然滞后于文化创意产业的实践发展，亟待需要更加富有开拓性的理论先导；理论研究的不足，直接导致了对文化创意产业的理解不到位，尤其是对文化创意产业的市场化特征存在误解；对文化创意产业的认识不到位，政策制定时便存在战略短缺，没有全国性的领导机构对文化创意产业进行全局规划，制定长期发展战略；缺乏整体规划导致我国文化创意产业市场机制不健全，产业规模小、产业化程度低、资源分散，竞争力弱，等等。从实践视域看，这些问题可以归结为：核心层精神生产活动的策动力不强、中间层精神生产活动的传递力不足、拓展层精神生产活动规模不大。

马克思精神生产理论研究只有与实践结合，才能保持生命力。从精神生产视域对文化创意产业进行的哲学研究，目的是为文化创意产业实践过程中要解决的问题提供更好的理论指导。文化创意发展过程中涌现的问题

本身又十分复杂，如何在不以人的意志为转移的全球化背景下发展文化创意产业，需要认真探索发展的对策。可以从培养文化创意产业的多元创意主体、保护文化创意产业的知识产权基础、提供文化创意产业所需的科技支撑、培育文化创意产业运行的市场环境、创建文化创意产业成长的社会氛围等方面进行探索。

同时，马克思关于精神生产的阶级属性表明，我国文化创意产业坚持核心层以人民为中心的工作导向方能展现中国特色社会主义文化的性质；新型文化产业形态的飞速发展才能体现精神生产的商品属性在社会主义市场经济中的充分开掘；强调精神生产对人类美好生活的重要性，方能凸显精神生产在人的全面而自由发展中的作用；激发全民族创造活力的倡导，方能最大化地让创造活力持续迸发；在文化创意产业中秉持文化的开放包容，才能提高国家文化软实力，推动中华文化走向世界。

参考文献：

［1］《马克思恩格斯全集》（第 2 卷），人民出版社 1972 年版，第 62 页。

［2］马克思：《1844 年经济学哲学手稿》，人民出版社 1984 年版，第 35 页。

［3］《马克思恩格斯选集》（第 1 卷），人民出版社 1995 年版，第 42 页。

［4］马克思：《1844 年经济学哲学手稿》，人民出版社 1984 年版，第 53 页。

［5］马克思：《1844 年经济学哲学手稿》，人民出版社 1984 年版，第 78 页。

［6］《马克思恩格斯选集》（第 1 卷），人民出版社 1995 年版，第 30 页。

［7］[澳] 戴维·思罗斯比：《经济学与文化》，王志标等译，中国人民大学出版社 2011 年版，第 123 页。

走出疑古思潮，重拾文化自信

——以《尚书》的怀疑与辩证为例

田　杰*

[摘　要] 近代以来，我国学界随着国力的极端衰落，而盛行“疑古”之风。“疑古”之风主要表现在对古代典籍的怀疑与否定上，其中又以《尚书》为甚。对古代经典的怀疑与否定，无疑极大地打击了国人的文化自信，一定程度上消解着中国的文化认同，严重损害中国的文化安全。本文以《尚书》为例，对其源流进行分析，对其怀疑做了辩驳，从而重拾对古代典籍的尊重，重建“文化敬意观”，提升文化自信，维护文化安全。

[关键词] 文化自信；《尚书》；疑古

现阶段，我国面临着十分严峻的文化安全问题。解决文化安全问题的途径有很多，但加强文化自觉，提升文化认同是其中最关键的。对文化的认同首先表现在对中国优秀传统文化的认同，对中国古史系统与文化大系的认同，以及对中国传世经典的肯定与认同。中国文化大系，之所以从伏羲以来长存不衰，其中重要原因在于其连绵不绝之古史系统。此古史系统不断发展完善，而最终表现为今天所见的以“十三经”为核心的渊深浩瀚的古代典籍。

著名考古学家苏秉琦先生认为：“世界上没有哪一个像中国如此之大的国家有始自百万年前至今不衰、不断的文化发展大系。”毛峰先生以为此乃允当之论，并随之阐释道：“中华历经超百万年的原始文化积累，在

* 田杰，北京印刷学院文化产业管理专业副教授，北京文化安全研究基地文化安全与文化产业安全研究中心主任。

新石器晚期即距今 1 万年的伏羲时代起步，至今不衰。”

一、近代国力衰弱背景下的文化自我否定

晚清以来，随着近代中国的衰落，文化自信亦渐趋低落。日本学者白鸟库吉为了日本扩张之需要，刻意打压中国文化自信，而炮制出所谓的“尧舜禹抹杀论”。中国大陆则应时而出“古史辨派”，与东洋学者及“全盘西化论”者遥相呼应。顾颉刚在《与钱玄同论古史书》信件中，提出所谓“层累地造成古史说”，并认为“大禹是一条虫”，从而开创了对古史“名为考证、实为否定”的“古史辨派”。朱渊清在《古史的证据及其证明力》中写道：“对于此时的顾先生而言，‘辨伪’就等于‘攻倒、推翻’，意味着彻底的破坏。”

顾颉刚先生要对中华古史系统进行彻底的破坏，首当其中的就是以“四书五经”为核心的儒家经典。而因为《尚书》是上古历史的记载，更是要“攻倒”的首要对象。

近代以来，“疑古思潮”澎湃，中华历史之真实性被大肆怀疑与否定。自然，记录历史的古代典籍也全部陷入了深深的信任危机。《尚书》作为最根本性的、最具代表性的中华古代典籍，其命运之坎坷多舛，亦可代表整个中华文化系统所遭遇的深深劫难。

二、《尚书》源流探析与辩证

《尚书》是中华万书之源。据《史记·孔子世家》云，《尚书》“上纪唐虞之际，下至秦穆，编次其事”。我们今天所看到的《尚书》，记载的是上古历史，记录的是从尧舜到夏商，到西周的历史事件，经孔子编纂删削而成。

由于历史悠久，古史记载多有缺漏，往往连续不起来，而成为孤单的历史片段。司马迁《五帝本纪》曰：“非好学深思，心知其意，固难为浅见寡闻道也。”知识碎片之间必待于精神接续才成为一个整体。这个精神便是人生现实的实在经验。若没有深刻的现实经验，便不是真正的知识，也完不成知识碎片的接续过程。浅见寡闻者，只能见知识之片段，而不能见知识之整体。故墨子曰：“知者，接也。”

孔子以其丰富的历史知识，卓绝的现实人生经验，深邃的思考能力把自伏羲以来的历史完成了人文精神的统一。而这种统一，就是天地人大一统的文明秩序。

《尚书》其事虽断自唐尧以下，但其精神是贯通至伏羲时代的。而此精神是文明的核心与精髓。根据此精神，孔子所建构的天地人大一统的文明秩序即是伏羲以来先王教化养民之宪政实践，又是孔子以后两千多年中华文明“可大可久”模式的宪政大纲。而这一切体现在《尚书》之中，故称《尚书》为中国古典文明的宪政大典。

孔子生于周末，虽则当时礼崩乐坏，王纲解纽，然而孔子还是得见上古史官所写之书。孔子所见之书，为虞、夏、商、周四代之典籍。此四代典籍，皆为当时史官之实录。如孔颖达《尚书正义序》言，皆所谓“人君辞诰之典，右史记言之策”。根据孔安国《尚书序》之文，可知，孔子见坟典之杂乱错落，便断远取近，乃断自唐、虞之际，下至于秦穆公之世。删除烦乱浮词，举其宏纲，而定《尚书》，并为之作序，以表明删定之原则与旨意。

先秦诸子之学皆于《尚书》有所本，而发明各自创见。墨子、庄子、孟子、左丘明等皆于其著作之中引用《尚书》之文，而其中尤其以孔、墨两家为多。对此，陈梦家先生《尚书通论》中多有详细考证发掘。可见，先秦诸子大都曾研习过《尚书》，《尚书》应为古来相传之典籍更是无疑。

及至秦始皇焚书坑儒，灭先代典籍。而焚书之害，尤以《尚书》最是严重。对于焚书之事，钱宾四先生诚有高论。

民间之私藏，以情事推之，不仅难免，实宜多有。自此以下，至陈涉起兵，不过五年，故谓秦廷焚书，而民间书籍绝少留存，决非事实。惟诗书古文，流传本狭，而秦廷禁令，特所注重，则其遏绝，当较晚出百家语为甚。

以钱穆先生所见，始皇禁书，其意主要在不许读书人以古非今，非议朝政。而《尚书》为历代先王治政之道，为读书人议政之凭借。故而禁止议政，伤及诗书。自焚书之令开始至陈涉起义不过五年，短短时间，民间书籍应有机会留存下来。只不过诗书本是史官所掌，流传不广，故而经此焚书大劫，幸存者稀有。

伏生为秦之博士，主要研习《尚书》。“焚书坑儒”之时，伏生带着《尚书》逃归乡里，并藏《尚书》于墙壁之内。秦亡汉兴，汉文帝欲发明文治，求能治《尚书》之人，得闻伏生能治。伏生年九十，老不能行，文帝使晁错往受之，得《尚书》二十九篇，是为伏生本今文《尚书》。伏生以此《尚书》教于齐、鲁之间，并博引异言，援经据典，撰写《尚书大传》。学者由是颇能言《尚书》。晁错得《尚书》后，以教汝阳何比干少卿。诸山东大师无不涉《尚书》以教。自此，伏生本今文《尚书》流行于当时。汉武帝立五经博士，立欧阳《尚书》，而欧阳氏之学本于伏生也。伏生本今文《尚书》成为官学，为朝廷所重视。

汉武帝时，鲁恭王欲广其宫室，坏孔子旧宅。于孔子旧宅墙壁中，得古文《尚书》。孔安国得其书，以所闻伏生之书考论文义，定其可知者，以隶书写之于竹简之上，是为“隶古定”，称古文《尚书》。此本古文《尚书》比伏生本《尚书》多出一十六篇。孔安国献书于朝廷，适逢巫蛊事件，而未能被列为学官。司马迁从学于孔安国，撰写《史记》亦多采于古文《尚书》。

迁书载《尧典》《禹贡》《洪范》《微子》《今縢》诸篇，多古文说。（《汉书·儒林传》）

可见，司马迁信古文《尚书》多于今文《尚书》。然终究古文《尚书》未立于学官，而不能大显于当世。

汉哀帝时，刘歆欲立古文《尚书》于学官，而遭诸今文经博士反对，未能实行。新莽建元，诸学并立，王璜、涂恽之传古文《尚书》者，皆得贵显而立于学官。

光武中兴，立五经博士，《尚书》有欧阳、大小夏侯，而废古文《尚书》。自此“今文欧阳《尚书》，后汉传习最盛”。

古文《尚书》虽不如今文《尚书》流行，但自孔安国以下，世代相传并无中断。“后汉之言古文《尚书》者，胥推扶风杜林伯山为继别之宗。”史载杜林在新莽兵败之时，避难于河西，得漆书古文《尚书》一卷。是为杜林本古文《尚书》。兵乱既平，杜林还归京师，而京师诸古文家多服膺其学，于是古文《尚书》遂行于当世。

汉肃宗降意儒术，特好古文《尚书》《左氏传》。据《后汉书·儒林传》所载，贾逵为古文《尚书》作训，马融作传，郑玄注解，由是古文《尚书》遂显于世。钱基博先生认为，“古文之得大显于世者，则马融、郑玄之力也。”此言不虚。

经西晋“永嘉之乱”，今文欧阳、大小夏侯《尚书》并皆亡失。东晋元帝时，豫章内史梅赜献上孔传古文《尚书》，是为孔传本。孔传本古文《尚书》，共五十八篇，其数合乎刘向《别录》所言“《尚书》五十八篇”之数。据《尚书注疏校勘记序》，自梅赜献孔传，而汉之真古文与今文皆亡。隋朝太学博士刘焯为梅传本作疏，其他学者也多有注疏、“音义”。唐朝孔颖达奉诏编纂《五经义疏》，采用梅赜之孔传本，及刘焯等之义疏，编撰而成《尚书正义》二十卷。《尚书正义》序云：

古文经虽然早出，晚始得行，其辞富而备，其义宏而雅，故复而不厌，九而愈亮，江左学者，咸悉祖焉。近至隋初，始流河朔，其为正义者，蔡大宝、巢猗、费甝、顾彪、刘焯、刘炫等。（孔颖达《尚书正义序》）

孔颖达认为，其《尚书正义》据自孔安国以来之古文《尚书》，并无异议。《尚书正义》撰写完成之后，经朝廷颁布，而成为《尚书》标准通行本。清朝编定《十三经注疏》亦采用《尚书正义》。直到今天，本自梅赜本之《尚书正义》亦为流通最广之版本。

三、南宋以来的疑古之风及其辩驳

自梅赜献孔传本古文《尚书》以来，天下儒生皆据梅赜本而无有疑其伪者。据钱基博说法，“力斥古文《尚书》孔安国《传》之伪，其说实发于宋吴棫、朱子。”自此之后，《尚书》之真伪问题突然开始成为一个问题。而古文《尚书》之“辨伪”开始成为学者的一门重要功课。行文至此，笔者突然想到孔子所言“始作俑者，其无后乎？”学者竞以辨伪为能事，搜怪猎奇，争巧斗艳，“辨伪”之大作纷纷出现。宋代有吴棫《书裨传》、朱熹《语类》、蔡沈《书集传》等；元朝有吴澄《尚书叙录》等；明代则有梅鷟《尚书考异》等；清代学者专注于考据功夫，“辨伪”之风气更盛从前。如朱彝尊撰《古文尚书辨》、惠栋撰《古文尚书考》等。而阎若璩集前代“辨伪”之大成，撰写《古文尚书疏证》八卷，辨伪愈明，而古文《尚书》之伪作似乎至此而定谳。今人顾颉刚开启“古史辨派”，在阎若璩之基础上更进一步，古文《尚书》被作为可肆意怀疑的“死去的史料”而进行科学的考证辨伪工作。古史辨派影响巨大，直至今天，其背后的“疑古思潮”如幽灵般挥之不去，而百年以来的文化自信自此而践踏殆尽。

针对阎若璩之《古文尚书疏证》，毛奇龄奋起反击，针锋相对，写出《古文尚书冤词》，为古文《尚书》之真实进行辩护。王鸣盛作《尚书后案》三十卷，力屏古文《尚书》孔安国之伪。孙星衍撰《尚书古今文注疏》，亦多采信古文《尚书》。此外，尚有明朝陈第《尚书疏衍》、清朝万斯同《古文尚书辨》等为古文《尚书》之真而辩护之。

民国钱宾四作《两汉经学今古文平议》，独辟蹊径，以定论清朝之经学今古文之争及辨伪问题。钱氏以为，清儒治学，始终未脱一门户之见，今、古文之纷争，正由此门户之见而起。钱氏言道：

凡所不合于其所欲建立之门户者，则胥以伪书伪说斥之。于是不仅群经有伪，而诸史亦有伪。挽近世疑古辨伪之风，则胥以启之。夫史书亦何尝无伪？然苟非通识达见，先有以广其心，沉其智，而又能以持平求是为志，而轻追时尚，肆于疑古辨伪，专以蹈隙发覆，标新立异为自表襮之资，而有杂以门户意气之私，则又乌往而能定古书真伪之真乎？

钱穆先生认为做学问不能抱有门户之见，亦不能自逞其能而追求时尚。而应该正心诚意，“更要在古人之学术思想有其探源抉微、钩沉阐晦之一得”。

依钱穆先生之言，研究《尚书》不能拘泥于其“古今真伪”之争。并且钱先生还“精辟揭示了‘古文经’传自西周王室之‘王官学’官方档案、记述系统，‘今文经’则传自晚周诸子私人著述系统，两大经学传统并行不悖、相互补充、一体重要”。事实上，《尚书》今古文可能正是晚周以后官学分裂为百家之学而造成的差异现象。班固《汉书·艺文志》说百家之学皆出于王官，可见今古文同脉同源，个中差异，不足为真假论定之借口。

然而，近代《尚书》研究学者，如陈梦家、李源澄、马宗霍等，虽取得了一定的成绩，但总还是同意阎若璩之考证，认为伪《古文尚书》已成定论。似乎伪《古文尚书》已无翻案之机会和可能。这反映了“疑古思潮”的进一步蔓延、扩大与牢固。

诚心而论，怀疑者自怀疑，肯定者自肯定。怀疑者以“考证辨伪”为客观依据，肯定者以文化信仰为基础。两者不可调和，但无疑，疑古者占据主流意见。钱穆先生提出对历史文化要存“温情与敬意”、陈寅恪先生提出“了解之同情说”，都是对过分怀疑古史做一下纠偏与中和。但终归，在猛烈的“疑古”之风下，影响甚微。

四、确立“文化敬意观”，重拾文化自信

转机出现在王国维提出的“二重证据法”上。“二重证据法”的出现，使得古史辨正工作，在“纸上考证”和“文化敬意”之外，还可以有“地下材料”之佐证。于是，“安阳殷墟的发掘证明，司马迁《史记·殷本纪》所记载的商代历史为信史。二里头遗址的发掘和研究则为夏王朝的确实存在提供了考古学上的依据”。这直接否定了所谓胡适之等人“殷商以上无历史”的臆断。

非但如此，当代著名考古学家李伯谦更进一步认为：“夏王朝以前的

五帝德传说亦绝非虚构。司马迁的《史记》之所以始于《五帝本纪》，亦当有所依据。在现代考古学的背景下重新认识古史传说资料已成为可能。利用现代考古学的研究成果，对大量古史传说资料进行甄别整理，就完全有希望使部分传说还原成信史。”

考古发掘的“地下之材料”不断涌现，这无疑动摇了“古史辨派”论断之根本。更关键的是，对历史传统心存敬意的文化学人开始重新获得了文化自信。著名考古学家李学勤在考古成果基础上，于 1992 年发表了题为《走出疑古时代》的文章，标志着学界古史自信与认同的进一步提升，一举扭转了“疑古”学者“一言堂”的局面。“信古”派学者则开始纷纷发声，对“疑古思潮”发动了大反击。

在此背景之下，“夏商周断代工程”首席专家李伯谦先生发表《考古学视野的三皇五帝时代》一文，认为三皇五帝时代是我国绵延两千多年的传统古史的开篇。著名学者金景芳论断，“《尚书》独载尧以来，是中国自有史以来的第一步信史”。除此之外，对《尚书》进行翻案工作的还有杨善群先生、张岩先生等，这些学者分别以不同角度考证《尚书》之可信。特别是毛峰先生更认为：“《今古文尚书》同为中华文明伟大成就的忠实记录，历经秦火焚灭而文辞有异，非但不足为怪，更应无比珍视。”

但是，疑古学者非但对《尚书》弃之如敝履、不加珍视，更是“对出土文献所揭诸的这些事实，不愿承认。他们为了维护自己的成说，一是力图将出土文献的年代往后拉，二是以传统文献的记载否定出土文献。”比如，著名《尚书》学者刘起釪先生发表《关于“走出疑古时代”问题》一文，认为“疑古思潮”本身就是“一个虚构的阴影”，并不承认顾颉刚先生有“疑古”思想。

对此，著名学者廖名春则认为：“执着于这些错误观点的疑古学者，面对传统文献和出土文献的大量事实，应该反省、检讨自己，从思想史研究的方法论、从自己的史观上去寻找问题。”

由于中国综合国力日益提升，中华民族文化自觉与自信日趋上升。民间“国学热”的兴起，中国人开始了文化上的“衣锦返乡”。“疑古思潮”终究是国力衰败、文化自卑背景下的阴影，无论是顾颉刚所处的时代，还是清朝文化高压下的阎若璩时代，还是疑古肇始的南宋时代，都是华夏文明遭遇重大困局而进行反思的年代。

考古发掘的无数“地下之材料”，无疑可以不断清扫“疑古思潮”的阴霾。

但毕竟文物背后无限的空间，如同黑洞一样，根本无法填满。而且文化不单单表现为文物，更是一种精神创造。考古对精神领域一样要靠推测，而这种推测很大程度上建立在文化立场之上。因此，考古是打开古史的一把钥匙，但进去之后的风景还是要靠文化立场与文化信仰来辨认、去欣赏。所以，对于文化研究而言，终究要回到钱穆之“温情与敬意”、陈寅恪“同情之了解”立场上来。

纵观《尚书》及其源流，其经历复杂而近乎传奇。《尚书》自孔子删定后，便为经学典籍。经学者，乃历史真实与精神真实的完整统一。清儒之今文经学者，以孔子之微言大义诬古文《尚书》之作伪，而古人经学者则以为“六经皆史”，并严加考证，摒弃了《尚书》背后的精神真实。这就是钱穆先生所说的门户之见，两家只知相互诘难，而不知两者为一体也。西哲科林伍德曾言，一切历史都是精神史。在此层面上，今古文《尚书》更无可怀疑。

以上，对《尚书》之源流与真伪做了讨论。虽然所论浅薄，但已表明观点。《尚书》作为古史系统之代表典籍，具有典型性。而且，《尚书》又是“疑古思想”体现最集中、最充分的古代典籍，如果能重拾对《尚书》之尊重，那么，对于古史系统而言，就足以“根本改变‘五四’以来的诸多成见。”一旦消除了“疑古思潮”之成见，古史系统必将能还原其真面目。古代研究学者对征引古代典籍必然多一份认同与自信。中国人也能更好地提升自己的文化认同，以促进中国的文化自觉与文化安全。

参考文献：

［1］苏秉琦：《中国文明起源新探》，三联书店 1999 年版，第 176 页。

［2］毛峰：《大一统文明》，知识产权出版社 2014 年版，第 4 页。

［3］顾颉刚：《与钱玄同论古史书》，载杨庆中、廖娟：《疑古、出土文献与古史重建》，漓江出版社 2012 年版，第 4 页。

［4］朱渊清：《古史的证据及其证明力》，载杨庆中、廖娟：《疑古、出土文献与古史重建》，漓江出版社 2012 年版，第 130 页。

［5］钱穆：《两汉经学今古文平议》，九州出版社 2011 年版，第 157 页。

［6］钱基博：《经学通志》，广西师范大学出版社 2009 年版，第 45 页。

［7］钱基博：《经学通志》，广西师范大学出版社 2009 年版，第 50 页。

［8］钱基博：《经学通志》，广西师范大学出版社 2009 年版，第 51 页。

［9］钱基博：《古籍举要》，上海古籍出版社 2011 年版，第 23 页。

［10］钱穆：《两汉经学今古文平议》，九州出版社 2011 年版，自序。

［11］毛峰：《大一统文明》，知识产权出版社 2014 年版，第 11 页。

［12］钱穆：《国史大纲》，商务印书馆 1996 年版，扉页。

［13］陈寅恪：《观堂先生挽词并序》。

［14］李伯谦：《文明探源与三代考古论集》，文物出版社 2011 年版，第 5 页。

［15］李学勤：《走出“疑古时代”》，载杨庆中、廖娟：《疑古、出土文献与古史重建》，漓江出版社 2012 年版，第 59 页。

［16］李伯谦：《文明探源与三代考古论集》，文物出版社 2011 年版，第 31 页。

［17］金景芳、吕绍纲：《尚书・虞夏书新解》，辽宁古籍出版社 1996 年版，序言。

［18］毛峰：《大一统文明》，知识产权出版社 2014 年版，第 11 页。

［19］廖名春：《论六经并称的时代兼及疑古说的方法论问题》，载杨庆中、廖娟：《疑古、出土文献与古史重建》，漓江出版社 2012 年版，第 90 页。

［20］刘起釪：《关于“走出疑古时代”问题》，载杨庆中、廖娟：《疑古、出土文献与古史重建》，漓江出版社 2012 年版，第 145 页。

［21］廖名春：《论六经并称的时代兼及疑古说的方法论问题》，载杨庆中、廖娟：《疑古、出土文献与古史重建》，漓江出版社 2012 年版，第 99 页。

［22］《郭店楚简国际学术讨论会论文集》，湖北人民出版社 2000 年版，第 662 页。

台湾地区城市文化空间治理法律评析与启示

石东坡　汤　先*

[摘　要] 文化治理法制化是国家治理能力现代化的重要组成部分。七十余年以来，我国台湾地区面对复杂的社会文化态势，比较注重文化空间营建，近年来文化创意产业发展迅速，城市文化治理以及营造地区文化绩效有一定的特点。立足于横向与纵向结合，分析台湾在城市文化治理中具有代表性的城市和不同文化类型的治理政策，有助于发掘其中城市文化空间治理的正反两方面的经验，揭示其中“台独”势力运用城市文化空间营造潜移默化地推动“台独”的阴谋与危害。同时，通过比较，能够对《公共文化服务保障法》实施中如何增强城市文化空间治理予以一定的参照和镜鉴。

[关键词] 文化治理；城市公共文化空间；海峡两岸；文化立法

一、引言：城市文化空间治理的法治意蕴

历史地看，城市化，包括新型城镇化，都是一个自然历史过程，其中社会历史发展的客观规律通过一系列偶然性的社会事件开辟道路，潜在地，甚至以恶果报复的方式作用于个体的人和整体的社会。现实地看，城市化的进程，无疑是权力、资本、舆情等多种因素综合作用下的产物，而基于

* 石东坡，法学博士，教授，浙江工业大学文化与法制研究中心主任暨“文化法治创新团队”首席专家，学术期刊社主任，主要研究立法学、文化法学、海峡两岸法制比较；汤先，浙江工业大学文化与法制研究中心助理研究人员，主要研究行政法与行政诉讼法学。

普通民众的视角，很遗憾的是一个几乎只能通过适应性甚至屈从性的选择而面对的巨大的外在装置的碾压过程。城市化进程，是人的城市化，但并非是人的被动的、继受的城市化，也并非是生产、居住的单纯空间位移，而是在适应和体现、尊重和发展人的物质文化需求的意义上以城市为载体的社会历史进程。新型城镇化，尤其应当注重对城市公共文化空间的营造，这在根本上是城市民主、空间正义和全面发展的诉求，遗憾的是现实中权力意志支配下的公共文化服务设施布局不够合理、巨型集成型公共文化服务设施与广大社会公众相疏离，公众参与、监督和共享城市公共文化空间的程度较低，公共空间文化内涵缺乏亲和力和感染性，在认同度和传播力上严重不足等问题，昭示着在新型城镇化中文化发展、文化权利和文化涵养维度缺失，是对人的本质的片面对待和权利扭曲。因此，城市公共文化服务在城市公共文化服务设施的规划、建设、使用和管理等环节，并非缺乏空间维度，而是缺乏城市公众文化权利在城市上的负载、出场和再现，简言之，是人的主体地位、文化权利并未进入掌控城市形成、运转的权利作用过程并发挥应有的制约、交涉、监督的话语权利功能及其最终的自我实现功能。所以，城市公共文化空间的科学配置、民主营建与开放共享，使之成为主流文化共识凝聚与感受、多样文化展现与交融、个体文化表现与对话、践行公共伦理与治理的公众主宰、文化主导的城市活力空间，显然不能够置于法治的实质考量、程序约束与裁量评判之外，毕竟其归根结底，是以公众的城市文化权利为尺度和归宿的法治生成过程。

在大陆地区，对台湾地区城市文化治理的关注和研究，尚且处于萌发阶段，研究成果并不丰厚，研究辨析有待深入。如有学者善意地归纳台湾地区文化治理的变迁历经三个阶段，认为其形成了三维实施机制，在城市空间有效利用等方面的成效与做法有一定的借鉴意义。第一，对台湾地区复杂胶着的文化生态、文化样式的历史延伸和现实状况缺乏透视。第二，对台湾地区国民党统治以及政党轮替时期以来的文化操弄、文化裂变和文化“台独”在文化“治理”上的手法、策略及其隐蔽性、欺骗性和顽固性的揭露、辨识和评判有待加强。第三，对台湾地区文化领域的政策“法律”制度环境对城市文化空间营造等的作用分析不够聚焦。因此，在法学、文化法学的视域之中，对台湾地区文化治理、城市文化空间营造的政策法律层面的研究亟待补足。这是深入揭示、严肃批判和彻底消除“文化台独”的现实需要和历史任务，是以法治思维和法治方法考察和澄清海峡两岸文化交流机制化发展进程中的基础工作和学理课题。

二、台北与高雄：台湾地区城市文化空间营造的样本与历程

在台湾地区，就文化治理而言，有学者指出，以文化作为治理的对象，通过文化治理来跨越利益相关体的治理机制，通过知识的引导与技术的介入，强调自身文化的话语权力关系与民众主体的塑造，以最终发挥文化的政治与经济效用。在一定意义上塑造文化内化于心，外化于行、颇具成效的典范，堪称台湾文化治理在产业与事业方面双赢的结果。以台湾地区政治文化中心台北市城市文化治理的历史发展脉络和台湾代表性工业城市高雄市试图转型文创观光为案例，可作为大陆地区借镜，添补城市文化治理视野与正反两方面的经验。

（一）台北市城市文化治理历史脉络

台北市文化治理模式在不同政治历史和经济文化发展背景下，其历史变化大致可以分为三个有所重叠的时期。第一个时期，自台北 1967 年升格为“直辖市”，次年并入周边的六个乡镇，至 20 世纪 70 年代后期，该时期展开意识形态文艺、中华文化复兴等的文化宣传以及生活辅导运动。一方面，在都市文化治理上，强调整洁、秩序、礼貌、节约等，如 1976 年市政纪要“市政建设应该有计划、有理想，使台北市成为有朝气、有秩序、有礼貌的都市”，以及提倡传统中华文化以弥补现代化经济发展不良的后果。此外，这一时期古迹议题浮上台面，认识台湾是大陆不可分的一部分，培养民众的爱乡土爱“国”爱民族的思想。另一方面，在硬件建设上，开始筹建各项展演、休憩设施，如天文馆、美术馆，以及每个社区至少一个图书馆等；交通道路也以“国家”、省份、名山大川等命名，抹除殖民街町名称。有学者认为其中多为政策宣示，缺乏本身文化发展的自主性。第二个时期，20 世纪 70 年代末到 20 世纪 90 年代初期，城市产业结构中服务业兴起，中产白领阶级兴起，萌生了都市消费生活。“富而好礼”可以说是这一时期文化治理模式的总结，即在一定的都市经济基础上，宣扬文化现代化和环境品质提升，展现向先进国家看齐的国际化期许。这一时期逐渐重视古迹保存、公共艺术与都市景观美化绿化等，大规模修建展演和休憩硬件设施，举办丰富艺文活动，即为提高生活品质而提供文化消费、绿色消费和城市景观美化。这一时期另一文化治理的亮点在于以闽南和客家文化为主，以歌仔戏、布袋戏、客家山歌、乡土文学等精致的艺文

消费方式，获得公共文化的正当性。总之，这个阶段的文化治理中以消费主义、商业主义倾向为主，多是精致的文化活动、提升环境品质的文化现代化与消费游憩，但是依然留存浓厚的官方教化、规范市民生活的基调。第三个时期，由 1994 年至今，这一时期的治理政策大致粗分为：第一，凸显多元的族群文化，除重视闽南、客家、眷村、“原住民”等文化外，地方语言教学、外来劳工、同性恋等都被纳入文化治理的官方视野；第二，民众记忆的书写，通过出版编纂书画集举办展览等形式，推动市民文化生活化；第三，扩大史迹的范围与闲置空间再利用，许多史迹空间采取活化利用的方式，经营艺文活动或成立展馆，兼具历史怀旧与奇幻氛围的地方感；第四，节庆奇观与文化产业发展，以公私合营的方式，将史迹、节庆与地方文化结合，如台北灯会、西门町红楼等；第五，强调社区艺文与地域文化特性，台北 20 世纪 90 年代开始社区营造，根据社区特色，营造社区文化；第六，文化全球化，官方治理大力构筑其国际化意象以及全球联结，小至道路的英文标识，大至国际城市交流活动都得以逐步推展，以提升城市竞争力；第七，专门机构负责，1999 年 11 月 6 日，台北市“文化局”成立，为台湾地区第一个地方文化事务专门负责机构，城市文化治理中政府组织不再由过去的新闻处、民政局、教育局等分别执行相关业务。执行上，也从政府主办活动到招标委托私营机构开展。《台北市街头艺人从事艺文活动许可办法》规定了证明许可、主管机关、活动范围、公众安全等，开放容纳街头艺术表演。这一时期，许多释放或诱引快感的文化活动都被纳入文化治理范畴，如跨年晚会狂欢、西门町装扮游行的嘉年华等。但是，伴随这些活动，扫黄、扫毒、压抑网咖发展、青少年宵禁等规训和干预措施也随之产生。文化都应在其特有的界限下发展，不得跨越界限。

（二）高雄市城市文化治理历史脉络

1945 年 11 月 8 日，“省辖”高雄市政府成立。1966 年高雄创建了全球第一个加工出口区，1973 年三项重化工业炼钢厂、石油化学工业以及大船厂等皆设于高雄。优越的地理位置和生态环境以及国民政府 20 世纪 50—70 年代的“十大建设”政策，造就高雄经济的繁荣。高雄的城市文化治理与城市经济转型相依存。随着高雄港口经济和工业经济的衰变，高雄城市的文化治理逐步浮上议程。1979 年前，官方在文化政策上少有着墨，民间也没有文化运动。从 70 年代末到 90 年代末，高雄开始有文化点缀。文化机构上，文化中心、美术馆、历史博物馆等相继设置；文化活动上，开展了港都文化、文艺季、县市文化节等系列活动。1998年为国际海洋年，高雄市无论是从地理、历史、政策、产业还是经济发展策略，都具有发展成国际海洋都市的优势，而目前最主要的工作即是营造一个“与海共存、与岛共存的生活环境”，并朝向海洋教育、海洋产业与海洋观光休闲三方面努力，建立一个产业的、经济的、生态的高雄。至此，政府文化施政已逐步朝向回应民意对城市亲港的诉求，开始有短暂的文化活动。自1998年以后，高雄政府明显将文化作为城市形象改造重要环节之企图，文化治理上尤其重视亲港、亲水空间的美学改造，试图让原为国际物流工具的货柜，成为国际文化交流的元素、节庆的空间场域。城市与港湾界限的拆卸，代表台湾文化的“货柜”更直接成为高雄的城市风景之一。“货柜”是高雄意象中，强烈而具有特质的都市元素，治理手段让城市产业特质和城市文化特色相结合，把原本承载经济物流重任的货柜，化身为承载文化艺术交流使命的列车。借由“货柜”与高雄城市发展历史的关联性凸显出来，使高雄市具有城市转型特色文化治理的亮点。“开放”海岸线，让市民抬头就能看到海看到船，触发市民对公共空间的思考。2003年高雄市文化局成立之后，文化治理的焦点脉络从城市各项基础文化工程的全面政绩考量式的奠基，到城市阅读运动的文学建构书写，以至文创产业在产业结构转型升级中异军突起，这一专责单位使文化业务常态持续累积。《高雄市文化艺术事务财团法人设立许可及监督准则》由“通则”“民间捐助的财团法人”和“政府捐助的财团法人”三章构成，对设立许可、组织形式、运作方式和行业、社会与行政监督等进行了规定。由此高雄市文化行政主管机关通过一定的行政监管、财政支持和公众评鉴等途径激励和发挥社会组织在公共文化空间及活动上的积极作用。

三、经验与批评：台湾地区城市文化空间营造的审视及反思

（一）台湾地区城市文化空间营造及治理的特点

不论台北还是高雄，城市文化治理的每个时期都带有历史烙印。总体而言，文化传承多样化、文化创意产业化、文化空间生活化、文化节庆国际化、社区空间审美化带来了经济上的较高收益，社会层面上，则促进了市民生活品质上的认同感。台北松山文创产业园区在此前松山烟草工场改造设立，形成文创产业的集聚效应。台北市还正在各行政区建设至少一条特色文化创意街区。高雄市“文化局”开展社区营造人才培训、社区文创

产业展、社区传统艺术展和社区文化之旅等活动。

通过这两座城市透视可知，第一，文化治理虽然跨越联结了官方与民间机构，但是文化治理的首要发动者和核心角色依然是官方。民间社会不具备坚实的自治性。而官方的治理机制即使比较僵化，而且在回应社会脉动上较为缓慢，却保持了确认文化正当性和文化诠释框架的稳固地位，并以此回应、引导甚至塑造了民间社会形态和经济产业构造的文化动态。但是，这并不是否认民间机构、私人在文化领域参与的地位和作用。

第二，文化治理因时、因地制宜，这就要求在统一的法律法规下，地方根据时间和独有的地理位置或文化环境，制定相应政策促进文化发展。根据笔者查阅台湾地区“文化部”政府网站，台湾地区关于文化方面“法律”25 部，包括文化创意产业发展法、博物馆法、“文化部”组织法等，除此之外，还有法规命令、行政规划等二十余部。虽然台北、高雄在前期都照收政府命令，但自 20 世纪 90 年代后，特别是“文化局”成立后，研究开展更符合城市特色的文化，开展文化活动，如前文提到的台北“庶民”记忆的书写、高雄海洋城市文化塑造等。

第三，城市文化治理不仅要保存历史古迹，传承传统文化和美德，也要将历史与现代文化相结合，营造特色城市文化。从初期的公共文化硬件设施建设到不断完善的文化与经济社会结合的文化活动，不论是台北的本土文化转为精致的艺文消费还是高雄的货柜利用为节庆空间，保留古迹不仅有传统的博物馆、历史馆等形式，也可与经济、社会因素相结合。

第四，专门的机构负责文化事务。在 20 世纪 90 年代后，随着台北市“文化局”的设立，各地专门负责文化事务的政府机关相继成立。梳理历年文化局施政计划，文学阅读、艺文辅助、文化资产、城市节庆、社区营造等工作，已成为长期推动的文化工作，即或文化首长有不同之关注或倾斜，常态业务仍然持续推动。或可说，相较于之前文化局未成立前，文化活动仅以新闻媒体包装，因应首长喜好变动频繁，设置文化局此一文化专责单位确实有使文化业务常态持续累积之必要性。

第五，族群文化多样性。有学者认为，台湾的多元族群主要由闽南人、客家人、“外省人”及“原住民”四个文化系统所组成。在长期的生产与生活的互动过程中，因各自政治经济利益与文化信仰的表达与冲突等问题而萌发族群意识，并在一定的历史条件下逐渐强化而形成各族群的分类，使得各种族群文化内容形式多样。台湾的多样文化应怀抱平等、尊重、学习的方式，相互理解。在城市文化的治理过程中，台湾地区城市必须根据所在地族群文化，制定文化政策，保护传统文化发展。以苗栗地区为例，客家人口占65%左右，2016年度施政目标与重点第一条就是推广传承客家文化：客家圆楼管理维护；办理客家圆楼艺文展演活动。各城市根据不同族群特色制订不同文化施政计划，在发展本地区文化同时，包容多元文化，使台湾城市文化特色显著并且多元兼容存在。《台北市艺文补助暨奖励自治条例》《高雄市政府文化局表演艺术类活动补助作业要点》等都以对公众喜闻乐见的艺术文化活动的资助支持公共文化服务的开展，也引领和带动艺术表演团体增强自身“造血”机能，激发创新创意能力和市场适应能力。

第六，域外文化在地性。台湾岛内除复杂的族群文化外，外来文化也逐渐发展，因此，在城市文化治理中应注意平衡保护本土文化与外来文化。源自英国的“创意产业”在台湾与本土文化结合，文创产业近年迅速发展。台湾的文化创意产业营造起源于“文建会”的社区改造。文创产业发展也会丰富社会环境，加速科技创新，健全人才培育制度，开发国外市场，增加经济收益。1994年“文建会”以人民关怀乡土的生活价值观着手，进一步借小区文艺活动的推展，凝聚小区意识，改造小区环境，提升地方文化产业，建立小区文化特色，大力推动小区总体营造。1995年，台湾地区将文化创意产业的营造意识扩展至全岛。但此时，文化产业主要集中在传统型、乡村型的初级产业上。随着劳动密集型产业优势的逐渐消失，以2002年首将“文化创意产业发展计划”纳入2008年发展重点计划为起点，经历起步和定位两个阶段，于2009年重启台湾文化统计调查更新创意文化产业基础数据库，以“六大新兴产业”为依托，进入了台湾文化创意产业的蜕变期。

（二）台湾地区城市文化空间营造及治理的矫正

首先，必须强调中华民族文化主导性、基准性。中华民族开发宝岛台湾历史悠久、源远流长。战后国民党退居台湾，选择以儒家文化作为官方意识形态，进行文化重建。在城市的治理政策中，城市道路命名适宜选择中华名山大川，学校教育中就民族传统文化历史等方面，应进一步加强中华文化的传播。应进一步在城市公共文化空间营建及其文化治理中坚持中华民族优秀传统文化的传承创新与主体地位。

其次，必须始终坚持反对和禁止文化殖民主义。甲午战争后，台湾地区沦为日本殖民地长达半个世纪，但是反抗运动绵延不绝。在文化层面，日本殖民者强力实施“去中国化”政策，企图在台湾逐步阻断中华文化传承，并通过大量输入日本文化以改变台湾文化，妄图使其成为日本文化的附庸。殖民者重点选择从语言文化入手，并在姓氏传承、生活习俗、宗教信仰多方面全力清除中华文化传承。相对于日本文化对台湾社会自下而上的渗透、影响，以美国文化为代表的西方文化更多地通过培育，塑造岛内精英价值观念，自上而下地进入台湾社会文化内核。为应对域外文化的影响，台当局采取相应抑制政策，在 1967 年成立“中华文化复兴委员会”，推行“中华文化复兴运动”。台当局还以“恢复传统”的口号，组织学者以“民族主义”的旗帜与宣扬全盘西化的学者开展第一次中西文化论战。至 1970 年后半期，岛内思想文化界对“横向移植”西方文化进行反思检讨，否定“放弃传统、盲目崇洋”的心态。西方文化与中华文化在台湾社会逐步融合，形成以中华文化为核心的多元文化格局。但是目前来看，民进党蔡英文时期以来，文化殖民主义和文化分裂主义相合流，严重侵扰、腐蚀台湾地区应有的民族认同。

最后，必须始终坚持反对和铲除文化分裂主义。台湾在城市文化治理过程中出现过“本土化”滋长，加速了“台湾意识”的快速成长。在这过程中“台独”分子强调台湾文化相对于中华文化的所谓的区隔性与独立性，极力彰显台湾所具有的虚伪的民主自由等价值观念。将反大陆和反共纠合起来，在所谓的文化原生性、文化国际化等之中寻求并不存在的文化渊源与发展脉络。这种文化分裂主义或“文化台独”显然是极端错误、罔顾历史和欺骗世人的。在理论和实践上都是绝不会成立的：一方面无法抛弃的闽南语和汉语言文字，而作为文化载体的语言是采取任何措施都无法摆脱中华文化的传承的；另一方面其根本不存在所谓的“台湾文化”真正的独特性。

四、启发与思考：大陆地区城市文化空间营造的若干关注点

（一）依法逐步健全城市文化治理体制机制

2017 年 3 月 1 日施行的《中华人民共和国公共文化服务保障法》（以下简称《保障法》）是文化法制建设的重大突破，也是全面依法治国在文化领域的重要进展。该法全文共 6 章 65 条，以我国公共文化服务建设和发展的基本原则、公共文化设施的建设和管理、公共文化服务的提供为主

要规范事项，以强化政府保障责任为制度设计的重点，为推进我国现代公共文化服务体系建设提供了完备的法制遵循。

对文化的治理和通过文化对社会的治理不同。就后者而言，有学者指出，是“从一般意义上的文化领域的治理到社会整体治理机制与模式的后现代建构”。对文化的治理固然不可能游离于社会治理的系统之外，并确实具有和发挥着对社会的治理的政治、社会功能，但是，我们认为，文化治理更强调的是通过对文化发展的内容延续、个性创造、物质设施、空间营建、服务保障与秩序管理等诸要素、环节的协同治理，实现文化的传承、传播和涵养、建设，实现国家、民族的文化认同与凝聚以及民众、个体的文化内育和创造。《保障法》总则第二条明确公共文化服务由政府主导、社会力量参与的原则。这同时也是城市文化治理体制机制的基本准则。而大众意识里，政府一直是公共文化建设的主体，公民只负责单方面的接受，导致公共文化服务仅仅停留在享受上，没有亲切感和参与感，要么单纯享受，要么弃置远离。因此，面对我国公民目前不断增长的文化需求，文化治理应提升公民素养，加强文化供给和保障。与此同时，公众同样是文化治理的参与主体，在分则中，第十三条、第三十七条、第四十八条、第五十条中有关政府指导、支持和帮助民间力量参与公共文化建设将引导社会力量参与公共文化服务，推动政府从“办文化”到“管文化”的职能转变。可见，在城市文化治理中，根据《保障法》的指导，治理主体应跳出国家福利模式，关注国家、市场和社会的关系，文化治理不是意识形态的灌输与控制。《保障法》第七条规定的主管部门和其他有关部门应在职责范围内长期推动文化工作，引导和管理社会力量参与以城市公共文化空间为载体的文化创建，达成文化治理体系和治理能力现代化的目标。

（二）建设基于文化设施建设和文化生态保护的公共文化空间

以文化设施建设和公共文化服务活动为主轴是城市文化治理的基础，有力地支撑公民文化权利的均等化实现，并提升城市文化感染能力、创新能力。公共文化服务体系以各类文化设施为中心，可以重新规划、聚合城市中的各个社区，再造城市空间，进而再造社会生活。在台湾地区城市文化治理中，一直注重对古迹保护（但是存在片面甚至畸形保护所谓域外古迹古物的错误倾向），除了传统的通过设立博物馆、纪念馆或划定保护区这些传统方式外，还有将传统文化转为精致艺文消费，或与现代节庆活动结合等新模式。我国《保障法》第一条立法目的条款明确要求传承中华优秀传统文化，但是在分则中并未对此多加阐述。而城市文化治理离不开对历史古迹的保护，通过古迹使群众认同从历史继承的城市精神，提升城市精神品质。而且在现代多样化的文化治理中，从台湾治理经验中可看到历史古迹也能与城市经济建设特别是文创产业发展紧密结合在一起。笔者认为，应进一步增强《保障法》与《文物保护法》在修改中的衔接和协调。

（三）切实加强地方历史文化保护与城市文化管理的法制建设

在城市文化治理中，应因地制宜，保留自有文化特色或对特色建筑、产品等再利用为文化产品，才能使城市群众获得更多城市认同感，《保障法》中要求各省、自治区、直辖市结合当地需求、财政能力和文化特色，制定公共文化服务标准。目前，已经有广东、江苏、上海等省市制定了地方性法规、规章或规范性文件，各地的政策措施基本与《保障法》一致，从服务设施、服务机构、服务提供、服务规范、法律责任、保障激励等方面对城市文化治理进行制度设计和法律保障，但是各地政策中并未见根据当地特色而制定的特有文化服务措施。

以浙江省为例，在立法上，截至 2017 年 12 月，浙江省文化方面有效地方立法仅有 5 件，其中，省人大地方性法规 2 件：《浙江省文物保护管理条例》（2006 年 1 月 1 日起施行）和《浙江省非物质文化遗产保护条例》（2007 年 6 月 1 日起施行）；省政府规章 3 件：《浙江省公共图书馆管理办法》（2003 年 10 月 1 日起施行）、《浙江省文化市场综合执法管理办法》（2009 年 1 月 1 日起施行，2012 年经省政府第 85 次常务会议审议第一次修订）和《浙江省文化馆管理办法》（2009 年 10 月 1 日起施行）。2017 年 11 月 30 日，浙江省第十二届人大常委会第四十五次会议审议通过了《浙江省公共文化服务保障条例》（以下简称《保障条例》），《保障条例》将于 2018 年 3 月 1 日起正式施行。《保障条例》在指导思想上注重顶层设计、坚持问题导向、体现地方特色。根据浙江省“两个高水平”“文化浙江”的建设要求，结合浙江省在公共文化服务领域的创新实践，将近年来的成功经验写入条例。

即便如此，总体而言，“全国文化地方性法规 140 多件，浙江省约占总量的 1.4%；全国文化地方政府规章 50 多个，浙江省约占 6%。根据《浙江日报》刊登的《浙江省基本公共文化服务标准（2015—2020 年）》，浙江省目前文化治理主要还是硬件设施建设，主要集中在图书馆、文化馆、体育馆等场馆建设及相关人员、活动等配套资源的完善。浙江在地方性法规上，以保护文物和非物质文化遗产和硬件设施的建设为主，与浙江渊源的历史和运河非物质文化遗产有关，这是符合城市文化治理建设传承特有文化目的的。但是，《保障法》作为最低标准，各地的文化设施建设和文化服务可以根据经济社会发展提出更高标准，但不得违背最基本法律要求，否则要承担相应的法律责任。《保障法》注重在国家层面原则性和基本度的把握，而文化治理在各个城市中是一个实践性很强的问题，在遵循原则的基础上，地方立法就很关键。按照《立法法》的地方立法权限设定，地方应当和可以开展历史文化保护和城市文化管理方面的立法，并且强化地方立法的针对性、特色化和操作性。由此，才能真正落实国家层面的立法。一些地方尽管加快了公共文化服务保障的立法步骤，但是立法质量与特色有待提升。

五、结语

习近平在中央城镇化工作会议上指出，在城镇化过程中传承文化，发展有历史记忆、地域特色、民族特色的美丽城镇；要保护和弘扬优秀传统文化，延续城市历史文脉。这表明在城市化进程中，保护城市传统文化及地域特色的重要性，也映现出城市文化治理转型及其法治化的紧迫性。有学者认为，“文化治理”可以定位为由来自公共部门、私营企业非营利团体等各种性质的机构和个人组成的复杂网络，涵盖文化、经济、社会等各个领域。文化治理即通过各种措施以达到保护与传承的目的，保障传承地区文化生活方式的权利的实现。“城市文化治理”是指多元的文化建设主体包括政府、个人和私人机构借由文化协调政治、经济、社会争议，通过各种政策、措施、规定以保障城市公众文化权利并建设城市特有、符合城市气质的文化品质。我国具有悠久的历史文化传统，城市作为文化的重要载体，保存了绚丽丰富的历史文化遗产。长期以来城市文化主要指向两个内容，一是历史文化遗产，二是城市文化事业。而现代的城市文化治理，要切实以文化权利的保障为支点，注重城市公共文化空间的营造。初期的城市文化治理以建设满足硬件设施为基础，首先保障城市居民的基本文化权利实现的客观环境与物质条件，是必要的。但是，在持久性、兼容性与多样性的发展上，还需要进一步形成完善的后期发展计划。现阶段由国家层面保障的公民基本文化权利至少包括下列 5 项权利：参与文化活动的权利，共享文化成果的权利，文化成果收益得到保护的权利，传承本民族或本地区文化生活方式的权利，接受基本文化教育和培训的权利。因此，要切实尊重和体现作为文化治理主体的公众的参与权利、评价权利和监督权利，以期真正实现共享文化成果、共创文化辉煌。

参考文献：

［1］郑迦文：《公共文化空间：城市公共文化服务建设的空间维度》，载《华南师范大学学报》（社会科学版）2017 年第 1 期。

［2］张琳、杨毅：《台湾城市文化治理模式及其经验借鉴》，载《云南行政学院学报》2017 年第 3 期。

［3］陈红玉：《台湾文化治理对北京的启示》，载《前线》2016 年第 3 期。

［4］林洋港：《1976 年 6 月台北市“议会”第二届第 7 次大会施政报告》，载《1976 年度台北市政纪要》。

［5］王志弘：《台北市文化治理的性质与转变，1967—2002》，载《台湾社会研究季刊》2003 年总第 52 期。

［6］吴敦义：《期待一个海洋发展的新契机》，《旗津记事》1998 年版，第 52-56 页。

［7］苏明如：《文创与城市：论台湾文化创意产业与城市文创观光》，五南图书出版股份有限公司 2016 年版，第 18-22 页。

［8］来源：“苗栗县政府文化观光局 2016 年度施政计划”。

［9］石东坡：《台湾地区文化创意产业发展法的评析与镜鉴》，载《文化法治青年西子论坛（2017）论文集》。

［10］朱磊：《台湾政治、经济、社会、文化地域结构——对台湾南北差异的实证研究》，九州出版社 2016 年版，第 37 页。

［11］庄礼伟：《百年来台湾文化的源流、属性与变迁》，载《东南亚研究》2005 年第 3 期。

［12］有学者指出，日本军国主义的皇民化运动并没有取得成功。但是，经过国民党和民进党的长期统治，终于获得了成功。参见旷新年：《关于文明与暴力的历史文化之思》，载《人民论坛 • 学术前沿》2017 年第 6 期（上）。

［13］李国新：《指引事业发展方向，构建基本制度体系》，载《图书馆报》2017 年 1 月 11 日，第 2 版。

［14］张鸿雁：《“文化治理模式”的理论与实践创新》，载《社会科学》2015 年第 3 期。

［15］所以在目的指向、价值观念上，有学者认为文化治理的目标是致力于寻求一种体现国家利益和国家意识形态的文化力量，这固然不错，但是需要将个体的文化创造、参与、表现的权利和自由的实现一并纳入其中，方为均衡、可持续和具有深厚基础与发展能力的文化治理，即体现文化人权的可及性基点的文化治理。参见景小勇：《国家文化治理体系的构成、特征及研究视角》，载《中国行政管理》2015 年第 12 期。

［16］周余姣：《保障与方向——对〈公共文化服务保障法〉社会力量参与公共文化服务条款的解读》，载《图书馆论坛》2017 年第 5 期。

［17］马树华：《公共文化服务体系与城市文化空间拓展》，载《福建论坛》（人文社会科学版）2010 年第 6 期。

［18］陆晓曦：《中国公共文化服务保障性立法研究与实践综述》，载《中国图书馆学报》2017 年第 2 期。

［19］来源：浙江省人民政府法制办公室《关于浙江地方文化立法的调研和思考》，载 http://www.zjfzb.gov.cn/n134/n143/c128441/content.html，最后访问时间：2017 年 11 月 4 日。

［20］习近平：《中央城镇化工作会议讲话》，载新华社，2013 年 12 月 12 日。

［21］李艳：《“人”文化主体性的激发与城乡文化治理的创新——以中国台湾 20 世纪 90 年代以来的“社区营造”为研究参照》，载《中国文化产业评论》2015 年第 1 期。其中原文引自郭灵凤：《欧盟文化政策与文化治理》，载《欧洲研究》2007 年第 2 期。

［22］刘合林：《城市文化空间解读与利用——构建文化城市新路径》，东南大学出版社 2010 年版，第 36-44 页。

法国艺术电影的保护性政策变迁及启示分析

王超然　刘统霞*

[摘　要] 艺术电影在一定程度上展示着一个民族和国家电影艺术的整体发展水平，也是一个国家和地区整体民族文化品牌的体现。近十几年来中国商业电影的票房收入一度创新高，但其艺术电影的发展现状堪忧，其发展前景也不容乐观。而法国作为艺术电影的诞生地，在不同的历史时期为保护民族文化的传承采取了文化例外和多元文化等保护性政策推动艺术电影的发展，并成就了其艺术电影不可撼动的国际地位。本文综合运用了文献研究和案例对比分析等研究方法，追溯了法国政府主导的文化管理并对其艺术电影所采用的保护性政策加以解读分析，以期对促进中国国产艺术电影的发展提升有所启示。

[关键词] 艺术电影；保护性政策；文化管理

一、研究背景与问题意识

艺术电影作为一种区别于商业电影的艺术表达形式，它的最大特色在于其非商业化和独立性。艺术电影不是电影的全部，但它在一定程度上代表了一个民族、国家电影艺术的整体发展水平，艺术电影的发展具有一定时代背景下社会文化形态的代表性意义。中国大陆的艺术电影于20世纪80年代兴起，并在数十年间发展成为中国文化走向国际、得到世界认可的开路先锋。然而，进入21世纪以来，随着市场经济的发展，以经济效益为主要目的的

* 王超然，北京印刷学院传媒经济与管理专业2016级硕士研究生在读；刘统霞，文化人类学博士，北京印刷学院文化产业管理系副教授，硕士研究生导师。

商业电影开始充斥电影市场，电影的娱乐性、经济性压倒了其艺术性，再加上文化全球化下外国商业大片的涌入，中国大陆艺术电影的处境日渐式微。在2016年，更是出现了优秀艺术片《百鸟朝凤》的制片人方励在网络上“跪求排片”事件，方励的一跪，不仅为《百鸟朝凤》赢得了众多关注，也引发了社会对艺术电影冷遇原因和未来发展策略的更深层次思考。

国际范围内，法国作为电影的诞生地和电影新浪潮的发源地，其艺术电影一直在国际上享有崇高地位，也是最能代表法国民族的品牌之一。艺术电影是法国电影产业至关重要的部分，在年度票房中占据很大的份额。值得注意的是，法国艺术电影的发展并不是一步登天的，在其背后，有着政府自其诞生之日起就给予的大量保护性政策支持。这对于同样是政府主导制的中国可谓是“他山之石”。法国同中国情况相似，拥有悠久的历史文化传统，如今都面临着全球化进程下其他国家强大的文化攻势。两国都承担着既要保全本国的文化遗产，又要积极发展创新以增强本国文化影响力的使命。这种背景的相似性，使得研究法国艺术电影的保护政策，对其政策的历史演变以及政策反思进行分析，能为中国政府的文化管理、文化政策制定提供更加适用的经验与启示，有利于为国产艺术电影的崛起繁荣提供政策借鉴。

二、艺术电影与法国艺术电影的现状研究分析

（一）艺术电影的研究

研究者们关于艺术电影的探讨涉及多个方面，首先是对于“艺术电影”定义的解读，在不同语境下有着不同的界定。廖炳惠对其做出的总结是“（艺术电影）在技巧的实验与叙事手法上，都有其自主性与企图，而这些和主流的商业电影（特别是美国的好莱坞电影）是有所区隔的”。她指出，“艺术本身的价值及实验性才是其主要关怀，并不以商业的市场流通作为主要的考量”。大卫•波德维尔也曾表示，“导演将他对生活的洞见表达在电影中，这一观念对于艺术电影来说仍然是至关重要的”。

其次，“中国艺术电影”的相关话题也受到了学者们的青睐。刘文欣认为，“进入21世纪，（中国）艺术电影的创作情结依然还在，但作品的数量已经明显缩水。随着市场经济的发展和电影创作上的其他原因，艺术电影的生存空间越来越有限”。上海大学的田星在其博士学位论文中系统研究了1979年到2010年这一阶段中国艺术电影的跨国流动，进而提出，中国艺术电影的跨国流动发展到现在，“所面临的问题不是如何打开海外

市场，获得国际电影节的指认……现在的问题在于跨国回流和反哺的困境。如何通过完善产业结构，建立艺术院线和电影分级制，为艺术电影在本土的生存创造一个良性循环的空间……”叶奕利则在其硕士学位论文中以欧洲三大电影节中获奖的中国大陆艺术电影为研究重点，阐述了艺术电影对构建国家形象的作用，并指出中国大陆艺术电影的进一步发展，既需要“探求多样化的电影题材”，也需要“寻求跨区域合作团队”。

通过分析可以看出，学者们的研究多集中于中外艺术电影的现状发展，但少有学者将中国大陆艺术电影与外国艺术电影发展进行对比研究，并且，几乎大部分学者都提出了相关的建议策略，但这些建议多是从外部经济环境或电影创作本身出发，而鲜有从政府进行文化管理的政策角度方面进行分析。

（二）法国艺术电影的现状及分析研究

对艺术电影进行对比研究，其中对法国艺术电影的探究是不可缺少的环节，因为法国是当之无愧世界上艺术电影最发达的国家。2010 年，法国艺术和实验影片共在影院放映了 229 万场，占法国全年总放映场次的 33.5%，观众人次 5740 万，占总观众人次的 27.7%，取得 3.18 亿欧元票房，占法国全年电影总票房的 26.4%。法国也拥有世界上最多的艺术影院。据法国艺术院线联合协会的统计，截至 2011 年底，法国共有 1077 家艺术影院，2235 块银幕，占全国总银幕数的 40.9%。王璇则将当前法国电影业的特点概括为“一是拥有较强的资金保证；二是推行完善的电影；三是重视电影放映前的市场营销”。

彭侃认为，法国艺术电影的繁荣，一方面，因为法国作为电影的创始国，有着非常悠久、深厚的电影文化传统。法国涌现了非常多的电影大师，电影文化的传统也影响了评判电影的标准，乃至在不少法国明星的眼中，比起赚大钱，艺术上的成就有更大的诱惑力。另一方面，法国富有显著民族特色的文化管理体系，特别是相关文化政策的制定对艺术电影的支撑也不容忽视。法国精英界历来奉行一种“文化例外”的理念，即文化事业应免遭市场经济的统治，奉行另一套艺术的逻辑和标准。正是基于这一理念，在法国等欧洲国家的坚持下，电影最终没有被纳入全球自由贸易的纲领性文件“关贸总协定”中。

当然，在全球化的今天，法国电影业也不可避免地受到了来自诸如美国好莱坞大片等外来文化力量的冲击，但是，法国艺术电影仍旧保持其固有的姿态蓬勃发展着。这主要得益于法国政府针对艺术电影所采取的一系列保护性的文化管理政策。

三、法国艺术电影的保护政策分析

（一）坚定不移的“文化例外”政策与文化多样性诉求

在1993年的关贸总协定“乌拉圭回合”谈判中，法国正式提出“文化例外”的概念，法国政府坚定地认为，文化产品不同于其他商品，文化产品在市场中应有其自己的运行逻辑。虽然“文化例外”政策受到了美国等试图在全球推行其文化霸权主义的大国的反对，其后更是引发了多场论战，但法国政府从未妥协，以非常坚定的立场捍卫着“文化例外”。最终，经过多方努力，联合国教科文组织于2001年起草完成了《世界文化多样性宣言》。之所以没有在题目中写入“文化例外”，一是因为“文化例外”不能被很好地理解，二是因为“文化例外”只不过是手段，文化多样性才是目标所在。

“文化例外”的初衷是保护本国的文化不受外来侵犯，而它也确实做到了这一点。“文化例外”不仅保护了法国文化的独立性和多样性，也为法国艺术电影的发展创造了一个优良的环境。首先，在政策的支持下，法国本土艺术家们的创作激情被极大地激发了出来，写出好剧本、拍出好片子，以更完美的方式表达自己的内心想法成为艺术家们的追求；其次，有政策加持，电影市场上的“舶来品”如好莱坞大片等的数量会相对减少，本国优秀电影有更多的机会、更大的市场去展示给观众，对艺术的追求逐渐超过商业的逐利；最后，在良好的政治环境下，国家文化氛围也得到了很大提升，热爱艺术的法国观众更愿意把闲暇时间贡献给优秀的作品，这也进一步推动了艺术电影的发展。

（二）作为财政保障的电影资助制度

除了政策上的大力支持，法国政府也在经济上对艺术电影的发展给予大量资助。1946年，法国建立了法国国家电影中心（CNC），旨在通过专门的机构来实施具体的资助计划。1948年开始，法国的财政法中就有明确规定：法国电影工业享受电影扶植资金的支持。1959年，法国通过《电影资助法》，设立了电影产业发展资助基金。法国电影法律规定，CNC可以从每张电影票（7—9欧元）中抽取12%的税金，用于艺术电影的创作、宣传和发布，其他国家的商业大片要进入法国市场也必须把12%的票房收入拿出来。由于法国是数一数二的票房大国，全国拥有3000多个电影院，7000多个荧幕，所以大多数国家都是甘愿拿出这12%的，这样就保证了法国本土的电影的资金来源，也为那些小众、独立的艺术电影提供了更多发展可能性。

可以看出，法国政府不仅将对艺术电影的经济资助落实到各个方面，更将资助方式以法律的形式固定化、权威化，为国产艺术电影的发展营造出了一个良好的大环境。

（三）完善的艺术电影院线和分级制

艺术影院是法国电影产业至关重要的部分，在年度票房中占据很大的份额。法国的艺术院线出现于民间，最初是从法国电影人创办放映艺术电影的影院起步，发展为专门放映艺术电影的院线机构，并逐渐趋向联合发展，为艺术电影和艺术电影院线成为独立领域奠定了基石。法国最初只有5家艺术影院从事艺术电影放映传播，到1962年影院分类体系发布时，有50块银幕获得了艺术影院认证，而到2010年时，已有1024处，超过2000块的艺术影院银幕获得了认证。法国艺术电影院不仅数量多，并且其运作绩效还要经受严格的评定与考核。在农村，如果一家艺术影院放映的普通影片和艺术影片各占一半，那么它就算是合格的；在巴黎，一家影院放映的影片70%是艺术影片，下一年才能保住艺术影院的资格。完善的艺术院线体制使法国成为世界艺术电影的天堂，保证了法国艺术电影文化的主导性。

此外，严格的分级制也是法国电影的一大特色。1990年法国政府停止原有电影审查制度，推行新的电影分类制度，以促进电影业的发展。通过这项政策，同样保护了青少年和儿童的身心健康。

（四）国际电影节和艺术之都的打造

电影节是法国电影产业的一张标志性世界名片，虽然法国的电影节数量不多，但都十分著名，在国际社会上享有极高声望。如于20世纪30年代末在法国创立的戛纳国际电影节，是当今世界最具国际影响力的电影节之一。每年的电影节上，无数的优秀影片涌现，堪称艺术家们的盛宴。同时，电影节的意义更远远超出了电影本身，成为了囊括电影节日、学术会议、旅游观光、时装展览、明星派对和商业推广等各种名目的文化产业盛会。可以说，戛纳是披着电影艺术面纱的娱乐和消费天堂，真正受益的正是法国的整个电影产业。世界性的电影节，不仅是法国电影赢得世界尊重的重要平台，也是各国优秀艺术电影的汇聚地，再加上法国是世界公认的艺术之都，艺术在法国具有崇高的地位，优秀的艺术作品也深受法国人的喜爱，这就反过来促进了法国本土艺术电影的创作。

四、中国艺术电影的发展概况及存在问题分析

（一）中国艺术电影的历史现状

中国影坛上艺术电影崛起于20世纪80年代，并就此迎来了将近20年的发展。彼时，中国艺术电影在国际影坛上风光无限，多次斩获国际大奖，涌现出了王家卫、陈凯歌、张艺谋等一批优秀导演。艺术电影的兴起与发展不仅使一度陷入困境的中国电影事业重振雄风，而且也在中国电影史上增添了一个全新的类别。而当时中国艺术电影之所以能得到繁荣发展，其根源在于“经历了文革时期的文化断层后中国人对文化的反思以及改革开放带来的艺术思想的活跃”，具体来说，当时处在市场经济和计划经济过度时代的中国，电影如果在艺术上得到认可，即使拍的艺术片在票房上没什么收获也会得到电影制片厂支持。而且当时处于改革开放的初期，人们的精神生活远没有现在丰富，艺术电影比较容易得到观众的认可，所以许多艺术电影在当时既取得了艺术上的极大成功，也收获了相当可观的票房收入。优秀的创作者、渴望的观众，加上宽松自由的环境，共同推进了国产艺术电影的发展。

进入新世纪后，一方面，中国电影市场出现了前所未有的繁荣，2014年中国成为全球第二大电影市场，观影人数突破8亿人，中国电影票房接近8亿元。另一方面，随着经济全球化带来文化全球化的推进，进口大片涌入中国电影市场，商业性、营利性越来越成为影片评价的标准。艺术电影的地位愈加式微，生存空间愈加受限，虽然其创作情结还在，但作品的数量已严重下降，有时候甚至一两年都难以有优秀作品面世，艺术电影的创作资金缺乏，国际驾驭能力也越来越弱。因此，认识到当前中国内地艺术电影面临的困境，有效吸取相关国家的历史经验，寻求积极的应对策略，成为了刻不容缓的议题。

（二）当代中国内地艺术电影存在的问题分析

中国作为政府主导制的国家，政府政策对于国家政治经济的发展具有举足轻重的影响，文化上也不例外。合理有效的文化管理措施可以促进文化市场的繁荣，而在艺术电影方面，当前的文化管理举措仍有欠缺，进而造成当前中国艺术电影存在的一系列问题。

1.“墙内开花墙外香”的矛盾现实

当前中国并未形成一套规范的艺术电影市场保护机制，这就导致了长

期以来，中国艺术电影一直处在一个“艺术电影＝票房毒药”的现实困境中，具体表现为，中国的艺术片在国外春风得意，频频获奖，但一旦影片在国内上映，就会迎来票房低迷、观众稀少的惨淡处境。如 2014 年由刁亦男导演的《白日焰火》，该片在 2014 年第 64 届柏林国际电影节获得最佳影片金熊奖及最佳男演员银熊奖，这是第五部获得金熊奖的华语电影，更是华人演员第一次获得柏林影帝。然而该片 2014 年春节后在国内上映，却并没有成为市场赢家，仅仅获得了 1.02 亿元的票房收入。

2. 艺术性与商业性之争

艺术性和商业性是电影与生俱来的矛盾属性，与欧洲的艺术电影相比，中国的电影人也追求艺术，中国的艺术电影也愿意标榜票房。但由于当前中国仍旧缺乏一个对艺术电影的系统资助保障政策，因而，在中国艺术电影并不意味着商业回报。艺术与商业的矛盾、走进电影院支持艺术电影与消费盗版 DVD 的矛盾，让中国的艺术电影与它的导演观众都生存在一个极其脆弱的生态系统中，在如此的压力下，人人都感觉无所适从。中国的影院目前只有商业院线，中国艺术电影是在按商业电影的模式发行艺术电影，作为以营利为目的电影院来说，经济利益永远是第一位的，这就注定了艺术影片要么让位于商业电影的上映，要么就要在其自身的艺术性和外在的商业性之间做出权衡取舍。

3. 高口碑与低票房的尴尬处境

影院院线方面，政府对中国艺术电影专业院线的建立力度明显不足，高口碑、低票房似乎已经成为每一部国产好影片的必经之路，与之相对应的则是高票房、低口碑国产“烂片”的层出不穷和外国大片在国内的大受追捧。以 2016 年引发热议的影片《百鸟朝凤》为例，作为我国第四代导演中的领军人物，也是电影行业代际传承关系里重要纽带人物之一的吴天明导演的传世之作，《百鸟朝凤》涵盖了吴天明独树一帜的精神世界，具有极高的艺术价值，但其在内地上映时却惨遭打击，仅有寥寥 365 万元进账，而同时期上映的《美国队长 3》的票房轻轻松松就跨过了 8 亿元。其后，影片制片人方励迫于无奈在网络上的“下跪”一举终于促使大众正视这部艺术影片，各大影院也开始陆续增加排片，事实证明，该片的艺术价值毋庸置疑，几乎走进影院的观众都给予了很高评价。假使没有“方励下跪”的举动，这样一部优秀影片无疑将被湮没在商业化的电影市场中，而每年，从投资、拍摄到最后的发行，中国又不知道有多少优秀的艺术电影在完成了制作以后，被主流院线“抵挡”在票房门外。

五、中国艺术电影发展的策略建议

当前，鉴于以上问题的存在，中国艺术电影要想得到长足发展，首先政府相关保护性政策的大力支持是首当其冲的。政府的政策推动可以从以下几方面进行：

（一）推动建立专门的艺术院线

艺术片的首要目的不是赚钱而是艺术表达，所以商业院线的艺术片排片会非常少，但在中国，目前只有商业院线。一个国家对于艺术影院的建立和布局，是对于优秀文化传统的自觉坚守，是对内在文化软实力的积极倡导，这与单纯追求利润的商业娱乐片所产生的票房相比，更能体现出对更为高贵的民族文化价值观的敬畏。推动和布局我国艺术影院甚至艺术院线的建立，应该提到议事日程上，国家应从政策、资金等方面对艺术院线建立提供支持。例如，当前我国每张电影票 5% 的票钱是中国电影发展专项资金，由政府分配。每年我国电影票房有 400 多亿元，专项资金就有 20 亿元之多，可以从中拨出部分资金，建立和扶持艺术片院线，让真正先锋的、实验的、地下的艺术电影，被更多想看的人看到。一方面可以启发从业者，另一方面也能培育观众。同时，中国政府也可从法国政策中得到启示，推动建立完善的法律保护制度。

（二）加强财政保障，扩展电影资助

早在 2004 年，国产电影市场的低迷情况就已引起重视，并促使国家电影局于该年口头下达了希望全国各院线支持国产影片的通知，即每年 6 月 10 日至 7 月 10 日（或 7 月到 8 月）期间，不鼓励引进海外分账大片。这段时间则被媒体和业界称为“国产电影保护月”，并作为一个默认传统延续至今。“国产电影保护月”的初衷是扶植国产电影发展，它也确实促进了中国国产电影的票房繁荣。

但对于艺术电影而言，“保护月”似乎并未起到“保护”作用，甚至还有可能加剧为争取在“保护月”期间上映，商业片挤压艺术片的现象。因此，在“保护月”之外，国家更应对艺术电影出台具有针对性的保护政策，这其中，最关键的是加强财政保障。经济基础决定上层建筑，只有让艺术影片摆脱了票房之争，它才有可能迎来发展的春天。只有对艺术影片的创作者们给予一定的资金帮助，才能促使他们毫无后顾之忧地投入到艺术创作中。

（三）建构差异化的演映渠道

当前内地艺术片市场低迷的一个重要原因是影片风格与观众审美观念的隔阂，很多观众选择影片的根据仅仅是放松休闲之用，而思想性较深的艺术片则很难吸引他们的兴趣。

因而，针对具有文化多样性和文化特殊性的当下中国电影市场而言，刻不容缓要做的是细化、完善电影市场体系建设以形成差异化电影市场体系，保障多类型、多品种、多样化的电影能够平等、高效地以最大层面来对接自己的目标受众，同时也在最大层面上实现自身应有的经济效益、社会效益，也就是如何实现“艺术分众”（艺术分众是对公民社会条件下处于公共领域中艺术公众状况的一种描述，是指公共领域中艺术公众在艺术趣味上的相互区分及差异状况，包括种族、阶层、阶级、性别、新旧、雅俗等）的问题。

首先，在当前“互联网 +”的时代下，可以通过大数据分析对目标受众进行详细划分，认清艺术片的目标观众及其相应需求。其次，要想办法将艺术电影推入市场，并充分考虑电影与观众之间的关系，给观众一个走进电影院的理由，并使更多的观众接受、认同艺术电影。一方面，像法国官方给予艺术电影一定的支持是必要的，中国官方也可设立专门的资金，针对艺术电影的人才培养、创作孵化、作品交流等环节提供资助和扶持，此外，通过鼓励艺术影院的建设并制定清晰的放映比例规则，让艺术电影拥有自己的专属放映空间，能够慢慢地将市场潜力释放出来，培养出自己的观众群体。另一方面，中国艺术电影也需要自我调整，不能完全依赖政府的扶持，而应形成自身的产业体系和造血功能。艺术电影虽然非纯商业电影一般“唯利是图”，但并不意味着艺术电影能够脱离市场与观众。

综上所述，让人感叹的是，当我们还在为国产艺术电影前进之路的探索而纠结、迷茫时，其他国家已经将艺术电影作为文化产业的一部分进行了系统深度的研究。中国艺术电影并非一直“技不如人”，它也曾繁荣过，辉煌过，只是在重视经济发展的浪潮中，它逐渐让位于经济利益更大化的其他艺术形态。认识到问题的存在还为时不晚，我们有必要多方分析讨论问题存在的原因，并考察学习法国等国外优秀的文化管理经验，首先是从国家层面，其次是各级政府，分层级优化文化管理机制，因地制宜来制定系统性、立体式的保护性政策，为艺术创作者无限创意的培养提供必要的制度和政策条件，以重振中国艺术电影的辉煌，塑造中华民族文化品牌。

参考文献：

［1］孙承健：《当下中国艺术电影的内容呈现与形式探索》，载中国电影博士论坛，http://group.mtime.com/10000/discussion/71358/，2007-06-13。

［2］廖炳惠：《关键词200: 文学与批评研究的通用词汇编》，麦田出版2003年版，第23-25页。

［3］廖炳惠：《关键词200: 文学与批评研究的通用词汇编》，麦田出版2003年版，第98-101页。

［4］杨远婴：《电影理论读本》，世界图书出版公司2012年版，第349-350页。

［5］刘文欣：《中国艺术电影的历史与现状》，载《电影评介》2011年第15期。

［6］田星：《中国艺术电影的跨国流动：历史、文本和思潮（1979—2010）》，上海大学2015年博士学位论文。

［7］叶奕利：《欧洲三大电影节与中国大陆艺术电影》，重庆工商大学2016年硕士学位论文。

［8］彭侃：《法国及美国艺术电影的发展策略研究》，载《当代电影》2014年第9期。

［9］王璇：《法国文化政策下的法国电影业研究》，载《法国研究》2013年第3期。

［10］王军：《“文化例外”的历史演变及当代启示》，载《理论月刊》2017年第2期。

［11］数据转引自知乎网友答“为何法国艺术电影制作不需要考虑票房？”https://zhuanlan.zhihu.com/p/27824389。

［12］张啸、杨得聆：《政府支持下的法国艺术电影发展》，载《电影艺术》2017年第1期。

［13］刘文欣：《中国艺术电影的历史与现状》，载《电影评介》2011年第15期。

［14］单千芷：《法国新浪潮的回声与中国艺术电影创作——法国新浪潮“电影手册派”电影与当代中国大陆艺术电影创作的对照》，载《赤子》2015年第21期。

［15］奚美娟：《艺术电影需要艺术影院作依托——关于电影产业发展的思考》，载《解放日报》2016年6月9日，第6版。

［16］饶曙光、刘晓希：《艺术电影“现象”与艺术院线建设的冷思考》，载《当代电影》2016年第11期。

文化产业创新管理研究

北京文化创意产业集群发展现状、模式与对策

刘寿先*

[摘　要] 产业集群日益成为区域经济活动的核心组织者。近年来，文化创意产业的发展也呈现出集聚化特征。本文在对文化创意产业概念界定基础上，总体分析了北京文化创意产业发展现状和产业集群的总体布局，着重阐述了北京文化创意产业集群发展的五种模式，并进一步提出了推动北京文化创意产业集群快速发展的对策和建议。

[关键词] 文化创意；产业集群；模式

一、引言

在我国《文化及相关产业分类》标准中，文化产业被定义为："为社会大众提供文化、娱乐产品和服务的活动，以及与这些活动有关联的活动的集合。"文化及相关产业的范围包括：生产和销售文化产品，提供文化服务包括文化休闲娱乐，以及与提供上述产品和服务相关联的设备和用品的生产与销售。英国是世界上最早提出"创意产业"的国家。英国在 1998 年发布的《英国创意产业路径文件》中将"创意产业"定义为那些从个人的创造力、技能和天分中获取发展动力的企业，以及那些通过对知识产权的开发可以创造潜在财富和就业机会的活动。即创意产业是指那些主要依靠知识创新带动商品生产和服务提供，通过市场交易和现代生产运营创造价

* 刘寿先，北京印刷学院经济管理学院副教授，博士，研究方向：企业治理、产业集群。

值的独立的产业部门。文化产业发展中的很多经济活动靠创意拉动，创意产业天然地与文化产业相联系，但创意并不局限于文化产业，而是渗透进其他行业，推动其他行业发展。国内外目前对文化创意产业的概念和分类尚无统一界定，但创意产业的基本特征是明确的，就是强调通过内容创意为产品和服务注入新的文化要素，为消费者提供与众不同的新体验，从而全面提高文化产品和服务的内在价值。北京市统计局将文化创意产业的概念界定为：以创作、创造、创新为根本手段，以文化内容和创意成果为核心价值，以知识产权实现或消费为交易特征，为公众提供独特文化体验的具有内在联系的行业集群。据此，将北京市文化创意产业分为文化艺术，新闻出版，广播、电视、电影，软件、网络及计算机服务，广告会展，艺术品交易，设计服务，旅游、休闲娱乐，其他辅助服务（文化用品、设备及相关文化产品的生产销售，文化商务服务）9 个大类，共 27 个中类 88 个小类。这也是北京市在实际工作中采用和推进的文化创意产业范畴。

二、北京文化创意产业发展现状

2006 年《北京市文化创意产业分类标准》颁布，其中将北京市的文化创意产业分为文化艺术，新闻出版，软件、网络及计算机服务，广告会展，艺术品交易，设计服务等 9 大类。据此标准，“十三五”期间北京文化创意产业占全市 GDP 总值的比重将达到 15% 以上。虽然近年来经济放缓对世界以及中国经济产生了一定冲击，但以文化体验、艺术服务、高科技、文化旅游等为特色的北京文化创意产业保持了稳健增长。2016 年全市文化创意产业实现增加值 3570.5 亿元，按现价计算，比 2015 年增长 12.3%，占地区生产总值的 14.3%，比 2015 年提高 0.5 个百分点，对地区生产总值的贡献率达到 20.3%，文化创意产业已经成为北京市重要的支柱性产业，成为第三产业中仅次于金融业的第二大支柱产业。北京市自 2006 年起共认定了 30 个市级集聚区，涵盖了全市 16 个区县及文化创意产业 9 大领域。截至 2015 年底，30 家市级集聚区内的 800 余家文化创意产业法人单位，共实现收入 1500 亿元以上，占全市规模以上文化创意产业总收入的 14%；从业人员达到 15 万人，占全市比重 14.1%。其中，CBD 国际传媒产业集聚区、中关村创意产业先导基地等集聚效应凸显，798 艺术区等品牌影响力日益扩大。通过集聚区建设，北京市文化创意产业已经初步形成了分行业的空间集聚。依托市级集聚区和众多文化产业园区及示范基地建设，北京市已经初步形成了以软件网络和计算机服务业为主，文化艺术、广播影视、新闻出版、设计服务、广告会展和艺术品交易等行业为特色的创意产业结构体系，衍生了大批龙头企业和专业化、精细化、特色化的中小创意企业。尤其是文化与科技的融合加快了信息产业、新媒体产业等的发展；文化与金融融合优化了产业融资环境，完善了金融服务功能；文化创意产业与现代服务业、先进制造业的融合，带动了相关产业的转型升级。

北京文化创意产业所取得的显著成就，除了得益于中国经济高速增长所带来的北京产业结构优化和文化消费加大以外，还很大程度上依赖于国家以及北京市、区县所制定的产业促进政策。《中共北京市委关于发挥文化中心作用，加快建设中国特色社会主义先进文化之都的意见》提出，到2020年，首都将建设成为在国内发挥示范带动作用、在国际上具有重大影响力的著名文化中心城市，要让北京成为全国政治、文化中心等四大中心。北京市文化创意产业提升规划（2014—2020年）明确提出：为发挥首都全国文化中心示范作用，北京将继续深化文化体制机制改革，加强文化要素市场建设，加快扶持市场主体发展，整合各类设施土地资源，强化人才队伍系统支撑。充分挖掘利用北京文化优势，提高文化创意产业规模化、集约化、专业化水平，率先建成现代文化产业体系，推动经济转型升级。在《文化产业振兴规划》中提出了发展重点文化产业、培育骨干文化企业、加快文化产业园区和基地建设、扩大文化消费、发展新兴文化业态等八个方面的重点任务。为贯彻落实《文化产业振兴规划》，《文化部关于加快文化产业发展的指导意见》确定了演艺业、动漫业、文化娱乐业、游戏业、文化会展业、文化旅游业、艺术品与工艺美术、艺术创意与设计、网络文化、文化产品数字制作与相关服务十个重点领域，并明确了各个领域的发展方向。北京市为加快文化创意产业发展，先后出台了《北京市促进文化创意产业发展的若干政策》《北京市文化创意产业分类标准》《北京市文化创意产业发展专项资金管理办法（试行）》《北京市文化创意产业集聚区认定和管理办法（试行）》等政策文件。同时，研究制定了税收优惠、贷款贴息、信用担保和支持影视动画、网络游戏等重点行业发展的实施办法及保障措施，有力推动了北京市文化创意产业集聚区和各行业的快速发展。

三、北京市文化创意产业集群（集聚区）总体布局

（一）总体状况

以北京市发展改革委员会为主导，北京市文化创意产业领导小组办公室在2006年认定了第一批中关村创意产业先导基地、北京数字娱乐产业示范基地等10个文化创意产业集聚区。2008年认定第二批北京CBD国际传媒产业集聚区、顺义国展产业园等11个文化创意产业集聚区。其中，北京CBD国际传媒产业集聚区东扩3平方公里的规划于2009年5月获得北京市批准，建成后将保持CBD产业定位，着重发展总部经济等产业。2010年北京市文化创意产业领导小组认定了第三批2个市级文化创意产业集聚区。2010年11月，北京文化创意产业集聚区再添八达岭长城文化旅游产业集聚区、北京古北口国际旅游休闲谷产业集聚区等7个新成员。至此，北京市市级文化创意产业集聚区数量已达30家，覆盖了北京市全部区县，八大重点行业，实现了《北京市"十一五"时期文化创意产业发展规划》中提出的"到2010年市级文化创意产业集聚区力争达到30个"的工作目标。

北京市级文化创意产业集群（集聚区）的认定

批次	2006年12月第一批（10个）	2008年4月第二批（11个）	2010年3月第三批（2个）	2010年11月第四批（7个）
文化创意产业集群（集聚区）	中关村创意产业先导基地	北京CBD国际传媒产业集聚区	首钢二通厂中国动漫游戏城	八达岭长城文化旅游产业集聚区
	北京数字娱乐产业示范基地	顺义国展产业园	北京奥林匹克公园产业集聚区	北京古北口国际旅游休闲谷产业集聚区
	国家新媒体产业基地	琉璃厂历史文化创意产业园区		斋堂古村落古道文化旅游产业集聚区
	中关村科技园区雍和文化产业园	清华科技园		中国乐谷—首都音乐文化创意产业集聚区
	中国（怀柔）影视基地	惠通时代广场		卢沟桥文化创意产业集聚区
	北京798艺术区	北京时尚设计广场		北京音乐创意产业园
	北京工业设计创意产业基地（DRC）	前门传统文化产业集聚区		十三陵明文化创意产业集聚区
	潘家园古玩艺术品交易园区	北京出版发行物流中心		

续表

批次	2006年12月第一批（10个）	2008年4月第二批（11个）	2010年3月第三批（2个）	2010年11月第四批（7个）
文化创意产业集群（集聚区）	宋庄原创艺术与卡通产业集聚区	北京欢乐谷生态文化园		
	中关村软件园	北京大红门服装服饰创意产业集聚区		
		北京（房山）历史文化旅游集聚区		

（二）地理布局

目前，北京文化创意产业聚集区已经形成以天安门广场为中心，向北有工业设计基地、奥林匹克聚集区，向南有前门的文化聚集区，向东有CBD国际传媒聚集区、通州当代产业聚集区，向西有数字娱乐产业示范基地、中国动漫游戏城的态势。

从功能区位划分情况来看，30个文化创意产业聚集区有4个分布在北京核心功能区：东城、西城各2个；有15个集聚区位于城市功能扩展区：海淀3个，朝阳8个，丰台2个，石景山2个；有7个集聚区坐落于新城发展区：通州2个，房山、顺义、大兴、门头沟、昌平各1个；有4个集聚区落在北京城市生态旅游涵养区：怀柔区、延庆区、密云区、平谷区各1个。30个文化创意产业集聚区分布在全市全部16个区中，新城发展区的房山、顺义、大兴、门头沟、昌平和生态旅游涵养区中的怀柔区、延庆区、密云区、平谷区的市级聚集区都只有1个。

从城市具体方位布局来看，以长安街及延长线为界，北部城区拥有集聚区19个，南部城区拥有集聚区11个，南城比北城少8个；以北京城市中轴线为界，东部城区拥有集聚区16个，西部城区拥有14个，东城多于西城两个。以长安街及延长线和城市中轴线将北京市分为东北、西北、东南、西南四个区域，集聚区的分布为西北城8个、东北城11个、西南城6个、东南城5个。因此，北京文化创意产业集聚的地理布局存在明显的南北差距，并且已经非常明显，但是在东西地区方面的差距不明显。

（三）行业布局

通过对文化创意产业集群的认定，北京现有各类集聚区在产业分布上初步显现出以下特点：以海淀、石景山为核心的中关村软件园、清华科技园、中关村创意产业先导基地、北京数字娱乐产业示范基地、首钢二通厂中国

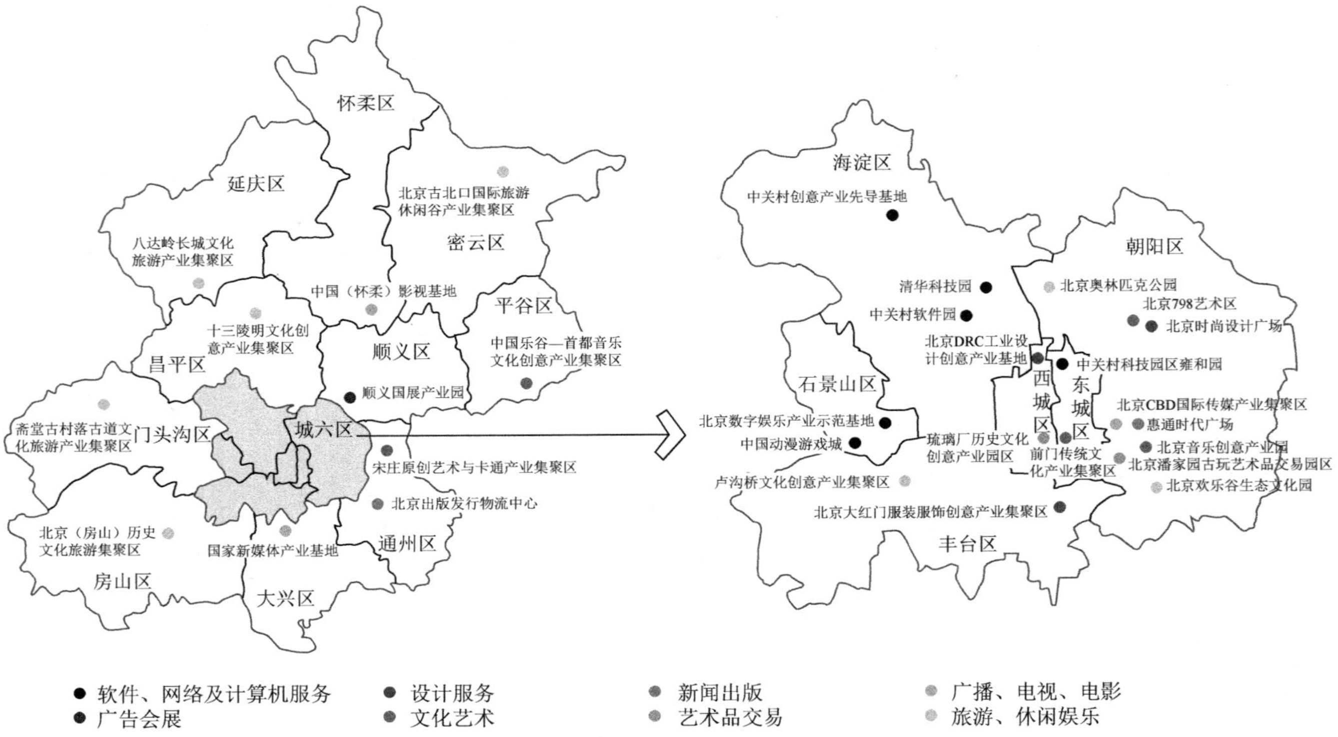

北京文化创意产业集群地理布局

动漫游戏城等集聚区凭借科技资源，形成了以动漫网游等计算机、软件及服务为主的高新技术关联型创意集群；以东城、西城为代表的城市中心区内的中关村科技园区雍和文化产业园、北京 DRC 工业设计创意产业基地、前门传统文化产业集聚区、琉璃厂历史文化创意产业园区、卢沟桥文化创意产业集聚区，凭借其长期沉淀的历史和人文资源，形成了以古玩艺术品交易、旅游休闲为代表的传统文化关联型创意集群；以朝阳、通州的北京 798 艺术区、潘家园古玩艺术品交易园区、北京 CBD 国际传媒产业集聚区、惠通时代广场、北京时尚设计广场、北京欢乐谷生态文化园、北京出版发行物流中心、北京音乐创意产业园、宋庄原创艺术与卡通产业集聚区为代表的城东地区得益于城市快速建设发展，形成了传媒和设计创意关联型创意集群；以北京奥林匹克公园产业集聚区、北京（房山）历史文化旅游集聚区、中国（怀柔）影视基地、八达岭长城文化旅游产业集聚区、北京古北口国际旅游休闲谷产业集聚区、斋堂古村落古道文化旅游产业集聚区、中国乐谷—首都音乐文化创意产业集聚区、十三陵明文化创意产业集聚区为代表的房山、怀柔、平谷、昌平、延庆等生态涵养区凭借其独有的旅游资源，形成了以文化旅游、影视制作和交易为主的旅游休闲关联型创意集群。

四、北京文化创意产业聚集区发展模式分析

北京文化创意产业不同集聚区的形成发展过程各具特色，但深层次剖析会发现，集聚区发展过程的背后具有一些共同性的特征与规律。笔者在深入研究北京文化创意产业集聚区特征和发展历程基础上，总结出北京文化创意产业聚集区的五种发展模式。

（一）资源驱动自发形成发展模式

资源驱动自发形成发展模式是指凭借某一地区独特的环境认同感和地域文化特色，使得文化创意从业人员或企业自发聚集于此地从而形成集聚效应的过程。集聚区初始阶段由市场自发形成，发展到一定阶段后，市场自身不能解决的问题，如公共设施建设、平台建设、宏观规划调整等，再由政府扶持文化创意产业，根据需要引导和配置服务。该类型的集聚区有 5 个：北京 798 艺术区、潘家园古玩艺术品交易园区、宋庄原创艺术与卡通产业集聚区、北京音乐创意产业园和北京 CBD 国际传媒产业集聚区。

（二）自上而下政府推动发展模式

自上而下的政府推动发展模式是指政府在区域产业总体发展战略和规划的指导下，通过分析创意产业发展所需的外部环境以及创意人群的区位与空间需求，综合制定区域创意产业发展规划。往往先由项目建设单位提出可行性报告，政府按照规范审核后供地规划建设集聚区，引导符合产业导向和设计目标的企业入驻。后期的实际运作管理中实行以“管委会为辅、企业为主”的模式，具体做法是：集聚区管委会下设投资企业实体直接运营，如国家新媒体产业基地管委会下设北京兴邑国际新媒体产业投资公司，宋庄文化创意产业集聚区管委会下设宋庄文化创意产业集聚区投资开发有责任公司。这种发展模式容易操作和推广，是现阶段较成熟的管理运行模式。除了资源驱动自发形成发展模式的 5 个集聚区和惠通时代广场以外的 24 个集聚区均具有该类型发展模式的特征。

（三）老厂房改造利用发展模式

老厂房改造利用模式是文化创意产业市场主体通过对原有资源如闲置仓库、旧厂房等经过简单改造和装修后作为个性化的创作和经营活动场所，从而逐渐聚集形成的过程。这种发展模式的文化创意产业集聚区有 6 个：北京 DRC 工业设计创意产业基地、北京 798 艺术区、北京时尚设计广场、惠通时代广场、宋庄原创艺术与卡通产业集聚区、首钢二通厂中国动漫游戏城，其中前三个位于中关村科技园区。最典型的例子是北京 798 艺术区和首钢二通厂中国动漫游戏城。

北京艺术区是在原 718 厂工业建筑闲置空间的基础上逐渐发展起来的。自 2002 年开始，一批艺术家和和艺术机构进驻这里，大规模地租用和改造闲置厂房，逐渐发展成为画廊、艺术中心、艺术家工作室、设计公司、时尚店铺等各种空间的聚集区。在短短的几年时间里集聚了各类文化艺术机构家，成为国内最大的、最具国际影响力的艺术区，其所形成的国际化色彩的“SOHO”生产生活方式，已经成为北京市的“城市名片”。

（四）科技资源衍生型发展模式

科技资源衍生型发展模式是指依托现有的发展文化创意产业的主要资源，通过在原有资源中加入一种新的技术要素或进行原有资源再造拓展新的产业领域，形成文化创意产业的集聚效应。这种模式在北京文化创意产业聚集区建设中相对较多，如中关村科技园区雍和园、北京数字娱乐产业示范基地、国家新媒体产业基地和中关村创意产业先导基地。科技资源衍生型发展模式的一个前提是集聚区内原本就有一些标志性的资源，如数字娱乐产业示范基地的石景山游乐园、国家新媒体产业基地的星光集团、中关村科技园区雍和园的歌华有线、中关村创意产业先导基地的海淀图书城、北京奥林匹克公园产业集聚区中的鸟巢和水立方等。而聚集区发展则需要依托这些标志性科技资源，拓展与相关的具有广阔市场前景的新兴文化创意项目，改造原有产业和形成新兴主导行业，推动聚集效应形成。

（五）旅游和文化创意联姻型发展模式

这种模式充分利用各个地区的旅游特色和文化，在很大程度上强化了旅游、文化与创意之间的联系，促使集聚区重视和努力形成三者之间的联动发展，也可以称之为文化旅游产业集聚区。如八达岭长城文化旅游产业集聚区、北京古北口国际旅游休闲谷产业集聚区、斋堂古村落古道文化旅游产业集聚区、十三陵明文化创意产业集聚区等。明十三陵文化创意集聚区中的国际艺术园、上苑画家村、瓦窑作家村在历史文化领域为艺术家们营造了田园型的艺术创作天地。2008 年奥运会后，北京奥林匹克公园为了实现可持续发展，培育了观光旅游、赛事承办、文艺演出、会议展览等相关服装产业，转变为更具多样性和文化创意特色的城市片区。在八达岭长城文化集聚区中“长城脚下的公社”通过集群式建筑设计享誉海内外，“探戈坞音乐谷”正开创性地探寻集聚音乐演出和音乐人的艺术之路，导演张艺谋等策划的以长城为主题的大型山地实景演出《印象·长城》等，也提升了其艺术和创意氛围。

五、发展建议

（一）加强政府引导，调整集聚区内产业结构

针对北京文化创意产业集群内存在的低水平重复建设，产业内存在不良竞争和资源浪费以及园区部分创意和制造企业工艺落后、规模小、档次低的现状，相关政府部门和协会应当促使中小企业走联合发展、兼并重组的道路，淘汰一批资源效率低下的小企业，明确园区各企业的目标产品和市场定位，避免重复建设，优化产业布局。要鼓励创意产业集群内本地企业之间、本地企业与行业外部企业或外资企业的并购重组，培育大型出版传媒、文化企业集团。将产业相似和联动性强、位置相近的产业整合，逐步打造百亿元级甚至千亿元级的文化创意产业集聚区。

（二）通过合作创新平台推动产业园区的产学研协作

数字技术和互联网技术日新月异，消费者对文化产品和服务的需求也快速变化，由于北京文化创意产业集群内企业规模普遍较小、实力弱，仅靠自身独立研发是无法实现企业创新能力提升的，而应通过与高校、政府、其他企业等外部机构进行合作创新。合作创新的形式主要有企业间战略联盟、合作技术研发项目、产业技术联盟等形式。在文化创意产业集群中，园区企业可以通过与大学、科研机构合作组建联合实验室或开展合作研究计划等合作创新平台来提升园区内知识转移和技术水平。这些创新平台能够聚集来自大学、园区企业、政府的各方人才，能为企业研究人员参与产品技术的前期研发提供一个开放性的平台。

发挥文化创意集群园区的集聚效应和知识扩散效应，尤其要注重发挥高校在产业园区建设中的知识引领作用，积极推动大学的优势知识资源外溢转化为园区的重大创新成果，围绕大学及科研机构建设创意产业园区，积极发挥大学科技园和科技孵化基地等孵化器的作用，不断推动大量的中小型文创企业与高校的良性循环互动。

（三）加强产业园区公共服务平台建设

首先，集聚区应建立定期技术交流制度。以合作开展产品研发、知识产权保护等项目合作方式在文创企业与大学及科研院所、中介机构和金融机构间形成定期会商和交流制度，充分利用园区依托的大学和研究机构，通过项目研究推动产学研的结合。其次，加强园区中介服务机构建设，推动市场化资源共享，为园区企业提供技术支持、资讯服务、金融资金支持等各种服务，构建布局合理、分工明确、高效率的专业服务网络。最后，充分结合政府力量和市场力量推动园区公共服务平台建设。单纯依靠政府力量建设园区公共服务平台，虽然能从顶层设计和规划上保证园区企业公共资源的公平共享和机会公平，但是也可能会带来较高的时间成本和较低的经济效率。因此，发展园区公共服务时，除了发挥政府规划引导的优势以外，更应以市场机制为导向，重视企业的需求。利用市场机制，积极引进有丰富研发经验的创意龙头企业，带动中小企业进入集聚区，构建良好的产业发展生态系统。

参考文献：

［1］于启武、蒋三庚：《北京 CBD 文化创意产业发展研究》，首都经济贸易大学出版社 2008 年版。

［2］陈冬：《北京市文化创意产业发展的实践与探索》，载《北京社会科学》2008 年第 1 期。

［3］徐飞鹏：《本市认定首批十个文化创意产业集聚区》，载《北京日报》2006 年 12 月 15 日。

［4］贾微：《北京文化创意产业集聚区再添 11 个》，载《北京日报》2008 年 4 月 16 日。

［5］张翼：《向东 3 平方公里：北京 CBD 如何“东扩”》，载《中国经营报》2009 年 10 月 12 日。

文化产业发展的系统动力学建模与仿真*

——以北京市为例

田志虹**

[摘　要] 本文基于系统动力学的理论和方法，对文化产业的发展因素进行了系统分析，构建了文化产业发展的系统动力学模型。我们分析了模型中几个重要变量GDP、人口总量、地区教育投入和政府财政文化支出的仿真数据和真实数据的对比情况，基本是一致。之后，我们将文化产业增加值的仿真数据与真实数据进行对比，几乎是重合的，说明本模型在一定程度上解释了经济环境、文化需求和政府支持三个因素对文化产业发展的影响机制，模型是有效的。通过延长仿真步长，本仿真模型可以作为预测工具。此外，通过各个参数数值的调整，本模型还可以作为政策实施效果的实验工具。

[关键词] 文化产业发展；系统动力学；仿真

一、引言

2016年，北京全市文化创意产业实现增加值3570.5亿元，比2015年增长12.3%，占地区生产总值的14.3%，比2015年提高0.5个百分点，对地区生产总值的贡献率达到20.3%，对带动首都经济增长、促进提质增效发挥了重要作用。2016年，全市规模以上文化创意产业法人单位实现收入13964.3亿元，增长7.3%，高于第三产业收入增速3.6个百分点，拉动第

* 本文系北京印刷学院博士启动基金项目（27170116005/065）的阶段性成果，由双培计划虚拟教学团队建设项目（物流管理）资助（项目编号：03150117003/002）。

** 田志虹，北京印刷学院经济管理学院讲师，博士。

三产业收入增长 2.0 个百分点，保持了 2013 年以来的较快增长态势；实现利润 1031.5 亿元，增长 3.3%。从理论角度看，社会进步、技术革新，新的发展趋势为文化产业理论建设带来种种新的挑战，需要更为系统深入的探索和研究；从实践角度看，我国文化产业起步较晚，要使其与当前新形势相适应，需要廓清文化产业发展所面临的种种机遇和挑战。我国关于文化产业的研究多以宏观战略为主，注重理论研究与定性分析，缺少通过构建理论框架和定量分析的实证研究和案例研究。因此，综合和借鉴经济学、管理学、社会学及其他学科的理论和方法，构建交叉、横向的理论体系对于深入研究文化产业发展机制、产业的引导和政策的制定有着重要的意义。

本文基于系统动力学的理论和方法，对文化产业的发展因素进行了系统分析，构建了文化产业发展的系统动力学模型，并将仿真数据与北京市文化产业发展的实际数据进行对比分析，验证了模型的有效性。

系统动力学是一种螺旋上升逐步深化地解决问题的方法论，因为它以定性分析为先导，定量分析为支撑，两者相辅相成。以系统动力学的原理、理论和方法为依据来分析实际系统，就可以建立起概念模型与定量模型一体化的系统动力学模型。社会经济系统具有遵循因果规律、具有多重反馈、存在反直观性、具有较强的非线性特征、存在时滞和延迟效应、存在较大惯性、不适合做直接实验、因果有时在空间上分离等特点。系统动力学属于系统模拟仿真模型，既可以将涉及的多项要素都纳入模型，又可以对复杂系统进行仿真，提供“政策实验室”来模拟当前决策或政策的后果，尤其适合用于分析涉及多要素的动态复杂社会经济系统问题。系统动力学从现实经济社会系统的内在结构出发建立模型，采用反馈回路来描述系统的结构框架，通过因果关系图和流图来分析系统要素之间的逻辑关系，进而使用方程反映系统要素之间的量化关系，用专门的仿真软件进行模拟。

系统动力学在处理区域产业经济发展系统关系的研究中证明了独特的优越性。例如，张春香通过构建文化旅游产业系统动力学仿真模型探索河南省文化旅游产业发展的趋势特点和内在机理；王业球建立了区域文化产业链系统动力学模型，分析其内在机制和发展规律；何勇军将系统动力学理论引入文化产业集聚问题，构建了包含环境因子、人力资源因子和政府支持因子的复杂系统动力学模型，可以对文化产业集聚进行量化分析。

在文化产业的发展系统动力学建模方面，也已经有学者做出了尝试。靳佳佳构建了山西省文化产业发展的结构关系图，建立了经济、需求、文化产业和政府四个子系统，再对四个子系统分别构建因果关系图，最后建立山西省文化产业发展因果关系图及系统流图。王霞的模型与靳佳佳的基本思路是一致的，但进行了部分调整，引入了科技系数对文化产业经营系数的因果关系，并且加入了其他产业支持系数这一外部参量。靳佳佳基于山西省数据，王霞基于上海市数据，两个模型的仿真结果在进行趋势分析和政策模拟时得到了一些不一致的结果，这说明不同地区文化产业发展的影响系统既有相似、相通的基本模式，又有各自的独特机制。因此，在本研究中，我们基于靳佳佳模型的基本思路，从经济环境、文化需求和政府投入三个影响因素出发，结合北京市的经济、文化、城市发展定位和政策特点等，构建了北京市文化产业的系统动力学模型，并以北京市近年来的经济、社会和文化产业发展的相关数据代入模型仿真，验证了模型的有效性。

二、文化产业发展的关键影响要素分析

构建文化产业系统动力学模型，首先要分析和确定影响文化产业发展的因素，进而建立因果关系图和存流量图。文化产业作为经济社会大环境中的子系统，其发展状况与整个社会的经济发展情况密不可分，一般来说，经济越发达，文化产业也随之发达，因此，经济环境是影响文化产业发展的重要因素之一。靳佳佳以“文化产业收入”作为衡量文化产业发展状况的变量，但为了与 GDP 的概念统一，我们将“文化产业收入”改为“文化产业增加值”，其数据来源于政府部门的统计年鉴。除了经济环境外，文化产业的发展还依赖于人们对于精神需求的满足，只有在满足了一定的物质条件后人们才开始对文化产品发生需求，进而文化产业也因此发展，所以，居民的消费需求及该地区的教育发展情况也成为必要的考虑因素。此外，我国的文化产业发展相对于世界水平来说，还处于落后的水平，发展文化产业的最终推动力还需要政府的支持，因此政府的资金投入也是重要的因素之一。

本文以经济环境、文化需求和政府支持三个因素为基础，考虑到数据的可获得性和模型的简洁性，对变量进行选取，构建了文化产业增加值影响因素的基本概念模型。其中，变量“政府财政文化支出”代表政府的资金投入，“文化产业需求”代表居民对文化产品和服务的需求因素，它受教育投入和居民的经济状况影响；变量“文化产品消费支出”代表经济环境，它受人口总量和人均文化消费支出影响；变量“政府引导系数”代

表了政府的其他扶持政策。

1. 经济子模块

影响文化产业发展的经济子模块因果关系如图 1 所示。图 1 中，用方框标出的变量表示是系统中的状况变量，即系统动力学模型中的存量。引入了人口总量的变量后，与全市 GDP 一起影响居民人均 GDP，人均 GDP 对居民人均可支配收入有正向的影响，居民人均收入的增加可以促进文化消费支出的增加，进而推动文化产品消费需求，提高文化产业增加值，从而提高全市 GDP。经济子模块因果关系是一个正反馈回路。

2. 需求子模块

一个地区的经济状况对该地区的文化产业需求必然有一定的影响，同时，一个地区的教育水平也一定会影响该地区居民文化消费的需求。因此，文化产业需求的因果关系（如图 2 所示）包括经济状况和地区教育投入两个原因变量，其中，“地区教育投入”是一个系统状况变量，随着时间的推移在变化，“经济状况”表明在达到一定的小康标准后的居民可支配的收入总量，代表了居民的富裕程度。

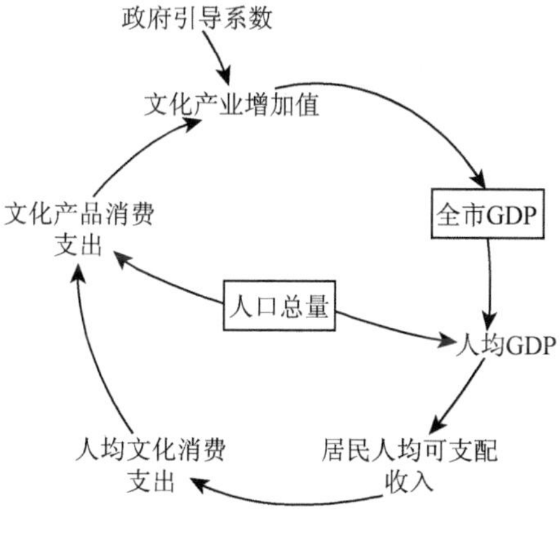

图 1　经济子模块因果关系

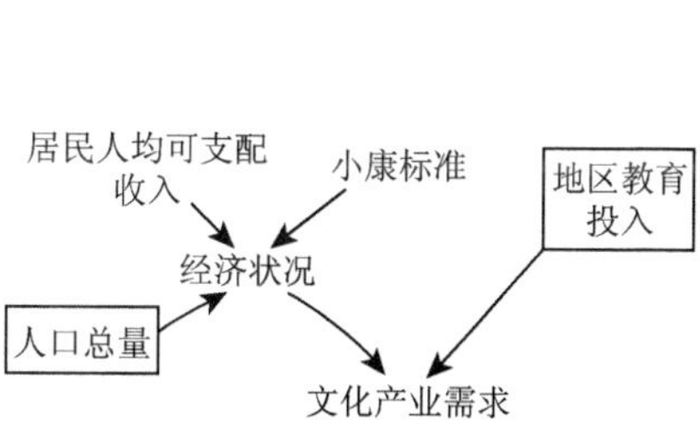

图 2　文化产业需求子模块的因果关系

3. 政府投入子模块

政府投入子模块的因果关系如图 3 所示。在文化产业发展过程中，政府的财政支出是必不可少的支持，地方政府重视文化产业发展会加快文化产业发展的步伐，若文化产业增加值占该地区 GDP 的比重有所提高，会促进政府进一步追加投资。

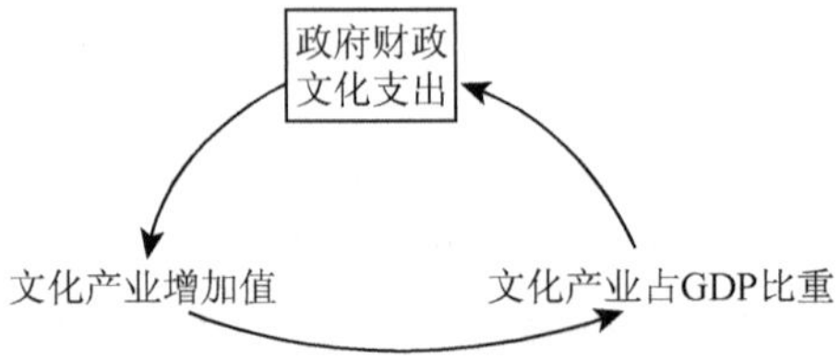

图 3　政府投入子模块的因果关系

三、文化产业发展的系统动力学模型构建

（一）模型假设和流图

理论模型的建立都是基于一定的假设基础之上的。本系统模型的目标是分析文化产业发展影响因素及其作用，因此对现实系统进行了抽象和简化。本模型的基本假设如下：

（1）文化产业的发展过程是一个连续、渐进的动态过程，表现为文化产业增加值的变化。

（2）本模型主要考虑经济环境、文化需求、政府支持等因子对文化产业发展的影响作用，对其他影响因素暂且忽略不计。

（3）排除非正常因素导致的系统状态突变情况，如政策的突然变化和由于异常情况下所发生的事件而导致的系统崩溃。

文化产业发展影响因素的模型流图如图 4 所示。

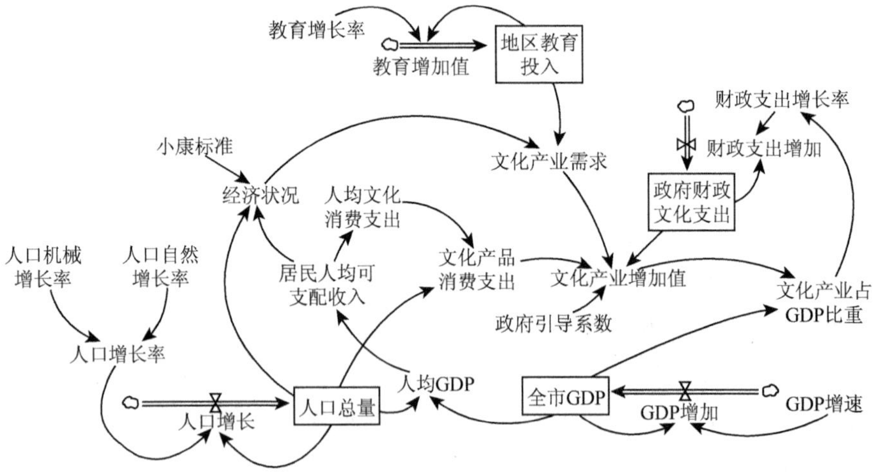

图 4　模型流图

（二）模型变量及定义

模型中各个变量的定义如表 1 所示。

表 1　模型变量和定义

序号	变量名称	变量定义
1	全市 GDP	北京市所有常驻单位在一定时期内生产的所有最终产品和劳务的市场价值
2	GDP 增加	每年全市 GDP 的增加额，随年份变化
3	GDP 增速	当年 GDP 增加额与上年 GDP 的比值
4	文化产业占 GDP 比重	文化产业增加值与全市 GDP 的比值
5	人口总量	北京市某年度的人口总和
6	人口增长	每年全市人口增长值，包括自然净增长人口和迁入迁出人口两部分
7	人口增长率	人口增长值与上年度人口总量的比值
8	人口机械增长率	在一定时期内由于人口迁入和迁出而引起的人口数量变化
9	人口自然增长率	在一定时期内人口自然增加数（出生人数减死亡人数）与该时期内平均人数（或期中人数）之比
10	人均 GDP	全市 GDP 与当年人口总量的比值
11	居民人均可支配收入	指个人可支配收入的平均值，是消费开支的最重要的决定性因素，常被用来衡量一个地区生活水平的变化情况
12	人均文化消费支出	个人可支配收入中用于文化消费的支出的平均值
13	文化产品消费支出	地区居民用于文化产品消费支出的总额
14	小康标准	1991 年国家制定的小康标准之一：教育娱乐支出占可支配收入的比重 11%
15	经济状况	个人、家庭劳动所得报酬或其他经济收入和生活消费支出情况，在这里指小康标准下的潜在文化消费需求
16	地区教育投入	年度政府对于本地区的教育资金投入
17	教育增加值	年度教育投入增加的数额
18	教育增长率	年度教育投入增加的数额与上年度教育投入的比值
19	文化产业需求	全市年度对文化产业的潜在需求总量
20	政府财政文化支出	年度政府财政支出中用于文化领域的资金
21	财政支出增加	年度政府财政文化支出的增加额
22	财政支出增长率	年度政府财政文化支出的增加额与上一年度的比值
23	文化产业增加值	文化产业在报告期内以货币表现的工业生产活动的最终成果
24	政府引导系数	政府引导和扶持政策对文化产业增加值的影响程度

（三）数据来源

本模型以北京市文化产业方面的相关数据为基础，通过运用 Vensim PLE 软件进行数学建模，对文化产业发展做出实证分析。考虑到数据的可获得性，模型参数主要通过 2010 年至 2014 年的历史数据构建而成，仿真步长为 1 年。模型中的数据主要来源于《北京统计年鉴》2010 年至 2014 年各部，由北京市统计局和国家统计局北京调查总队编制。

（四）系统方程与参数估计

本模型的动力学方程与参数估计如下所示：

INITIALTME=2010，FINALTME=2014，表示模型输入的初始值为 2010 年的数据，输出的终值为 2014 年的数据。

1. 全市 GDP=INTEG（GDP 增加，14113.6），该式表示 2010 年全市 GDP 为 14113.6 亿元。

2. GDP 增加 = 全市 GDP×GDP 增速，单位：亿元。

3. GDP 增速=0.1088，根据 2010 年至 2014 年数据计算得到的平均增速。

4. 文化产业占 GDP 比重 = 文化产业增加值 / 全市 GDP。

5. 人口总量 =INTEG（人口增长，1961.2），该式表示 2010 年全市人口总量，单位：万人。

6. 人口增长 = 人口总量 × 人口净增长率，单位：万人 / 年。

7. 人口增长率 = 人口机械增长率 + 人口自然增长率。

8. 人口机械增长率 =0.0189，根据 2010 年至 2014 年数据计算得到平均增长率。

9. 人口自然增长率 =0.0045，根据 2010 年至 2014 年数据计算得到平均增长率。

10. 人均 GDP= 全市 GDP/ 人口总量，单位：万元。

11. 居民人均可支配收入 = 人均 GDP×0.54726—1.07098，单位：万元。

两变量的线性关系式根据 2010 年至 2014 年数据（如表 2 所示）进行回归分析得到，R-square=0.99469 说明拟合良好。

表 2　北京市 2010 年至 2014 年人均 GDP 和人均可支配收入的数据

年份	2010	2011	2012	2013	2014
人均 GDP（万元）	7.19641	8.051075	8.640313	9.362966	9.913925
人均可支配收入（万元）	2.9073	3.2903	3.6469	4.0321	4.391

12. 人均文化消费支出 = 居民人均可支配收入 ×0.0991，单位：万元。

0.0991 是根据 2010 年至 2014 年数据计算得到的人均文化消费支出占居民人均可支配收入的平均比例。

13. 文化产品消费支出 = 人口总量 × 人均文化消费支出，单位：亿元。

14. 小康标准 =0.11，依据国家标准，小康标准为 11%。

15. 经济状况 = 居民人均可支配收入 × 小康标准 × 人口总量，单位：亿元。

16. 地区教育投入 = INTEG（教育增加值，450.22），单位：亿元。

17. 教育增加值 = 地区教育投入 × 教育增长率，单位：亿元。

18. 教育增长率 =0.1331，根据 2010 年至 2014 年数据计算得到平均增长率。

19. 文化产业需求 = 地区教育投入 + 经济状况，单位：亿元。

20. 政府财政文化支出 = INTEG（财政支出增加，79.36），单位：亿元。

21. 财政支出增加 = 政府财政文化支出 × 财政支出增长率，单位：亿元。

22. 财政支出增长率 =0.1988×（1.13 - 文化产业占 GDP 比重），0.1988 根据 2010 年至 2014 年数据计算得到平均增长率。1.13 - 文化产业占 GDP 比重代表了文化产业发展对财政支出的微妙影响。

23. 文化产业增加值 = （文化产品消费支出 + 文化产业需求 + 政府财政文化支出）× 政府引导系数，单位：亿元。

24. 政府引导系数 =1。

四、系统仿真与有效性检验

系统动力学模型是对现实的抽象和概括，任何模型都不能毫无错误地展现当时环境的确切情况。只要建立的模型可以在一定条件下无限接近当时的情况，并在满足特定条件时完成设定的任务，则可以认为模型是有效的。为确保模型结论的正确性、有效性、合理性，我们有必要对模型的可信度进行检验。模型检验是模型建立中重要的一环。

将上述系统方程输入软件 Vensim PLE 构建仿真程序，设定程序运行时间为 2010 年至 2014 年，仿真步长为 1 年，将仿真得到的数据与历史真实数据进行对比分析。

1. GDP 数据的仿真

北京市 GDP 的仿真数据和真实数据对比如图 5 所示。可以看到，本系统动力学模型仿真的 GDP 数据和真实数据的发展趋势基本一致，模型能够较好地反映 GDP 的增长趋势。

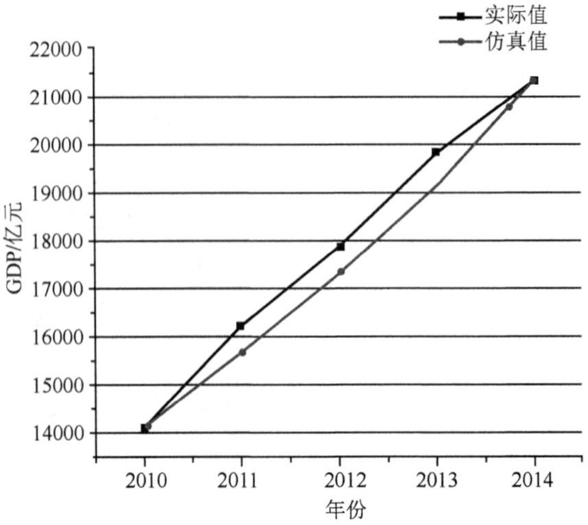

图 5　北京市 GDP 的仿真数据和真实数据对比

2. 人口总量数据的仿真

北京市人口总量的仿真数据和真实数据对比如图 6 所示。可以看到，本系统动力学模型仿真的人口总量数据和真实数据的发展趋势基本一致，模型能够较好地反映人口的增长趋势。

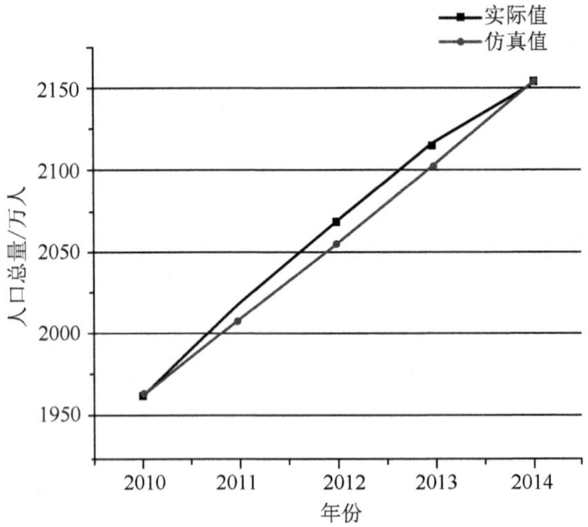

图 6　北京市人口总量的仿真数据和真实数据对比

3. 地区教育投入数据的仿真

北京市地区教育投入的仿真数据和真实数据对比如图 7 所示。可以看到，本系统动力学模型仿真的地区教育投入数据和真实数据的发展趋势基本一致，模型能够较好地反映地区教育投入的变化趋势。

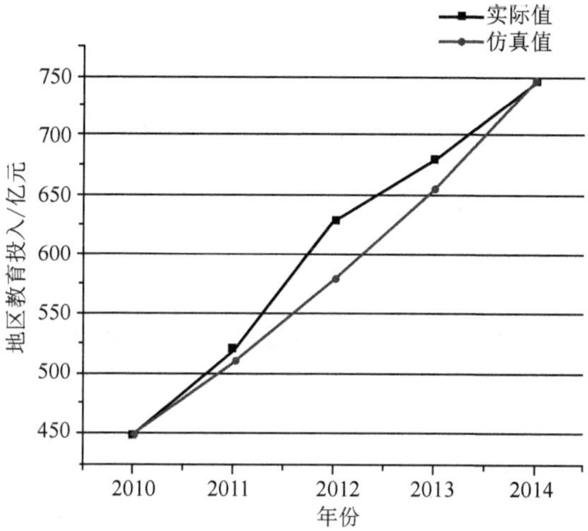

图 7　北京市地区教育投入的仿真数据和真实数据对比

4. 政府财政文化支出数据的仿真

北京市政府财政文化支出的仿真数据和真实数据对比如图 8 所示。可以看到，本系统动力学模型仿真的政府财政文化支出数据和真实数据的变化在大体的趋势上是一致的，但是由于政策原因，2012 年财政文化支出大幅度增长，这点在模型中无法体现。

5. 文化产业增加值数据的仿真

前面我们分析了模型中的几个重要变量的仿真效果，GDP、人口总量、地区教育投入和政府财政文化支出的模型仿真数据和真实数据基本是一致的。最后，我们将 2010 年初始数据代入模型，得到最终的 2011 年到 2014 年的文化产业增加值的仿真数据，并且与真实数据进行对比，结果如图 9 所示。可以看到，实际值和仿真值几乎是重合的，说明本模型在一定程度上解释了经济环境、文化需求和政府支持三个因素对文化产业发展的影响机制。

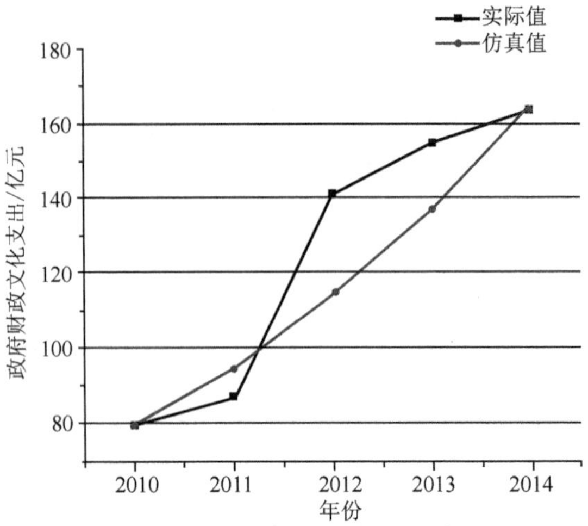

图 8　北京市政府财政文化支出的仿真数据和真实数据对比

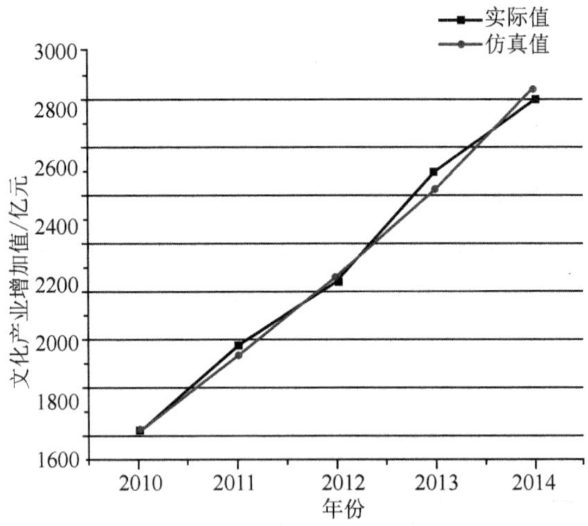

图 9　北京市政府文化产业增加值仿真数据和真实数据对比

五、结论

文化产业是嵌入社会经济大系统中的开放子系统，以创作、创造、创新为根本手段，以文化内容、创意成果为核心价值，为社会创造财富，在产业经济运行过程中形成了具有一定输入和输出的网络化结构，通过物质、能量和信息流动形成一个开放和复杂的巨系统。因此，影响文化产业发展的系统也是一个复杂的系统，纯定性或定量分析都有很明显的缺陷，基于上述分析，用系统动力学方法来为文化产业发展系统构建模型是非常适合的。本文基于系统动力学的理论和方法，对文化产业的发展因素进行了系统分析，构建了文化产业发展的系统动力学模型，并将仿真数据与北京市文化产业发展的实际数据进行对比分析，验证了模型的有效性。考虑到数据的可获得性，模型参数主要通过 2010 年至 2014 年的历史数据构建而成，仿真步长为 1 年。我们分析了模型中几个重要变量 GDP、人口总量、地区教育投入和政府财政文化支出的仿真数据和真实数据的对比情况，基本是一致的。最后，我们将文化产业增加值的仿真数据与真实数据进行对比，实际值和仿真值几乎是重合的，说明本模型在一定程度上解释了经济环境、文化需求和政府支持三个因素对文化产业发展的影响机制，模型是有效的。通过延长仿真步长，本仿真模型可以作为预测工具。此外，通过各个参数数值的调整，本模型还可以作为政策实施效果的实验工具。

参考文献：

［1］ 袁帅 . 文化创意产业的概念及内涵研究 [D]. 沈阳航空工业学院，2009。

［2］ Flew T, Cunningham S D. Creative Industries after the First Decade of Debate[J]. Information Society, 2010, 26（2）：113-123。

［3］ 杨荣 . 从企业创新系统到创新生态系统：创新系统研究的演变及其比较 [J]. 科技和产业，2014, 14（2）：136-141。

［4］ 董晓燕 . 基于系统动力学的汽车产业创新系统研究 [D]. 合肥工业大学，2007。

［5］ 张虹 . 基于系统动力学的我国粮食安全问题研究 [D]. 成都理工大学，2009。

［6］ 张春香，刘志学 . 基于系统动力学的河南省文化旅游产业分析 [J]. 管理世界，2007（5）：152-154。

［7］ 王业球，周晓宏，凌利 . 区域文化产业链系统动力学分析 [J]. 科技和产业，2011, 11（4）：11-13。

［8］ 何勇军，傅利平 . 基于系统动力学的文化产业集聚仿真模型 [J]. 求索，2013（10）。

［9］靳佳佳．山西省文化产业发展系统动力学模型研究 [J]. 江苏商论，2012（11）：60-60。

［10］王霞，李雪，郭兵．基于 SD 模型的文化产业创新生态系统优化研究——以上海市为例 [J]. 科技进步与对策 , 2014, 31（24）：64-70。

［11］张春香，刘志学．基于系统动力学的河南省文化旅游产业分析 [J]. 管理世界，2007（5）：152-154。

［12］吴浩然，吴祁宗．文化产业集聚影响因素的系统动力学研究 [J]. 华北水利水电大学学报（社会科学版），2017, 33（1）：43-47。

京津冀地区出版产业战略协同策略研究*

周曼琦　刘　益**

［摘　要］本文基于战略协同的基本概念，对京津冀地区出版产业战略协同的内涵及重点作用进行了分析，在此基础上，从加强顶层设计、打造战略联盟、整合出版资源以及建立长效机制四个方面提出了京津冀地区出版产业战略协同的具体策略。

［关键词］京津冀地区；出版产业；战略协同

战略协同概念最早是由伊戈尔·安索夫提出，他认为战略协同的理念是将公司或企业多元化的业务联合起来，统筹部署，以便于公司或企业充分利用已有优势开拓新的发展渠道和空间。总的来说，就是形成“1＋1＞2”的协同效应。同时他将协同分为战略协同、销售协同、运营协同、投资协同、管理协同五个方面。迈克·波特认为，企业战略协同就是对各下属企业之间的相互关系进行管理。他提出应该对各下属企业的价值链进行细分，区分其中相似业务以及业务之间的相互关系，由此形成本企业的竞争优势。哈佛教授罗莎贝丝·莫斯同样指出，企业多元化发展的途径就是获取协同效应。总体而言，战略协同是从企业战略的层面，通过统筹规划和布局，将企业内部资源进行整合优化、业务流程系统协调，将企业外部环境进行协调适应，从而使企业整体的运营效率达到最佳、利润最大化的管理行为。

本文将上述的战略协同概念扩大到区域产业战略协同层面，认为京津冀区域出版业战略协同是指将区域内不同结构、不同类型的出版主体联合

* 本文是北京市宣传文化高层次人才培养项目（项目编号：2016XCB146）的研究成果。

** 周曼琦，北京印刷学院企业管理研究生。刘益，北京印刷学院经济管理学院教授，管理学博士，研究方向：传媒经营管理。

起来，统筹部署。根据区域内出版产业外部环境和内部出版要素的状况，在既定京津冀出版产业协同发展目标、内容和发展方向的基础上，通过整合资源、优化配置，最终形成区域内出版产业的协同效应。

京津冀出版产业战略协同具有重要的现实意义。首先，有利于区域内各出版主体求同存异，避免各出版企业恶性竞争。出版产业战略协同可以在出版结构顶层设计、出版内容资源整合、出版平台技术共享以及出版环境优化等方面发挥作用，使区域内的出版企业、出版社、民营出版公司等出版主体间加强合作，避免恶性竞争、内容重复以及出版市场无序开发等问题。其次，有利于区域内的出版主体进行专业化分工与合作，形成相互依赖、相互补充、特色鲜明的出版产业模式。再次，有利于加强区域内出版主体的相互沟通与交流，信息通畅，资源共享。在出版产业面临挑战的环境下，能够加强横向联合，纵向优化，在区域内形成一个有机整体，提高京津冀出版产业的总体竞争力。京津冀出版产业首先要从战略管理方面进行整体规划，统筹布局，协同各出版主体，才能积极应对环境的变化、抵御出版市场需求的瞬息万变。最后，有利于出版产业在区域内产生规模效应，形成产业集群，获取协同效应。京津冀出版产业亟待整合区域内出版资源，在出版平台、出版技术、出版模式、发行渠道等方面相互借鉴、优势互补。从而达到区域内出版资源共享、出版成本降低、出版规模化，形成京津冀出版产业的竞争优势。

具体来看，京津冀地区出版产业战略协同可以从以下四方面入手。

一、加强顶层设计，共同编制“十三五”出版产业发展规划

根据《北京市“十三五”时期新闻出版业发展规划》，首都城市战略新定位和京津冀协同发展的要求，北京市与天津市、河北省在出版产业方面进行紧密合作，建立健全京津冀出版产业协同发展的合作机制，创建京津冀出版产业一体化发展新格局。“十三五”时期，京津冀地区出版产业必须紧紧围绕“四个全面”战略布局，牢牢把握各自的战略定位，积极推进京津冀出版产业协同发展。加强顶层设计，以京津冀地区出版产业的结构调整为主线、以协同发展为重点、以依法管理为抓手，不断推动京津冀出版产业由规模数量向质量效益转变，促进京津冀出版产业由传统业态向新兴业态升级，形成更广泛的以互联网为基础设施和实现工具的京津冀出版产业协同发展新模式，坚持将“把社会效益放在首位、实现社会效益和

经济效益相统一”的文化发展战略贯穿“十三五”的始终。

在“十三五”期间，京津冀地区出版产业协同发展规划相当于一个中长期的发展规划，需要共同编制，彼此协调。三地出版产业协同发展，不仅要从总体上阐述“将要打造成什么样的协同发展的出版产业”，而且要对“怎样建成这样的出版产业”进行具体规划。对于源于同产业价值链上下各环节的系统协调，出版产业战略协同应以产业链环节联动模式的载体形态，组建各种企业联盟，形成统筹全局的发展规划。

（一）优化京津冀出版产业协同发展环境

以北京为协同发展的指挥中心，组建统一的出版产业管理部门，打造“互联网＋”“文化＋”的具有一定科技和文化含量的出版产业新格局，深入推动京津冀地区的出版传媒管理体制改革，解决在出版产业管理过程中存在的管理不到位或管得太严的问题，为三地出版产业协同发展创造良好的政策环境。

（二）加强京津冀出版产业统筹部署

京津冀出版产业要积极对接首都经济圈、环渤海地区的发展规划，紧跟国家顶层设计和京津冀制度制定动态，争取用足、用好京津冀协同发展的相关政策措施。北京、天津与河北省要明确自身在出版产业方面的优劣势，北京作为我国的政治、文化中心，是全国出版业和出版资源最集中的城市，出版单位的权威性和信息的丰富性为其他省市无法相比。天津在运用“互联网+”、新型传媒技术制作的文化产品和服务则走在了新兴出版产业的前沿。河北省相继出台了多个推动文化产业发展的政策和意见，在数字化出版转型方面有所突破，出版产业集约化、多元化发展格局正在形成。京津冀三地在总结自身发展优势的基础上进行统筹部署，优势互补，深入探索三地的优势资源，改善软硬环境。

（三）加强京津冀出版产业交流与合作

京津冀协同发展要充分利用环京津的区位优势，广泛开展出版产业的对接活动、学术交流和各种形式的合作共建。河北省要积极借鉴京津地区出版产业先进的管理经验和科技手段，努力承接京津地区出版产业相关业务的外溢辐射。对业务相近、资源相通的出版企业进行兼并重组，真正从行业内部实现跨地区协同发展。另外，三地在开展多层次多方面的交流过程中，积极扩展在数字化转型、新兴媒介等方面的合作，以取得出版产业协同转型的进展。

二、打造京津冀地区出版产业战略联盟

战略联盟是区域内形成协同效应的一种重要途径，其分为纵向战略联盟和横向战略联盟。纵向战略联盟理论来自波特的价值链理论。随着出版市场竞争的加剧，出版企业可以将上游或者下游的业务采用外包等形式分离出去，不仅可以带动相关产业的发展，还可以保持自身在行业中的绝对竞争优势，这就可以逐渐在区域内形成一条以价值链为纽带的纵向出版主体的战略联盟。纵向联盟的优势就是将区域内出版主体的全部力量用于发展自己的主营业务，促进精品出版，也有利于出版主体对市场环境变化迅速做出反应。

横向联盟主要建立在区域内大型出版主体之间，首先是为了获得出版平台和出版技术的互补效应。当今出版产业数字化出版盛行，但没有哪家出版企业可以在行业内垄断所有的技术优势。针对京津冀出版产业技术优势分散的问题，通过建立出版企业间的战略联盟可以形成出版技术互换、出版平台共享、优势互补的关系。另外，互相提供进入对方发行、销售渠道的权利的战略联盟，可以促进区域内出版主体打入外围市场，开发新的销售渠道。

三、对京津冀地区出版资源进行战略整合

京津两大都市在出版方面拥有丰富的资源，尤其是北京，充分发挥了在经济、技术、人才等方面的优势，出版产业结构调整的步伐明显加快。京津冀出版产业协同发展可以使出版资源的整合力度不断加大，出版产业的发展方式发生转变，促进传统出版产业在协同发展的带动下越做越大。以数字出版为代表的新兴出版产业形成规模化、集约化的产业链经营模式。全力推进京津冀地区在出版、印刷、发行、新媒介等方面的产业对接协作，扩大京津地区出版产业的外溢辐射，提升河北省出版产业的核心竞争力的整体实力。

(一) 整合京津冀文化出版资源，整体提升出版内容的创意和水平

北京作为全国政治、经济、文化中心，文化设施完善，出版资源以及人才资源极为丰富，这为北京地区出版物创意水平的提升提供了强大的支撑。河北出版产业要在京津冀协同发展的机遇下，积极整合北京和天津的文化出版资源，加强出版内容的创意和新意，深化出版创意项目的深度和

广度。借助北京和天津作为文化艺术高地的区域优势，河北省可以有效整合创意资源、人才资源、技术资源等在京津地区设立分支机构，实行规模化运营。并通过跨区域合作，提高自身的整体运营能力。

（二）推进京津冀出版产业技术融合，促进出版产业向数字化出版转型

京津冀地区高校、科研基地、研究院校云集，信息技术、电子科技、网络技术等尤为发达，为发展数字化出版凝结了大量的人才和技术资源。三地要积极推进出版产业与高新技术相融合，推动图书、期刊等优质内容资源的数字化建设。另外，通过大力发展动漫游戏、电子商务以及移动阅读等新媒体业态带动出版产业数字化发展。

（三）充分利用河北省出版资源，提升出版产业配套设施

京津冀协同发展的工作会议上明确提出，要加强河北省城市规划和城市建设，提升城市的综合运载能力和内涵发展水平，提升对省内人口和京津人口的吸纳能力。河北省出版单位应该积极响应这一号召，紧贴河北省有关京津冀协同发展的城镇规划和建设，充分利用遍布全省的网点出版资源，尤其是数字出版资源和互联网资源。同时，加强建设网络出版运营平台，借力京津冀的交通网点设施，促进出版物电子商务和物流配送服务建设，形成覆盖京津冀地区的出版物网络营销体系。

四、建立京津冀出版产业协同发展长效机制

习近平总书记在2014年2月26日主持召开京津冀三地协同发展座谈会上提出，京津冀三地要以“产业结构优化升级和实现创新驱动发展作为合作重点，把合作发展的功夫主要下在联动上，努力实现优势互补、良性互动、共赢发展”。京津冀地区出版产业在协同发展的背景下，需要进一步优化出版企业的管理体制，在全面、深入调研的基础上，着眼于产业发展现状和问题，本着合作、共赢、互补、开放的原则，对三地出版产业协同发展指导思想、战略重点、协调机制及保障措施等内容进行科学合理并具有可操作性的精心谋划，建立京津冀出版产业协同发展的长效机制。

（一）努力构建出版精品力作的长效机制

《北京市“十三五”时期新闻出版业发展规划》明确将“坚持把社会效益放在首位，实施精品创作与传播推广工程”。在北京的带头作用下，设立京津冀出版创作基金，充分发挥出版创作基金的引领作用。开展京津冀地区出版原创推新工程，加大对精品读物的出版项目的扶持，鼓励精品

创作，并积极利用京津的媒体优势，搭建精品读物的宣传推送平台，繁荣三地的出版市场。另外，三地协作建立优秀出版物评价反馈体系，协力举办“读好书、荐好书、评好书”活动，倡导全民阅读，打造三地重点城市成为“阅读之都”。

（二）加大京津冀出版企业兼并重组，推动区域内出版产业跨越式发展

河北省出版企业要充分利用区位优势，通过控股并购、参股合作等方式与京津地区的出版企业开展兼并重组，进行强强联合，优势互补，促进出版产业跨区域、跨领域的交流合作。另外，京津冀地区有强大的经济、政治和文化背景支撑，应该尽力延伸和拓展出版产业链，探索出版产业发展的新模式、新业态。例如，促进传统出版产业涉猎于影视制作、文化创新、音像电子、新媒体运营、动漫游戏等行业，扩宽传统出版企业的发展道路，增强行业整体的综合实力。

参考文献：

［1］刘东生，马海龙．京津冀区域产业协同发展路径研究 [J]. 未来与发展．2012（07）。

［2］孙久文，邓慧慧，叶振宇．京津冀都市圈区域合作与北京的功能定位 [J]. 北京社会科学．2008（06）。

［3］孙久文，张红梅．京津冀一体化中的产业协同发展研究 [J]. 河北工业大学学报（社会科学版），2014（10）。

［4］陈昌智．大力推进京津冀协同发展 [J]. 经济与管理，2015（01）。

产业融合视角下出版企业战略转型的内涵解读*

曹 宇**

[摘 要] 近年来，我国相继出台推动媒体融合的相关政策，出版融合迎来发展良机，出版企业纷纷加快融合步伐，积极进行战略转型。出版企业的战略转型是包括产品、技术、组织结构和企业文化的全方位变革，四个方面缺一不可：产品转型是出版企业的目标，技术是基础，组织结构是保障，企业文化是内在的精神核心，为转型的顺利实施提供支撑。

[关键词] 产业融合；战略转型；出版；内涵解读

伴随现代通信、互联网技术的飞速发展，产业融合浪潮席卷到出版行业。2015年，新闻出版广电总局、财政部联合印发《关于推动传统出版和新兴出版融合发展的指导意见》，明确提出“推动传统出版和新兴出版融合发展，把传统出版的影响力向网络空间延伸，是出版业巩固壮大宣传思想文化阵地的迫切需要，是履行文化职责的迫切需要，是自身生存发展的迫切需要”。出版融合迎来历史性发展机遇，出版企业纷纷加快融合步伐，积极进行战略转型。但是，当前出版企业对融合转型的了解还比较有限，急需理论的指导与规范。本文在前人研究基础上，对出版企业战略转型的内涵进行界定，尝试构建出版企业进行融合转型的内容框架，为我国出版

* 本文系北京印刷学院博士启动基金项目“基于产业融合理论的出版业战略转型研究”（27170116005/064）的阶段性成果。

** 曹宇，北京印刷学院经济管理学院，讲师，博士研究生，主要研究方向：传媒企业管理、传媒经济学。

企业在产业融合环境下的战略转型提供有益启示。

一、文献综述

企业的战略变化一直是西方战略管理研究的热点。战略管理理论从诞生开始就蕴含了战略变革思想：早在 1963 年 Chandler 已提出企业经营战略应当适应环境——满足市场需要，而组织结构又必须适应环境，随着战略的变化而变化。20 世纪 80 年代，Mintzberg (1987)、Boeker(1989) 等人正式提出战略转型理论，并逐渐发展成为战略管理学的重要组成部分，国内外学者围绕着战略转型的概念、战略转型的内容等方面展开了大量研究。

（一）战略转型的概念

对战略转型的概念，国内外学者从不同角度予以界定，目前尚无统一说法。一些学者主张战略转型是一种变革。L.Bossidy 和 R.Charan 明确提出战略转型是一种经营模式的变革。另外一些学者认同战略转型的差异观。Van 和 Poole（1995，2005）在《组织发展与变革阐释》一文中将战略转型定义为“组织与外部环境的匹配性随着时间的推移在形式、特性或状态上的差异性”。这个定义被国内外学者广泛引用，成为战略转型研究的代表性理论。还有一些学者强调战略转型的过程性。Balogun 和 Hailey（2004）在《战略变革探索》一书中提出：战略转型是一个过程，并将其分为当前状态、过渡状态、未来状态三个阶段，强调战略转型的实质就是“评估组织的当前状态、定义组织的目标状态及管理组织的过渡状态”。

（二）战略转型的内容

尽管战略转型实践很多，但其究竟包括哪些内容，目前尚无明确答案，学界和业界都在不断地摸索。Bound 和 Dobbien（1995）对战略转型内容的概括比较全面，他们认为企业战略转型包含以下内容：（1）战略企业定位 (包括产品类型、客户特征及其产销活动所涉及的地理区域等) 与核心专长 (组织建立其竞争优势所需要的资源与能力) 的改变；（2）技术：企业的技术、生产流程设备、作业方法及相关规章制度与政策的改变；（3）结构：结构变革主要包括组织结构的改变，个别职务内容的重新设计，以及这两者间的权利结构变化；（4）人员：人员的理念、技能、知识水平等的改变；（5）文化变革：组织成员共同价值观与行为规范的改变。另外一些学者从单一的角度对转型内容进行了具体分析。Jain（1981）指出了产品转型的元素，包括新产品进入市场时机、产品价位水平、产品线宽窄度及接单批量大小。Sorenson（2000）的研究表明产品转型是维持竞争优势的重要手段之一。Fernando F.Suarez 和 Rogelio Oliva（2002）认为，面对环境巨变，企业实施包括业务转型、文化转型在内的转型活动可以促进企业与变化的环境保持匹配，进而实现持续成长。

通过以上的文献梳理，我们可以看到学者们对战略转型展开了大量研究，对战略转型的概念、内容等诸多方面已有一定认识。但既有研究对在产业融合环境下的战略转型和出版企业的战略转型的分析论述还远远不够，尤其是对关于出版企业战略转型内涵的界定，学术界没有形成统一认识，学者们意见不一，这正是本文要解答的内容。

二、出版企业战略转型的概念

战略管理的核心是竞争优势的保持。出版企业要想在复杂多变的竞争环境中一直保持优势，就必须具备敏锐的洞察力，对变化的市场做出快速反应，调整原有战略内容，形成新的发展方向和经营模式，即实施战略转型。战略转型是对出版企业综合能力的考验，只有内部资源积累到一定程度才能够具备实施转型的条件和能力。战略转型也是企业发展的关键因素，如果不能准确判断外部环境，抓住关键机会做出改变，就会阻碍企业的成长。战略转型是出版企业平衡内外各种复杂利益关系，使企业战略目标与内部资源、外部环境保持动态平衡的过程，只有实现了三者的动态平衡，才能确保出版企业持续发展。

总的来说，本文认为战略转型是指出版企业面对改变的外部环境，调动有效资源，发挥内在能力，对战略定位实施根本性变革，以保证其核心竞争力并获取更长远的发展。战略转型是一个全方位的变革，包括产品、技术、组织结构和企业文化的转型。同时，这四个方面是一个有机联系的整体。

（一）技术转型

战略转型往往是由技术推动的。技术转型意味着技术创新，因此技术创新理论有助于我们认识出版企业战略转型过程中技术因素的发生机制。经济学家约瑟夫·熊彼特首次提出技术创新概念，认为技术创新是生产体系新组合中的一个重要内容。技术创新涉及多种因素，包括生产流程、组织架构、商业模式等一系列活动。因此，对技术转型带来的相应改变要给予足够重视。技术是产业发生和发展的基础，一项创新技术的应用能够使某一产业发生根本性改变。例如，数字技术、网络技术的发展使出版业进入融合主导阶段，产业结构和竞争格局都随之改变。所以说，产业变化首先来自技术创新。技术是产品创新的基础，产品的研发、生产、销售等环节都与技术创新密不可分。技术转型在出版企业融合转型过程中发挥了重要作用，而且技术本身就是产业融合的主要动因。

（二）产品转型

市场竞争，本质上是为他人创造价值的竞争。产品是这种价值的客观载体，出版企业若要赢得竞争，就要向消费者提供更有创新性的出版物，满足其多样化的需求。产品创新是出版企业竞争力的源泉，出版企业需要充分了解产业趋势和市场环境，及时改变战略，按照消费者需求进行产品转型，开发出新产品。消费者的需求分为不同层次，按照马斯洛的需要层次理论，人类在满足了基本的生理需求后就会转向较高层次的精神需求。在现代社会，随着经济的发展和生活水平的提高，消费者已不仅局限于物质上的满足，而是提出了更高的文化需求，这对出版企业的战略转型提出了极大挑战。出版企业应对环境变化做出的转型，最终要能够推出满足新的市场需求的出版物，吸引更多消费者，以占领更大市场份额，取得竞争优势。换言之，产品是战略最直接的外在表现形式，出版企业进行战略转型最直观地体现在产品形态上，而转型结果也往往由产品的销量决定。

（三）组织结构转型

出版企业通过设立一定形式的组织结构来确定内部管理层次、权力分配，划分生产、业务流程，规定企业成员的权利、义务关系，建立和其他出版企业之间的分工合作关系。组织结构能够确保战略目标实现，对出版企业意义重大，因此管理者在进行组织结构设计时，必须考虑 6 个关键因素：工作专门化、部门化、命令链、控制跨度、集权与分权、正规化，以保证组织结构的合理性。组织结构的设立并不是一成不变的，要随着外部环境的变化进行相应的改变，否则会成为出版企业发展的桎梏。同时，组织结构的变革也是出版企业自身发展的内在要求。出版企业为谋求更强的竞争优势而进行战略转型，当战略发生变化时，组织结构必须与之相适应，这样才能发挥战略的预期效果。组织结构转型是产品需求变化和建立新的运营体系的必然要求，也是出版企业进行战略转型的有力保障。

（四）企业文化转型

战略转型需要企业文化的支撑。企业文化在战略管理中发挥显著作用，它影响组织战略的执行，是战略目标达成的关键因素，对出版企业的经营绩效具有重要意义。企业文化要与战略互相匹配，特定的战略需要对应特定的企业文化。如果企业文化与战略相契合，那么这样的战略容易获得成功。反之，战略将面临失败的危险。因此，当出版企业进行转型，制定新的战略时必须考虑企业文化是否与之相适应的问题，一定要重视战略与企业文化的相互作用，缺乏相应的文化变革不仅会影响战略的科学性，更会造成战略执行的阻力。但企业文化的变革意味着从根本上改变不适应新战略的原有价值体系，创建新的文化模式，因而必然受到传统势力的阻碍，如何解决文化冲突成为管理者亟待解决的问题。如果不能妥善解决文化冲突，那么新战略的预期效果无从谈起。

三、出版企业战略转型的内容框架

深入分析出版企业战略转型的概念内涵，可以看出在产业融合环境下，出版企业的战略转型主要包括以下几个方面内容：

（一）产业融合下的技术转型

在产业分立时代，不同的产业有不同的技术基础。不同的核心技术形成和发展成不同的产业，如集成电路技术、冶炼技术、机械技术、建筑工程技术分别标志着电子业、采矿业、机械制造业、建筑业的技术特征，这些技术为它们所独享，不能在其他产业中应用。而且技术的发展比较缓慢，一项技术往往可以在某一产业中应用很多年。对于出版企业来说，活字印刷术和激光照排技术属于产业分立时代，它们是印刷史上伟大的技术革命，极大促进了我国印刷出版产业的发展。

在产业融合时代，不同产业之间具有共同的技术基础。信息技术、网络技术、生物技术等新科技被广泛应用于多种领域，不同产业间的技术边界变得模糊，进入壁垒大大降低，产业间的交叉、渗透、重组成为可能，产业关联更加紧密。同时，新时代给技术提出了更高要求，更新速度加快，生命周期缩短，研发成本增多，给企业带来沉重压力。在出版产业内，数字技术、网络技术等融合技术给它带来翻天覆地的变化。数字技术统一了不同信息的存储、传输介质，使各种信息能够在不同终端间自由转换，出版形态发生根本性变化。互联网技术又让内容的即时分享成为现实，给出版产业带来新的商机。但同时，相关行业也纷纷跨入出版产业，竞争更加剧烈。技术的发展给出版产业带来巨大变革，产业链重新组合、融合是大势所趋。因此，出版企业在产业融合大背景下做出的战略转型，技术首当其冲。

（二）产业融合下的产品转型

在产业分立时代，产品之间处于孤立状态。每个产业都有自己的进入壁垒，只生产属于本领域的产品，不向其他领域跨越。产品之间没有联系，即使是属于同一产业的产品也彼此割裂，它们提供不同的用途，相互之间没有互通性。而且产品的功能也比较单一，一般一种产品只具有一项功能。另外，产业分立时代正处在物质生活相对匮乏的时候，人们更注重产品的实用性，很少关注其承载的内容资源和能够提供的文化价值。

在产业融合时代，产品趋于融合。技术壁垒的消失让产业边界模糊，不同行业间彼此进入，诞生出许多新的产品形态，新产品最显著的特点就是功能的多元化和互联性。相较产业分立时代的出版物，产业融合下生产出的出版物不再仅仅只是一本又一本的纸质书。数字技术让文字、声音、图像全部都可以通过数字格式进行存储，有声书 、富媒体电子书、专题数据库等数字出版物不断涌现，极大丰富了出版物的种类。再加上互联网产业的加入，实现了内容的实时在线分享，在线教育产品、在线服务产品、在线交流产品、在线咨询产品等在线出版及 APP 产品也开始崭露头角，给出版企业的盈利能力注入新活力。同时，IP 运营成为出版物开发的新趋势，出版企业间的竞争不再是单一出版物的竞争，而是完整产业链条的比拼，产业融合的作用更加凸显。

（三）产业融合下的组织结构转型

在产业分立时代，出版企业内部组织结构呈纵向的金字塔形。这种管理模式强调集中统一领导，有严格的等级制度，结构层次复杂、繁多，难以兼顾管理幅度和管理层次。管理环节的增多使信息的沟通传递容易出现不及时、失真等情况，影响管理层对外部环境变化做出快速反应，从而导致战略失误。而且这种组织结构形式固守程序、规范和制度，以保证组织领导者的权威，避免不了出现结构僵化问题，难以适应不断变化的市场环境。另外，产业的分立使各类企业之间联系较少，关系松散。

在产业融合时代，出版企业内部组织结构向横向的扁平式、网络化发展。这种管理模式通过削减中间管理层及冗余机构以减少管理层次，总部权力适当下放，信息在出版企业内部流动更顺畅，增强了运行效率。组织单元趋于小型化，自主性增加，在出版企业内部形成彼此独立又相互横向联系的网络结构。组织形式更具柔性化，这种新的结构特点使出版企业能够灵活而快速地应对产业融合带来的持续环境改变。在产业融合带来了内部组织结构改变的同时，出版企业对外部组织结构也进行了重构。产业边界的模糊化使出版企业间的竞争合作关系发生改变，收购、兼并活动日益频繁，战略联盟成为出版企业间组织结构的新形式。当工业社会转变为以融合为特征的网络社会时，产业链重新分配，处在变革中的出版企业的原有治理结构随之改变。为保证转型的顺利实施，出版企业需要对自己的内部组织结构和运营流程进行调整。建立以融合为中心，统一的编辑、出版、发行、技术、服务平台。在统一的平台下，分设各业务单元，实现统合—分治型管理，以提升业务协同效应和效率，降低运营成本，有效实施融合战略。

（四）产业融合下的企业文化转型

在产业分立时代，企业文化整合很少被提及。产业间明显的界限让出版企业在本行业内开展生产、经营活动，即使有兼并收购行为也一般限于同行业，涉及范围不大，较少出现跨国、跨区域、跨行业的企业并购，因此跨文化冲突并不明显，文化整合在出版企业发展战略中未予以重视。每个出版企业有自己独特的企业文化，规范引导着企业成员的价值观和行为方式，与其他企业之间的交流甚少，企业文化自成体系，具有一定的封闭性。

在产业融合时代，企业文化整合成为大势所趋。产业边界的打破使得跨行业、跨区域的兼并收购日益频繁，出版企业面临着多种文化的碰撞。文化本身具有的差异性使不同企业形成了自己特色鲜明的企业文化，而且不同国家和民族的文化传统不同，也让不同国家的企业文化各具本民族特色，如美国企业文化推崇个人价值的实现及平等、自由的法制环境，而日本企业文化更重视集体观念，追求卓越品质。因此，出版企业在战略转型尤其是涉及跨文化的转型后要进行文化整合，加强沟通，培养文化认同，选择合适的文化整合模式减少文化冲突，这样才能充分发挥新战略的效应。出版企业在产业融合过程中尤其要重视文化的融合，对新加入的文化进行整合，使之与原有文化协调统一，共同发挥作用。同时，产业融合需要更开放的文化氛围，每个出版企业既要拥有主动融合的能力，也要具有接受被融合的经营理念。

四、小结及建议

综上所述，在产业融合的环境下，出版企业的战略转型是一个包括技术、产品、组织结构、企业文化在内的全面转型。产品转型是出版企业的目标，技术是基础，组织结构是保障，企业文化是内在的精神核心，为转型的顺利实施提供支撑。缺少任何一个因素，转型都是不完整的，也会给转型结果带来直接影响。因此，出版企业如果要顺利实现融合转型，应该积极利用数字技术和网络技术对传统出版进行技术层面的提升，打通原创文学、图书出版、影视、动漫、游戏、衍生品等多个环节的全版权运营模式，构建适应性强、反应迅速、更具柔性的组织结构，培育开放、多元、创新的企业文化。

参考文献：

［1］周三多：《战略管理新思维》，南京大学出版社 2002 年版。

［2］Chandler *A, Strategy and Structure: Chapters in the History of Industrial Enterprise*，MIT Press,1962.

［3］Boeker，Strategie Change:the Effects of Foundation and History，*Academy of Management Journal*,1989(3).

［4］拉里·博西迪等：《转型——用对策略做对事》，中信出版社 2005 年版。

［5］Van DE Ven A H，Poole M S,Explaining Development and Change in Organizations，*Academy of Management Review*,1995(3).

［6］巴洛根：《战略变革探索》，中国人民大学出版社 2007 年版。

［7］Bounds G. M.,Dobbin O.S.,*Management:A Total Quality Perspective*，Ohio:International Thomson Publishing,1995.

［8］Jain,S.C.，*Marketing Planning Strategy*，Cincinnati:South- Western Publishing,1981.

［9］Sorenson,O.Letting The Market Work for You:An Evolutionary Perspective on Product Strategy，*Strategic Management Journal*,2000(21).

［10］Fernando F.Suarez,Rogelio Oliva，Leaming to Compete:Transforming Firms in the Face of Radical Environment Change，*Business Strategy Review*,2002(3).

［11］唐健雄：《企业战略转型能力研究》，中南大学 2008 年博士学位论文。

［12］曹宇：《产业融合视角下消费电子业战略转型研究》，载《经济与管理战略研究》2014 年第 2 期。

［13］熊彼特：《经济发展理论》，商务印书馆 1990 年版。

［14］张维迎：《市场的逻辑》，上海人民出版社 2012 年版。

［15］斯蒂芬·P. 罗宾斯：《组织行为学》，中国人民大学出版社 2000 年版。

2011—2016年中国互联网百强上市公司分析报告*

高海涛　刘　帅**

[摘　要] 通过对2011—2016年中国互联网百强上市公司数据的分析，发现互联网百强企业的区域分布呈分散化趋势；上市公司的数量呈先下降后上升再下降的趋势，上市地点在纳斯达克的呈下降趋势，在纽交所上市的呈上升趋势，在香港上市的基本稳定；从上市公司的业务分类来看，商务应用类企业占比高于交流娱乐和行业基础性服务类企业，且在逐年上升，交流娱乐和行业基础性服务类企业占比呈相反方向变动；从财务状况来看，大型互联网企业优势明显。

[关键词] 互联网产业；互联网百强；上市公司

一、中国互联网百强概述

为了能够清楚地了解我国互联网行业发展的现状，掌握互联网行业发展的规律、特点和趋势，指导互联网企业自身发展，为政府制定政策提供借鉴，中国互联网协会在工信部信息中心的指导下，从2013年开始，发布"中国互联网100强"报告。评选过程严格，评选的指标、方法都在不断完善，具有较高的参考价值，对于引领我国互联网行业的发展具有重要的意义。

对于互联网百强企业的评选，已形成固定的评价单位，即工信部信息

* 北京市教委面上项目"北京文化创业者自我领导的理论和实践研究"（项目号：SM201610015004）。

** 高海涛，管理学博士，北京印刷学院副教授，主要研究方向：互联网产业。刘帅，北京印刷学院2015级研究生。

中心指导，中国互联网协会开展研究工作；评选的数据基础是上一年度的企业数据；评价指标逐年完善，2011 年只是采用主营业务收入这个单一指标，2016 年采用了代表企业社会影响、业务规模、成长能力、盈利能力、技术研发以及社会责任等方面的 8 个指标，计算方法更加合理，而且还在不断的改善中，评价结果更具说服力；同时数据更加透明，来源更加明确，见表 1。因为互联网百强的评选是根据上一年的数据资料，所以 2011—2016 年的百强结果代表 2010—2015 年的情况。为表述方便，在本章描述互联网百强基本情况时，按照百强公布时间 2011—2016 年进行分析。

表 1　2011—2016 年"互联网百强"评价单位、评价指标和数据来源

年份	评价单位	评价指标	数据来源
2011	中国上市公司企业联合会、中国上市公司企业家协会、中国上市公司发展研究院、中国排行榜经济研究院	主营业务收入	2010 年上市公司的年报、企业自主申报，国内一些互联网研究院所公布的资料，国内外的相关刊物所记载的资料内容
2012	电信研究院与工信部信息中心	规模、效益、结构及贡献等指标	2011 年增值企业年检数据和 2011 年通信业统计年报数据
2013	中国互联网协会和工信部信息中心	年度营收、在线业务（以网站为主）访问量和访问速度体验三项指标	上市互联网企业公布的 2012 年财务报告和中国互联网协会、第三方调查机构的数据调查结果
2014	中国互联网协会和工信部信息中心	企业规模、技术创新、社会责任与影响 4 个维度，选取 9 个指标来代表企业收入和业务规模、成长能力、带动就业、发展质量、社会责任和技术研发等方面，通过加权平均计算得出综合得分，作为企业的最终得分	数据来源以企业申报数据为主、上市公司财务报告等公开数据为辅
2015	中国互联网协会和工信部信息中心	设置企业规模、社会影响、发展潜力和社会责任 4 个维度，选取了 8 个指标来代表企业收入和业务规模、技术研发、盈利和成长能力、社会责任及人力成本等方面，通过加权平均计算得出综合得分	数据来源以企业申报数据为主、上市公司财务报告等公开数据为辅
2016	中国互联网协会和工信部信息中心	采用综合分析方法，设置 8 个指标代表企业成长能力、技术研发、盈利能力、业务规模、社会影响与责任等方面，加权平均计算生成综合得分	数据来源以企业申报数据为主、上市公司财务报告等公开数据为辅

资料来源：中国上市公司发展研究院、工信部信息中心。

二、中国互联网百强区域分布研究

（一）百强企业区域分布研究

互联网企业多分布在北京、上海、广州和深圳等一线城市，并且一线城市中多是在百强中排名靠前的优秀企业。从表 2 和图 1 可以看出：从 2011—2016 年，互联网百强分布的省份数不断的增加，由 2011 年的 7 个省份扩大到 2016 年的 15 个省份；并且分布省份集中度较高，主要是北京、上海和广东，2013 年百强中有 88 家分布在这三个省；从 2011—2015 年的数据来看，百强企业几乎全部分布在北京、上海、广东、福建、江苏、浙江六省；从 2016 年的数据来看，百强企业分布在北京、上海和广东三省和北京、上海、广东、福建、江苏、浙江六省的比例均有所降低，有更多省份的互联网企业进入百强中，但是，是否能持续这种多省份的态势还要在以后的年份中观察研究。从 2011 年、2016 年百强企业在地图上的分布（图 2 和图 3），可以清楚地看到其变化情况，分布省份增多，分布在一线城市的数量和比例降低。此外，互联网百强企业所在地大多在省会城市，个别在非省会城市。例如，江苏的无锡和苏州、广东的深圳和惠州、福建的厦门、浙江的金华和温州。

表 2　2011—2016 年互联网百强企业公司所在地统计　　单位：个

2011	数量	2012	数量	2013	数量	2014	数量	2015	数量	2016	数量
北京	48	北京	36	北京	52	北京	51	北京	47	北京	31
上海	22	上海	29	上海	24	上海	18	上海	19	上海	19
广东	15	广东	16	广东	12	广东	13	广东	13	广东	11
江苏	3	江苏	5	江苏	3	江苏	5	江苏	6	江苏	7
浙江	7	浙江	6	浙江	4	浙江	6	浙江	5	浙江	11
福建	4	福建	1	福建	2	福建	4	福建	3	福建	6
香港	1	湖南	1	湖南	1	湖南	1	湖南	3	湖南	3
		海南	1	海南	1	香港	1	黑龙江	1	山东	1
		河南	2	重庆	1	河南	1	河南	1	河南	3
		四川	2					四川	2	四川	2
		重庆	1							重庆	1
										贵州	1

续表

2011	数量	2012	数量	2013	数量	2014	数量	2015	数量	2016	数量
										湖北	2
										黑龙江	1
										云南	1

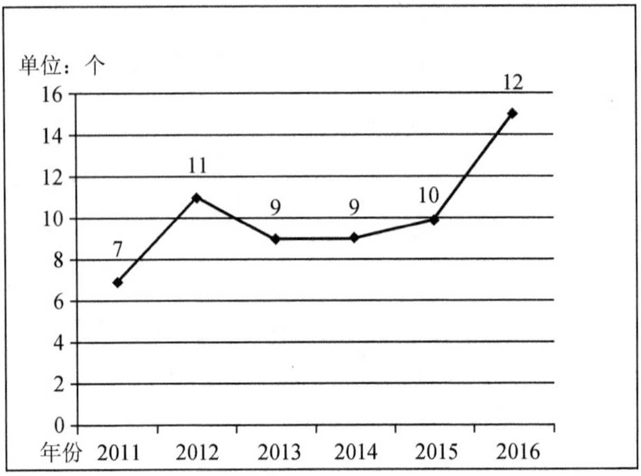

图 1　2011—2016 年互联网百强企业分布省份统计

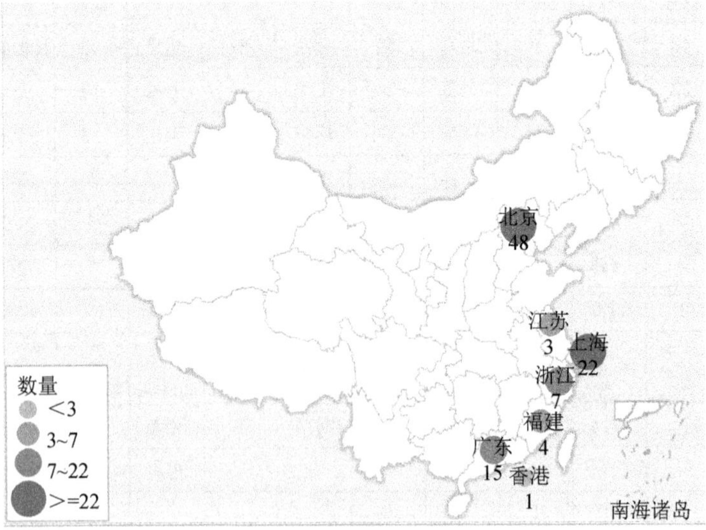

图 2　2011 年互联网百强企业分布

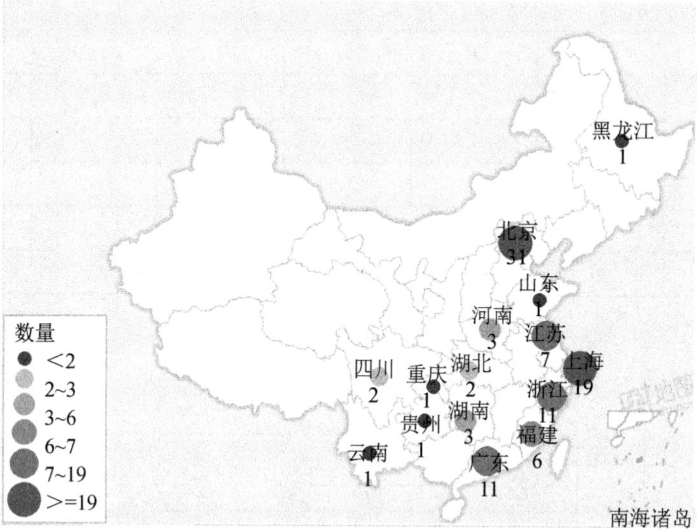

图3　2016年互联网百强企业分布

（二）百强中上市企业总部所在地分布研究

从表3和图4可以看出，公司总部在上海的上市企业占该年上市企业总数的比例先上升后下降，2016年又上升；公司总部在北京的上市企业占该年上市企业总数的比例先下降后上升，从2014年开始下降；自2011—2015年，百强中上市企业的97%位于北京、上海、广东、江苏、浙江和福建六省中，而2016年，六省上市企业占比有所下降，为90%；自2011—2015年，百强中上市企业的83%位于北京、上海和广东三省中，而2016年，三省占比有所下降，为73%。

表3　百强中上市公司总部所在地统计　　单位：个

总部所在地	2011	2012	2013	2014	2015	2016
北京	20	10	22	29	34	21
上海	10	11	11	11	13	11
广东	6	5	4	5	8	6
江苏	2	1	2	3	4	4
浙江	3	4	1	3	5	2
福建	2		1	3	2	3

续表

湖南		1	1	1	1	
四川					1	1
贵州						1
河南						2
湖北						1
合计	43	32	42	55	68	52

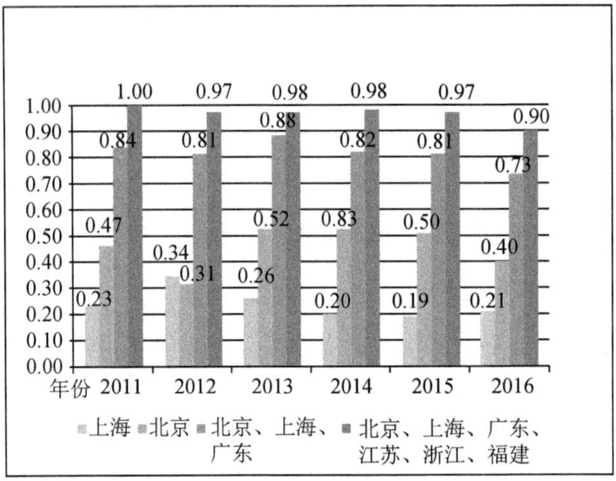

图 4 2011—2016 年上市企业不同所在地占历年上市企业总数的比例

三、互联网百强上市企业数量及上市地点

（一）百强中上市企业数量变化研究

中国第一家在美上市的互联网企业，是 1999 年上市的中华网。从 1999 年到现在，总共发生过六次互联网上市热潮：第一次在 2000 年，代表企业有搜狐、新浪和网易；第二次在 2004—2005 年，代表企业有盛大、百度和腾讯；第三次在 2007 年，代表企业有阿里巴巴、巨人网络；第四次在 2010—2012 年，代表企业有优酷、当当和人人；第五次是在 2011 年本次上市热潮的主角是社交类型的互联网企业，人人、世纪佳缘等企业纷纷上市；第六次是 2014—2015 年，由阿里巴巴、京东商城等电子商务公司引领，见图 5。

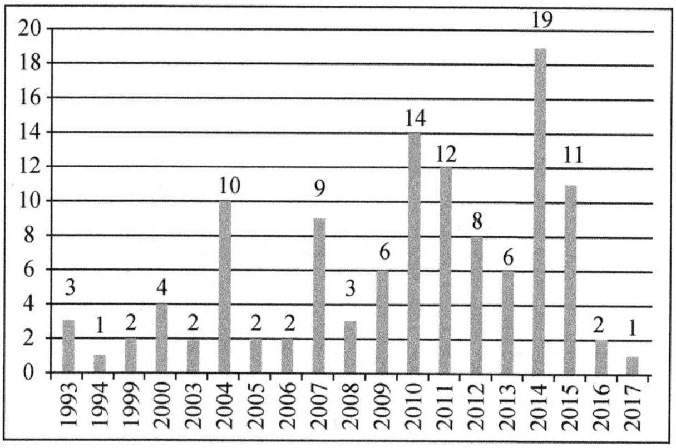

图 5　我国互联网企业历年上市数量汇总

互联网百强中的上市企业数量从 2011 年到 2012 年是下降的，之后开始上升，在 2015 年达到最多，即 68 家，在 2016 年，下降到 52 家，见图 6。

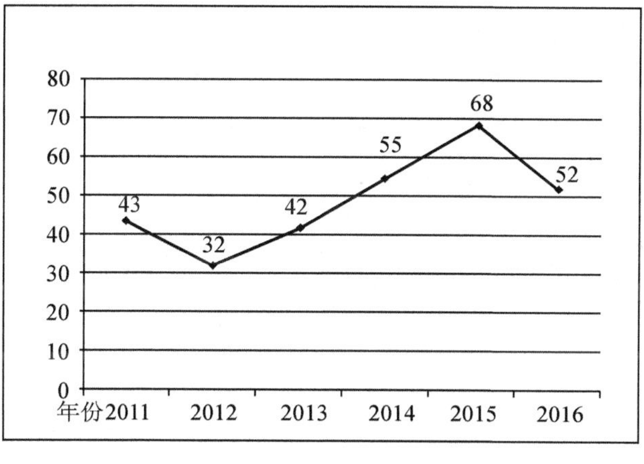

图 6 2011—2016 年百强中的上市企业数量

（二）百强企业上市地点分布研究

从 2011—2016 年，在纳斯达克上市的互联网企业所占比例总体是下降趋势，由 2011 年的 0.56 下降到 2016 年的 0.19；在纽交所上市的互联网企业，从 2011—2013 年所占比例逐年增加，之后一直稳定在 0.22 左右；在深交所上市的互联网企业所占比例总体上是上升趋势；在上交所上市的互联网企业所占比例总体上是下降趋势，并且在 2011 年，百强中没有在上交所上市的企业；在香港上市的比例除 2016 年外，稳定在 0.16 ～ 0.19；百强中从 2014 年开始，有企业在新三板上市，且比例由 2014 年的 0.02 上升到 2016 年的 0.15，见表 4 和图 7。

表 4　互联网百强中上市企业上市地点统计　　单位：个

上市地点	2011	2012	2013	2014	2015	2016
香港	8	5	7	9	13	5
纽交所	5	6	10	12	15	11
纳斯达克	24	8	14	15	17	10
上交所	—	3	4	4	5	3
深交所	6	10	7	14	17	15
新三板	—	—	—	1	1	8
合计	43	32	42	55	68	52

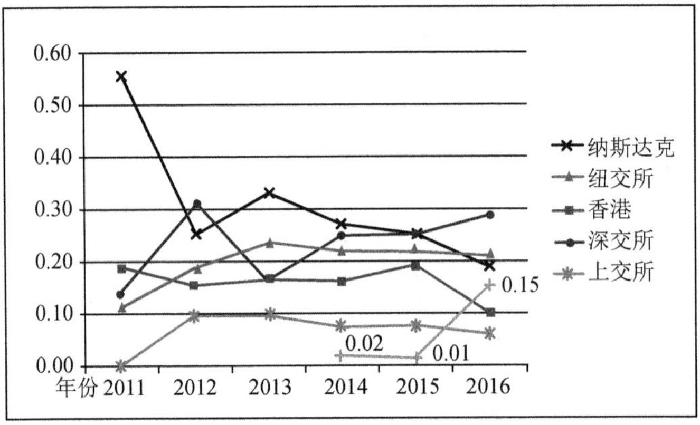

图 7　2011—2016 年百强中上市企业不同上市地点占上市企业总数的比例

从 2012 年开始，中国在美国上市的互联网企业开始谋求私有化退市，并且愈演愈烈，见表 5。随着我国证券市场的不断变革，中国股票市场有序发展，国内上市的互联网企业股票价值得以高估。2013 年年底，中央首次提出推行股票发行注册制改革，这使得企业私有化退市的决心更强了，促使更多国外上市的互联网企业退市。同时，私有化退市很可能是由于企业股票价值被低估、做空机构的影响以及部分企业存在信用问题。2015 年，46 家海外上市互联网企业中，有 22 家企业的现行股价是低于其发行价的。

表 5　互联网百强中从美国退市的企业

企业名称	上市地点	退市时间
盛大网络	纳斯达克	2012
分众传媒	纳斯达克	2013
掌上灵通	纳斯达克	2013
巨人网络	纽交所	2014
盛大游戏	纳斯达克	2015
完美世界	纳斯达克	2015
酷 6 传媒	纳斯达克	2016
当当网	纽交所	2016
麦考林	纳斯达克	2016
斯凯网络	纳斯达克	2016
艺龙	纳斯达克	2016

四、上市企业业务分类及排名变化

（一）上市企业业务分类研究

按照企业功能或者服务类型把互联网产业分为行业基础性服务、商务应用、交流娱乐、互联网媒体四大类。四大类具体包含的业务见表 6。

表 6　互联网行业分类

大类	子分类	具体分类
行业基础性服务	新闻资讯	综合性资讯平台、地方性综合平台、垂直行业资讯
	邮箱	个人和企业邮箱
	信息聚合	网址导航、信息分类
	信息搜索服务	综合性搜索、特定精确搜索
互联网媒体	门户网站	网络电视、电台
	网络广告	广告联盟平台等
	传统报纸媒体网络版	全国性报刊、地方性报刊
	手机移动	手机新闻、电台、电视

续表

大类	子分类	具体分类
交流娱乐	即时通讯	个人和企业通信
	影音视频	视频网站等
	Web 2.0 应用	博客等
	社区	交友互动社区等
	网络游戏	各类游戏
商务应用	企业信息化服务	企业各类办公系统等
	电子商务	天猫商城、中国制造网等
	网络教育、人才招聘	智联招聘、中华会计网等
	支付交易	财付通、支付宝等
	技术服务类	技术研发、互联网增值等

将百强中的上市企业按照其主营业务类型，分别划分到行业基础性服务、商务应用、交流娱乐、互联网媒体 4 类中，得到百强上市企业行业分类表 7。从图 8 可以看出，互联网媒体在 2011 年、2015 年、2016 年才分别出现一家，而商务应用企业总体上升，占比高于交流娱乐和行业基础性服务企业；交流娱乐和行业基础性服务企业占比有较大的波动，且处于相反方向的波动。

表 7　百强上市企业行业分类

行业分类	2011	2012	2013	2014	2015	2016
行业基础性服务	11	9	13	13	17	15
交流娱乐	15	11	11	19	21	12
商务应用	16	12	18	23	29	24
互联网媒体	1				1	1
合计	43	32	42	55	68	52

（二）2011—2016 年百强中上市企业排名变化研究

表 8 是百强中上市企业在 6 年百强中的排名。从历年的排名中，可以看出某一家互联网企业的排名变化状况，对于群众了解企业的总体情况有一定的帮助。百强中企业变化，也反映互联网下细分行业的发展变化趋势，部分企业后几年没有进入百强排名，可能存在破产、被并购、总体实力下

降等原因，另一部分企业后几年进入百强排名，可能与企业经营发展或者细分产业发展前景良好有关。从6年百强排名可以看出，历年前几名企业基本固定，特别是从2013—2016年百强的前3名都是百度、腾讯和阿里巴巴，前10名也基本固定。其中，腾讯、阿里巴巴、百度、网易、搜狐、奇虎360、新浪网、巨人网络、焦点科技、迅雷共计10家公司在6年百强企业中都占有一席之地，经营比较稳定。

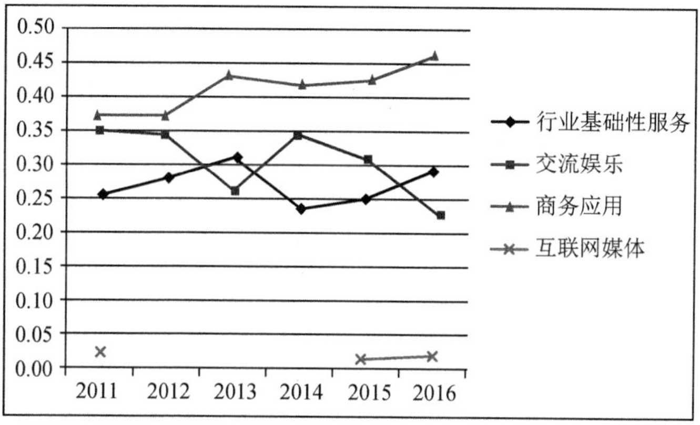

图8　各分类行业的企业数量占本年上市企业总数的比例

表8　2011—2016年百强中部分重要上市企业排名变化

公司名称	2011	2012	2013	2014	2015	2016
腾讯	1	1	1	1	2	2
京东	2		11	4	4	4
阿里巴巴	5	6	2	2	1	1
百度	3	3	3	3	3	3
网易	4	2	4	8	7	7
搜狐	9	4	5	5	6	6
奇虎360	51	11	7	6	5	5
新浪网	13	10	6	10	8	14
巨人网络	21	8	9	45	59	90
完美世界	14	7	10	30	12	
携程	12		13	15	9	8
苏宁云商	27		17	9	19	10

续表

公司名称	2011	2012	2013	2014	2015	2016
乐视	59		20	29	24	15
世纪佳缘	74	37	21		73	72
艺龙	42		22	67	50	
当当网	15		23	24	48	
易车公司	44		24	51	20	23
人民网		24	26	53	37	35
唯品会	55		28	11	14	9
搜房网	20		38	19	10	16
前程无忧	25	20	44	50	33	
网龙	37		44	39	44	27
世纪互联	39		46	14	29	
金山软件	31		55	23	15	
空中网	29		61	70	74	83
金融界	49		62	85	85	
焦点科技	54	28	90	47	89	41
二六三（263）			97	26	57	77
优酷(后期并购土豆)	50	12	15	32	13	
中青宝	100	79		100	95	
瑞创（二三四五）		36	58	77	55	24
淘米网	60	41			87	
光宇在线		45	66		97	
东大正保（正保远程教育）		56		61	78	
同花顺		69			63	
拓维信息		80	92	46	71	
顺网科技		93		86	56	49
游族网络		96		66	54	39
欢聚时代		33		48	17	
五八	95		59		31	17
迅雷	48	39	37	35	35	28

注：字体加粗的公司是在2011—2016年均进入百强的公司。该表中的上市公司是指在2015年12月31日（含）之前上市的企业，并包括上市后又退市的企业。

五、上市企业财务状况描述性分析

（一）样本数据来源及相关说明

本文样本为2011—2016年互联网百强企业中的上市企业。样本主要财务数据和财务指标来源于同花顺iFinD。因为百强的评选是根据上年的财务状况，所以样本的数据选取2010—2015年的财务数据，故财务研究时按照2010—2015年进行阐述分析。因为新三板是场外交易，本文进行财务分析时未采用在新三板挂牌上市的企业；有几家公司，其母公司是上市公司，因iFinD显示的是母公司的数据，因此在研究时，将该公司剔除，有TOM在线、上海钢银电子商务股份有限公司、光宇游戏（北京光宇在线科技有限责任公司）。

2010年互联网百强中上市企业是43家，阿里巴巴数据缺失，TOM在线为子公司，最终采用41个样本；2011年互联网百强中上市企业是32家，盛大、阿里巴巴数据缺失，光宇在线为子公司，最终采用29个样本；2012年互联网百强中上市企业是42家，光宇在线和银泰电子商务均为子公司，最终采用40个样本；2013年互联网百强中上市企业是55家，上海绿岸网络科技股份有限公司在新三板上市，最终采用54个样本；2014年互联网百强中上市企业是68家，斯凯数据缺失，光宇在线为子公司，上海帝联信息科技在新三板上市，最终采用65个样本；2015年互联网百强中上市企业是52家，上海钢银电子商务为子公司，上海景域文化传播股份有限公司、河南中钢网电子商务有限公司、上海东方网股份有限公司、有米科技股份有限公司、上海帝联信息科技股份有限公司、郑州悉知信息技术有限公司、绿网天下（福建）网络科技股份有限公司、福建中金在线网络股份有限公司在新三板上市，最终采用43个样本。

（二）无形资产、总资产、总负债、净利润、固定资产净额

通过计算百强上市企业无形资产、总资产、总负债、净利润、固定资产净额的平均值，并与百度、腾讯、阿里巴巴的指标值相比较，可以大体了解互联网行业的总体状况以及与互联网巨头BAT的差距，同时也可以使众多互联网企业了解自身所处的位置，从而做出相应的决策。同时，采用总收入来分析上市企业中大型企业的占比情况。其中，阿里巴巴集团是2014年在纽交所上市，所以只采用了阿里巴巴集团2014年、2015年的数据。

从图9—图13可以看出，2010—2015年，百强上市企业无形资产、总资产、

总负债、净利润、固定资产净额的平均值均低于 BAT 的均值，差距逐年拉大，且其增长速度也低于 BAT 的增速，表明其他企业仍有较大的发展空间。

表 9　2010—2015 年无形资产的值　　单位：百万元

	2010	2011	2012	2013	2014	2015
百度	115.80	928.51	1587.67	3630.32	3574.36	3334.62
腾讯	270.28	1164.20	1790.16	1551.00	2948.00	6284.00
阿里巴巴					3566.00	9680.00
BAT 均值	193.04	1046.35	1688.91	2590.66	3362.79	6432.87
百强上市企业平均值	240.07	160.62	423.87	444.35	645.11	1494.43

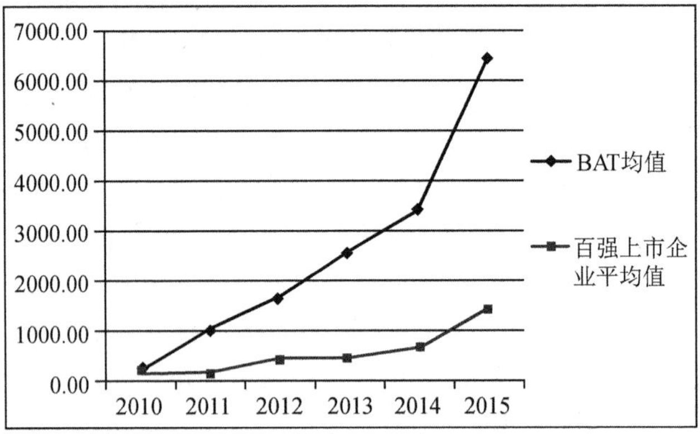

图 9　2010—2015 年无形资产变化

表 10　2010—2015 年总资产的值　　单位：百万元

	2010	2011	2012	2013	2014	2015
百度	11048.44	23340.54	45668.89	70985.79	99661.51	147853.31
腾讯	35830.11	56804.37	75255.81	107235.00	171166.00	306818.00
阿里巴巴					111549.00	255434.00
BAT 均值	23439.28	40072.45	60462.35	89110.39	127458.84	236701.77
百强上市企业平均值	5363.02	5628.52	8539.10	9094.50	14058.40	32835.58

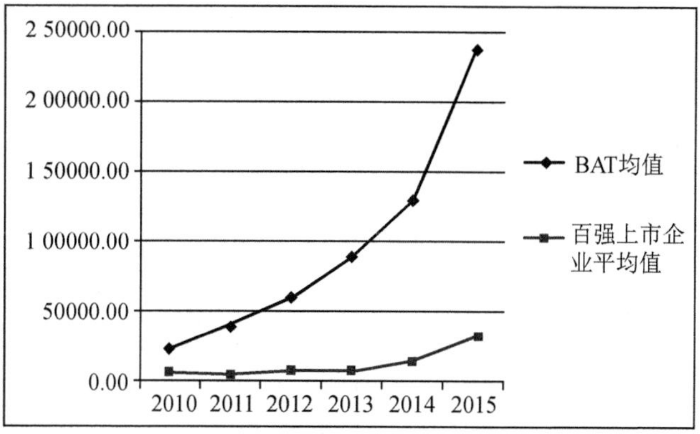

图 10　2010—2015 年总资产变化

表 11　2010—2015 年总负债的值　　单位：百万元

	2010	2011	2012	2013	2014	2015
百度	2642.85	7015.03	18453.77	30320.54	45155.92	63637.59
腾讯	13989.26	27716.02	33107.55	48772.00	89042.00	184718.00
阿里巴巴					70731.00	97363.00
BAT 均值	8316.05	17365.52	25780.66	39546.27	68309.64	115239.53
百强上市企业平均值	1739.82	1682.56	3509.75	4047.97	7094.92	16521.73

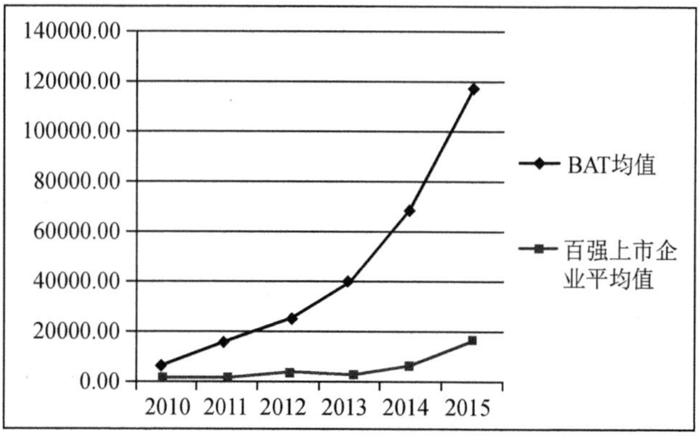

图 11　2010—2015 年总负债变化

表 12　2010—2015 年净利润的值　　单位：百万元

	2010	2011	2012	2013	2014	2015
百度	3525.17	6620.32	10391.28	10356.09	12243.37	32432.25
腾讯	8115.21	10224.83	12784.85	15563.00	23888.00	29108.00
阿里巴巴					23403.00	24320.00
BAT 均值	5820.19	8422.57	11588.07	12959.54	19844.79	28620.08
百强上市企业平均值	628.59	810.28	863.94	900.94	1133.51	2311.39

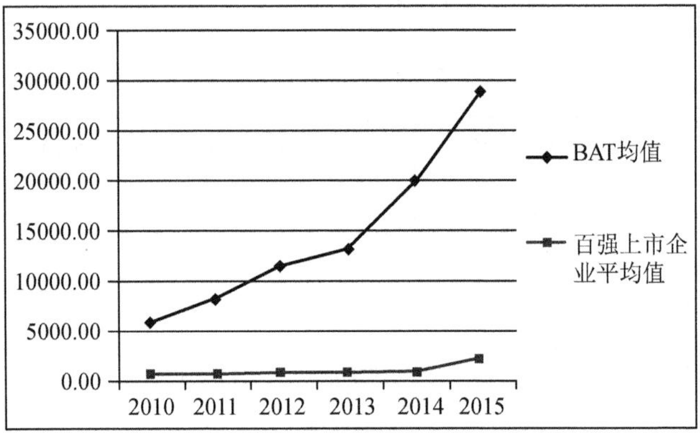

图 12　2010—2015 年净利润变化

表 13　2010—2015 年固定资产净额的值　　单位：百万元

	2010	2011	2012	2013	2014	2015
百度	1622.41	2744.24	3887.88	5370.27	8705.36	10627.13
腾讯	3292.83	5884.95	7402.77	8693.00	7918.00	9973.00
阿里巴巴					5581.00	9139.00
BAT 均值	2457.62	4314.60	5645.32	7031.63	7401.45	9913.04
百强上市企业平均值	418.43	496.12	801.83	801.98	1206.37	2036.21

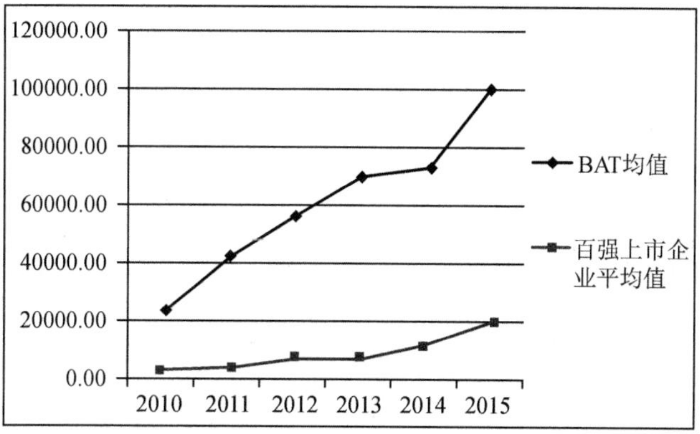

图 13　2010—2015 年固定资产净额变化

（三）总营业收入

从表 14 和图 14 可以看出，前十名总营业收入之和占本年全部上市企业总营业收入之和的比例在逐年升高，2011 年达到 0.84，2013 年达到 0.77，2015 年达到 0.86，大型互联网企业优势明显。

表 14　2010—2015 年总营业收入数值及比例

年份	总营业收入（百万元）	百强上市企业平均总营业收入（百万元）	前五名总营业收入之和（百万元）	前五名总营业收入之和占总营业收入的比例	前十名总营业收入之和（百万元）	前十名总营业收入之和占总营业收入的比例
2010	134269.52	3274.87	23696.16	0.18	39125.92	0.29
2011	44760.24	1543.46	30428.50	0.68	37455.66	0.84
2012	182185.78	4554.64	40876.82	0.22	53100.07	0.29
2013	232642.88	4308.20	54291.58	0.23	180201.54	0.77
2014	485835.45	7361.14	225991.24	0.47	264592.95	0.54
2015	648109.88	15431.19	336794.02	0.52	559011.30	0.86

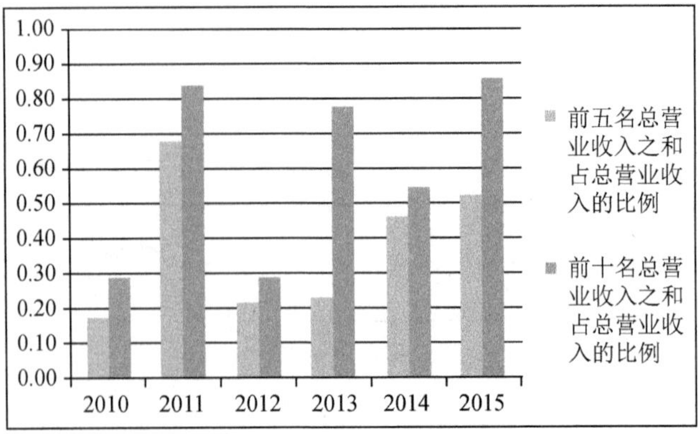

图 14　2010—2015 年，前五名、前十名上市企业总营业收入之和占本年全部上市企业总营业收入之和的比例的柱状图

六、主要结论

互联网百强企业整体状况研究得出如下结论：

第一，百强区域分布。互联网百强企业分布省份逐年增多，由 2011 年的 7 个省份扩展到 2016 年的 15 个省份，从 2011—2015 年，百强企业几乎全部分布在北京、上海、广东、福建、江苏、浙江六省，2016 年集中在这六省的比例有所降低；百强企业大多分布在各省的省会城市。从 2011—2015 年，百强中上市企业的 97% 位于北京、上海、广东、江苏、浙江和福建六省中，而 2016 年，六省上市企业占比有所下降，为 90%；自 2011—2015 年，百强中上市企业的 83% 位于北京、上海和广东三省中，而 2016 年，三省占比有所下降，为 73%。

第二，上市企业数量及上市地点。互联网百强中的上市数量从 2011 年到 2012 年是下降的，之后开始上升，在 2015 年达到最多，即 68 家，在 2016 年，下降到 52 家。从 2011—2016 年，在纳斯达克上市的互联网企业所占比例总体是下降趋势，由 2011 年的 0.56 下降到 2016 年的 0.19；在纽交所上市的互联网企业，从 2011—2013 年所占比例逐年增加，之后一直稳定在 0.22 左右；在深交所上市的互联网企业所占比例总体上是上升趋势；在上交所上市的互联网企业所占比例总体上是下降趋势，并且在 2011 年，百强中没有在上交所上市的企业；在香港上市的比例除 2016 年外，稳定在 0.16—0.19；百强中从 2014 年开始，有企业在新三板上市，且比例由 2014 年的 0.02 上升到 2016 年的 0.15。

第三，上市企业业务分类和排名变化。将百强中上市企业按照行业基础性服务、商务应用、交流娱乐、互联网媒体 4 类进行分类。从 2011—2016 年，商务应用类企业占比高于交流娱乐和行业基础性服务类企业，且在逐年上升，交流娱乐和行业基础性服务类企业占比呈相反方向变动，互联网媒体类企业在 2011 年、2015 年、2016 年才分别出现一家。从 6 年百强排名可以看出，历年前几名企业基本固定，特别是从 2013—2016 年百强的前 3 名都是百度、腾讯和阿里巴巴，前 10 名也基本固定。腾讯、阿里巴巴、百度、网易、搜狐、奇虎 360、新浪网、巨人网络、焦点科技、迅雷共计 10 家公司在 6 年百强企业中都占有一席之地，经营比较稳定。

第四，上市企业财务状况描述性分析。2010—2015 年，百强上市企业无形资产、总资产、总负债、净利润、固定资产净额的平均值均低于 BAT 的均值，差距逐年拉大，且其增长速度也低于 BAT 的增速。前十名总营业收入之和占本年全部上市企业总营业收入之和的比例在逐年升高，2015 年达到 0.86，大型互联网企业优势明显。

参考文献：

[1] 工信部发 2016 年中国互联网企业 100 强名单。
http://tech.163.com/16/0712/18/BRPTFD6E00097U7R.html,2016-07-12.

[2] 2015 年度中国互联网百强榜。
http://www.tj.xinhuanet.com/news/2016-01/17/c_1117799170.html,2016-01-17.

[3] 2014 年中国互联网企业 100 强排行榜发布。
http://www.isc.org.cn/hyyj/hlw100/listinfo-33457.html,2016-04-06.

[4] 2013 中国互联网百强名单出炉 网易综合排名前列。
http://tech.163.com/13/0809/18/95RUJ4RK000915BF.html,2013-08-09.

[5] 2012 互联网百强企业出炉 腾讯网易百度列前三。
http://tech.qq.com/a/20121010/000111.html,201-10-10.

[6] 2011 中国互联网企业 100 强。
http://news.gz.fang.com/2011-06-16/5238095.html,2011-06-16.

传媒业特殊管理股制度研究文献综述

张书勤　李明月　陈　妍*

[摘　要] 特殊管理股制度改革是我国传媒业近几年来的改革热点问题，学者研究颇多。本文对传媒业特殊管理股制度的文献进行综述，在国内诸多学者的研究基础上，从对传媒业进行特殊管理股试点的价值、关于我国实行特殊管理股所存在的困境问题、我国传媒业引进特殊管理股制度的对策建议等方面进行剖析，结合国外的特殊管理股制度进行比较，提出我国传媒业特殊管理股制度落实还需要更深入的理论研讨与实践深入。

[关键词] 传媒业；特殊管理股制度；文献综述

引言

2013 年 11 月，党的十八届三中全会公布的《中共中央关于全面深化改革若干重大问题的决定》中明确提出，要对按规定转制的重要国有传媒企业探索实行特殊管理股制度。特殊管理股制度是我国新型的改革重大制度的创新，它的实施将会是我国国有企业改革制度的一项具有标志性的起点。媒体的产权是重要的基本问题。我国的传媒作为党、政府和人民的喉舌，国家作为出资人对传媒具有所有权。传媒的所有制产权问题是较为敏感的话题，检索国内在线学术数据库可见，以传媒业、“特别管理股”为主题的论文最早发表于 2007 年，姚德权、乔海曙在《“黄金股”助推出版业产权改革》（2007）一文中提出，出版业的产权改革，可以借鉴国内外成功采用过的“黄金股”制度。中国知网所发布的各个学者对传媒业特殊管理

* 张书勤，北京印刷学院经济管理学院，副教授；李明月，北京印刷学院经济管理学院会计专业硕士（在读）；陈妍，北京印刷学院经济管理学院会计专业硕士（在读）。

股制度研究相关论文的数量，2013—2017 年总共达到 42 篇。国内学者对我国的传媒业特殊管理股制度主要是从对我国实行传媒业特殊股制度的试点以及对国外的一些实例和有关理论方面进行研究，从而提出我国实行试点的问题以及对策建议。

一、传媒业特殊管理股制度的价值研究

特殊管理股是通过特殊股权结构设计，使创始人股东（原始股东）在股份制改造和融资过程中，有效防止恶意收购，并始终保有最大决策权和控制权。我国的特殊管理制度改革尚处于试点状态，并没有全面普及。对于改变国有传媒业“一股独大”的国有股股权结构，显然，特殊管理股制度的价值以及它所独有的特殊性具有重要的意义。

田海明、范伟军（2014）认为，这一政策的提出，是国家意识形态管理方式的一大创新，一方面保证了国家对国有传媒企业的足够控制力，有利于维护国家文化安全、坚持正确导向，做强主流媒体、壮大主流声音、保护公众利益，另一方面使政府对文化的管理方式由“办文化”真正向“管文化”转变。

曹继东（2017）认为，国有出版传媒企业特殊管理股制度设计，增强了党和政府在国家意识形态领域的管控力度。同时，让利益相关者在中国特色社会主义出版市场和全球出版竞争中多方获益，确保了国有资本和社会资本在国有出版传媒企业混合所有制改革中的共赢，实现国有出版传媒企业的开放共享与多元共赢，有利于全面深化出版传媒体制改革的政策调整和制度设计。在他看来，传媒业特殊管理股制度在满足文化价值最大化的同时，可实现多元投资主体之间的利益均衡，确保与国有资本和社会资本的利益相关者依法有序参与国有出版传媒企业在国内国际出版传媒市场的竞争和发展。

如同上述学者们在陈述特殊管理股制度的宏观意义上的看法以外，该制度还对国家与媒介融合具有重大作用。陈孟（2017）认为，在促进媒介融合的环境下，特殊管理股制度是国家对媒体融合趋势做出的一种政策回应，其目的是促使国有传媒企业更好地应对媒介融合的机会与挑战，以便进一步巩固国家意识形态安全、确保官方意识形态的主导地位。

从微观角度来看，特殊管理股制度对政府与企业等利益相关者的各方面，学者们也都提出了其执行意义。程珂（2014）认为，我国国有出版传

媒企业一旦实施特殊管理股制度，就可以实现企业、投资者、政府等多方互利共赢的局面。具体内容从四个方面阐述：一是从企业角度来说，有利于企业成为真正的市场主体。二是从投资者角度来看，有利于其投资文化产业。三是从政府管制角度来看，有利于国家或者政府对国有出版传媒企业的掌控与管理。四是从国家所有制角度来看，有利于文化产业发展混合所有制经济。

张世海（2015）认为，它能使我国政府摆脱具体经营事务，在法治框架下，既维护市场经济体系的正常运转，又稳固地掌握对传媒业控制权，有利于创造一个更好的经营环境，促进传媒业的发展壮大。方平凡、班跃伟（2016）认为，特殊管理制度首先有助于保障党和政府对重要国有传媒企业的绝对控制权，有利于加强意识形态管理、坚持正确舆论导向。其次，有利于实现股权多元化，并且有效防止重要国有传媒企业国有资产流失，有利于创新管理层持股员工等激励方式。

除此之外，从特殊管理股制度对企业自身的意义来看，多数学者的看法是，该制度对我国出版传媒体制改革具有里程碑式的意义。葛明驷（2017）认为特殊管理股制度作为规制融合框架下的监管创新，既能很好地解决传媒业市场化改革过程中的融资和盈利问题，为传媒业集团化发展预留足够的政策空间，又能解决传媒业过度市场化带来的公共利益受损的问题。

周正兵（2016）认为，特殊管理股制度是在新闻专业性与商业利益之间打造了一道防火墙：一方面，媒介私有化背景下，特殊管理股制度通过掌握控制权可避免被商业利益恶意收购，从而保障其公益性；另一方面，在媒介专业化背景下，特殊管理股制度可通过设置编辑与经营分离，从而保障其独立性。

从以上的论述中可以发现，特殊管理股制度是我国近几年学界关注的热点研究话题，该研究涵盖了大到有关国家制度上的宏观层面，小到对国有出版传媒业自身意义等不同的层面。反映出学界对特殊管理股制度的价值已经有了全面的认识，而且在诸多观点上取得了一致。

二、传媒业特殊管理股制度存在的困境问题

尽管我国对传媒业特殊管理股制度的研究逐年增加，但是在实行对国有出版传媒业试点部分缺少实例，因此对实际进行制度研究存在有限的情况。所以我国在实行特殊管理股制度的过程中，就会涌现出诸多问题。

梁军、陈广（2014）认为特殊管理股贵在“特殊”二字，我国传媒业实行特殊管理制度第一要注意法律监管问题，但是目前尚未对特殊管理股的运作、权限、范围、比例等给出具体立法规范。其次对证交所的配套改革问题，他们觉得随着我国特殊股的使用，《证券法》和证券交易所也需要在立法和操作规则方面做出相应改变。因此需要在相关配套的法律法规框架之内行使其权利和义务。

方平凡、班跃伟（2016）认为，全面推进特殊管理股制度还存在一定的法律障碍以及缺少一系列配套制度与保障措施。我国现行的《公司法》中规定的“股份发行必须同股同权”与特殊管理股制度核心内容“同股不同权”存在矛盾，因此，只有国家层面制度规定特殊管理股制度的实施方法，特殊管理股制度广泛实施才有可能。

刘葆（2016）认为，从实践操作来看，非上市有限责任制国有企业实行特殊管理股制度在法律层面是可行的。但从特殊管理股制度的溯源起因和中国国企混合所有制改革的大背景来观察，无论是竞争类国企还是公益类国企，未来整体上市成为公众类公司已是大势所趋。因此，包括《公司法》《证券法》等法律法规以及相关配套制度在配合国企改革的顶层设计方面，都需要做相应修订、细化和完善。

以上研究主要是针对特殊管理股制度在我国实行所遇到法律困境以及缺乏配套制度与保障措施的困境。我国实行特殊管理股制度除了有法律困境以外，学界专家们还提出了传媒企业股东利益平衡的特别困境。谭婧（2015）指出，特殊管理股制度最深层次的矛盾就是企业股东之间的利益不均衡。股东基于相同的资本投入而持有不同的表决权，这是对现代公司制度一股一权和资本多数原则的直接挑战。

刘金良（2016）认为，我国实施特殊管理股制度应注意避免出现国有股权利过于集中，应该有舍有得，避免国有股份占比过大，避免责权不对等问题。正所谓“特殊权利加上去，持股比例降下来”特殊管理股在某些重大事项方面具有特殊的表决权或者绝对否决权，同时要谨慎行使，避免滥用，甚至要承担相应的决策失误责任，这是公平原则在公司治理中的体现。

王枢（2017）认为，我国文化传媒企业中特殊管理股制度的管控目标不明确。这是因为从企业属性上来看，我国的文化传媒企业往往都兼具经济和意识形态的双重属性，其不仅要肩负起意识形态领域的工作，而且还要保障自身的经济效益，而如果特殊管理股制度的管控目标不明确，比如管控范围过大，则很有可能对企业日常的经营工作造成影响，进而直接影响到文化传媒企业的经济效益。

徐浩然（2017）认为，信息的不透明影响非特殊管理股股东投资预期。即引进特殊管理股制度后，企业股东会分为大部分掌握普通股权的非控股股东与小比例的掌握“一票否决权”的控股股东。在改革初期，信息的不透明会使得非控股股东对出版单位缺乏认知，同时缺少足够的投票权，最终会导致这些股东丧失投资信心，认为自身的投资效益无法得到有效保证。而对处于绝对话语权地位的控股股东，在监管机制尚不完善的前提下，有可能会为了个人利益而实施牺牲出版企业整体利益的行为，最终导致权责不对等。

综上所述，我国实行特殊管理股制度有困境问题是不争的事实。相关法律法规尚且不完善，特殊管理股是否可以参与流通，证券交易所的配套问题等是主要的困境问题。然而大多数学者提出的问题都是在这一框架之内的与国家政策相关的宏观方面的问题，单独对传媒业实行这一制度所存在的内部困境并没有详细说明分析。

三、国外传媒业特殊管理股制度的研究

特殊管理股本质上是一种类别股，是每股具有更高投票权的特殊治理权力的股权制度。这种股权制度有很多称谓，比如双重股权、黄金股等。这一制度源于企业创始人对企业控制权的追求，也源于西方国有企业私有化过程中政府保有话语权的初衷。从国外的研究看，学者们主要围绕这一制度实施的效果进行了研究。Jarrell、Poulsen (1988)，Anete Pajuste(2005)等对英美两国具有双重股权结构的上市公司的实证研究表明，双重股权结构对于防止恶意收购具有良好的作用。Andrew Hill、Charles Elson (2012)考察了 Google 公司双重股权结构的 IPO 进程，发现由于企业创始人持有更多投票权的 B 股，从而导致了市场低估上市公司价值和投资者投资意愿不强，同时指出，因为控制权的集中，双重股权结构会产生“治理垄断”等负面影响。由于大部分西方传媒的产权制度是建立在私有制基础上的且传媒企业设置的目的和功能也与我国国有传媒企业有很大的差别，因此国外学者鲜有对传媒企业的特别管理股研究的论著，更多的是从传媒产权的角度剖析。著名的制度经济学家科斯通过跟踪分析英国广播业产权制度的特征，在其著作《英国广播业：对垄断的研究》中得出政府没有必要拥有

甚至管理广播电视传媒的结论。有学者通过对 90 余个国家的传媒集团的所有制形式进行分析和研究后得出世界上的传媒所有制的状况虽然非常复杂，但传媒管制总体趋于放松的结论。为了防止传媒在市场中过度竞争而一味追求经济效益，做出违背公众利益、违背传媒责任的行为，各国政府加强了对传媒所有权的控制。这其中包括了传媒的共同所有权、交叉所有权和国家所有权等。Lange,A. 和 VanLoon,A. 认为政府在不考虑传媒产权集中的情况下，可以尝试通过资金补助或者提供更多资源来增加产权的多元化，从而促进传媒产品的多元化。相反，Albarran,A. 则认为如果政府对有助于在市场上自由竞争的传媒所有权进行过度限制，则有可能带来其经济利益的巨大损失。吉利恩・多伊尔认为，为有效促进传媒间的自由而合理的竞争，并且最大限度地避免供应商的集中，可以将设定所有权集中程度的上限作为是机构干预的手段之一。

从国内的研究看，我国国内诸多学界专家对国外的双重股权制度以及黄金股制度进行了充分的研究。吴燕鹏（2015）认为，双重股权制度应运而生的根本原因是该制度的设计在一定期间和一定范围内符合了效率价值的要求。他认为双重股权制度是一把双刃剑，它既能解决上市融资与保持控股权之间的矛盾，使公司与管理者处事更有效率，又可能使代理成本增加，效率低下。因此他提出，我国在资本市场的监管体系建设不完善以及中小投资者利益保护的法律法规还不够健全的背景下，对资本市场上的更灵活股权设立方式有日益增长的需求。应尽快完善中小股东保护制度，加强监管体系的建设，为建设多元化和国际化的资本市场提供条件。

通过以上学界对国外特殊管理股的研究可以看出，国外的特殊管理股制度与我国要实行的特殊管理股制度有着背景差异、目的差异、功能以及所处的国情的差异。因此我国国有传媒业要实行特殊管理股制度，应该要在借鉴国外经验的基础上，积极探索，找出属于适合自己的特殊管理股制度的方法。

四、传媒业引入特殊管理股制度的对策研究

根据特殊管理股制度在我国传媒业试点面对的问题困境，学者们针对不同的问题提出了不同的对策。对此，他们大致从政府、企业和文化体制改革方面提出建议。

李雅筝、周荣庭（2017）认为，推行特殊管理股制度，应该深化文化

体制改革与强化互联网监管并重。在他们看来，重要国有传媒企业及传统出版传媒领域的特殊管理股制度重在产业目标，因而在特殊管理股试点时间过程中不断完善政府管控与市场机制有效平衡，内容的导向监管与公众所需的文化繁荣并行，在保证国家文化安全的前提下，传媒企业的日常经营应回归到由市场决定的市场化机制内。

田海明、范伟军（2013）提出，在政策实施过程中，应加强对国有传媒产业发展的引导，积极优化产业结构，该剥离的剥离，该吸纳的吸纳，该更新的更新，大力倡导文化与科技融合，文化与资本融合，使国有传媒企业成为文化科技创新的先导力量，努力走出一条跨媒体、跨地区、跨所有制的发展之路。程柯、韩硕（2015）认为我国长时间受传统观点的影响，一些人认为文化企业管不好、不好管，因此文化事业单位才是可靠的。在这种观点下，文化企业改革进展缓慢，没有取得应有的效果，文化产品匮乏。因此对于实行特殊管理股制度应要进一步解放思想，相信文化企业可以进行自我管理、自我约束，充分放权给文化企业。坚持社会主义先进文化前进方向，牢牢把握加强意识形态管理。

从国家方面来看，潘爱玲、郭超（2015）建议政府首先需要重新进行角色定位，其在传媒企业中所扮演的角色将从干预变为监督和引导，特殊管理股权利行使主体与具有表决权的股东发挥重要作用，强制性制度变迁与诱致性制度变迁通过形成一股自上而下和自下而上的合力，并最终突破路径依赖和体制锁定的阻力，从而推动文化体制改革往前走得更远。其次建立健全文化发展制度。实施特殊股权制度必须在充分调研、征求意见的基础上制定配套的法律制度、操作准则与运作规范，包括与特殊管理股制度相关的法律规章、信息披露和风险提示规范等，使政府监管部门自信、政府和企业间互信，也使得公众投资者放心。

从实际情况来看，戴苏琳（2016）提出，为提高国家特殊管理股试点工作推进效率，建议在初始阶段效仿优先股模式，以国务院的名义出台“国家特殊管理股指导意见”，相关部门据此制定试点管理办法等配套规则，最终在公司章程中落地实现。庞沁文（2014）在文章中表明，实施特殊管理股首先要明确设立特殊管理股的指导思想，在借鉴国外管理制度的同时，必须适合我国国情以及新闻出版业的具体情况。明确特殊管理股制度的适用对象和管理范围以及行使主体。最后是建立健全相应的法律法规。

王建文、袁艺伟（2014）从特殊管理股的行使主体，核心条款——人事任免条款，外国投资者限制条款，保障公众利益条款，特殊管理股的进入与一般股权的协调等方面指出了国有传媒企业特殊管理股的具体设计。

程柯、韩硕（2016）认为，建立特殊管理股制度的试点首先应当改造企业的治理构造。特殊管理股的融入，势必影响原有权利、资金、利益等要素的分配格局。良好的治理结构，是现代企业制度的灵魂，可通过股份改造，在公司架构中为特殊管理股设一席之位。其次是增设掌控机制。使其与其他决策机制之间的信息沟通渠道通畅，以使相关机制信息能及时、有效地传递与反馈。

刘莎莎（2017）对特殊管理股制度的风险规避给出如下几点对策：一是政府应该调整角色，政府角色从“办文化” 转为“管文化”。二是监管主体明确。明确国有出版传媒企业的主管单位，将特殊管理股股东行权过程在企业股东之间公开，普通股股东对违规操作都有权利向相关单位举报。三是遵行公平原则。四是完善法律法规。

从企业层面来看，陈振荣、倪静静（2015）对特殊管理股的约束机制、配套措施进行了研究建议。在约束机制方面，要把表决权以及持有主体严格限制在规定的特殊权利范围内；要规定特殊管理股不能转让，不能委托给非政府机构、企业和个人。在配套设施方面，要建立相应的配套措施来保护公众投资者的利益，要强化信息披露，提高透明度。还要健全监督机制，通过公司章程规定限制管理层的权利，强化行政监管等。

郭全中（2013）认为，建立健全管理层的长期激励约束机制是必要的。股权多元化是科学公司治理机制的前提，而管理层激励约束机制是公司治理机制的核心，单单解决股权结构问题尚不能保证国有传媒企业的健康可持续发展，因此为管理层带上股权激励的“金手铐”无疑是必要的。

张向东（2014）提出，基于我国传媒管理制度中“谁主管，谁负责”的原则，可以在对特殊管理股制度的运用中将媒体主管主办方作为“品牌拥有者”，人为设定其特殊管理股地位，以 20% 左右的股本比例，作为无形资产注入到新的股份制公司中，使其股本比例的表决权数倍于普通股本。通过这种方式，便可以解除在总股本中“国有绝对控股”的规定，使企业能够最大限度地吸收外来资本和民营资本。

田海明、范伟军（2014）指出，在国有出版企业探索实行特殊管理股制度，应重点关注三个方面：首先，要完善国有出版企业出资人制度，推出国有出版企业员工持股试点方案，推动国有出版资产面向社会资本开放，吸引社会资本参与股份制改造。其次，要加快公司制、股份制改造，适度降低国有股份比例，吸引其他优质资本，更有利于出版企业资产形态转换。最后，要厘清身份困惑，激发企业家精神。李莹（2013）提出，特殊管理股制度应注意到，传媒业产权改革必须在全面考量、谨慎决策的基础上有计划、分步骤进行，可以在制定整体战略规划后，先对个别领域和对象进行试点，并根据实施现状科学地修正改革方案，使改革分阶段有序进行，从而实现传媒业产权市场化的平稳过渡。

结语

实行特殊管理股制度，可以满足我国传媒业急需快速发展的需求。但是由于我国的实践经验有限，缺少真实案例的分析，缺乏深入地以实践案例的信息披露。以至目前学界的建议部分都是从国家宏观方面为切入点，鲜少涉及企业实践剖析。为了更好地促进特殊管理股的实施，还需要更多研究者参与进来，深化相关研究，完善研究理论，以对我国传媒业特殊管理股的实施起到理论指引作用。

参考文献：

［1］田海明、范伟军：《关于出版企业实行特殊管理股制度的思考》，载《出版广角》2014 年 3 月（下）。

［2］曹继东：《基于利益相关者的国有出版传媒企业特殊管理股研究》，载《科技与出版》2017 年第 8 期。

［3］陈孟：《对人民网探索特殊管理股制度改革的分析》，载《当代传媒》2017 年第 5 期。

［4］程珂：《国有出版传媒企业特殊管理股制度试行探析》，载《中国出版》2014 第 11 期。

［5］张世海：《论特殊管理股在我国传媒行业中的作用》，载《出版前沿》2015 年第 16 期。

［6］方平凡、班跃伟：《特殊管理股引领传媒企业改革》，载《新闻前哨》2016 年第 8 期。

［7］葛明驷：《媒介融合要求规制融合：中国传媒业特殊管理股制度分析》，载《科技与出版》2017 年第 8 期。

［8］周正兵：《传媒企业中的特殊管理股：理论、应用及其启示——以纽约时报公司为例》，载《编辑之友》2016 年第 3 期。

［9］梁军、陈广：《国有出版传媒企业建立特殊管理股制度初探》，载《出版发行研究》2014 年第 11 期。

［10］刘葆：《特殊管理股制度：引领国企改革创新性突破》，载《证券时报》2016 年 1 月 7 日，第 A03 版。

［11］谭婧：《双层股权结构下的利益冲突与平衡》，华东政法大学 2015 年博士学位论文。

［12］刘金良：《关于国有出版传媒企业实行特殊管理股制度的初步思考》，载《经济师》2016 年第 7 期。

［13］王柩：《关于我国文化及传媒业实施特殊管理股制度的思考》，载《新闻研究导刊》2017 年第 8 卷第 2 期。

［14］徐浩然：《我国出版企业特殊管理股问题研究》，载《科技与出版》2017 年第 4 期。

［15］吴燕鹏：《双重股权制度的价值分析及其引入我国的立法建议》，载《许昌学院学报》2015 年第 34 卷第 3 期。

［16］李雅筝、周荣庭：《出版传媒业特殊管理股制度的相关要素结构模型研究》，载《科技与出版》2017 年第 9 期。

［17］田海明、范伟军：《国有传媒企业实行特殊管理股制度的几点思考》，载《中国出版传媒商报》2013 年 12 月 31 日，第 11 版。

［18］程珂、韩硕：《特殊管理股制度刍议》，载《中国集体经济》2015 年第 1 期。

［19］潘爱玲、郭超：《国有传媒企业改革中特殊管理股制度的探索：国际经验与中国选择》2015 年第 36 卷第 3 期。

［20］戴苏琳：《国家特殊管理股制度探讨》，载《中国金融》2016 年第 7 期。

［21］庞沁文：《特殊管理股制度试点怎么试》，载《出版参考》2014 年第 15 期。

［22］王建文、袁艺伟：《论我国国有传媒企业特殊管理股的制度构建》，载《江苏行政学院学报》2014 年第 4 期。

［23］程珂、韩硕：《特殊管理股制度的缘起、超越与融入》，载《编辑之友》2016 年第 3 期。

［24］刘莎莎，杨海平：《出版传媒企业特殊管理股实施的风险研究问题研究》，载《科技与出版》2017 年第 8 期。

［25］陈振荣、倪静静：《国有传媒企业实行特殊管理股制度的国际经验及启示》，载《新闻研究导刊》2015 年第 6 卷第 7 期。

［26］郭全中：《特殊管理股制度对传媒改革影响深远》，载《中国新闻出版报》2013 年 11 月 1 日。

［27］张向东：《试论中国传媒业的几种体制形态——兼论特殊管理股制度以及管理层持股》，载《探索经纬》2014 年第 12 期。

［28］田海明、范伟军：《关于出版企业实行特殊管理股制度的思考》，载《出版广角》2014 年第 3 期。

［29］李莹：《我国传媒产业产权制度改革的路径探析》，载《今传媒》2013 年第 5 期。

基于文化距离的中国出版物出口区位选择研究*

付海燕**

[摘　要] 文章首先利用扩展引力模型分析了出版物出口贸易影响因素，并在此基础上构建出口引力系数分析中国出版物出口区位分布规律。结果表明，贸易双方经济规模、地理距离和文化差异对出版物出口贸易有显著影响，且文化差异的影响明显大于地理距离影响。最后依据基于文化距离的出口引力系数对中国出版物出口贸易区位选择进行综合分析。

[关键词] 出版物出口；引力模型；区位；文化距离

一、引力模型构建

借鉴物理学万有引力理论，Tinbergen(1962) 和 Poyhoen(1963) 分别提出运用引力模型研究双边贸易流量问题。引力模型的基本思想是两国的双边贸易流量与两国经济总量成正比，与两国间地理距离成反比，其一般形式是：

$$T_{ij} = AY_iY_j / D_{ij}$$

其中，T_{ij} 是双边贸易流量，A 是常数，Y_i 和 Y_j 分别是出口国 i 和进口国 j 的 GDP，其中出口国 GDP 所表示的经济总量用于反映潜在供给能力，

* 本文受北京市社科基金项目（15JDJGB088、15ZHB013）、北京文化安全研究基地项目（04190117007）资助。

** 付海燕，北京印刷学院经济管理学院副教授，博士，研究方向：出版产业经济分析，对外经济统计分析。

进口国 GDP 所表示的经济总量用于反映潜在需求能力，D_{ij} 表示构成两国间贸易阻力因素的地理距离（运输成本），通常用两国首都或经济中心之间的距离来表示。随后许多学者根据研究需要将影响双边贸易流量的其他因素加入到引力模型中。

作为文化产品的组成部分，出版物具有物质产品和精神产品双重属性，这决定出版物贸易既符合一般商品贸易规律，又会受文化价值观念和收入水平影响。因此本文认为出版物贸易除受贸易双方经济总量、地理距离影响之外，还受东道国居民收入水平和文化差异等因素的影响。

（1）东道国居民收入水平。出版物文化属性的特点决定居民对其消费属于较高层次需求的满足，消费能力受居民收入的影响较大。一般来说，东道国居民收入水平越高，居民对文化教育的需求就越大，相应地，对出版物需求就越大，潜在消费能力也越强，出版物进口流量也就越高；反之则越低。因此东道国居民收入水平会对出版物贸易起积极作用。

（2）文化差异。文化与人类相伴而生，不同地区的人们由于历史、地理、习俗、宗教等原因形成了不同种类的文化。跨文化比较研究创始人霍夫斯泰德（Hofstede）指出，文化是在同一个环境中的人民所具有的“共同的心理程序”。不同群体、国家或地区的人们因其受着不同的教育、有着不同的社会和工作，从而有着不同的思维方式，因此不同群体、国家或地区的人们所共有的心理程序会有差异，即存在文化差异。产业经济学家考林•霍斯金斯(Colin Hoskins)指出：“扎根于一种文化的特定的电视节目、电影或录像，在国内市场很具有吸引力，因为国内市场的观众拥有相同的常识和生活方式；但在其他地方吸引力就会减退，因为那儿的观众很难认同这种风格、价值观、信仰、历史、神话、社会制度、自然环境和行为模式。”这种由于不同国家或地区的文化差异，影响受众对文化产品意义的理解，使得文化产品吸引力减退的现象称为“文化折现”，或“文化折扣”。

文化差异对文化产品消费者的接受非常关键，文化差异程度影响东道国消费者对文化产品的接受，决定其对文化产品的下一轮购买。因此对于出版物贸易而言，文化差异所引起的文化折扣是横在不同民族国家与出版企业的一种特殊约束。出口国与不同东道国之间的文化差异程度不同，因而同一出口国对不同东道国出版物贸易形成的文化折扣也不尽相同。一般来说，两国或地区的文化差异越大，出版物贸易的不确定性和交易成本就越大，“文化折扣”现象就越突出，两国间的出版物贸易流量就越小。

因此，本文拟在基本引力模型的基础上加入反映东道国居民收入水平的变量——人均 GDP，以及反映交易双方文化差异的变量——文化距离，构建出版物贸易扩展引力模型：

$$\ln EX_{ij} = \beta_0 + \beta_1 \ln(GDP_i \times GDP_j) + \beta_2 \ln D_{ij} + \beta_3 \ln GPC_j + \beta_4 \ln CD_{ij} + \mu_{ij}$$

其中，被解释变量 EX_{ij} 为 i 国对 j 国的出版物出口额，解释变量含义及其对被解释变量的理论预测影响与预期符号参见表 1。

表 1　解释变量含义及说明

解释变量	含义	理论说明	预期符号
GDP_i	出口国的国内生产总值	反映出口国出版物出口供给能力，出口国经济规模越大，贸易潜力就越大，出版物贸易流量就越大。	+
GDP_j	东道国的国内生产总值	反映东道国出版物进口需求水平，东道国经济规模越大，贸易潜力就越大，出版物贸易流量就越大。	+
D_{ij}	两国或地区之间的地理距离	代表运输成本的高低，阻碍国际间贸易的重要因素。地理距离越远，出版物贸易量就越小。	-
GPC_j	东道国人均国内生产总值	反映东道国居民收入水平，居民人均收入越高，潜在的出版物消费能力就越高，出版物进口流量也就越大。	+
CD_{ij}	两国或地区之间的文化距离	反映两国或地区间的文化差异。两国或地区间的文化差异越大，出版物贸易流量就越小。	-

二、出版物贸易影响因素实证检验

（一）样本选取

本文选取 2010—2016 年中国对 17 个发展中国家或地区以及 20 个发达国家的出版物贸易作为样本，其中发展中国家或地区包括阿根廷、韩国、巴基斯坦、巴西、俄罗斯、菲律宾、马来西亚、墨西哥、南非、泰国、土耳其、中国香港、新加坡、印度、越南、印度尼西亚、阿拉伯；发达国家包括美国、日本、德国、荷兰、英国、意大利、法国、澳大利亚、加拿大、比利时、西班牙、瑞典、芬兰、丹麦、爱尔兰、奥地利、以色列、新西兰、挪威、波兰。

选取这些国家和地区作为样本的主要原因在于所选取的37个国家和地区大都是历年来中国出版物出口前50位以内的主要贸易伙伴，2016年中国对这些国家和地区的出版物出口额占出版物出口总额的90%以上（COMTRADE数据库），这有利于对中国出版物主要贸易区位状况做出合理评判和划分。

（二）数据来源

学术界关于文化距离的测量主要有基于Hofstede文化维度计算的KSI文化距离指数和EDI空间指数，以及基于Inglehart文化维度计算的WTI文化距离指数。本文采用以Hofstede文化维度为基础形成的KSI指数测算贸易双方文化距离，这里的Hofstede文化维度包括权力距离（PDI）、集体主义－个人主义（IDV）、不确定性规避（UAI）、阴柔气质－阳刚气质（MAS）、长期导向－短期导向（LTO）、放纵－约束（IVR）等，样本国或地区的各个文化维度值可通过Hofstede官网https://geert-hofstede.com/公布数据整理得到。两国之间总文化距离的计算公式为：

$$CD_{ij}=\frac{1}{6}\sum_{k=1}^{6}\left(I_{ki}-I_{kj}\right)^{2}/V_{k}$$

这里，CD_{ij}表示i国与j国的总文化距离，I_{ki}和I_{kj}表示i国与j国在k维度上的分数，V_k表示所有样本国k维度分数的方差。

本文的出版物出口流量主要指图书、报纸期刊和其他出版物等（包括儿童画报、成册印刷的地图及类似图表、贺卡、挂历、日历等）的出口流量。各样本国之间历年出版物贸易流量数据来自联合国商品贸易统计数据库（COMTRADE）。

各样本国家或地区历年国内生产总值（GDP）和人均国内生产总值均来自国际货币基金组织（IMF）的《世界经济展望》（WTO）数据库。

各样本国家或地区之间的地理距离采用两个国家或地区的首都（首府）之间的地理距离予以测量，数据来自CEPII数据库中的Geography（dist_cepii）数据集。

（三）实证分析结果分析

本文利用2010—2016年中国对主要贸易伙伴国的出版物贸易面板数据进行估计与检验。经检验，混合效应估计优于固定效应估计，随机效应估计优于固定效应估计，混合效应估计优于随机效应估计，因此本文采取基于面板数据的混合回归模型进行估计，估计结果如表 2 所示。

首先，基于基本引力模型所得的回归结果（1）显示，贸易双方经济规模和地理距离对出版物出口流量有显著影响，这表明基本引力模型可以较好地说明中国出版物出口贸易流量的主要影响因素。

其次，将模型的解释变量扩展到包括影响出版物出口的所有潜在因素，得到扩展引力模型。表 2 中回归结果（2）的拟合效果明显优于基本引力模型下的回归结果（1），且所有解释变量的回归系数均与预期符号相同。进一步观察回归结果（2）可以看出，出口国和东道国 GDP 的乘积、两国或地区之间的地理距离以及文化距离在 1% 的显著性水平下对出版物出口流量影响显著，其中出口国和东道国 GDP 的乘积与出版物出口贸易流量正相关，因此出口国和东道国经济规模共同推动了出版物贸易；地理距离和文化距离与出版物出口贸易流量负相关，双方地理距离和文化距离越大，出版物贸易流量就越小。相比之下，东道国人均 GDP 对出版物出口贸易流量的影响不显著，表明东道国居民收入水平对出版物贸易有促进作用，但作用不明显。

考虑到东道国人均 GDP 的回归系数虽然与预期符号相符，但显著性较弱，因此从回归模型中剔除该解释变量得到回归结果（3），此时中国和东道国 GDP 的乘积、两国或地区之间的地理距离以及文化距离在 1% 的显著性水平下对中国出版物出口流量影响显著，各解释变量的显著性较回归结果（2）更强。结果（3）中，文化距离系数的绝对值大于地理距离系数的绝对值，表明文化距离对出版物出口流量的影响大于地理距离。

进一步地，考虑到两国或地区间地理距离和文化距离两个指标具有较高相关性，从回归模型中再剔除对出版物出口流量影响相对较小的地理距离，得到回归结果（4）。回归结果（4）的拟合效果明显优于回归结果（1），更充分说明文化距离对出版物出口流量的影响作用较地理距离更大。

表 2　引力模型不同形式的回归结果

	基本引力方程	扩展引力方程		
	（1）	（2）	（3）	（4）
常数项	−10.504 （−4.086***）	−15.007 （−6.810***）	−14.961 （−6.776***）	−17.428 （−7.586***）
$\ln(GDP_i \times GDP_j)$	0.748 （16.484***）	0.752 （19.393***）	0.762 （19.931***）	0.736 （18.281***）

续表

	基本引力方程	扩展引力方程		
	（1）	（2）	（3）	（4）
$\ln D_{ij}$	-0.963 （-12.051***）	-0.466 （-5.658***）	-0.474 （-5.749***）	
$\ln GPC_j$		0.059 （1.431）		
$\ln CD_{ij}$		-0.853 （-9.842***）	-0.797 （-10.291***）	-1.054 （-15.706***）
R_2 调整后的 R_2 F 统计量	0.584 0.581 180.038	0.709 0.704 154.521	0.706 0.703 204.503	0.668 0.666 257.932

注：括号内为 t 统计值；*** 表示在 1% 显著性水平下显著，** 表示在 5% 显著性水平下显著，* 表示在 10% 显著性水平下显著。

三、中国出版物出口区位分布

由上述扩展引力模型的回归结果可以看出，东道国经济规模、贸易双方地理位置和文化差异是影响出版物贸易流量和分布的重要因素，由于文化差异与地理位置密切相关，而文化差异对贸易流量的影响较地理位置更大。因此本文用东道国经济总量和贸易双方文化距离构建出口引力系数综合表述出版物贸易区位特征，即出口引力系数 K 的计算公式如下：

$$K = GDP_j / CD_{ij}$$

其中，GDP_j 为东道国或地区的经济总量，CD_{ij} 为贸易双方的文化距离。

尽管东道国或地区经济总量和文化距离与出版物出口有显著的正相关和负相关关系，但是在假设出口贸易不受其他因素影响的前提下，这些变量对出口的贡献是不一样的，因此需要分别对两个变量设定权数。本文采用直线无量纲化方法确定权数以测算出口引力系数。

由于东道国国内生产总值和文化距离具有不同量纲，需要将其标准化后才能进行加权平均，标准化公式选为：

$$Y_{ij} = 60 + \frac{X_{ij} - \overline{X}_j}{10S_i} \times 100, i = 1,2,3,\cdots,36$$

其中，X_{ij} 表示指标实际值，Y_{ij} 表示指标标准化值，$\bar{X}_j$ 为第 j 个指标的均值，S_j 表示第 j 个指标的标准差，计算公式分别为：

$$\bar{X}_j = \frac{1}{n}\sum_{i=1}^{n} X_{ij}，n = 37$$

$$S_j = \sqrt{\frac{1}{n}\sum_{i=1}^{n}(X_{ij} - \bar{X}_j)^2}，n = 37$$

接下来，采用客观赋权法中变异系数为权的方法确定两个指标的权数，即

$$V_j = \frac{S_j}{\bar{X}_j}，j = 1,2$$

权数为 $K_j = \dfrac{V_j}{\sum_{j=1}^{2} V_j}，j = 1,2$

由此得到东道国或地区的经济总量 GDP 权数 ω_1=0.8, 贸易双方文化距离权数 ω_2=0.2，最后得到中国对主要贸易伙伴的出版物出口引力系数 K，如表 3 所示。

表 3　中国对主要贸易伙伴出版物出口区位引力系数

国家	东道国或地区 GDP		文化距离		K 值
	原始数据（亿美元）	标准化值	原始数据	标准化值	
阿根廷	5458.66	56.85	3.67	67.78	3.36
澳大利亚	12046.16	59.03	4.58	74.70	3.16
奥地利	3864.28	56.33	3.22	64.39	3.50
比利时	4663.66	56.59	2.67	60.26	3.76
巴西	17961.87	60.99	2.08	55.78	4.37
加拿大	15297.60	60.11	3.48	66.37	3.62
丹麦	3061.43	56.06	5.01	77.96	2.88
芬兰	2367.85	55.83	3.51	66.60	3.35
法国	24654.54	63.20	2.41	58.26	4.34
德国	34667.57	66.52	1.73	53.13	5.01
中国香港	3209.12	56.11	0.36	42.73	5.25
印度尼西亚	9322.59	58.13	0.60	44.59	5.21
爱尔兰	2940.54	56.02	3.66	67.71	3.31
以色列	3187.44	56.10	4.23	72.06	3.11

续表

国家	东道国或地区 GDP		文化距离		K 值
	原始数据（亿美元）	标准化值	原始数据	标准化值	
意大利	18499.70	61.17	2.04	55.48	4.41
日本	49393.84	71.39	2.06	55.63	5.13
韩国	14112.46	59.72	1.43	50.84	4.70
马来西亚	2963.59	56.03	1.54	51.71	4.33
墨西哥	10459.98	58.51	4.45	73.74	3.17
荷兰	7708.45	57.60	3.92	69.69	3.31
新西兰	1850.17	55.66	4.27	72.34	3.08
挪威	3705.57	56.27	4.49	74.00	3.04
巴基斯坦	2836.60	55.99	1.53	51.57	4.34
菲律宾	3049.05	56.06	1.59	52.05	4.31
波兰	4695.09	56.60	2.59	59.62	3.80
俄罗斯	12831.62	59.29	1.85	54.00	4.39
印度	22635.23	62.54	0.79	45.97	5.44
新加坡	2969.66	56.03	0.59	44.46	5.04
越南	2026.16	55.72	0.73	45.51	4.90
南非	2948.41	56.02	1.48	51.20	4.38
西班牙	12320.88	59.12	2.36	57.92	4.08
瑞典	5110.00	56.74	4.78	76.24	2.98
泰国	4068.40	56.39	2.19	56.62	3.98
阿拉伯	6464.38	57.19	2.14	56.21	4.07
土耳其	8577.49	57.89	2.14	56.19	4.12
英国	26188.86	63.71	3.30	65.02	3.92
美国	185691.00	116.48	4.18	71.66	6.50

按照出版物出口引力系数 K 值的大小可以将中国对主要贸易伙伴的出口区位划分为以下四类：

第一类：引力巨大型。$K>5$ 时，中国对该国或地区的出版物出口属于引力巨大型，即出口区位最优。该类出口区位包括美国、印度、中国香港、印度尼西亚、日本、新加坡、德国。

第二类：引力较大型。$4 < K < 5$ 时，中国对该国或地区的出版物出口属于引力较大型，即出口区位次优。该类出口区位包括越南、韩国、意大利、俄罗斯、南非、巴西、巴基斯坦、法国、马来西亚、菲律宾、土耳其、西班牙、阿拉伯等。

第三类：引力一般型。$3 < K < 4$ 时，中国对该国或地区的出版物出口属于引力一般型，即出口区位一般。该类出口区位包括泰国、英国、波兰、比利时、加拿大、奥地利、阿根廷、芬兰、爱尔兰、荷兰、墨西哥、澳大利亚、以色列、新西兰、挪威等。

第四类：引力不足型。$K < 3$ 时，中国对该国或地区的出版物出口属于引力不足型，即出口区位较差。该类出口区位包括瑞典和丹麦。

根据上述标准，中国出版物出口的区位选择顺序如表 4 所示，出版物出口应优先选择出口区位较好的第一类和第二类地区。

表 4　中国对主要贸易伙伴出版物出口区位分类矩阵

区位类型	第一类（引力巨大型）	第二类（引力较大型）	第三类（引力一般型）	第四类（引力不足型）
东道国或地区	美国、印度、中国香港、印度尼西亚、日本、新加坡、德国	越南、韩国、意大利、俄罗斯、南非、巴西、巴基斯坦、法国、马来西亚、菲律宾、土耳其、西班牙、阿拉伯	泰国、英国、波兰、比利时、加拿大、奥地利、阿根廷、芬兰、爱尔兰、荷兰、墨西哥、澳大利亚、以色列、新西兰、挪威	瑞典、丹麦

四、主要结论

本文利用贸易扩展引力模型分析了中国出版物出口贸易影响因素，并依据分析结果构建出口引力系数就中国出版物出口贸易区位选择进行分析，主要结论有：

第一，贸易双方经济规模、地理距离和文化差异是影响中国出版物出口贸易流量的重要因素，其中经济规模对出口贸易流量有正向促进作用，地理距离和文化距离则有负向阻碍作用，相比之下文化距离所产生的影响明显大于地理距离。

第二，东道国居民收入水平所代表的消费能力对中国出版物出口贸易流量有正向影响，但作用不显著。

第三，根据由东道国经济规模和贸易双方文化差异测算的出口引力系数，中国主要贸易伙伴的出版物出口贸易区位可以划分为引力巨大型、引力较大型、引力一般型、引力不足型四类。中国应充分利用与世界各国（地区）业已存在的贸易关系，加强与引力巨大型和引力较大型国家和地区的联系，进一步挖掘对这类国家或地区的出版物出口潜力。

参考文献：

［1］许陈生、程娟：《文化距离与中国文化创意产品出口》，载《国际经贸探索》2013 年第 11 期。

［2］刘建华：《对外文化贸易研究》，中国书籍出版社 2013 年版。

［3］盛斌、廖明中：《中国的贸易流量与出口潜力：引力模型的研究》，载《世界经济》2004 年第 2 期。

［4］付海燕、闫蓉蓉：《中国出版物出口潜力影响与测算》，载《科技与出版》2017 年第 7 期。

［5］程惠芳、阮翔：《用引力模型分析中国对外直接投资的区位选择》，载《世界经济》2004 年第 11 期。

［6］宋一淼、李卓、杨昊龙：《文化距离、空间距离哪个更重要——文化差异对于中国对外贸易影响的研究》，载《宏观经济研究》2015 年第 9 期。

出版社“一带一路”版权输出贸易审计保障体系构建分析 *

李飞宏　陈鹤杰 **

[摘　要] “文化走出去”是国家实行改革开放以来的一项重要战略，经过三十多年的实践已取得一定成绩，随着中国政府提出“一带一路”的战略构想，为包括出版企业在内的文化产业企业走出去提供了新的契机和挑战。以版权输出为例，“一带一路”沿线国家达60多个，多为新兴经济体和发展中国家，这些国家普遍对中国文化感兴趣，这是一个巨大的版权输出市场，但各国在文化环境，法律法规上不尽相同，出版社在版权输出流程操作中出现诸多问题的可能性增大，这使得国内出版社在输出中华特色文化时存在一定的风险。本文阐述了利用审计在合理规避风险的基础上，建立一个合理的版权贸易审计系统，保证在输出我国优秀文化的同时，通过审计与出版社版权贸易的结合，建立与版权输出流程相对应的“审核—监督—评价”审计系统，保障版权在“一带一路”沿线各国的合法、高效输出，实现各国互利共赢的目的。

[关键词] 审计系统；版权输出；出版社；一带一路

一、简介

2013年9月和10月，习近平主席在访问哈萨克斯坦和印度尼西亚时，分别提出建设“新丝绸之路经济带”和“21世纪海上丝绸之路”的

---

* 本文由北京文化安全研究基地资助和基地基金资助。

** 李飞宏，北京印刷学院经济管理学院会计专业研究生（在读）；陈鹤杰，北京印刷学院经济管理学院副教授。

伟大倡议。“一带一路”旨在与沿线各国建成“三个共同体”，即利益共同体、责任共同体、命运共同体，其主要通过政策沟通、设施联通、贸易畅通、资金融通与民心互通这五个方面来实现，而出版社是推动“一带一路”国际合作的重要一环，其在输出中国优秀文化内容，促进“民心互通”方面有着不可忽视的重要作用。在国家大政策的鼓励下，出版企业应积极、合理地向“一带一路”参与国开展版权贸易谈判，建立稳定、持续的文化输出渠道，保持中国文化在当地的影响力。“一带一路”沿线 65 个国家总人口约 44 亿，经济总量约为 21 万亿美元，分别占全球的 63% 和 29%，其中大多数是新兴经济体和发展中国家，也是我国出版企业版权输出的空缺板块，这就意味着一个巨大的市场份额和机遇之地，各国为了契合“一带一路”倡议必定会着手加快对中国文化的交流活动，这对出版企业实行“走出去”是一个利好消息。但机遇面前也存在诸多挑战，如各国巨大的经济和文化差异、对版权输入的相关法律法规不同，以及出版社自身的效率问题等。上述因素都为国内出版企业实行与“一带一路”相关的“走出去”倡议设置了障碍和风险，如若出版企业与相关审计部门能建立配套的“一带一路”版权输出合作体系，便可合理避开风险，实现互利共赢。

二、理论基础

（一）一带一路

“一带一路”包括了建设“二十一世纪海上丝绸之路”和“丝绸之路经济带”两部分主要内容。其中“二十一世纪海上丝绸之路”的路线为从中国沿海港口出发，经过南海穿越印度洋至欧洲以及从中国沿海港口出发到南太平洋，“丝绸之路经济带”的路线为从中国内地至中亚、俄罗斯到欧洲地区。整个“一带一路”倡议路线横贯亚非欧三个大陆地区，路线的起点和终点分别是飞速增长的东亚经济圈和发达的欧洲经济圈，路线中间则为经济发展潜力巨大的新兴国家群体。“一带一路”作为当代国家重要的对外政策之一，意在使中国与“一带一路”合作国建成利益共同体、命运共同体、责任共同体。“一带一路”倡议所确定的核心理念为合作发展，以中国和“一带一路”沿线国家已有的双边合作机制为基础来推动“五通”，即政策互通、设施联通、贸易畅通、资金融通和民心互通。加强政策沟通是“一带一路”建设的重要保障，基础设施互联互通是“一带一路”建设的优先领域，投资贸易合作是“一带一路”建设的重点内容，资金融通是“一带一路”建设的重要支撑，民心互通是“一带一路”建设的社会根基。“一带一路”经济区开放后，承包工程项目突破3000个。2015年，我国企业共对“一带一路”相关的49个国家进行了直接投资，投资额同比增长18.2%。2015年，我国承接“一带一路”相关国家服务外包合同金额178.3亿美元，执行金额121.5亿美元，同比分别增长42.6%和23.45%。目前“一带一路”倡议已经初创成果，蒙内铁路的投资修建、中匈协议的签订、“一带一路”沿线国家卫星通信项目的规划以及亚洲基础投资银行的创立无不彰显了“一带一路”倡议的活力和光明发展前景。

（二）出版社与“一带一路”关系

中国作为“一带一路”倡议的提出者和领导者，其本国文化与国情是其他参与国家需要了解的，出于政治和经济合作考量，中国也需要向“一带一路”倡议参与国输出本国文化以便为开展交流合作提供便利。而出版企业作为传媒企业的典型代表在促进“一带一路”沿线各国了解中国文化及国情，推进“五通”中的“民心互通”方面扮演着重要角色，出版社如若能正确、高效地通过版权输出向其沿线国家输出反映中国特色的优秀书籍，在实现出版企业“文化走出去”的同时也能提升自身的盈利空间，扩大市场。中国出版走出去作为我国社会主义精神文明建设的重要方面，在实现中华民族伟大复兴中，担当着民族文化传承和推广的特殊任务。这就要求我国出版业要为实现更高质量的出版走出去寻找机遇和途径。国家政策积极推动出版社参与“一带一路”，比如已经启动的“丝路书香”工程。据资料统计，“一带一路”一些沿线国家印刷业发展滞后，比较欢迎我国出版业前往投资印刷业从而带动书刊出版的发展。我国印刷业目前正处于产能过剩的状况，应当也完全可以将这些过剩的产能输出，且出版社积极地参与到“一带一路”倡议中有助于培养企业自己的业务高端人才，提升企业自身的业务能力。出版社在抓住这样良好机遇的同时也不应忽略其在业务开展过程中的挑战。以版权输出贸易为例，因“一带一路”沿线各国国情和法律，经济与自身文化环境的不同，出版社需要财务、经济以及法律、法规等方面的专业性人才的支持。改革开放以来，中国不断融入国际社会，在国际上的地位越来越高，声音越来越响亮，影响力也越来越大。特别是十八大以来，我国提出“一带一路”发展倡议，响应合作的国家越来越多，在这样的大形势下，我们的文化走出去是大势所趋。形势发展需要文化走出去，国家战略需要文化走出去，文化自身发展也需要走出去。反之，如果出版企业不响应国家政策的号召，那么经济发展的合作将缺乏文化的支撑，经济合作将面临种种文化障碍。我国的出版机构完全可以为国际文化交流做出贡献，这不仅是出于企业自身的利益考虑，同时也是出版社的使命感和责任感的担当体现，“一带一路”需要出版企业的积极配合。

（三）审计与出版社的版权输出贸易

审计是由国家授权或接受委托的专职机构和人员，依照国家法规、审计准则和会计理论，运用专门的方法，对被审计单位的财政、财务收支、经营管理活动及其相关资料的真实性、正确性、合规性、合法性、效益性进行审查和监督，评价经济责任，鉴证经济业务，用以维护财经法纪、改善经营管理、提高经济效益的一项独立性的经济监督活动。国家政策正推动审计服务于“一带一路”倡议的落实，出版社在与“一带一路”沿线国家通过版权输出来促进文化交流时若能保证经济性、效率性和效果性，这些指标将同时也是审计的评价指标，以此为切入点来使审计服务于出版社的版权输出贸易，便能最大化地提高出版企业的利润，但出版社在版权输出流程中由于各种因素，如不了解版权输出国相关法律法规与文化环境、相关流程负责人出现人为操作失误、出版社在版权谈判时出现决策失误等问题会造成企业自身资源的浪费，进而降低版权输出贸易的利润空间，而合理地运用审计能够避免上述情况的发生，将审计适用到出版社与“一带一路”国家的版权输出项目具体操作流程中，建立起与之对应的“审核—监督—保障”的项目跟踪审计，在版权输出的各个环节起到防御、筛选、把控、监视的职能，充分发挥审计的免疫与纠错功效，使出版企业在配合国家“一带一路”倡议进行版权输出、促进文化交流的同时也使企业自身获得相应的最高收益，一举两得。

三、理论模型

（一）出版社版权输出“审核—监督—保障”体系结构

基于出版社的版权输出流程建立的审计“审核—监督—保障”体系结构如下图所示。

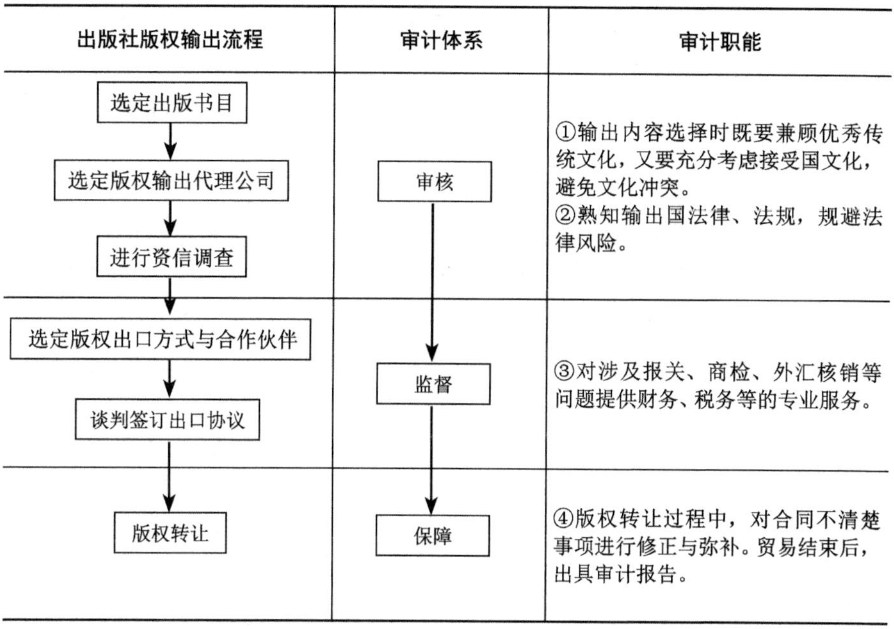

图　基于出版社版权输出审计体系结构

出版社进行版权输出贸易的流程分为6步：选定出版书目、选定版权输出代理公司、进行资信调查、选定版权出口方式与合作伙伴、谈判签订出口协议、版权转让。根据每一个流程与“一带一路”输出国进行版权贸易时可能出现的问题与存在的风险建立对应的审计机制。

（1）在前两步审计机制和版权贸易的这两步流程上扮演审核的角色，在选定出版书目时，首先应符合国家“一带一路”倡议对促进文化交流的的基本目标，即反映中华民族的优秀文化，同时也要尊重输出国的文化环境，避免造成不必要的文化冲突，并且由于各国对于版权引进的法律法规各不相同，诸多细节上存在差异，若出版企业不能提前预知做好相应的准备，很可能在进行版权贸易时遇到阻碍，审计人员在这方面可以为出版社提供建议，当出版企业在选定版权输出市场后配合出版社着手熟知当地国家关于版权引进的法律法规，使出版社在版权贸易中不会触及当地的法律禁区，规避版权方面的法律风险。

（2）在选定版权输出代理公司和合作伙伴时，审计人员应结合资信调查对备选公司进行评估与筛选，审计人员可根据备选公司的历年财务报告来分析财务和营业状况，通过查看资产负债表、利润表和现金流量表，以财务评价指标来综合分析其备选公司是否具备进行版权输入的能力，辅助出版社剔除掉运营能力不佳的版权代理公司和合作伙伴，挑选出最有能力进行版权输入的公司。

（3）在出版社选定版权出口方式与谈判签订出口协议时，其间涉及的海关、商检、外汇、税务等财务问题，对出版社而言是零碎和烦琐的，且出版社往往缺乏相关精通财务和税法的专业人才，而审计人员则可以监督者的身份，对出版社在这一流程板块的财务问题进行帮助与纠错，同时提供财务咨询服务，尤其是对合同执行期间的报关、商检、外汇核销、出口退税环节提供专业的建议。

（4）在版权转让及后续阶段，审计则转换为保障职能，在具体执行版权转让时，可能会出现合同中忽略的细节或者合同中意思表达不清晰，责任承担不明确的地方，此时就需要审计人员协助出版社与版权代理公司进行再协商，合理地对遗漏，错误之处进行弥补和修正。在整个版权输出贸易结束后，审计部门也应当出具一份跟踪审计报告，综合、全面地对出版社的此次版权输出贸易予以客观评价，以经济性、效率性、效果性为评价核心指标，指出其中的不足与需要改进的地方，供出版社进行参考。在出版社对“一带一路”国家进行版权贸易时，审计系统随着贸易流程的进行，其扮演的角色从“审核者”转换到“监督者”最后演变为“保障者”，在不同角色的转变中发挥相应的审计职能来帮助出版企业以高效、经济的方式完成版权贸易，通过审计系统与出版社的配合来规避风险，纠正漏洞。

（二）审计与版权贸易结合优势分析

审计与出版社版权贸易配套的“审核—监督—保障”所具有的优势主要体现在以下几方面。

1. 对风险的提前预知

有了审计的参与，出版社在操作针对“一带一路”参与国的版权输出贸易时，会对可能因法律法规以及文化环境的差异产生的贸易风险和不确定因素有提前的预判，尤其是因此可能出现的财务风险和经营风险，审计人员因地制宜，运用相应的风险评估模型对此类风险进行测评，出版社可根据审计人员的分析与建议采取相应的应对措施，将可能的损失降到最低。

2. 提高版权贸易流程的效率

审计系统发挥审核和监督的职能时，出版企业可根据审计系统对于版权贸易流程的跟踪与反馈，及时做出适当的调整，比如审计人员对于候选出版代理公司的财务分析调查能帮助出版企业及时剔除不符合要求的出版代理公司，审计人员对于版权贸易出口合同，以审计的核心指标为基础出具的审核评价意见能辅助出版社及时发现合同中有损出版社权益或没能最大化企业权益的事项，并对合同中有争议之处的修改以追求效益性、效果性、效率性的方向引导。

3. 提高版权贸易的容错率

审计人员配合出版社能对版权贸易中已经出现的错误进行最大限度的弥补，在错误出现时，审计人员能运用其对财务、企业管理方面的专业处理模式协助出版企业采取合理的对策进行应对，提高问题处理的能力，给予出版社更大的容错空间。

4. 形成对“一带一路”版权输出贸易经验的快速积累

与出版社配套的审计“审核—监督—保障”系统能在出版企业在与“一带一路”沿线各国进行版权输出贸易的同时具有跟踪记录的作用，审计在参与到出版社的版权输出流程时也可以站在客观的角度对整个贸易流程进行详细的记载和数据录入，在流程结束后出具的审计评价报告中可对其进行反映，包括期间出现的问题和处理解决方法，并对其进行总结和评价。这些报告资料对于参与到“一带一路”倡议中的出版企业都是宝贵的资料，可帮助其他进行版权输出贸易的后来者积累经验。

四、结论

作为“一带一路”中促进文化交流，达成“民生互通”倡议目标的主力军之一，在国家的高度重视以及政策鼓励下，出版企业在向“一带一路”沿线各国输出我国优秀文化方面肩负着巨大的使命和重任。出版企业出于自身的利益考量也需要将自身的版权输出市场向“一带一路”中的参与国延伸，在这种双向吸引下，参与到“一带一路”倡议中是每个有远见的出版社都应着重考虑的事项。

版权输出贸易作为出版企业开拓海外市场、优化企业自身产业结构的主要手段，同时也是出版社向“一带一路”国家输出我国文化的主要方式之一。若想保持版权输出贸易的效率性和效益性，应考虑建立与之配套的审计机制，审计已在评估和提升其他企业和政府部门经济效率和办事效率上取得了不错的成果，若将其运用到出版社的版权贸易中，相信同样也能达到良好的效果，这对于我国文化产业的提升起着良性促进的作用，将促使我国在从“文化大国”到“文化强国”的道路上更进一步。到“一带一路”倡议中将与版权贸易配套的审计体系理论具体运用既起到了试验和示范作用，也为我国的文化产业提升提供了一个新的思路，即审计与传媒企业业务的深度配合。在审计体系的支撑下，协调配合出版社的版权贸易业务，为“一带一路”的我国优秀文化输出保驾护航，促进实现“民生互通”，为我国大战略的成功实施做出出版企业的贡献。

参考文献：

[1] 张建康：《“一带一路”，从愿景到行动》，载《国际出版周报》2017年8月28日，第008版。

[2] 夏立平：《论共生系统理论视域下的“一带一路”建设》，载《同济大学学报》（社会科学版）2015年第4期。

[3] 国家发展改革委、外交部、商务部：《推动共建丝绸之路经济带和21世纪海上丝绸之路的愿景与行动》2015年3月28日。

[4] 郝玉贵、郝铮、赵晨：《国家审计服务“一带一路”倡议的理论分析与实现路径》，载《审计与经济管理研究》2016年第2期。

[5] 聂震宁：《“文化走出去”：出版人的责任和使命》，载《出版广角》2016年12月（上）总第281期。

“一带一路”背景下中国跨国企业跨文化管理研究

王关义　臧义乐*

[摘　要] 2013年，习近平总书记出访哈萨克斯坦和印度尼西亚之际，提出了重建“陆上丝绸之路”和“21世纪海上丝绸之路经济带”倡议，得到了国际社会的广泛支持，这为我国企业走出国门开展国际化经营提供了更广阔的发展空间。本文以企业在“一带一路”背景下的跨文化管理为研究对象，运用霍夫施泰德的文化维度理论，从我国企业跨文化发展的文化冲突、发展特征以及跨文化管理的应用与实践等方面，提出了树立企业跨文化管理理念，加强文化体系建设，突出企业文化功能，实现多元化跨文化管理等策略。

[关键词] “一带一路”；跨国企业；跨文化

“一带一路”这项顶层设计对我国企业现在所面临的产能过剩问题和进行海外投资贸易带来了历史性的机遇和发展契机。“一带一路”从陆上和海上紧密地连接着欧亚非，沿线国家的政治制度、经济发展水平和文化习俗等存在不同程度的差异。尤其是不同地区文化习俗和宗教信仰方面的差异，以及以个人为单位的个体间的差异，都给我国企业进行境外投资贸易和长期发展带来不同程度的文化冲突和发展障碍。为此，积极探索企业跨文化发展路径，注重建设与当地文化相适应的企业文化，为企业在当地的长期发展和长远利益奠定基础。

* 王关义，北京印刷学院副校长、教授、博士生导师；臧义乐，北京印刷学院传媒经济与管理硕士研究生。

一、霍夫施泰德文化维度理论与跨文化沟通

（一）霍夫施泰德的文化维度理论

马斯特里赫特大学教授霍夫施泰德，通过对IBM跨国工作人员的调研，进而提出了可以反映各国文化环境状况的几个指标。霍夫施泰德的文化维度理论是在经济全球化凸显、跨国公司在全球的发展和人口世界范围内流动的背景下，以跨国公司的员工为研究对象，以文化环境状况为着眼点，是一种典型的跨文化的研究理论。

1980年，霍夫施泰德提出文化维度理论，总结了影响价值观的六个维度。第一，他觉得权利距离在不同的地区会给个人带来不一样的社会地位和社会权利。第二，在面对危险、威胁和不确定的社会事件时，每个人是否会根据个人所处的环境选择一个正式的渠道来规避这些问题和风险。第三，一个地区注重个人主义还是注重集体主义也影响着员工的工作态度和工作观念。例如，中国比较注重集体主义，欧美国家比较注重个人主义。第四，虽然女性的社会地位和权利在当今世界得到了很大的提升和保障，但是在社会中仍然会存在一些男性化社会和女性化社会。第五，在长期取向和短期取向维度中，一个人在某种特定文化中，对于延迟其物质和情感等需求时，其所能接受的程度如何，也将因人而异，具有不确定性。第六，自身放纵与约束，在不同社会对人的基本需求和欲望的允许程度的不同会产生不同的社会结果。不同文化背景下，个人文化素养的不同会产生不同的分歧，这在企业的跨文化管理的过程中，是不可避免和需要考虑的问题。

总之，在霍夫施泰德的文化维度理论里，既从现实的人性角度、社会环境角度，也从心理角度进行文化差异的分析。这几种维度为我们探究企业在海外或企业内部来自不同国家和地区的员工的跨文化发展和管理的路径提供了重要的启示和帮助，这些维度所指出的文化差异也是企业在进行跨文化沟通和发展的过程中不可避免的问题。为我们解决或避免这些文化差异，使企业实现一种良性的跨文化发展提供了导向。

（二）文化差异与跨文化沟通

美国学者比默和瓦尔纳在《跨文化沟通》一书中提到了经济全球化下，在企业跨国经营和员工的国际化形势下，新进入的员工因为文化差异而面临着冲击，这种冲击是多方面的，因而就需要企业面对文化多样性下的文

化冲击对员工进行跨文化的疏导和管理。有效的管理需要有效的沟通，需要管理者了解文化差异的可调节或不可调节的节点，所以，国际化的企业组织有必要积极地进行跨文化沟通。

跨文化沟通，通常是指在不同文化背景下的人发生的沟通行为。导致文化差异的因素有很多，比如地域、种族、宗教、风俗和生活习惯等都会产生文化差异。除大方面的文化差异之外，个体与个体之间也会存在差异，比如交流与语言、自我意识不一、服饰衣装、饮食习惯、时间观念、季节差异、人际关系、价值观和行为规范、信仰和态度、思维过程和学习方式、工作习惯和实践等。个体的差异也是观察文化差异的一个角度，这些个体间的差异在一定程度上反映了文化的差异，企业的跨文化管理归根结底是落实到对员工的管理。找到文化差异和个体间的差异之后，就需要积极进行跨文化沟通，在跨文化沟通的过程中，要预先学习和了解对方的文化背景，提升语言水平，避免不必要的语义分歧和误解。

二、“一带一路”与跨文化管理

自“丝绸之路”开辟以来，沿线国家的贸易一直没有中断过，并且“朋友圈”越来越大，连接了欧亚非的大部分国家。贸易的种类也越来丰富，各国之间的交往也从贸易向政治和文化等各领域延伸，民间交往更加频繁。新时期，在先辈们贸易往来和文化交流的基础上，发挥我辈智慧，有效避免冲突，妥善解决分歧。“一带一路”建设就是要通过合作和交流，来促进彼此的相互理解和认同，实现共享发展，互利共赢。

（一）跨文化管理

所谓跨文化，又称交叉文化，指具有两种不同文化背景的群体之间的交互作用。跨文化管理又称交叉文化管理，是指在跨国经营过程中，对于不同种族、不同文化类型、不同文化发展阶段的子公司所在国的文化采取包容的管理方法。

早在 1961 年，美国人类学家 Kluckhohn 与 Strodtbeck 就进行过跨文化管理研究，他们针对不同文化和族群社区进行了大范围的跨文化研究，同时他们也是较早提出文化理论的学者。跨文化管理这门学科主要研究在跨文化条件下，怎样去克服和避免文化差异冲突，如何进行有效的跨文化沟通和有成效的管理，目的在于设计出一套不同文化形态下的可行的组织结构和管理模式，使跨国企业的资源能够得到最合理的配置，也最大限度地挖掘和利用不同文化形态下的人力资源，从而全面优化企业管理结构，提高企业的整体效益。

（二）跨文化贸易日益繁荣

2017 年 5 月 14 日，在北京举行的“一带一路”国际合作高峰论坛开幕式上，习近平总书记指出，中国企业已经在 20 多个国家建设 56 个经贸合作区，为有关国家创造近 11 亿美元税收和 18 万个就业岗位。中国企业在海外投资贸易越来越多，2015 年对外直接投资净额比 2011 年增长近一倍，对外劳务合作派出的劳务人数众多，2015 年派出劳务人数已近 30 万。企业需要关注在海外的跨文化发展，认清企业与当地文化的差异，加强对当地文化的学习，及时进行跨文化沟通，保障我国企业在海外的长期发展。

三、我国跨国公司的跨文化管理实践

（一）我国跨国公司跨文化管理的特征

1. 以人为本

跨文化管理归根结底还是对不同文化形态下个人的跨文化沟通。21 世纪人才是最重要的资源，尤其是在海外投资贸易，雇用当地员工的优势不言而喻，当地人更加地熟悉当地的风土人情和政策法规。跨文化管理就是对人力资源的合理协调，充分开发和利用不同文化形态背景下的人力资源。所以，坚持以人为本的管理理念不仅适用于企业内部的常规管理，在跨文化发展的路径探索中，这一理念同样适用于跨国公司的跨文化管理。

2. 移动信息化

随着现代通信技术和移动互联网络的快速发展，整个世界已经成为一个“地球村”。跨国企业在现代技术的支持下，通过移动互联网，可以全天候地进行跨文化管理。利用数字技术和信息系统进行经营，不仅可以节省人力资源成本，同时还能及时进行经营效果的实时监测，把握企业在投资地区的发展导向。

3. 创新性

在这个瞬息万变的时代，唯一不变的就是“变”。随着社会信息总量的不断增加，信息传播的形态和方式也变得多种多样，创新已然成为一个企业赖以生存的法宝。我国企业在目前的国际社会中，与欧美等发达国家的企业相比，存在不同程度的差距，尤其在高端技术方面，还正在努力地追赶。那么，在这样的状况下，面对来自全球的竞争对手，企业的创新就显得尤为重要。因此，在我国跨国公司的跨文化管理中，针对投资地的文化需求和文化多样性的特点，在自身的文化制度建设、人才培养和技术革新等方面，将传统文化与现代制度相结合，寻找突破口，制定符合当地文化和企业利益的跨文化管理策略，营造包容的、多元化的文化氛围。

（二）我国跨国公司跨文化管理发展阶段

Reich 指出了基于文化层面的冲突，并将其分为四个阶段。第一阶段，感知差异阶段；第二阶段，放大差异阶段；第三阶段，典型化阶段；第四阶段，压制阶段。

本文将我国跨文化管理发展分为四个阶段，第一阶段，萌芽阶段。在这一阶段中，我国跨国公司处于刚刚进入海外的市场，这是进行海外贸易的第一步，公司在当地的各项经营和管理处于摸索和初始阶段。第二阶段，发展阶段。经过了萌芽阶段的摸索和公司各项经营管理的正常运转之后，需要在当地进行市场开拓，这一时期，随着市场的开拓，跨文化管理也会随之而跟进和更新。第三阶段，成熟阶段。跨国公司在经过对当地市场的探索和开拓之后，逐渐走向成熟，会在这一时期慢慢形成一套成熟的经营管理模式，跨文化管理的探索也会在这一时期逐渐完善。第四阶段，创新阶段。在前期的萌芽、发展和成熟阶段过后，跨国公司在海外已经有了一套相对系统的管理体系，之后跨国公司的跨文化管理依靠公司经营管理体系寻找当地文化与公司的契合点，进行跨文化管理的创新，制定、更新和完善公司的企业文化制度。

（三）我国跨国企业与"一带一路"沿线国家的文化差异

"一带一路"倡议给中国企业带来了海外投资和开拓国际市场的热潮，中国企业在价值观和行为准则上更加强调集体利益，在中国企业"走出去"的热潮之下，需要在认识自身文化的同时，也要对"一带一路"沿线国家有一个总体认识，也有必要进行实地考察，了解当地政治制度、历史文化。宗教信仰和生活习俗等。国家与国家之间文化差异的大小都会对企业的跨国贸易、跨文化沟通和跨文化管理造成不同程度的障碍，也会增加跨国公司的管理难度和管理成本。

"一带一路"沿线国家地理环境、政治环境、文化环境不尽相同，既有内陆国家，也有海洋岛国；既有穆斯林信众，也有基督教信众；既有农耕文化，也有海洋文化。这些文化的差异还包括语言、服饰、饮食、节日等，都会给中国企业在“一带一路”沿线国家的市场开拓和跨文化发展带来挑战和机遇，需要中国企业加强对其语言和文化背景的了解，认清自身与当地的文化差异，制定和完善跨文化发展战略。

四、我国跨国公司跨文化管理策略

（一）树立“一带一路”下的跨文化管理理念

当今世界已经成为一个紧紧联系在一起的“命运共同体”，经济全球化的趋势不可逆转，任何固守传统和封闭禁锢都必然落后于时代和潮流。“一带一路”正是我国在这样的国际环境背景下所提出的倡议，就是为了使“一带一路”沿线国家在促进相互理解和认同的基础上，实现共同发展、共同繁荣，走出一条和平发展的友谊之路。那么，我国企业在进行海外贸易时，也应该遵循国家战略和宗旨，积极践行国家倡议，认识到文化差异存在的客观性，认识到自身文化与其他国家和地区文化的差异，认识到跨国公司进行跨文化发展和管理的必然性。跨国公司只有树立了跨文化发展的理念，才能够更好地融入到当地的文化中去，才能够及时发现文化差异带来的冲突和管理障碍，才能够有针对性地制订管理计划，形成一套成熟的经营管理体系。

（二）把握跨文化管理的核心，建设跨文化企业

1. 把握跨国公司跨文化管理的核心

跨文化管理实质上就是要及时进行跨文化沟通，有效协调文化差异和冲突，制定和完善企业文化，充分利用和调配不同文化形态下的人力资源，使跨国公司的经营和管理更加高效。那么，本文认为跨国公司的跨文化管理的核心就是企业文化建设。

第二次世界大战后，美国的跨国公司经营屡屡受挫，而在此时，战后的日本经济崛起对美国造成了一定冲击。为什么一个“二战”战败国在短短三十年的时间里，经济就能取得如此大的成就呢？这在很大程度上要归功于日本企业对于企业文化的重视和建设。后来，美国学者在 20 世纪 70 年代后期研究美国跨国公司的经营管理屡屡受挫的原因时也证实了与文化相关。因此，美国的管理学界就开始将“跨文化沟通”作为一门学科来研

究。跨国公司的跨文化管理就是将自身文化与当地文化以及不同文化形态背景下的员工进行综合的协调，制定出一套企业员工共同遵守的价值观念、道德规范和行为准则，为跨国公司的经营管理提供有利保障，也更好地为当地市场的开拓发展和市场维护服务。

2. 注重现代企业文化建设

（1）大数据下的企业文化建设

作为一个现代企业，移动化和信息化已经成为一个现代企业的“标配”。尤其是随着大数据和云储存的快速发展，通过数据统计和数据分析来为企业决策和企业管理提供依据的现象越来越普遍。

大数据可以在复杂的环境下，为综合性解决方案的制定提供数据支持。跨国公司的企业文化建设需要考虑企业自身利益、当地文化以及员工利益，制定过程是复杂的、烦琐的，但是，在遵守法律法规和保护他人隐私的前提下，通过数据建模、对当地的市场、企业员工的调研和数据追踪，形成大数据，通过对大数据分析来为跨国公司的企业文化建设提供依据，也为企业文化的发展提供了数据对比和参考。

（2）正确发挥企业文化的功能

王关义教授在《现代企业管理》一书中指出，企业文化是企业在长期的生存和发展过程中形成的、为企业多数成员所共同遵循的经营观念或价值观体系。它包括价值标准、企业哲学、管理制度、行为准则、道德规范、文化传统、风俗习惯、典礼仪式和组织形象等。

实际上，企业文化归根结底需要企业员工的践行才能真正地发挥作用，形成高效的企业管理模式。企业的文化管理需符合当地的文化背景，符合企业和员工的利益，形成企业中自觉的和理性的文化。

3. 规避政治和外交风险

“一带一路”下的跨文化发展不仅仅是企业间的经贸往来，也有政府之间的交流。跨国企业在进行海外贸易时，要自觉遵守我国和当地的法律法规。在制定公司规划和经营管理的过程中，要注意规避政治风险，不要涉及当地的政治安全。进入海外市场之后，也应及时向我国驻当地大使馆备案，了解当地经商的注意事项，避免产生误解，保障企业业务的顺利开展。

4. 注重跨文化培训

首先，在语言上要加强对当地语言的学习，学会当地语言能够更多地了解当地的历史发展情况和文化习俗。语言相通能够拉近企业与当地员工和消费者的距离，有利于开展贸易和开拓市场。同时，也要注重对当地文化风俗的学习，了解当地的宗教信仰、宗教禁忌、饮食习惯、节日习俗等，全面地融入到当地的社会环境中去。

5. 培养跨文化管理人才

跨文化管理需要在语言上、政治上、经济上和文化上有很高的水准，这样的人才是跨国公司面对国际市场，经营跨国公司，避免和解决文化冲突，实现跨文化发展的根本。跨国公司在进入海外市场前期就需要招聘或有意培养跨文化管理方面的人才，同时，在进入海外市场后，也要重视这类人才的培养，加强人才的多元化培养。

6. 有效发挥跨文化下的职能管理

企业的职能管理大致可分为财务管理、人力资源管理、营销管理和质量管理。在跨国公司中，职能管理就需要考虑跨文化的因素。第一，财务管理，需要考虑到当地的工资水平和当地政府对于企业员工所要求的福利政策，跨国公司要依据当地要求和企业自身进行财务管理计划的制订；第二，人力资源管理，跨国公司在进行人员招聘时，要兼顾到利益共享和社会责任，使当地员工数量占公司员工总数量的比重合理；第三，营销管理，跨国公司在进行当地市场开拓时，依据当地市场的商品需求进行产品生产，依据当地的广告法规要求进行营销宣传；第四，质量管理，每个国家或地区对于产品的质量要求标准不一，跨国公司在进行商品生产或工程建设时，要按照当地的要求标准进行生产和建造，树立和维护“中国制造”的品质口碑。

7. 积极承担社会责任，多做公益活动

跨国公司在海外也要积极承担社会责任，参与当地的社会公益，参与社会公益不仅能够树立企业的负责任形象，也能够增进文化交流，拉近企业与当地人民的情感。有利于避免和化解文化冲突，使企业文化与区域文化、社会文化相互交融、相互影响，树立中国良好的国际形象。

参考文献：

［1］ Tigran Badalyan：《跨文化因素对决策的影响》，哈尔滨工业大学 2016 年硕士学位论文。

［2］ 高臣、马成志：《“一带一路”倡议下中国企业“走出去”的跨文化管理》，载《中国人力资源开发》2015 年第 19 期。

［3］ 杨俊峰：《中欧班列拉来经贸新机遇》，载《人民日报》（海外版）2017 年 5 月 15 日。

［4］ 白楠楠：《中国跨国公司跨文化管理研究》，载《河南社会科学》2017 年第 3 期。

［5］ 王关义、刘益：《现代企业管理》，清华大学出版社 2012 年版，第 144-160 页。

全民阅读环境下民营实体书店的PPP模式探析

李　瑾　王　亮*

[摘　要] PPP模式（Public-Private-Partnership），即公私合作模式，是公共基础设施中的一种项目融资模式。当今社会，全民阅读已成为文化生活的大趋势，阅读已经成为了人们生活中不可或缺的部分，它不仅是人们精神世界的食粮，也是我国提高GDP软实力的重要组成部分。随着网络世界的高速发展，人们越来越多地选择网络阅读、手机App阅读等，使民营实体书店的发展每况愈下，在出版行业举步维艰。据此现实问题，民营书店可以有效利用与PPP相结合的模式实现转型经营，摆脱困境。本文主要针对民营书店实施PPP项目的状况，以及创新发展中面临的困境进行了分析研究，对于过程中出现的不足之处提出了建立PPP理论手册、明确政府职责、建立合理的风险分担机制、管理部门加强重视度和成立文化传媒行业PPP引导基金等解决方案。

[关键词] 民营实体书店；PPP模式；全民阅读；困境及创新转型

一、概述

（一）研究背景

近年，受网络书店、手机阅读的冲击，读者阅读方式和理念都发生了改变，民营书店正在面临顾客不断减少、资金无法支持经营等问题。

* 李瑾，北京印刷学院经济管理学院在读研究生，研究方向：传媒经济与管理。王亮，北京文化安全研究基地副教授，研究方向：文化产业数字化发展。

数据显示，我国2016年全国图书零售市场销售额为701亿元，同比增长12.3%，但其中实体书店销售额同比下降2.33%，网络书店销售额同比增长30%。经调查2007年至2009年两年间，我国民营实体书店倒闭近一万余家。国际方面，美国的第二大连锁书店运营商鲍德斯在2012年宣布倒闭，且据英国书商协会统计，英国的独立书店由2005年的1535家跌至2013年初的987家。由此看来，实体书店的困境已成为国际化难题，在此困境下民营书店急需转变经营和服务方式，以达到生存和赢利的目的。

随着中国迈入新常态的经济发展，“十二五”规划提出打破原有的完全由政府主导的公共基础设施建设投融资模式，一种新的投融资模式进入我们眼帘——PPP，它是指政府出台的一种有效解决公共基础设施的公私合营融资模式，由政府与民间资本合作共同建设公共基础设施，利益共享，风险共担。其中实施PPP项目主要集中在纯公共物品和准公共物品领域，在政府下发的《国务院关于鼓励支持和引导个体私营等非公有制经济发展的若干意见》中指出，鼓励民间资本投入文化事业领域，建设博物馆、图书馆、文化馆、电影院等文化设施。在解决了以往引入社会民营资本参与建设的投融资的BOT、TOT等几种融资模式的缺陷基础上，我国还制定了一系列政策措施来推进公共文化设施建设，不仅调节了投资方与政府间的融资分配，也给实体书店建设带来了好处。

在政府号召和鼓励社会力量参与公共文化服务建设的背景下，PPP模式在这一层面可以为民营书店运营带来资金保障，在提高民营书店经济收益的同时，加固实体书店在全面阅读趋势下的地位。这一全新发展方向不仅优化了我国文化产业建设的基本模式，解决实体书店的困境，更为我国城市文化产业建设的发展带来了曙光。

（二）研究意义

PPP模式可以实现政府与书店间的优势互补，改善民营实体书店在运营中产生的利润空间少、成本居高、面临互联网阅读的竞争压力、管理不到位等问题，同时政府需要承担的外包成本远低于政府直接提供服务所需资金，这样可以减少财政开支，缓解财政压力。

而我国文化传媒产业建设与PPP相融合，一方面可以弥补旧有的融资方式的缺陷，鼓励社会资本参与文化领域投资，有助于打破文化产业与公共文化之间的界限，提高文化产品和服务的有效供给；另一方面也可以有效避免政府部门文化资金来源单一、使用方式落后、效率不高的问题。以此来高效率地帮助民营实体书店走出经营困境。这一项目的实施不仅有利于社会和谐，使居民生活更加便利，更有助于实现政府职能的转变，优化政府职能，使政府的服务工作更加廉洁、高效。

二、实体书店在全民阅读中的角色

自古以来，读书在历史上源远流长，是不可抹灭的一笔重墨，延续至当今现代社会，发展为“全民阅读”潮流。联合国教科文组织为了鼓励人们多读书、读好书，于 1995 年 4 月 23 日建立了“世界图书与版权日”，此后世界上一百多个国家响应号召，在每一年的这一天举办各种图书活动，以促进国家人民提升阅读水平，有的国家城市不仅建立了全国性的图书节，甚至还把阅读提升到了法律高度，建立了关于阅读的各项法规法制，保障人民群众的阅读条件，使之成为国家级重点项目。

文化是一个民族的灵魂，而书店则是文化的产物，是一个城市的文化名片。实体书店是市场、社会的需求，更是一个国家文化与软实力的象征，实体书店承载着文化的交流、塑造与进步。

现代社会的快餐式生活节奏，让人们的精神世界难以得到真正的满足，为了达到现代人的需求，一些民营书店实行主题化设施，推出“书＋咖啡”“书＋简餐”等内容项目，创造更加贴近生活的便捷环境，令书店成为城市的文化风向标，吸引更多人进入书店。安静的环境、齐全的设施、丰富的资料库为人们提供最优质的阅读环境。全民阅读时代的来临，实体书店也在不断努力创新，做到不只是一个书店，更是一个以书为媒的文化场所，具有收集信息、导向阅读、城市形象塑造、孕育文化氛围、进行文化传承等不同的功能。比如行业中广为人知的北京三联书店，在服务上实现创新，24 小时营业为不同人群创造阅读条件，设施齐全和服务周到是三联书店吸引人群的有利因素。还有台湾的诚品书店也比较有名，实现书店与社会脉动紧密结合，持续邀请文化创意界与学术界人士参与讲堂、展览、座谈、出版等各项文化服务，开创独具人文创意且具执行绩效的经营策略，实现一家民营书店做到吸引游客、增加外汇收入、刺激经济、提升形象的目标。还有很多连锁型概念书店，如猫的天空之城，创造主题式阅读环境、捆绑明信片邮寄和周边性物品与书籍一起销售，吸引了大量的群众及外地游客，打响了知名度。这些实体书店为群众提供了阅读的场所，吸引了更多的群众参与到阅读中去，促进了全民阅读的发展。

当然，并不是所有书店在创新道路上都是一帆风顺的，民营书店的代表“光合作用”书店从一家门店发展到 31 家连锁店，从厦门开到北京再到上海，可在 2011 年 10 月突然宣布北京的两家直营店倒闭，原因竟是资金链断裂。究其源头，不到 40% 的图书利润微薄，其余全靠附加产业支撑、扩张速度过快、加盟店管理远不及直营店规范等问题，造成资金链断裂直至破产。放眼观望大多数不及“光合作用”实力雄厚的普通民营书店，在总体经营水平和经营策略方面都有很大的不足，很多实体书店都面临资金不足，无法支撑经营关门倒闭的状态，亟须拯救。

三、民营书店在独立运营中面临的困境

（一）经济成本的攀高

由于房地产行业的发展迅猛，各地房产的租金不断涨高，书店亦不例外。有业内人士认为，营业面积超过 400 平方米的店都很难盈利，而房租的成倍攀升，是图书出版这种微利性产业所无法支撑的。数据显示，房租几乎占到书店毛利的 30%，税务方面不仅要支出 13% 的增值税，还有教育附加费等，此外书店还要负责员工工资、书籍残破损失、水电费、仓库租赁等支出。 按照近年的经济发展形势，这几项中房租和人力是使书店经营成本升高的主要原因。此外，再加上书店装修、增加图书刊物的种类等，无疑更是雪上加霜。抛开可见成本不谈，更多的隐形成本也在增加，书店需要向大众提供的服务，比如包装刊物费用、聘用人员提高服务效率的费用等，都是不可忽视的成本因素。20 世纪八九十年代图书行业达到繁盛，但自 2007 年后随着出版市场竞争激烈，物价上涨经济成本升高，书店呈现转产关门倒闭状态，自 21 世纪以来从发行网点来看，民营书店的数量逐渐呈减少趋势（见下表），2007 年至 2009 年民营书店从业人员也从 54 万减少至 32.14 万，同比减少了 9.82%。

2007 年至 2009 年全国民营书店统计

年份	民营书店总数	与上年相比（%）
2002 年	36000	+5.53
2006 年	110562	+2.05
2008 年	105563	−8.18
2009 年	104269	−1.23

(二)出版行业利润微薄

我国加入 WTO 后，发行出版行业也进一步被放开。随着我国的文化体制改革不断深入，在出版发行界，制度的完善也意味着民营书店的盈利状况发生变化，尤其是教材发行制度的改革和免费教科书制度的出台。比如，对农村学生和城市家庭经济困难学生免费提供教科书，并建立免费教科书的循环使用制度等，这对民营书店的利润来说无疑是巨大的打击。

在出版行业里，图书定价是有其内在的标准性和规定性的。一般来说，定价中 30% 属于印刷成本，10% 用于支付作者版权，20% 属于出版社，剩下的 40% 才是零售商可盈利的范围。但是，在这 40% 中，用于支付房租、员工工资、书籍残破损失、税务的又占到 30%。也就是说，一本出版物的利润，其实只有定价的 10% 而已。相比其他行业的盈利，这个利润空间确实是狭小的。

以 2008—2014 年实体书店销售码洋及增率为例，除 2011 年增速明显之外，销售码洋整体下降，如图 1 所示。

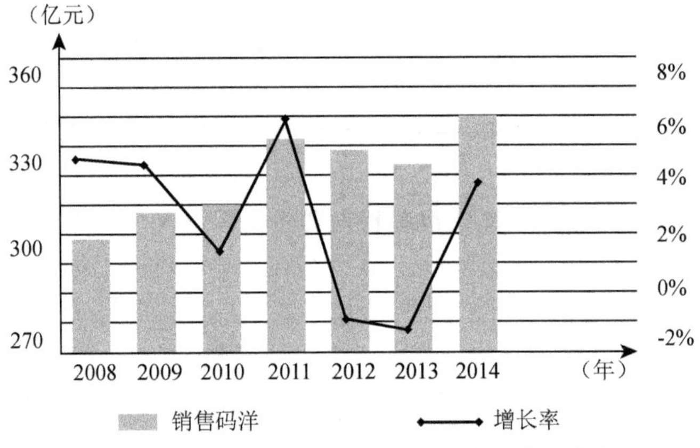

图 1 2008—2014 年实体书店销售码洋及增率

(三)互联网企业抢占市场

信息时代的到来和网络社会的崛起，给出版界带来的技术革命是不言而喻的。日本 80 后作家加藤嘉一在《中国的逻辑》一书中提到："以第三只眼睛看中国，认为中国的知识非常廉价，一本书不如星巴克的一杯咖啡。" Kindle、iPad 等新型阅读载体的出现使传统阅读边缘化，网上书店的出现导致 70% 的实体书店关门。首先，数字出版盛行起来，对传统的图书出版业是不小的打击。根据传统图书出版业的发行链条，作者将作品写作出来后，需寄给出版社编辑，出版社将作品出版为正式出版物，通过物流网发送给各个书店，书店再售卖给读者。但在数字出版这种新型发行链条中，作者写好作品后，不用通过出版社，只要将作品电子版发送数字出版平台，由其制作成电子书，通过互联网直接向读者出版售卖，这就直接威胁到传统发行链的有序进行和民营实体书店的发展。

其次，互联网高速发展以来，人们对于文化知识的接触，就不再只能通过纸质的书本。电脑、光盘、手机、电子阅读器、平板电脑等媒介的先后出现，引发了读者阅读方式从纸质阅读向电子阅读，再向移动阅读的转变，读者传统的阅读习惯完全被颠覆。电子书由于价格便宜甚至免费，且很容易从网络上下载，因此迅速占领了图书市场、进入读者的眼球。随着纸质书籍的阅读者大量流失，以售卖纸质版书籍为主的实体书店的生存越发不易。图 2 显示了近几年实体书店渠道与网上书店渠道的码洋贡献率及差异。

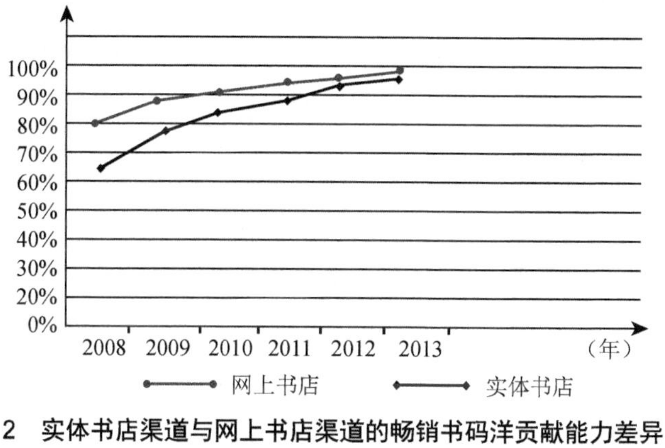

图 2　实体书店渠道与网上书店渠道的畅销书码洋贡献能力差异

出现于 20 世纪 90 年代的网络书店，就是一个充分利用电子商务对图书进行销售的平台。到了 90 年代末，我国的网络书店也达到了其兴盛时期，当当网、卓越网等陆续进入人们视野，而这也在我国图书发行业掀起了前所未有的狂潮。究其原因，即“开在网络上的书店”不需要房租，能够给读者提供更低的折扣，同时又能通过物流直接送货上门，其便利性是实体书店所无法比拟的。尤其是越来越多的读者熟练网络购物之后，在实体书店翻阅图书再转至网络书店购买，这令实体书店备受打击。

可见实体书店在网上书店的冲击下发展举步维艰，但在众多可见问题中尤为重要的还是经营资金不足的问题，无法支撑正常的运营，就更别说在此基础上实现创新了。所以首要的问题还是解决实体书店的资金链缺失。

四、民营书店的 PPP 模式探析

（一）民营书店 PPP 向公共图书馆转型

如何帮助大部分走势向下的实体书店步入正轨，如何让书店经营实现兴盛时代，如何帮助民营书店解决资金短缺，使其有信心地立足于生存，是政府应该帮助解决的问题。放眼文化传媒整个行业，成功案例也是值得借鉴的。例如，公益性的广播影视宣传、艺术作品创作宣传、大型文化宫的建立、公共性开放图书馆等项目都可从中找寻成功经验。

我们根据实体书店的困境，先探索研究 PPP 模式下的民营书店向图书馆转型这一方案，一方面有效地缓解了民营书店的经营压力，提高了民营书店的经济收益；另一方面也拓展了公共图书馆服务阵地和辐射半径，方便读者就近就地使用免费文化资源，提高图书馆公共服务资源的使用效益。这一 PPP 模式的实施主体主要包括民营书店、图书馆、政府与读者，各自在扮演不同角色的同时也肩负着相应的责任。民营书店：提供阅读空间、阅读设备、工作人员以及线上宣传、线下开展阅读活动吸引顾客，并积极地配合政府的监督机制，及时反馈运营情况。图书馆：向民营书店提供资金支持、图书资源、提供专业的图书馆工作系统与设备，并定期考核民营书店的经营情况。政府：推动 PPP 项目的顺利进行，并持续地监督项目的实施状况。读者：接受图书馆和民营书店的调查，真实反映其工作质量，并给予相应建议。其项目方运作方式及职责如图 3 所示：

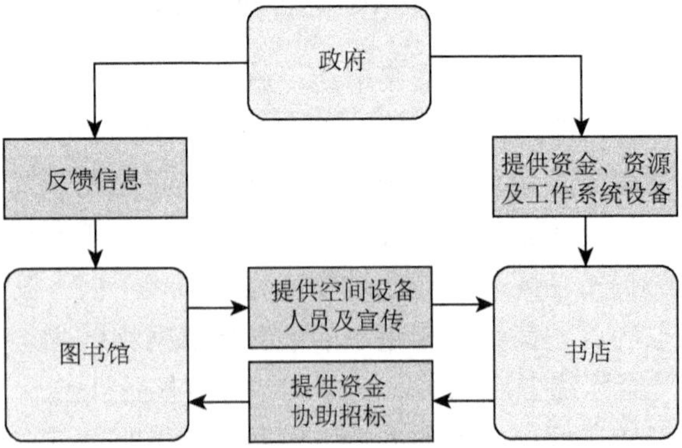

图 3　书店 PPP 模式——向图书馆转型的项目方职责

它不同于把整个服务都外包给社会承担的社会化外包形式，而只是把个别图书馆的阅读服务项目外包给民营书店，由民营书店提供阅读场所、设施与人力，负责图书分馆的日常运营、服务与管理；图书馆提供资源，负责运营情况的监督与指导，定期考核入馆人数、办卡数量以及图书流通率等。这种方式可以最大限度地扩大服务的覆盖范围，提高馆藏资源利用率，实现图书馆、民营书店、政府与读者的互利共赢。

（二）民营书店实施公私合营 PPP 模式

民营书店不同于国有书店，国有书店是国有控股的书店，其享受政府的补贴和政策的照顾，相比之下民营书店就缺少了很多硬件方面的条件，受外在经济环境的影响，民营书店无法独立地承担高额的经济成本供其经营运作。

为了与国有书店性质区分开来，加上政府财政支出预算压力大，所有政府不可能全部投资其产业，这里我们就可以创新拓展引进 PPP 项目，实施公私合营制度。由国家进行招标，选出优秀有资质的私营企业进行合作，国家与私营企业各自出资控股，其中颁布的《PPP 项目合同指南》中指出：政府部门不得高于 50% 的股份，但一般来说部分省级政府很少占股超过 25%。

在政策方面，政府可以适当地对民营书店放宽要求，给予政策性的帮助，比如实行房租、水电方面的适当减免，地级政府多组织开展有关全面阅读的文化活动，调动群众的积极性，拉动书店的经济增长。在风险方面，政府与私营企业风险共担、利益共享。在运作方面，由私营企业大股投资创新建设多元化的书店，主要是提供资金保障，可以借鉴成功书店的装修风格以及优越的地理位置，使用暖色调灯光、添加舒适的桌椅等，给读者创建一个清新舒适的阅读环境，同时可以实地调查把书店开在人群集聚的地方，方便读者就近阅读。民营书店在运作方面要保证全程透明化，实时向私营企业与政府汇报运营状况。政府提供小额控股的同时，对私营企业投资民营书店的合理性以及书店运作的规范性实行监督。其项目方各职责如图 4 所示：

（三）民营书店实施 PPP 的 SWOT 分析

在研究实体书店实施 PPP 实现向图书馆转型这一项目中，我们使用 SWOT 分析法对它进行分析，如图 5 所示：

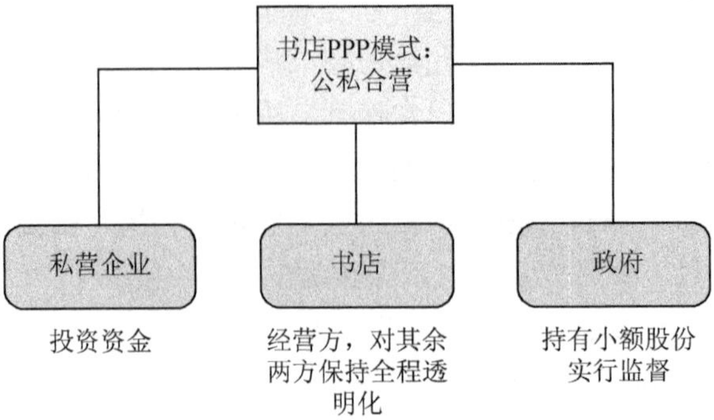

图 4　书店 PPP 模式：公私合营下的项目方职责

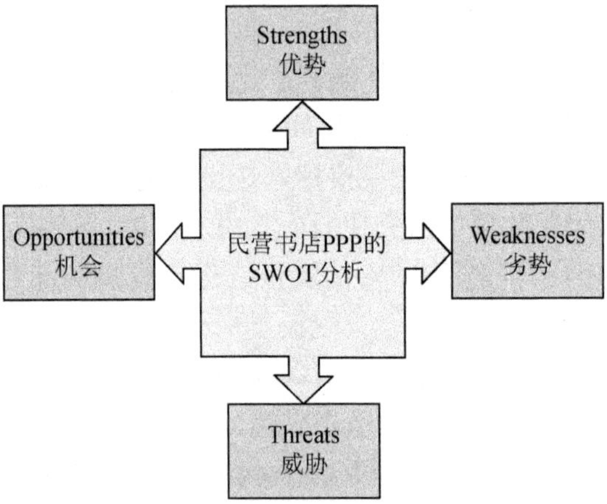

图 5　民营书店 PPP 的 SWOT 分析

S- 优势：实体书店作为文化的承载体，有着不可取代的地位，是实现全面阅读的必要组成部分，而 PPP 措施的出台可以有效地帮助实体书店实现转型目标，提供资金支持。公共图书馆享受国家的财政拨款，没有运营压力，这一优势也正好为实体书店向图书馆转型奠定了经济基础，在实体书店运营方面虽国家财政没有直接拨款，经营自负盈亏，但有了公共图书馆做支撑，实体书店在运营的资金方面就有了保障。公共图书馆也可以在与实体书店合作的过程中实现开创性图书馆体验式服务，吸引潜在顾客，借助实体书店的发展创新多样性，开展一系列线上传媒广告营销传播，线下开展图书阅读活动、邀请专家座谈、把阅读和咖啡简餐等服务型项目相结合，满足顾客的个性化服务。政府在此过程中实施监督职能，保障双方的权益，实行公平公正的态度对待项目。如此，双方都从中实现利益的最大化。

W- 劣势：PPP 项目的实施在国内虽接触较早，但大多项目都是基础设施方向的，文化传媒领域相对来说还比较少，几乎鲜有，对于实施经验来说十分欠缺，能作为参考的资料几乎没有，传媒产业实施 PPP 的理论实践研究是空白，这对实体书店 PPP 转型图书馆来说无疑是一项巨大的挑战。在风险分配机制方面也存在缺陷，政府定位于监督机制，与建设公共基础设施不同，政府没有财政资金注入实体书店，过程中一旦出现资金链断裂的问题，政府可能无法及时补救。管理部门在这一领域涉猎较少，并未充分重视，这也给实体书店实施 PPP 转型目标增加了困难。在我国立法立制方面也并未对 PPP 的实施加以详细研究，这使在项目进行过程中一旦出现规划问题，将缺少法制制度的规范保障。

O- 机会：实体书店长期以来受资金以及外部环境的影响，在民营企业的发展中属于落后产业，在互联网时代的侵袭下，如果不抓住创新转型的机会，极有可能被市场吃掉。在文化传媒产业实施 PPP 的带动下，实体书店应该趁此机会创新转型，不仅是对自身企业的救赎，也是对整个文化传媒产业的一个有力推动，作为排头兵带领整个文化传媒产业有效实施 PPP 项目，为我国大环境下的全面阅读提供有力保障，提高我国文化软实力。

T- 威胁：目前，实体书店在全民阅读的环境中，还面临很多威胁，如互联网新兴企业的兴起，各种互联网阅读工具的出现，占据了传统书店纸质阅读方式，抢占了阅读市场，使实体书店经营陷入困境。此外，越来越多的免费图书发放，和公共性图书馆的借书策略，更是让实体书店雪上加霜。面对外部性环境，房价的上涨、聘请人员的薪资上涨等服务型开销，这类外部性威胁也不得不纳入考虑范围。从 PPP 的方面来说，PPP 被越来越多的民营企业熟知，各类企业鱼龙混杂争相投标，实体书店是否能战胜来自其他企业的竞标威胁，让政府与图书馆看到其投资价值成功竞标，也是一个需考虑的问题。

五、民营书店 PPP 模式的问题和策略

（一）实体书店创新中遇到的问题

1. 政策理论准备不足

理论准备上，政府还没有提供 PPP 相关的知识性指导。文化传媒产业

在实施 PPP 方面相比基础设施来说，存在明显的滞后，实体书店转型领域 PPP 模式的理论与实践研究几乎空白，至今为止没有具体详细的理论指导和借鉴案例，这对民营书店与图书馆 PPP 合作这一项目的实施造成了很大的困难。没有相关手册的参考借鉴，无疑是摸着石头过河，政策上也很难看到与文化产业相关的 PPP 政策表述，文化传媒产业的 PPP 还未进入高层管理者的视野，这也是 PPP 项目顶层设计的流失。

2. 政府对自我角色定位模糊

政府在民营书店向图书馆转型这一项目中，长期以来都是居高临下，通常把自己定位于主要地位，把民营实体书店、图书馆定位于次要地位甚至是从属地位，并没有认识到在这一项目中，政府扮演的角色是监督机制，其作用是保障项目的顺利完成，监督项目方推动整个项目的完成。没有从本质上认识到 PPP 模式的应用是为了更有效地满足公众对公共文化产品或服务的诉求，更合理地配置政府公共财政资源和社会资源，达到转换政府职能、保障更多有效供给、提高资源使用效率的目的。这样的意识形态模糊，造成民营书店向图书馆转型合作、进入公共文化领域的积极性大打折扣。政府在 PPP 项目设计上的一些排他性条款、歧视性条款，导致纯粹的社会、民营资本难以和国有资本形成公平竞争，在一些大型项目尤其是盈利能力较强的项目中，通常是国有企业“更胜一筹”，民营资本难以有发挥的空间，很难看到社会资本的身影，完全违背了 PPP 模式推广应用的初衷，削弱了公共文化服务多元共建的改革意义。

3. 风险分配机制设计存在缺陷

相对于操作性更强的收益保障机制，实体书店 PPP 在向图书馆转型这一路径中，风险性没有得到充分完全的考虑，风险分配方面存在很大的漏洞，从 2014 年以来国家及各省层面关于 PPP 的制度安排以及政策性指导，对收益性分配明显高于风险分配，并没有重视风险的分配这一问题存在，再看实体书店向图书馆转型这一项目中，政府并不像建设基础设施一样投入资金，只是起到搭桥、监督机制的作用，资金来源和设施上的安排都是由公共图书馆来执行，如果出现资金链断裂，或者一方违约、项目从中喊停，剩余一方的风险损失如何处理，没有详尽的补救措施，目前 PPP 模式在复杂的风险分配设计上依然模糊不清。所以在风险机制这一设计中缺少对书店和图书馆的实质性的措施，那么如何在实体书店和图书馆之间合理地分配风险，以及如何处理地方政府行为可能带来的对社会资本的政策、法律风险，无疑增加了社会资本单方面承担风险的概率。

4. 管理部门在思想上未充分重视

PPP模式在中国的实践虽然不短，但PPP真正成为政府与社会重点关注的话题也就三五年时间。2014年12月4日，财政部披露首批30个PPP示范项目清单，总投资规模约1800亿元，项目集中在污水处理、轨道交通等领域。纵观这些PPP项目，大多集中在公路、铁路、机场、通信、水电煤气等交通与市政经济基础设施，而社会性基础设施领域相对较少，文化传媒领域更是罕见，所以这一领域几乎是空白的，管理部门对文化领域的关注度不高，像民营实体书店这样的急需政府帮助的产业还有很多。

5. 投资价值上不清晰

资本还不了解实体书店的利益点。与新媒体行业相比，传统媒体更难以吸引投资方投入资金。例如，在股市上发展得较好的浙江日报集团与江西出版集团，它们融资的项目都是被资本看好的游戏等新媒体业，而非传统媒体。而民营书店这一传统媒体产业就比较吃亏，首先资本方对这一领域不熟悉，不了解利益点，难以对其投资。这就需要民营书店这一类的项目方对资本方进行资本的必要解释与说明，使其充分认识到书店自身的投资价值，如相比网络书店的优势在于可以提供宽松舒适的阅读环境，从改善阅读购买环境入手，激发读者的购买欲望，认清自身价值优势吸引投资。

（二）实体书店PPP创新发展策略

1. 建立PPP理论手册

针对传媒文化行业的特点和专业性，建立PPP研究手册和研究数据库，便于像书店转型这类项目在实施过程中的疑点、难点咨询，对于项目遇到的问题，可以做到有文可查，针对文化传媒行业的特殊性，在传播、出版、宣传等抽象的概念下，需要专业性人员进行深入研究其行业，制定关于实施实体书店PPP的合理方案，以及实施过程中遭遇困境的解决办法，当然资料还需明确文化传媒产业的概念，以及它和PPP相融合的概念原理。

2. 明确政府的职责

明确政府与项目方的边界。确定以实体书店与公共图书馆为主，政府发挥辅助作用的指导原则，使政府部门不能僭越权利，明确各方的职责权利。对于项目的设计、建设、运营与维护由私人部门负责，政府只是参与者与监督者。契约精神对PPP模式非常关键，基于此，政府主要应做以下工作：一是PPP项目的整体规划、项目分类等工作；二是建立政策调整机制，根据项目运营情况与公众满意度对价格进行调整；三是对私人部门进行有效监督，确保公众利益。

3. 建立合理的风险分担机制

风险识别与风险分担是PPP项目能否成功的关键因素，首先，针对实体书店和图书馆的特性，分析项目合作过程中可能会遇到的风险，提前做好研究规划工作，并且充分进行研究论证；其次，针对提出的可能性风险，预设解决措施，提高风险的透明度；最后，在实体书店和公共图书馆之间做好风险分担，必须实现合理性、准确性，此外，合作各方还要保持畅通的沟通渠道与机制，做到损失最小化。

4. 管理部门加强重视度

管理部门进行PPP顶层设计，编制文化传媒行业PPP发展规划。管理部门应就实体书店实施PPP模式转型进行专门调研，会集学界、业务与金融机构及相关PPP研究机构，认证实体书店实施PPP的可能性与可行性，明确PPP模式的适用领域、合作主体、政策保障、风险分担等体制机制，成立PPP管理机构，专门推进PPP工作。建议PPP专门的机构再进行行业分类，便于各行各业实际实施有条不紊的进行，更便于项目实施的反馈整理。此外，原新闻出版总署署长柳斌杰提出了扶持民营书店发展的减税、减房租政策，所有城市的繁华街道和新建社区必须给书店预留位置。

5. 成立文化传媒行业PPP引导基金

面对实体书店的投资利益点不明确，导致投资方少或投资基金少这一问题，首先，建议由政府文化传媒行业管理部门带头，与财政主管部门联合建立文化传媒行业PPP引导基金，基金资金来源由财政资金拨款、业内奖金、业外资金、金融资本等构成，在需要扶持的传统媒体企业面临缺少投资方的问题上，可以有效及时地解决这一难题。其次，实体书店需在PPP项目的竞标中，明确自身企业的定位，标明自身实体书店在图书馆转型竞争中的利益点，吸引投资方的视线，推动文化传媒行业公共服务创新发展。从而真正满足社会公众日益增长的文化需求，实现社会效益与经济效益双丰收。

参考文献：

〔1〕朱小玲、钱霞：《全民阅读背景下实体书店可持续发展策略》，载《中国出版》2012 年第 7 期。

〔2〕郭晨：《独立书店转型经营模式：以合肥保罗的口袋独立书店为例》，合肥安徽大学新闻出版学院 2014 年硕士学位论文。

〔3〕赵发珍：《公共图书馆全民阅读推广模式探析》，载《图书馆学刊》2014 年第 1 期。

〔4〕张守卫、杨頔：《江阴市图书馆全民阅读 PPP 模式探析》，载《图书馆学研究》2016 年第 19 期。

〔5〕杨璐：《中国实体书店业态转型研究：基于媒介生态学的视角》，山东大学文学与新闻传播学院 2012 年硕士学位论文。

〔6〕谢文君、张守卫：《民营书店向公共图书馆转型探析——以合肥“保罗的口袋”为例》2017 年第 3 期。

〔7〕宋雄伟：《政府与社会资本合作中的公共价值问题》，载《经济研究参考》2015 年第 71 期。

〔8〕李姝娟：《英国政府购买图书馆公共服务的演进、特征及启示》，载《图书馆建设》2016 年第 11 期。

我国艺术品保险开展的难点与对策研究

秦晨景*

[摘　要] 随着经济的发展和文化的繁荣，艺术品产业得到了快速的发展。但是由于艺术品自身的特性决定了艺术品的风险，艺术品保险也就应运而生。我国自 2010 年在三家指定的保险机构试行艺术品保险以来，该项业务得以迅猛发展。在艺术品保险发展过程中存在一系列的问题，本文通过对国内外艺术品保险的分析，对我国艺术品保险存在的问题提出具有针对性的解决措施，从而促进我国艺术品保险的发展和繁荣。

[关键词] 艺术品；艺术品保险；改进措施

《TEFAF2016 全球艺术市场报告》显示，2015 年全球艺术品市场销售额达到了 640 亿欧元，由三大艺术品市场主导：美国（43%）、英国（21%）、中国（19%）。雅昌艺术市场监测中心和 Artprice 联合发布了《2016 年度艺术市场报告》的数据显示，中国在 2016 年重返全球艺术市场第一位置。中国纯艺术品拍卖总额 47.92 亿美元，以 38% 的市场份额跃居全球第一，而美国退居全球第二，市场份额减至 28%，英国以 17% 的市场份额位居全球第三。我国的艺术品文化产业处于快速发展与繁荣的时期，但是艺术品保险的发展并不能为我国艺术品文化产业的发展提供良好的保障，通过对我国艺术品保险和国外艺术品保险的发展现状进行对比，然后对我国的艺术品保险存在的问题提出具有针对性的解决措施，促进我国艺术品保险的发展和繁荣。

* 秦晨景，北京印刷学院经济管理学院硕士研究生。

一、可保艺术品的概念

对于艺术品的界定，到目前为止在学术界仍然没有一个统一的定论，虽然众多学者对艺术品的认识不尽相同，但是作为一件可以投保的艺术品必须具有基本的可保条件。首先，一件可保艺术品应该具有明晰的权属，对于丢失艺术品因其在权属上的法律瑕疵不应承保。其次，其价值可以通过用货币来衡量，虽然大多数的艺术品保险都是采用定值保险的方式，但是并不意味着价值确定无关紧要，因其保额不能远远高于其价值。最后，可保艺术品必须是真品，而不应为仿品、赝品。

想要对艺术品进行正确的界定首先应该正确认识艺术品所具有的特点：

（1）可保艺术品具有权属合法性，只有权属明晰的艺术品才符合可保利益原则。

（2）可保艺术品应具有价值性，真正的艺术表现的审美观点需要得到人们的认同，只有去接受其表达的观点才能实现艺术品的价值。艺术品的价值是艺术品的本质属性，是艺术品的价格标尺。

（3）艺术作品具有唯一性，赝品虽然权属清晰并且具有一定价值，但不能投保艺术品保险。艺术品保险是在家庭财产险、运输险的基础上演变而来的，赝品虽然具备家庭财产的基本特征，但是保险人难以确定投保赝品的动机，容易引发道德风险，这也是要求可保艺术品具有唯一性的重要原因。

只有兼备以上特点的物品才能称之为可保艺术品。

二、我国艺术品保险市场现状

西方具有较成熟发达的艺术品保险市场，而我国保险产品中针对艺术品的保险产品寥寥无几，并且艺术品保险相关机构的发展也并不完善。2011 年 1 月，“艺术品综合保险”被纳入文化部与保监会启动的文化产业保险试点险种。国内保险公司也开始尝试着承接大型展览或活动的艺术品保险项目，但是承保方式单一、保险范围较小且保险金额都较为高昂，也因此造成了与实际需求之间的较大差距。

（一）艺术品保险市场的相关政策支持

2009 年国务院下发了《国务院关于印发文化产业振兴规划的通知》，开启了文化产业振兴的新篇章。

2010年，证监会、保监会、银监会、文化部等九部联合发表《关于金融支持文化产业振兴和发展繁荣的指导意见》，意见指出：积极培育和发展文化产业保险市场。

2011年，文化部与保监会联合启动保险支持文化产业试点工作，确定了三家首批试点企业（中国人民财产保险股份有限公司、中国太平洋财产保险股份有限公司、中国出口信用保险公司），并制定了十一个试点险种（演艺活动财产保险、演艺活动公众责任保险、演艺活动取消保险、演艺人员意外和健康保险、展览会综合责任保险、艺术品综合保险、动漫游戏企业关键人员意外和健康保险、动漫游戏企业关键人员无法从业保险、文化企业信用保证保险、文化企业知识产权侵权保险、文化活动公共安全综合保险），取得较好效果。

2014年3月，国务院出台了《国务院关于推进文化创意和设计服务与相关产业融合发展的若干意见》，鼓励保险产品的开发创新，提升服务水平，探索设立专业文化产业保险组织机构。

2014年8月，国务院出台的《关于加快发展现代保险服务业的若干意见》（新“国十条”），特别强调要“积极发展文化产业保险、物流保险，探索演艺、会展责任险等新兴保险业务，促进第三产业发展”。

以上是对我国近十年以来有关文化产业保险方面的文件汇总，大量文化产业保险文件的出台为我国文化产业中艺术品保险的发展提供了良好的政治环境。

（二）艺术品保险市场的经营主体

对于艺术品公司而言目前只有少量的公司进行投保，并且选择的保险公司也非常分散。另外，公司参保的险种也有限，很多公司仅投保财产险和运输险来降低费用。

目前为止，我国范围内开展艺术品保险的公司有五家，分别是平安财险、太平洋财险、人保财险、丰泰保险（安盛艺术品保险与丰泰保险合资）、富邦财险公司（台湾）。2000年10月，中国平安开发并推出了单独的艺术品综合保险，取代艺术品一般以财产险附加险的形式投保的现象；太平洋财产保险公司开设了展览会责任保险。

（三）艺术品保险市场的特点

艺术品保险根植于艺术品市场的大环境之下，其发展受到艺术品市场环境的制约。当前，我国艺术品市场环境有如下几个特点：

1. 市场交易量巨大，大部分藏品未进行投保

我国艺术品市场具有庞大的规模，经统计，我国记录在案的艺术品交易量为世界第一。而民间市场的艺术品交易量更为巨大，其规模难以估量。由于我国保险业起步较晚，居民保险意识淡薄，市场发展仍不成熟，大多藏品未购买过保险。在我国即使是大拍前举办的拍卖预展，拍卖公司也几乎没有给展品上全险的惯例，取而代之的是安检通道、密布的保安和摄像头，在安保环节做足功夫。

2. 赝品大量流入市场，买者存赌博心态

在我国，赝品已经成为一种市场常态，人们更是在购买艺术品时抱着一种“淘宝”的赌博心态，一旦买到赝品、仿品也不会进行维权，认为自己“打眼”。这种浮躁的收藏投资行为，表明了当代艺术品收藏者中投机者居多，而在购买艺术品保险的过程中，要求这些投机者做到诚实守信是不太现实的。

3. 鉴定估值机构、相关配套机构仍不完全

我国的鉴定估值行业仍然是一片空白。首先，没有行业公认的鉴定机构。其次，鉴定行为不需要承担法律责任。最后，鉴定费用的收费依据也极为不合理。在艺术品投保的环节中，最为重要的核保环节受到掣肘。

三、国外艺术品保险的市场现状

（一）国外艺术品保险的主要险种

国外的艺术品产业保险相对比较发达，著名保险公司美国国际集团(AIG)、法国安盛集团(AXA)，以及保险市场劳合社(Lloyd’s)等都开设有专门的艺术品投资及保险业务部门，甚至子公司来负责欧美发达艺术品市场的保险业务。总结国外成熟的艺术品保险市场主要开办的险种有：

（1）个人美术、珠宝、收藏品保险。主要承保个人收藏爱好者所拥有的收藏品遭受盗窃及损失的风险。

（2）展览保险。主要承保展出商在运输、展览过程中以及仓储时的直接意外事故导致对借展物品的赔偿责任风险。

（3）博物馆保险。主要承保博物馆在展出、收藏和运输艺术品时，艺术品遭受盗窃或者损毁所造成的公共资产保护不力的责任风险。其中，这些艺术品可以是博物馆自己收藏的，也可以是博物馆借用他人的藏品。

（4）公司艺术品保险。承保责任与个人美术、珠宝、收藏品保险类似，

但保险标的是公司法人所拥有的彰显公司品位或者企业文化的艺术品。

（5）艺术品经销保险。主要承保经营艺术品买卖的画廊等经销商在经营时因各种风险造成的损失。

（6）艺术品修复师职业保险。主要承保艺术品修复师在修复工作中因出现疏漏或失误而使艺术品价值受损时应承担的损失补偿责任。

此外，国外保险公司还为一些价值容易评估的艺术品提供一般的财产一切险，并为投保企业提供日常的防灾防损服务。

（二）国内外艺术品保险的特点

对于西方国家尤其是欧美国家，艺术品发展起步较早。20 世纪 60 年代，欧美国家出现了专门为艺术品提供保险的保险公司，到目前为止形成了成熟的市场和完整的体系，也已经出现了标志性的盈利点。

对于欧美的艺术品保险而言，具有以下几个特点：一是广泛的承保对象，主要包括个人和企业的收藏、艺术品经销商、博物馆和拍卖公司等机构或个人。二是艺术品保险主要致力于文物的防灾防损。在艺术品遭受损失以后，保险公司可以根据所发生的事故类型进行及时准确的现场处理，从而避免二次受损。同时，保险公司注重事故发生前的防灾防损服务，会对现场进行安全检查、提示风险。三是欧美国家专业的艺术品保险公司具有一套完备的被盗艺术品数据库。当被盗的艺术品出现在任何一家拍卖行进行拍卖时，会在数据库中立刻反映出来，然后由保险公司出面和拍卖行沟通，将被盗作品归还给收藏家。四是保险公司具有强大的承保能力。据有关统计显示，在欧美国家从事艺术品保险的保险公司中，每 100 美元的艺术品交易保险公司就能从中获得 1 美元的保费收入。由于完善的鉴定定价体系和有效的信用机制的存在，使保险公司敢于释放自己的承保能力，可以对多数的艺术作品几乎做到 100% 的保险。

四、我国艺术品保险存在的问题

我国是世界上举办展览较多的国家之一，但国内展览的风险主要还是由主办方承担。主要原因与艺术品保险承保范围、保险公司承保能力与承保技术等有关。但其中也存在以下主要问题：

首先，艺术品真伪难辨，鉴定专业性太强，鉴定质量会影响保险公司的承保积极性。由于我国赝品存货量大、鉴定机构缺乏权威性，降低了保险公司对艺术品保险参与的积极性。其次，艺术品的估值（物理价值与精神价值）主要受主观判断，并没有系统的、有规律的评判标准，尤其是精神价值难以准确评定，艺术品估价常常会偏离其真实价值。再次，艺术品保险风险不易分散，艺术品的高价格导致了较大的投保金额，但是展览时艺术品存放的相对集中导致了风险的相对集中。保险公司对于艺术品投保的风险分散尤为看中，应当作首要参考目标值。最后，防灾、防损作为艺术品保险的重要衍生职能。外国的保险公司将防灾、防损与承保、理赔放在同样的位置之上。

五、我们国家艺术品保险市场发展的对策

现阶段，我国艺术品保险市场发展处于空白状态，几乎没有得到开发，属于被动式接受和被保险的状态。为击破滞后的市场发展局面，急需多方面的联合配合，比如政府出台相关政策进行支持、艺术品行业共同制定行业约束及准则、艺术品相关人才的培养等。

（一）制定及完善机制，解决艺术品真伪鉴定难题

对鉴定机制的制定及完善是解决艺术品真伪鉴定难题的最主要途径。具体来讲就是制定及完善机制，然后从市场入手，营造良好的艺术品交易大环境。最后需要积极发挥保险公司的作用，创新保险公司承保的环节。

（二）创建行业认可的艺术品评估机构

由于艺术品市场的蓬勃发展，我国400多家的拍卖行发展迅速，但是质量良莠不齐并且没有专业的有口碑的拍卖企业。在国际上，专业艺术品评估机构主要以拍卖行为主，画廊交易、承担艺术品运输公司的保险估值为辅。拍卖行、古玩市场、画廊、保险公司可以实行战略合作，从而进行优化资源配置、共享人员培训课程等，提升艺术品的估值水平。

（三）为艺术品保险市场奠定人才基础

由于艺术品具有复杂性与特殊性，所以当有艺术品进行投保时需要保险机构具备专业的人才，用于艺术品的展业与承保、理赔与防损、修复与追偿等各个环节。全球著名的保险公司安盛艺术品保险公司，具有方方面面的专业人才，如鉴定人员、策展人、美术馆人员、保存技师、财税咨询师、运输及交易业人员等，这些人员都接受过专业系统的培训，对风险高的标的很熟悉，在估价、温度控制、安保系统、出借、运输等方面积累了丰富的经验。而我国认定的专家基本上就职于国家文物鉴定委员会、艺术品评估委员会及一些国有博物馆。所以现在需要培养各个方面的人才，为我国的艺术品保险市场提供人才基础。

参考文献：

[1] 张昕：《中国艺术品保险领域发展面临的问题及建议》，《当代经济》，2014 年第 3 期，P110-111。

[2] 王少浩：《中国艺术品保险市场的缺失与构建》，《SHANGHAI INSURANCE》2014 年 6 月，P49-55。

[3] 冯善书：《险公司为何对艺术品退避三舍》，《南方日报》，2016 年 9 月 26 日第 A19 版。

[4]《欧美：艺术品保险已是成熟业态静涵》，《中国文化报》2017 年 2 月 11 日第 008 版。

[5] 西沐：《保险业参与艺术品市场是创新取向》，《拍界论坛》，P39。

[6] 司马：《睿揭开艺术品保险神秘面纱》,《资本画廊》。

[7] 李军：《有关艺术品保险的探讨》,《科技视界》，P338。

[8] 蔺圣星：《我国艺术品保险相关问题研究》,《时代金融》，2017 年第 01 期中旬刊，P289。

[9] 袁婷：《今日美术馆携手安盛艺术品保险“试水”美术馆艺术品》，《天下艺术》。

[10] 吴桢 . 全球保险巨头进军中国艺术品市场 [J]. 收藏，2012 年 06 期。

[11] 邵嘉晖，陈永祥，窦莉梅，王璐，查丽娟 . 西方艺术品保险市场及其风险控制研究 [J]. 上海商学院学报，2012 年 05 期。

[12] 孙冰 . 专访安盛艺术品保险公司 CEO 尤里奇 • 甘道夫 . 让中国的艺术品不再“裸奔”[J]. 中国经济周刊，2013 年 16 期。

[13] 倪进 . 我国艺术品市场发展研究 [J]. 山东社会科学，2011 年 01 期。

[14] 游春，胡才龙 . 发展艺术品金融产品份额化交易相关问题探讨 [J]. 财会月刊，2011 年 33 期。

[15] 张昕 . 中国艺术品保险领域发展面临的问题及建议 [J]. 当代经济，2014 年 03 期。

我国滨海旅游产业融合发展研究 *

王　蕾　范文静　刘　彤 **

[摘　要] 新兴经济体带来新的发展动力，滨海旅游市场供求关系发生变化。近年来，我国滨海旅游发展较为迅速，但是要想实现滨海旅游产业融合发展，还需要克服很多问题。本文运用 SWOT 模型，以我国南黄海如东县为例，对该区域滨海旅游产业发展优劣势、机遇与挑战进行综合解析，以说明我国滨海旅游产业融合发展的重点与难点。指出滨海旅游产业融合发展战略应契合国家旅游战略，同时坚持差异化发展。

[关键词] 滨海旅游；产业融合；SWOT 分析

一、滨海旅游产业发展的国际背景

（一） 新兴经济体带来新的发展动力

在旅游业超常增长的趋势下，新兴经济体成为新的旅游目的地和客源地，为国际旅游产业带来了新的发展动力，东亚太地区接待国际旅游人数超过美洲（2020 年将达到 17.8%），位居世界第二。欧、美主宰世界旅游市场的局面已被打破，全球旅游市场已形成欧、亚、美三足鼎立的新格局。在东亚、太平洋地区、夏威夷及具有丰富海滩资源的东南亚及我国东南沿海成为旅游者首选的旅游目的地。

---

* 本文受北京印刷学院校级社科类一般项目（Eb201511）和北京印刷学院校级社科类一般项目（20190116002/028）资助。

** 王蕾，博士，讲师，研究方向：休闲产业与文化旅游；范文静，博士，讲师，研究方向：遗产旅游与生态旅游；刘彤，北京印刷学院文化产业管理系教授，经济学硕士，研究方向：文化旅游管理、城镇发展与管理、传媒管理。

（二）滨海度假旅游呈持续增长之势

海岛、滨海旅游度假仍将成为国际旅游业发展的主流，同时休闲度假与旅游体验逐步迈上大众化轨道，休闲度假已成为现代社会人们的重要生活方式，休闲经济成为经济社会发展的重要经济形态。

（三）滨海旅游市场供求关系发生实质变化

滨海旅游度假地特有的、不可复制的社会资源、民俗文化资源和交通、通信、网络等基础设施以及度假地的游憩设施，形成规模性的复合型度假产品体系，将成为旅游目的地竞争的核心元素。

（四）旅游市场细分化趋势明显

除传统的观光旅游之外，如修学旅游、蜜月旅游、购物旅游、会奖旅游、民族风俗旅游、体验旅游等新的旅游概念逐渐呈现；同时旅游者追求更为灵活多变的旅游方式，随着网络预订服务的普及完善，散客旅游和中短距离区域内的家庭旅游在旅游者人数中所占比例将逐渐增加；旅游产品设计开发将更加注重民族风情、地方特色、游娱结合。

（五）旅游安全将更加重要

民族宗教冲突、国际恐怖主义、政局动荡、传染性疾病、旅游目的地社会不安定等，都会随时对国际滨海旅游业的发展形成局部威胁。

二、我国滨海旅游产业融合发展的宏观背景分析

根据世界经济论坛发布的报告，2010年，我国旅游业竞争力从4年前的全球第62位上升到第39位，出入境旅游都得到了非常迅速的发展。目前我国已跃居全球第三大入境旅游接待国和第四大出境旅游消费国，旅游的战略性地位越发明显，我国正在由“旅游大国”向“旅游强国”转变。《国务院关于加快发展旅游业的意见》（国发〔2009〕41号）（以下简称《意见》）提出“把旅游业培育成国民经济的战略性支柱产业和人民群众更加满意的现代服务业”。《意见》颁布后，各地贯彻落实的力度很大，优秀的旅游线路和景区精品纷纷涌现，为滨海旅游产业的发展提供了便利条件。

（一）旅游业是新常态下新的经济增长点

国家旅游局局长李金早表示，我国环境承载力已接近上限，因而必须推动形成绿色低碳循环发展新摸式。旅游业是举世公认的无烟产业，是建设生态文明最有优势、最富潜力的美丽产业。旅游业资源消耗少、能耗低。

根据国家信息中心课题组初步测算，旅游业万元产值能耗约为全国单位GDP能耗的1/6和单位工业增加值能耗的1/11，是汽车业万元产值能耗的1/7、房地产业的1/5、家电业的1/7。随着旅游者文明水平的提升及旅游方式的不断改进，旅游业万元产值能耗将不断降低。旅游业正在成为新常态下新的增长点。旅游消费是最终消费、多层次多样化消费和可持续消费，具有很强的融合能力和巨大的增长潜力，是新常态下扩大消费的重要动力源，已成为居民的普遍消费和推动消费升级的主渠道之一。

（二）旅游业与相关产业深度融合，泛旅游业特征明显

《国家旅游十二五规划》提出“旅游与金融、保险、文化创意等深度融合”，同时“旅游”已深度融入相关产业规划中，如“促进和规范邮轮产业发展”“大力发展面向生产的服务业，促进现代制造业与服务业有机融合、互动发展”“建设现代林业，发展山区林特产品、生态旅游业和碳汇林业”，而旅游房地产业、会议产业、运动产业、创意文化产业、康复疗养产业、海洋产业、生态观光农业、休闲农业、土特产加工工业、演艺娱乐产业等，都直接受益于旅游产业。

三、我国滨海旅游产业融合发展的SWOT分析——以南黄海如东县为例

近年来，我国涌现出许多滨海旅游发展较为迅速的城市和地区，这些城市的滨海旅游资源基础较好，市场潜力较大，但是要想实现滨海旅游产业融合发展，还需要解决很多问题。以下将利用SWOT模型，以我国南黄海如东县为例，对该区域滨海旅游产业发展优劣势、机遇与挑战进行综合解析，以说明我国滨海旅游产业融合发展的重点与难点。

（一）发展优势分析

1. 区位条件优越

江苏省南通市如东县，濒临我国南黄海，是江苏省南通市如东循环经济产业园内的重要发展平台之一，也是江苏沿海开发的重要节点，奠定了该区域广阔的发展前景。该区域地处江苏省东部海岸带，长三角北翼，东临黄海，西邻广袤的苏北平原，北连国家一类口岸洋口港，南接南通滨海园区，位于上海1.5小时经济圈范围内（见下图）。既是当地居民休闲游憩的不二选择，更是大上海经济圈游客度假放松的新目的地。

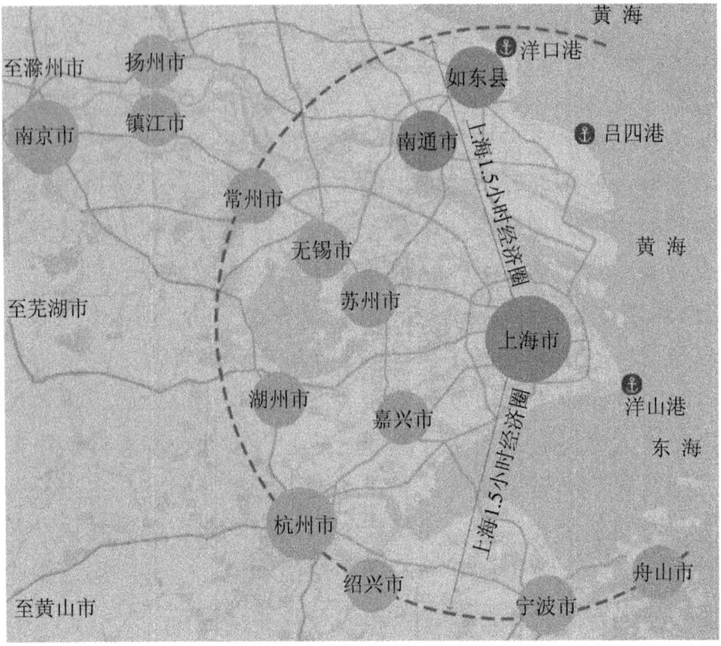

如东县在长三角经济区的区位关系

2. 土地性质适宜旅游开发

南黄海如东县地域广阔，土地平整，相对廉价的土地供给能够提供较大的环境容量。豫东垦区和东部区域的土地性质适宜发展滨海旅游；近几十年来，当地政府通过围海填海扩充了大量的土地资源，为滨海旅游业提供了巨大的发展空间。

3. 资源开发潜力巨大

南黄海如东县潜在资源种类多样，类型比较丰富（见下表）。经过规划开发与景观提升，可以转化为品质较高的旅游吸引物。其中，自然资源类型的现实旅游资源和潜在旅游资源涉及海滨景观、滨海水域风光、水库水面湖泊、河流四类，可通过旅游开发发展滨海游憩和水上休闲活动。人文资源类型的现实旅游资源和潜在旅游资源包括渔业养殖、风力发电、城乡风貌四类，可开发生态观光、渔业养殖、休闲养生、城市科普等一系列的旅游产品。

如东县域旅游资源一览表

序号	景点名称	描述	性质
1	海上迪斯科休闲旅游区	洋口港海上迪斯科旅游项目历史悠久，总面积达104万亩，是东方第一大滩涂。集观光、游戏、舞蹈、健身、劳动、收获兼品尝于一体的特色旅游。	海滨综合休闲度假
2	洋口港	洋口港是南黄海上一颗璀璨的明珠，一座面向世界的亿吨大港，一座国际水准的石化基地，目前洋口港景区已成功创建成国家AAA级景区、省级工业旅游示范点、省级自驾游基地。	大尺度观光
3	小洋口风景区	小洋口旅游度假区是集旅游观光、休闲度假、餐饮娱乐、科普教育、日常生活体验于一体的多功能、生态型的旅游度假区。度假区充分展现南黄海风情，突出绿色生态理念和健康休闲养生旅游，在保留原生态自然特性基础上，营造了高雅独特、优美幽静的景观环境。	综合海滨休闲度假
4	南通洛卡王国儿童职业体验馆	王国内设有36个职业体验馆、70多种职业实境体验，以培养孩子适应未来社会的能力，包括培养团队合作精神、体会劳动的价值、建立正确的金钱观念、培养专注力、创造力和思考力。	创意体验馆
5	南通方特探险王国	公园以科幻探险和惊险体验为最大特色。	创意体验馆
6	黄海大桥阳光岛	是苏南黄海第一人工岛。	度假休闲
7	南通城市绿谷	城市绿谷空气清新，是亲近自然的好去处。	城市公园
8	国清寺	国清寺景区以佛教文化为依托，汇人文景观和自然景观于一身，集游、购、娱、食、住、行等多种功能于一体，是游客休闲、游览、娱乐的极佳去处。	人文宗教景区
9	南通革命纪念馆	马塘革命烈士纪念馆位于素有苏中地区“小延安”之称的马塘镇，是南通市独一无二，江苏省为数不多的乡镇红色旅游景点。每年都有来自县内外众多游客到这里瞻仰革命遗址，接受革命传统教育和爱国主义教育。	红色历史纪念馆
10	浅水湾水上公园	浅水湾水上公园位于如东县城北区，是如东目前规模最大的一座综合性公园。休闲广场、开阔的水面，大型音乐喷泉，无不将景观与人的需求充分结合，满足了人们观光、亲水、休闲、娱乐的需要。	休闲娱乐公园
11	上真观	如东县上真观始建于明代，清咸丰年间重修，主体建筑有山门、真武殿、玉皇宫共3进。	人文景点
12	在水一方生态园	其基本格局分为：特种水产养殖示范区、名贵花木种植示范区、休闲养生区、餐饮商务区等。	农业生态园

续表

序号	景点名称	描述	性质
13	写意农庄	是一个集农业生产、餐饮娱乐、生态旅游等多功能于一体的综合性、参与性极强的生态农业旅游园区。	生态农业旅游
14	金色农家休闲农庄	集停车场、餐饮、住宿、休闲、会务、购物等于一体，另有基地及农副产品加工厂若干个，是游客关心三农、体验新农村建设和新农民生活的理想场所。	农副产品体验园

4. 经济社会发展基础好

上海为龙头的江苏、浙江经济带，是中国目前经济发展速度最快、经济总量规模最大、最具有发展潜力的经济板块。统计数据显示，2014 年如东县所处的长三角核心区 16 个城市 GDP 总量突破 10 万亿元，增速均值为 9.0%，实现规模以上工业总产值突破 19 万亿元，完成固定资产投资突破 5 万亿元，实现社会消费品零售总额 3.95 万亿元，实现进出口总额 1.29 万亿美元。这一经济巨人群，更直接吸引了众多世界级经济巨人的目光。目前，世界 500 强企业已有 400 多家在这一地区落户，其中，在上海设立地区总部和中国总部的就有逾 200 家，仅在苏州投资的有 81 家，投资项目达 188 个。据不完全统计，这一地区合同利用外资累计已近 1500 亿美元；长江三角洲已变成一个吸引国际资本与技术的强大磁场。总体来看，长三角地区的城镇居民可支配收入、农村居民纯收入在全国处于领先，基本达到了经济较发达国家的水平。南黄海如东县所在的地理位置正是长三角地区上海经济带的辐射区域，县域经济的崛起，使"长三角"城市连片化、都市化成为可能，这为当地滨海旅游产业融合发展奠定坚实基础。

（二）发展劣势分析

1. 旅游产品待开发，管理经验缺乏

由于如东县现有可直接利用的旅游资源不多，很多潜在资源需要通过开发来转化为旅游产品。因此内部用于旅游活动的基础设施尚不具备，产品和旅游基础设施都有待开发和完善，现状对中高端游客缺乏吸引力。此外，如东县旅游开发较晚，开发模式以政府主导为主，缺乏相应的贷款支持和旅游景区管理经验。

2. 旅游形象未确立，市场认知度低

如东县虽已有较成熟的近、中程旅游环境和多样化的城市名片，但总体上外界对于其旅游形象的认知还比较模糊，形象不够突出。相比于其他沿海城市县域，特色不鲜明，形象有待确立和深化，市场认知度有待提升。

3. 营销策略尚陈旧，区域合作欠缺

如东县旅游总体的营销策略还处于比较陈旧且低层级的传统单向线下营销，在营销力度和手段上都有极大的改进空间，现有旅游网站的维护和信息发布不够及时。此外，如东县内部旅游景点的合作，与外部大上海经济圈的合作都比较欠缺，限制了规划区的旅游发展。

（三）发展机遇分析

1. 国家重要发展战略的出台和推动

2014 年 12 月 31 日，国务院办公厅正式通过了《国务院关于促进旅游业改革发展的若干意见》，明确提出把旅游业培育成国民经济的战略性支柱产业和人民群众更加满意的现代服务业，为不断增进在旅游休闲方面的国民福利，为我国旅游业新一轮腾飞确定了方向。此政策的出台标志国家对旅游业的定位更高，扶持力度更大，为如东县滨海旅游开发提供了更为有利的宏观环境。

另外，国家新型城镇化的推动，标志着新型城镇化的发展更多需要培育服务业。旅游业是第三产业的龙头产业，通过大力发展旅游产业，带动第三产业的发展，引爆旅游业区域经济，推动县域产业结构优化，并进一步促进全县三农问题的合理解决，增加就业机会，实现经济、社会、生态与旅游四个效益的协调统一。

2. 我国旅游市场需求处于转型期

“以转型升级、提质增效为主线，推动旅游产品向观光、休闲、度假并重转变；推动旅游开发向集约型转变，更加注重资源能源节约和生态环境保护，更加注重文化传承创新；推动旅游服务向优质服务转变，实现标准化和个性化服务的有机统一。”这是《国务院关于促进旅游业改革发展的若干意见》对未来旅游业发展方式转变所给出的具体规划。目前中国旅游消费市场已经从传统的观光市场逐渐向具有度假、休闲、教育等综合性功能市场转变，而规划区总体的休闲游憩、生态养生开发战略体，能够满足日益多元化的旅游需求，对中远程国内游客具有强烈的吸引力和感召力，在未来较长一段时间内，这些产品将成为旅游市场的主导，而南黄海如东县滨海旅游发展方向恰好符合我国旅游市场发展趋势。

3. 如东县十三五发展规划的导向

如东县十三五发展规划中明确提到将着力发展现代服务业，重点推进旅游休闲、商贸餐饮、房地产等生活性服务业发展。以沿海旅游经济开发区为主要载体，以南黄海风韵为核心，突出海鲜美食、海滨胜景及运动休闲三大亮点，优化发展滨海休闲旅游，注重引进大型知名集团，强化整体开发，打造更具影响力的沿海生态休闲度假目的地。可见，滨海旅游产业融合发展正是如东县十三五发展规划和沿海开发战略的重要节点。

（四）发展威胁分析

1. 区域同质化产品竞争激烈

如东县现有的洋口港、海上迪斯科休闲旅游区、小洋口风景区、东凌湖规划区在区位特点和主要功能定位上有交叉，属于区域同质化产品，势必会对如东县滨海旅游的整体开发产生威胁。在后期规划中，既要注意旅游产品开发的差异性，突出特点，又要利用现有景区的海滨综合休闲度假已有的规模，形成联动机制，加强区域合作，把握客源。

2. 社区居民利益保障的威胁

如东县沿海有大范围的居民点，大规模的滨海旅游开发势必会影响到当地居民的正常生活，未来的滨海旅游产业发展也会涉及他们的利益，因此如何在滨海旅游产业融合和兼顾居民利益中实现平衡，将是如东县滨海旅游产业融合发展的重要威胁，也是我国其他滨海旅游区面临的棘手问题。

3. 大尺度开发引发生态威胁

如东县的土地现状适宜进行大尺度的旅游开发，同时也可能会对生态环境相对脆弱的滨海地区产生生态威胁，如湿地面积缩小、水土流失、生物多样性减少等。此外，还可能引发水污染、噪声及大气污染、固体废弃物污染、外来物种入侵及自然景观原有面貌的破坏等问题。因此在后期的开发建设中，应把环境问题作为重要的检测指标，避免当地生态环境恶化。

四、南黄海如东县滨海旅游产业融合发展战略与趋势分析

（一）区域发展战略的制定深度契合国家旅游发展战略思路

总体来说，如东县滨海旅游发展战略是贯彻落实 2009 年 12 月国务院以国发〔2009〕41 号印发《意见》的具体行动。《意见》提出旅游业是战略性产业，资源消耗低，带动系数大，就业机会多，综合效益好。应提升发展质量，把旅游业培育成国民经济的战略性支柱产业和人民群众更加满意的现代服务业。

在这一战略背景下，如东县从经济社会发展全局着眼，致力于全面建

设为世界知名、全国一流的具有科学性、示范性的综合性旅游目的地，与促进全市社会经济的全面、可持续发展的战略背景深度契合，是经济社会发展到现阶段的内在要求，是顺应经济社会发展客观规律、加快发展新的重大机遇，是围绕“高点定位、整体规划、创新发展、长远谋划、循序开发”五位一体战略思想的具体体现，是加快科学发展、加速崛起、增加就业、富民强县的重大举措。在2016年如东县政府工作报告提出要大力发展特色性服务业。以低碳科技为引领，以休闲观光、绿色生态以及康体养生等系列主题旅游产品为支撑，全力打造区域旅游文化高地不仅是如东县旅游发展的主题，更是对《国务院关于加快发展旅游业的意见》以及江苏省旅游发展总体规划的贯彻落实的具体化，将如东县的旅游业打造为当地的支柱性产业和更加满意的现代服务业这一战略目标与国家国务院、江苏省对旅游业的规划和政策深度契合。

（二）滨海旅游资源整合，坚持差异化发展战略

我国滨海旅游资源总量丰富、类型多样、资源质量和品位较高，旅游开发价值极大。自然类旅游资源可以分为地文类、水体类、气候生物类旅游资源。滨海旅游已成为我国旅游开发投资的热点，我国正迎来全方位、大规模开发滨海旅游的重要时期。

如东县人文旅游资源和自然旅游资源数量丰富且有机地融合在一起，其中优质资源较多，具备发展差异化滨海旅游的资源禀赋。既有广阔壮观的滨海风光，也有温婉内敛的河流湿地。海滨地带可通过围海或景观提升打造海滨景观，发展水上项目。湖泊与河流湿地区域可发展生态观光和湿地游憩活动，打造绿色养生休闲主题。通过对目前亚洲最大的风电产业区形成的特有风景以及养生文化、农耕文明、温泉养生等特色资源，打造南黄海风情旅游品牌、度假休闲文化旅游品牌、养颜养生地等旅游资源的整编组合可以形成旅游片区。通过开发与景观提升可打造海滨度假兼具城市公园等多种复合功能的旅游目的地，从而使产品形成差异化。但是，周边类似的海滨综合休闲度假目的地对如东县的滨海旅游开发构成一定的威胁，寻求差异化思路，提升服务品质，会事半功倍。

参考文献：

［1］吴必虎．区域旅游规划原理 [M]．北京：中国旅游出版社，2001。

［2］南通市地方志编纂委员会．南通市志（上册）[M]．上海：上海社会科学院出版社，2000。

［3］陈志钢，黄震方．基于 SWOT 与 PST 方法的南通旅游产品分析及市场营销策略研究 [J]．江苏商论，2004，（7）。

［4］孙亮．论旅游产品组合的三维拓展模型—以南通旅游产品开发为例 [J]．华东经济管理，2008，22（7）。

［5］姜鹏鹏，王晓云．中国滨海旅游城市竞争力分析 [J]．旅游科学，2008，22（5）。

文化产业发展中社会效益统筹经济效益的问题及对策

李　晨　李治堂*

[摘　要] 党的十九大报告指出，文化是一个国家、一个民族的灵魂。文化兴国运兴，文化强民族强。没有高度的文化自信，没有文化的繁荣兴盛，就没有中华民族伟大复兴。由于文化产业既具有鲜明的意识形态属性，又具有很强的产业属性，因此，中央提出要深化文化体制改革，完善文化管理体制，加快构建把社会效益放在首位、社会效益和经济效益相统一的体制机制。近年来，随着文化体制改革不断推进，文化产业发展取得了长足的进步。但是，在发展文化产业的过程中，也存在个别文化单位过度追求经济效益而忽视社会效益或者注重社会效益而经济效益欠佳的情况，这都不利于文化产业的健康发展。本文分析了文化产业发展现状，讨论了文化产业社会效益和经济效益的关系以及坚持社会效益放在首位、经济效益和社会效益相统一的必要性。重点分析了文化产业发展中社会效益和经济效益失调的问题及原因，并提出了六个方面的对策建议。

[关键词] 文化产业；社会效益；经济效益；协调发展

一、研究背景

文化产业作为朝阳产业，是提升国家战略地位和意识形态领域主导权和话语权的重要组成部分，如美国的电影业、德国的出版业、韩国的传

* 李晨，北京印刷学院经济管理学院会计硕士研究生；李治堂，北京印刷学院经济管理学院教授，博士，硕士生导师。

媒业等文化产业对经济和社会发展发挥着越来越重要的支撑和促进作用。文化产业的发展已势不可当。党的十七大报告明确提出：推动社会主义文化大发展大繁荣，要始终把社会效益放在首位，做到经济效益与社会效益相统一。党的十九大报告明确指出：文化自信是一个国家、一个民族发展更基本、更深沉、更持久的力量，强调始终把社会效益放在首位，坚持两效统一，强调以人民为中心的创作导向，推动中华优秀传统文化创造性转化、创新性发展，切实承担起新的文化使命。但是，在我国文化产业快速发展的过程中也出现了部分文化单位过度重视经济效益而忽视社会效益的问题，人民日益增长的美好生活需要与不平衡、不充分发展之间的矛盾在文化生产和消费方面表现突出，文化产业的发展和实现全面建成小康社会、建设社会主义文化强国、实现中华民族伟大复兴战略目标之间仍有较大的差距。因此，党的十九大报告提出，要深化文化体制改革，完善文化管理体制，加快构建把社会效益放在首位、社会效益和经济效益相统一的体制机制。本文研究文化产业发展中社会效益如何统筹经济效益，实现双效统一，具有重要的理论意义和现实意义。

二、文化产业发展现状及社会效益和经济效益相统一的必要性

（一）文化产业的发展现状

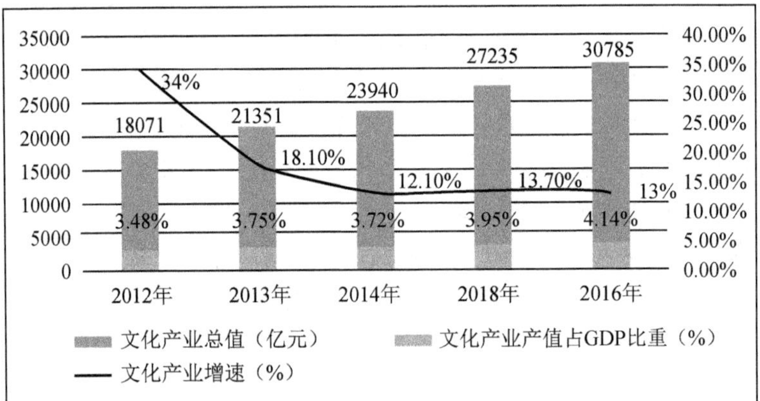

文化产业近5年发展概况

数据来源：国家统计局

从国家统计局整理的文化产业近 5 年的发展概况可以看出，文化产业

的总值呈现稳步上涨的趋势，与此同时，文化产业产值占 GDP 的比重大体上是稳定上升的态势，但是文化产业的增长速度从 2012 年的 34% 下降到 2014 年的 12.1%，而后升中有降。从上图可知，文化产业对经济的贡献越来越大，但是文化产业的增长速度还有待提高。因此，本文对文化产业社会效益统筹经济效益问题及对策研究有利于引导文化产业积极、健康的增长。

（二）文化产业的经济效益与社会效益关系

经济效益是指通过文化产品或服务给企业的利润、资本等带来的正面影响。社会效益是指满足消费者精神或思想方面的需求给社会带来正能量，提升企业的品牌和形象。社会效益统筹经济效益是指，给社会带来贡献、满足消费者的精神层面需求等给企业带来新的机遇，创造更多的利润。社会效益统筹经济效益就是，在企业获得利润的同时始终把社会效益放在文化产业发展中的首位，是新时期对上层建筑适应经济基础发展状况规律的创造性运用，以保证我国文化产业又好又快发展。文化的意识形态属性决定了两个效益不能等量齐观，必须将社会效益置于首位。当代中国发展的是社会主义文化产业，发展中国特色社会主义文化，必须坚持社会主义文化方向，以马克思主义为指导，坚守中华文化立场，立足当代中国现实，结合当今时代条件，发展面向现代化，面向世界，面向未来的、民族的、科学的、大众的社会主义文化，推动社会主义精神文明和物质文明协调发展。

企业既要注重社会效益，又要注重经济效益，两者互相促进，相得益彰。具体体现如下：

一是文化产业发展中首先把社会效益放在首位，社会效益统筹经济效益。文化产业满足人民对精神文化产品的需求，同时，文化又属于上层建筑和意识形态范畴，对于引导社会主流价值观、社会发展和稳定至关重要。必须把人民利益放在首位，社会效益的最佳化是文化产业的根本利益所在。在社会主义建设进入新时代的今天，文化事业和文化产业担负着建设社会主义文化强国目标和实现中华民族伟大复兴的历史使命，文化产品的创作、生产、消费等都要服从和服务于这一目标和使命，否则文化产业的发展将失去其根本和价值。

二是坚持社会效益和追求经济效益并不矛盾，经济效益的实现可以更好地促进社会效益。人民对高质量、高品位的精神文化产品的需求是稳定的、持久的，具有巨大的市场需求和发展潜力。当前，人民对精神文化产品的需求和文化产业不平衡、不充分的发展之间的矛盾依然比较突出，通过迎合社会部分人群的不健康、不合理的消费倾向而获取经济效益的做法无疑是饮鸩止渴，是不能持久的。文化产业发展不是简单地满足需求，而是要创造需求和引领需求，在实现文化使命和文化担当中实现经济效益，在良好经济效益的基础上进一步提升社会效益，实现相互促进，协调发展。

（三）文化产业的社会效益与经济效益相统一的必要性

1. 社会效益与经济效益相统一是建设中国特色社会主义文化的必然要求

建设中国特色社会主义文化其根本任务是以马克思列宁主义、毛泽东思想、邓小平理论和“三个代表”重要思想为指导，全面贯彻科学发展观，着力培育有思想、有道德、有文化、有纪律的公民，切实提高全民族的思想道德素质和科学文化素质。文化属于上层建筑中的意识形态范畴，文化产业的发展要求必须把人民利益放在首位，这是社会效益的最佳体现，同时文化产品的生产必须遵循市场价值，市场价值服从社会价值，是典型的经济效益与社会效益的统一，因此发展文化产业必须把社会效益和经济效益统一，这是中国特色社会主义文化建设的必然要求。

2. 社会效益与经济效益相统一是实现传统文化创新性转变的必然选择

中共十八届五中全会中提出“创新、协调、绿色、开放、共享”的发展理念。创新是引领发展的第一动力，是文化创新的战略支撑。文化是一个国家、一个民族的灵魂。要坚持中国特色社会主义文化发展道路，激发全民族文化创新创造活力，建设社会主义文化强国，这是社会效益的最高表现。建立以企业为主体、市场为导向、产学研深度融合的文化创新体系，加强对企业的引导和保护，解决企业的生存和发展问题，推动经济效益的实现。在传统文化创新性转化过程中，要切实坚持社会效益和经济效益相统一。

三、文化产业社会效益和经济效益失调的问题及原因

（一）文化产业社会效益和经济效益失调的问题

1. 文化产业发展中片面追求经济效益而忽视社会效益，失去文化产业发展的根本

市场经济是靠市场机制调节经济的运行，市场经济具有自发性、盲目性、滞后性的特点，市场经济存在市场失灵的缺陷。文化产业作为社会主

流意识形态和核心价值观的传播载体，承担着传递积极、健康等正能量的责任。文化产业在发展过程中，存在为了追求经济效益而忽视社会价值、艺术价值、思想价值等社会效益的问题，致使文化产业在传播过程中无法形成正确的价值观念、思想观念，从而影响了社会效益的实现。文化产业市场上充斥着抄袭、猎奇、不健康、不合理的作品。例如，好的电影是去创造潮流，而不是追逐潮流；是去点燃激情，而不是迎合激情；是去激发某种感情，而不是利用某种感情。无论在票房方面还是社会反响方面《空天猎》都不如《战狼 2》，《空天猎》2 月开机，到上映也就几个月，经济效益和社会效益失调。而为宣传爱国主义，中外联合整合成一个超越现在中国整体水平的《战狼 2》，实现了社会效益统筹经济效益的效果，票房达 56.79 亿元。企业面临的最大问题是如何生存和发展，也就是经济效益，同时社会效益是在追求经济效益过程中不可偏离的方向，片面追求经济利益而忽视社会效益会影响企业形象，最终必然会影响企业的经济效益。

2. 文化产业发展中只注重社会效益而忽视经济效益，最终影响社会效益的发挥

在发展文化产业过程中，一些当地政府不顾当地的经济发展状况和文化资源的现状，只注重文化产业社会影响和社会效益，而忽视了文化产业的经济属性和经济效益，导致项目运营困难、负担沉重，最终影响社会效益的发挥。文化产业中部分领导过度注重形象工程忽视经济质量，导致文化产业的数量、规模与文化产业质量、效益失衡。例如，河口斥资 2.7 亿元建设的“文化长廊”在建成 3 年后又花费 3 亿元拆除，不切实际的社会效益带来的经济效益欠佳。过度追求短期的社会效益而忽略经济效益，这就是文化产业的数量增长带来社会效益短期提升，但是社会效益和经济效益不协调，将导致社会效益难以发挥。

（二）文化产业社会效益和经济效益失调的原因

1. 文化管理体制不合理。文化产业缺乏统一、有效、规范的管理格局，管理主体多元化，政府干预具体事务过多，文化产业市场定位不准确，未充分发挥市场要素配置效率，不利于文化产业的社会效益统筹经济效益最大化。这就是市场上存在的片面地强调政绩工程，注重社会效益忽视经济效益，或者部分企业一味追求经济效益忽视社会效益的问题。

2. 文化产业财政政策不科学。现行的财政政策整体上不成体系，拨付

款项很难落实，降低了财政政策的效用。政府缺乏合理规划，为了政绩工程，进入忽略经济效益的恶性循环，企业为了获得财政补助，不惜一切代价粉饰经济效益，忽视社会效益，导致违规经营现象不能根绝。

3. 法律监管体制不完善。文化产业的法律监管体制还没能跟上文化产业的发展速度，处于有法不依、执法不严的状态，监管体制操作性不强，企业过度追求经济效益而忽视社会效益，甚至文化单位作茧自缚，为了“面子工程”忽视“里子工程”，比如监管体制不完善，中国的《汽车人总动员》模仿了美国的《赛车总动员》事件，影响中美两国的文化交流。

4. 文化企业目标狭隘。部分文化企业没有树立起品牌意识，在生产过程中片面追求经济效益而忽视社会效益，以狭隘的企业视域订立目标衡量企业的发展成果，让文化产业市场或多或少存在劣质产品，降低了企业的发展空间。

5. 从业人员的职业素养不高。在不规范的文化市场秩序影响之下，文化产业从业者鱼龙混杂及人才进入机制不严谨，违反职业道德的现象经常出现，过度追求经济效益而忽视社会效益，直接影响了企业品牌和形象。

6. 消费观参差不齐。消费观创造和引领需求，健康的消费观可以产生良好的经济效益，促进企业经济效益的实现，低俗、庸俗的消费观导致文化企业为了追逐经济效益而忽视社会效益，从而阻碍文化产业社会效益和经济效益相统一的实现。

四、文化产业社会效益统筹经济效益的对策建议

（一）完善文化管理体制

理顺文化管理体制，确立市场在文化管理中的主体地位、有效权威，政府职能要权责明确，集中力量把握方向性的方针政策的制定，对经济效益和社会效益好的企业积极引导扶持。政府在文化产业发展过程中应保证其管理权利，做好市场监管、质量监督等工作，协调好文化企业之间的关系，处理好纠纷，推进文化产业垂直管理，使市场要素充分发挥作用，加强文化行业协会和中介机构建设，使服务和监督尽快完善并共享到人民群众，推动社会效益实现，进一步为企业的经济效益创造环境，从而推动社会效益统筹经济效益。

（二）规范文化产业财政政策

不同的行业有不同的特点，合理规划财政政策，协调区域经济发展，

推动财政政策落实，政府推进投资主体多元化，完善财政补贴政策，开创贷款贴息等手段的多元化融资体系，让财政政策效用最大化，从而达到社会效益。引导企业合理高效使用财政补贴，端正动机，实现社会效益统筹经济效益。

（三）落实并制定法律监管制度

在文化产业快速发展的过程中，新矛盾、新问题不断出现，文化产业相关法律法规建设的速度跟不上文化产业发展变化的现实，存在有法不依和执法不严等现象。制定相关发展文化产业法律体系，加强相关法律有效监督和强制约束，保护知识产权、专利权、品牌商标法的独创性，对积极守法者给予一定比例的金额奖励，对违法者给予罚款警告，情节严重者责令限期禁止从事相关产业或退出，同时政府的监管人员明确责任制，推动法律贯彻落实。

（四）树立明确的企业目标

企业是文化产业的主体，树立科学合理的企业目标，牢固树立社会效益统筹经济效益的理念，提升品牌服务和质量，创造文化精品，明确自己的主业及经营优势，充分认识到市场的作用，积极融入市场，保证独立的经营权。加大科技、新兴媒体与文化产业的结合，增强核心科技研发力度，这是我国文化产业发展的关键及文化产业社会效益和经济效益相统一的必由之路。

（五）提高从业人员素质

把守文化之魂魄，不“失魂落魄”是底线，举办从业者职业道德素质培训，对从业者形成一种良好的引导。鼓励道德素质优异者把社会效益统筹经济效益的观念逐步推广开来。建立健全人事管理体制和人才运作机制，培养创新复合型“产销对路”的文化产业人才，定期进行职位晋升，建立公开、公平、透明的发展平台，加强国外交流合作，提高其参与的积极性和主动性，为社会效益统筹经济效益提供人员保障。

（六）培养消费者绿色健康的消费观

社会效益统筹经济效益必须通过广大的消费群体才能实现，文化产业要通过满足消费者的需求才能实现其经济效益。消费者是市场的重要组成部分，以正激励和负激励的形式向消费者传播抵制低俗文化产品和价值导向偏颇文化产品的观念，培养健康绿色消费观，使消费者自觉实现价值观念的转变，为文化产业社会效益统筹经济效益提供观念指导。

五、结论

社会效益统筹经济效益是中国文化产业发展的题中要义。文化包含经济，经济包含文化，经济和文化 “一体化”的趋势日渐明显。本文通过研究文化产业的现状、文化产业中社会效益和经济效益的关系以及社会效益统筹经济效益的问题、原因及相应的对策，进而为文化产业的健康发展提供良好的理论基础。文化产业和消费者之间不是简单供给和需求关系，消费需求创造和引领文化产业实现经济效益，文化企业满足消费者的需求给企业带来社会效益，充分体现着主体客体化和客体主体化的双向互动过程。

在国家的高度重视和政策鼓励下，文化资源大国要成为文化产业大国，必须从消费市场和现代产业角度提炼文化资源的市场要素，进行有效开发利用，在对文化产业整合的基础上，形成一个社会效益统筹经济效益、激励与约束相结合的有效体系。我们坚信在“一带一路”国家展示文化产业的过程中，把中国的文化产业和世界的文化产业结合起来，取其精华，弃其糟粕，同时文化产业要考虑自身的特色和优势，培育新型文化业态，创造出中国特色的社会效益统筹经济效益的新模式，展现真实、立体、全面的文化产业，叫响中国品牌。在社会效益统筹经济效益的指引下，文化产业为我国实现全面建成小康社会、建设社会主义文化强国、实现中华民族伟大复兴战略目标做出了重大贡献。

参考文献：

[1] 介明菊：《论文化产业发展中政府职能的转变》，载《管理学刊》2010 年第 3 期。

[2] 姜曙：《文化产业发展的公共财政扶持政策研究》，复旦大学 2009 年硕士学位论文。

[3] 王尊：《论文化产业的经济效益与社会效益》，载《市场周刊》（研究版）2005 年第 8 期。

[4] 谢传仓：《中国文化产业发展的价值取向》，载《吉首大学学报》（社会科学版）2015 年第 3 期。

[5] 杨亚洁《社会主义文化产业社会效益与经济效益相统一研究》，西南交通大学 2011 年硕士学位论文。

互联网时代背景下文化出版上市公司经营绩效评价*

魏　巍　张克猛　安秀霞**

[摘　要] 在互联网时代背景下，本文以我国8家文化出版上市公司为研究对象，选取2009—2013年的数据作为样本数据，运用DEA分析法，选取固定资产、其他资产、员工数为投入指标，净利润和营业收入为产出指标，进行实证分析。结果表明在互联网时代背景下文化出版上市公司的规模效率、技术效率以及纯技术效率总体上表现为有效。2013年仅有一家文化出版上市公司规模效率表现为无效。

[关键词] 互联网；DEA；经营绩效

引言

进入21世纪互联网飞速发展，网络的使用越来越普遍。2015年出版业正式进入“互联网+”时代，并得到了国家政策的大力支持。在互联网时代背景下，文字、音乐、影像等内容通过信息网络快速传送到移动终端，对于读者来说，互联网使人们获取信息的速度、数量和方式等都发生了极大的改变。印制碟片、印刷图书然后通过传统渠道销售到影碟店、书店等需要消耗大量的资源和成本。因此，互联网时代的到来给传统的文化出版创造了极大的机遇的同时，也造成了较大的冲击。

* 本文研究得到山东省自然科学基金（ZR2015GL003）、山东省社科规划基金项目（15CQSJ04）、山东省社科规划基金项目（14GGLG29）的支持。

** 魏巍，山东青年政治学院副教授，山东大学工商管理博士后流动站，研究方向：文化公司经营绩效；张克猛，山东肥城市湖屯镇湖屯信用社；安秀霞，山东青年政治学院青年创业研究中心。

2014年8月18日，习近平主持召开中央全面深化改革领导小组第四次会议，最后审议并通过《关于推动传统出版和新兴出版融合发展的指导意见》。该意见要求，各出版行政主管部门、出版单位将出版融合发展列入行业和单位的重大产业发展规划中。2014年10月10日至11日，在北京举行了出版传媒集团首脑座谈会。提出要推动传统文化出版和新兴出版融合发展，提出要实现转变观念思维、转变生产经营、转变机制体制三个转变。由此可以看出，在互联网时代背景下我国对文化出版类企业的发展高度重视，并且政府给予很大的政策支持。

在互联网时代背景下，文化出版上市公司面临着巨大的挑战，并已经得到了国家和政府的高度重视。那么在互联网时代背景下，文化出版上市公司的经营处于什么样的状态，该如何提高自己经营绩效？基于文化出版类已经上市企业的经营特点，针对这个问题以互联网为时代背景，运用DEA模型对文化出版类已经上市企业投入产出经营效率进行研究，从而为文化出版公司在互联网时代背景下的发展提出合理化的建议有重要的现实意义。

一、文献回顾

技术效率方向，王家庭和张容（2009）提出环境因素的DEA模型，并且提出所研究的各个省市的技术方面的效率水平表现得有些偏低，最后得出这是由这些文化类产业企业的经营规模比较小导致的。郭淑芬、郝言慧、王艳芬（2014）的研究表明，文化产业类上市公司平均全要素生产率降低的关键原因是技术方面进步效率的下降，最后通过Malmquist模型分析作者提出文化产业类上市企业的技术效率存在8.3%的提升。赵琼、蒋慧宸（2014）利用2009年到2013年我国文化产业两大子行业中已经上市的企业开展经营效率的研究，通过分析两位学者提出对技术效率这一显示企业经营绩效的效率进行研究和评价，技术效率的重要影响因素是智力成果的比重和营销的相对规模。

规模效率方向，蒋萍、王勇（2011）对我国31个省份第二次经济普查中2008年文化类产业上市公司的投入产出指标进行分析，得出我国文化类产业中已经上市的企业在投入产出绩效、规模方面的效率大部分时间是处于递增状态的。许立新、杨淼（2014）以2010年我国38家文化类产业已经上市的企业数据作为分析对象，通过分析得出文化类产业已经上市的企业在规模报酬方面大多表现为逐年下降，要想提升企业的综合效率不仅要关注资源方面的投入，还要努力提高资源的使用效率。戴新民、徐艳斌（2011）基于 DEA 方法以我国 23 家传播与文化类产业已经上市的企业作为研究的样本，发现传播与文化类产业中已经上市的企业绩效比较低，得出规模方面的效率是逐年减少的，绝大多数企业的生产没有在规模方面做到最优。

在其他因素方面有研究的是张仁涛、黄小军、王朋（2010）以广东等 2007 年 13 个省市投入产出数据为研究对象，发现广东省的文化类产业想要更好不仅要达到文化制造类产业的稳定发展，而且要把电信、新闻出版、电影电视、音像、广播、娱乐等文化类服务行业当作重点的扶持对象。曲小刚、马楠（2014）以 2012 年 34 家文化传媒类上市公司年度数据为研究对象，发现文化传媒上市公司效率较低，产业内各子行业效率差异很明显，很多文化传媒上市公司处于规模报酬递减阶段。

通过阅读多篇文献发现，DEA 方法能够用来对多输入多输出系统的“生产函数”进行评估，可以避免由于指标量等方面的不一致而需要寻求同度量因素所带来的一系列问题。本文将以我国 8 家文化出版类已经上市企业作为研究的样本，构建投入产出变量的 DEA 模型，通过模型分析，得出在互联网时代背景下文化上市出版公司投入产出的合理配比，使之达到最优，从而为文化出版上市公司在互联网时代背景下的高速发展提出合理化的建议。

二、DEA 基本原理与模型

（一）CCR 模型

假设有 N 个决策单元（DMU），在这 N 个决策单元中每个都分别有 A 种类型的输入和 B 种类型的输出。用 p_{ij} 表示第 j 个决策单元 DMU_J 的 i 种输入量，用 q_{rj} 表示第 j 个决策单元 r 种输出量，并假设模型满足凸性、锥性、无效性和最小性公理。

由此情况下 CCR 决策单元所能够出现的所有生产可能集为：

$$M=\{(p,q)\}|\ \sum_{j\in J} p_j\lambda_j \leqslant p, \sum_{j\in J} q_j\lambda_j \geqslant q, \lambda_j \geqslant 0, j\in J\ \}$$

根据上面的式子可以得到 DEA 的 CCR 模型，主要是针对决策单元（DMU）的整个样本效率进行评价的。

$$\min\left[\theta-\varepsilon(e^T S^- + e^T S^+)\right]$$

$$s.m.\begin{cases}\sum_{j\in J}P_j\lambda_j+S^- -\delta p_0=0\\ \sum_{j\in J}Q_j\lambda_j+S^+-q_0=0\\ \lambda_j\geqslant 0,j\in J,S^-\geqslant 0,S^+\geqslant 0\end{cases}$$

在上式中 λ_j、S^- 和 S^+ 分别为松弛变量，一般取 $\varepsilon=10^{-6}$，ε 为非阿基米德无穷小。则这个模型的最佳结果为 $\delta*$，当 $\delta*=1$，同时 $S^-=0$ 与 $S^+=0$ 时，DMU_J 在是 CCR 模型情况之下表示 DEA 有效；当 $\delta*<1$ 时，决策单元的结果表示为 DEA 没有起到相应的作用。

当 $\sum_{j\in J}\lambda_j>1$ 时，规模收益递增；

当 $\sum_{j\in J}\lambda_j<1$ 时，规模收益递减。

那些没有映射到有效的前沿面上的所有决策单元均能够经过指标的调整来使结果最终变成有效的状态。

（二）BCC 模型

当生产所有的情况 M 仅仅满足凸性（加入条件 $\Sigma\lambda_j=1$）、无效性和最小性时，我们就可以得出想要的结果，也就是能做到在规模方面的收益能够变化的 BCC 模型。在判断 BCC 与 CCR 是否有效时，二者的区别在于 CCR 模型研究决策单元规模方面有效和技术方面有效是否一致，其前提是要求所有输入量要在一样倍数下进行减少。而 BCC 模型是要求一样的输入量在倍数减少的情况下，研究决策单元在技术方面有没有做到有效。

$$\max\left(\sigma^M Q_0-\sigma_0\right)$$

$$s.m.\begin{cases}\sigma^M q_j-\varphi^M p_j-\sigma_0\leqslant 0,j=0,\cdots,n\\ \sigma^M P_0=1\\ \sigma\geqslant\varepsilon,\varphi\geqslant\varepsilon\end{cases}$$

其中，σ_0 是表示规模效益的指标量。当 $\sigma_0*<0$ 时，表示在规模方面的收益逐渐增加；当 $\sigma_0*=0$ 时，表示规模方面的收益没有变动；当 $\sigma_0*>0$ 时，表示在规模方面收益逐渐减少。

这种模型仅仅研究 DMU 在技术方面是否能够很好地起到作用。其对偶形式为：

$$\min\left[\delta\varepsilon(e^{M}s^{-}+e^{M}s^{+})\right]$$

$$s.m.\begin{cases}\sum_{j\in J}P_j\lambda_j+S^{-}-\delta p_0=0\\-\sum_{j\in J}q_j\lambda_j+S^{+}+q_0=0\\\sum_{j\in J}\lambda_j=1\\\lambda_j\geqslant 0,j\in J,S^{-}\geqslant 0,S^{+}\geqslant 0\end{cases}$$

对文化出版类已经上市企业在互联网时代背景下的经营绩效的计算，主要运用到了技术效率、规模效率和纯技术效率这三种效率。规模效率＝技术效率 / 纯技术效率，表示需要研究的单元是不是在比较好的规模上进行运转。规模效率＜1，说明远离了最佳的规模，同时规模效率表现得越小，说明偏离最佳规模的程度越厉害。规模效率 =1，说明此时的规模方面的效率是最优的。

三、评价指标和样本选择

（一）样本选择

在互联网时代背景下，文化出版类已经上市的企业要想更好地发展，就要紧扣互联网时代背景的特点。文化类产业也被大众视为评价很多国家软实力的关键指标。文化出版产业的发展对一个国家起着关键性的作用，因此对文化出版业的研究是十分必要的，尤其是在互联网时代背景下，信息技术的高速发展对文化出版上市公司产生了巨大的冲击。

在互联网时代背景下文化出版上市公司面临着巨大的挑战，所以在互联网时代背景下对文化出版类已经上市的公司进行经营绩效评价研究很有意义。本文根据文化出版类已经上市企业的特点，以 8 家文化出版类已上市的公司作为主要研究对象，这 8 家文化出版类已上市公司在文化产业中占据着重要的地位，具有较强的代表性。2009 年起互联网对文化出版的影响逐步显现。因此以 2009—2013 年的文化上市公司的数据作为样本区间更具意义。

（二）投入产出指标的选择

在研究文化产业类上市公司的绩效时，很多学者选用了不同的指标。

在评价文化产业类上市公司经营效率时，马萱、郑世林（2010），戴新民、徐艳斌（2011），赵琼、姜惠宸（2014），曲小刚、马楠（2014）等学者在评价时选取了固定资产作为投入指标；在研究公共文化产业及文化类上市公司绩效时，谭秀阁、王峰虎（2011），戴新民、徐艳斌（2011），许立新、杨淼（2014），曲小刚、马楠（2014）等在研究公司绩效时选用员工数量作为投入指标。

在研究文化产业类上市公司经营绩效时，戴新民、徐艳斌（2011），郭淑芬、郝言慧、王艳芬（2014），许立新、杨淼（2014），曲小刚、马楠（2014）等学者在研究公司经营绩效时选取净利润作为产出指标；在研究文化传媒上市公司及文化类上市公司时，曲小刚、马楠（2014），郑彩玲（2014），郭淑芬、郝言慧、王艳芳（2014），戴新民、徐艳斌（2011），赵琼、蒋慧宸（2014）等学者在选取产出指标时均选取了营业收入作为产出指标。

通过对有关文献的研究以及对互联网时代背景的分析，根据可操作性、可比性、系统性和数据可获得性原则，本文选出了投入产出两种指标：投入指标选取固定资产、员工数、其他资产（总资产–固定资产）；产出指标选取净利润、营业收入。

（三）数据来源与说明

根据数据的可获得性原则，本文将我国8家文化出版上市公司从2009—2013年的数据作为样本区间，这些数据均来自于巨潮资讯网下载的各家文化出版类已经上市企业的财务报表（2009—2013）。对于文化出版上市公司，2009年到2013年的财务报表均可获得。在这8家文化出版类已上市的公司中有一部分公司的某一年的数据为负数或0，存在负数或0的数据分析出来的效率必然是无效的，因此应用2009—2013年8家文化出版类已上市公司的数据做DEA分析时剔除这一年这部分数据所在的公司。在2009年的数据中天舟文化、中南传媒的员工数为0，粤传媒的净利润为负数，因此剔除2009年这三部分数据所在的公司。

表1　2009年我国8家文化出版上市公司投入产出指标的描述性分析

项目	年份	2009	2010	2011	2012	2013
固定资产（万元）	极小值	26720	1806	4625	4523	3821
	极大值	58654	115752	116677	113935	110499
	均值	47000	49508	51544	54070	54336
	标准差	12809	32800	32903	33707	33995

续表

项目＼年份		2009	2010	2011	2012	2013
其他资产（万元）	极小值	165712	51608	53127	55555	60039
	极大值	285457	857222	972645	1070981	1190762
	均值	221483	317473	352513	423238	487082
	标准差	46203	256867	293787	305151	332849
员工数（人）	极小值	1087	209	234	467	241
	极大值	4778	10374	12432	13717	15172
	均值	2894	3289	3568	4332	4490
	标准差	1388	3267	3886	4100	4604
净利润（万元）	极小值	12958	1657	1080	2027	2040
	极大值	28453	60125	80619	92092	113185
	均值	23232	23815	27481	31428	36752
	标准差	67157	19073	26669	29129	36856
营业收入（万元）	极小值	92251	21384	27760	27991	32795
	极大值	254468	476258	585657	693036	803305
	均值	175780	183836	228847	253668	296546
	标准差	67157	147488	166221	206907	252479

注：其他资产 = 总资产 - 固定资产

四、实证结果分析

（一）技术效率分析

表 2　8 家文化出版上市公司 2009—2013 年技术效率（TE）

公司＼年份	2009	2010	2011	2012	2013	均值
博瑞传播	100.00%	100.00%	100.00%	100.00%	85.17%	97.03%
出版传媒	100.00%	100.00%	100.00%	100.00%	80.42%	96.08%
时代出版	100.00%	98.92%	96.05%	100.00%	100.00%	98.99%
天舟文化	—	100.00%	100.00%	89.17%	100.00%	97.29%
皖新传媒	100.00%	100.00%	100.00%	100.00%	100.00%	100.00%
新华传媒	100.00%	84.05%	76.55%	79.13%	62.45%	80.44%

续表

公司＼年份	2009	2010	2011	2012	2013	均值
粤传媒	—	53.43%	100.00%	78.32%	82.82%	78.64%
中南传媒	—	82.85%	91.11%	87.64%	89.25%	87.71%
均值	100.00%	89.91%	95.46%	91.78%	87.51%	—

注：2009 年天舟文化、粤传媒、中南传媒等几家文化出版上市公司数据缺失，无法分析当年度的技术效率

通过我国 8 家文化出版类已经上市企业 2009—2013 年技术效率表可以得出，2009 年 5 家文化出版类已经上市企业的技术效率均为 100%。在 2010 年 8 家文化出版上市公司中博瑞传播、出版传媒、天舟文化、皖新传媒这 4 家出版类已经上市企业的技术效率也均为 100%，粤传媒的技术效率最低，为 53.43%。而 2011 年除了 2010 年的 4 家文化出版上市公司外，粤传媒的技术效率同样为 100%。2012 年博瑞传播、出版传媒、皖新传媒仍为 100%，并且 2012 年时代出版的技术效率也为 100%。在 2013 年时代出版、天舟文化、皖新传媒为 100%。

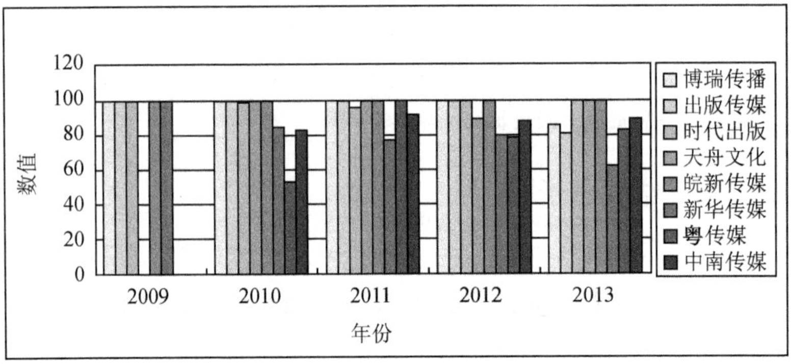

图 1　技术效率柱状图

在技术效率柱状图中可以明显地看到 2009 年的技术效率最高，都是 100%。在 2010 年粤传媒的技术效率在所有年份的全部出版传媒上市公司中技术效率最低，为 53.43%，而在 2011 年粤传媒的技术效率则大幅度上升，升为 100%，2012 年相对于 2011 年则下降 21.7%，但 2013 年又有所提高，由此可以看出粤传媒一直处于变化之中。

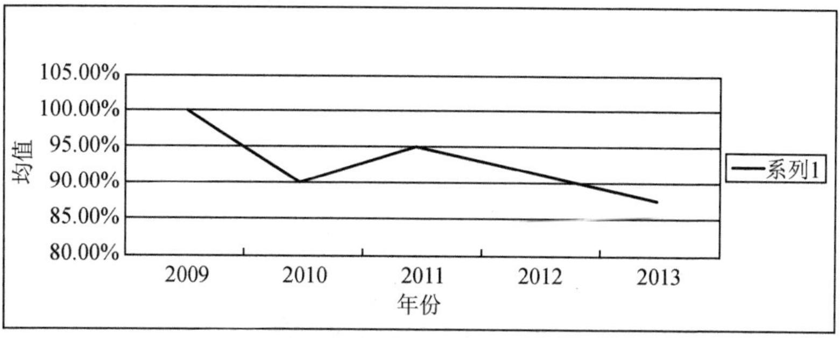

图 2　平均技术效率折线图

根据技术效率平均值折线图可以看出，我国文化出版上市公司在 2009 年到 2010 年技术效率平均值直线下降，2010 年到 2011 年技术效率平均值处在上升状态，而 2011 年到 2013 年平均技术效率又直线下降。

（二）纯技术效率分析

表 3　8 家文化出版上市公司 2009—2013 年纯技术效率 (PTE)

公司＼年份	2009	2010	2011	2012	2013	均值
博瑞传播	100.00%	100.00%	100.00%	100.00%	87.56%	97.51%
出版传媒	100.00%	100.00%	100.00%	100.00%	81.12%	96.22%
时代出版	100.00%	100.00%	100.00%	100.00%	100.00%	100.00%
天舟文化	—	100.00%	100.00%	100.00%	100.00%	100.00%
皖新传媒	100.00%	100.00%	100.00%	100.00%	100.00%	100.00%
新华传媒	100.00%	100.00%	97.29%	80.07%	67.34%	88.94%
粤传媒	—	63.49%	100.00%	80.07%	87.24%	82.70%
中南传媒	—	100.00%	100.00%	100.00%	100.00%	100.00%
均值	100.00%	95.44%	99.66%	95.02%	90.41%	—

注：2009 年天舟文化、粤传媒、中南传媒等几家文化出版上市公司数据缺失，无法分析当年度的纯技术效率

相对于纯技术效率，博瑞传播、出版传媒、时代出版、皖新传媒在 2009 年到 2012 年纯技术效率均为 100%。时代出版、天舟文化、皖新传媒、中南传媒 2013 年的纯技术效率都是 100%。天舟文化与中南传媒在

2010 年到 2012 年的纯技术效率同样也为 100%。由此能够看出，8 家文化出版类已经上市企业的纯技术层面的效率水平总体上均较高。但是新华传媒 2013 年和粤传媒 2010 年均低于 80%，表现为纯技术效率无效。

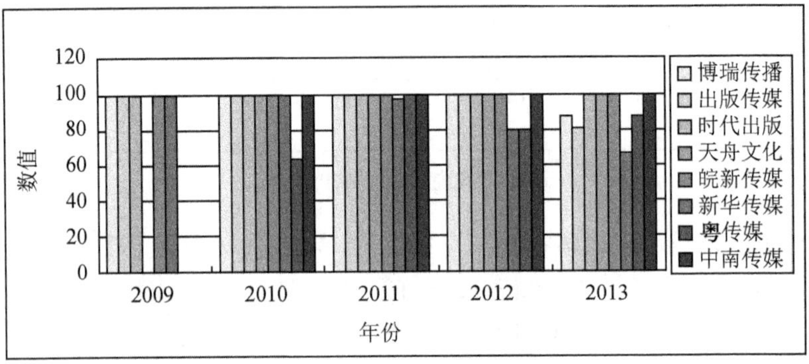

图 3 纯技术效率柱状图

通过纯技术效率柱状图能够得出 2009 年到 2011 年每家文化出版类已经上市企业的纯技术效率都比较高，并且除了粤传媒外变化都不大。在 2012 年除了新华传媒的技术效率有所下降，粤传媒纯技术效率有所上升，其他 6 家文化出版上市公司均保持在 100%。2013 年博瑞传播、出版传媒、新华传媒都存在不同程度的下降。

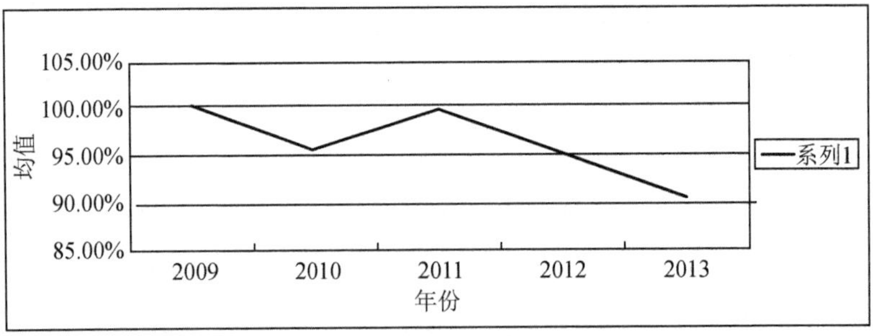

图 4 平均纯技术效率折线图

从纯技术效率均值的折线图得出，2009 年到 2013 年我国文化出版上市公司的纯技术效率平均值不断波动，2009 年到 2010 年纯技术效率平均值直线下降，2010 年到 2011 年纯技术效率平均值处在直线上升的状态，在 2010 年到 2013 年则又处在下降的状态。

（三）规模效率分析

表4　8家文化出版上市公司2009—2013年规模效率(SE)

公司＼年份	2009	2010	2011	2012	2013	均值
博瑞传播	100.00%	100.00%	100.00%	100.00%	97.28%	99.46%
出版传媒	100.00%	100.00%	100.00%	100.00%	99.14%	99.83%
时代出版	100.00%	98.92%	96.05%	100.00%	100.00%	98.99%
天舟文化	—	100.00%	100.00%	89.17%	100.00%	97.29%
皖新传媒	100.00%	100.00%	100.00%	100.00%	100.00%	100.00%
新华传媒	100.00%	84.05%	78.68%	98.82%	92.74%	90.86%
粤传媒	—	84.16%	100.00%	97.82%	94.93%	94.23%
中南传媒	—	82.85%	91.11%	87.64%	89.25%	87.71%
均值	100.00%	93.75%	95.73%	96.68%	96.67%	—

注：2009年天舟文化、粤传媒、中南传媒等几家文化出版类已经上市的企业数据缺失，无法分析当年度的规模效率

从8家文化出版上市公司2009—2013年规模效率表中能够得出2009年5家文化出版类已经上市企业的规模效率都为100%，说明这5家文化出版类已经上市企业规模效率十分有效。在2010年有博瑞传播、出版传媒、天舟文化、皖新传媒4家文化出版上市公司规模效率为100%。在2011年除了与2010年相同的4家文化出版上市公司外，粤传媒的规模效率同样为100%，也是规模效率十分有效的表现。2012年博瑞传播、出版传媒、皖新传媒同样规模效率为100%，并且时代出版在2012年规模效率也表现为规模有效。2013年则有时代出版、天舟文化、皖新传媒规模效率为100%。由此可以看出，8家文化出版上市公司规模效率相差不大，经营状况十分良好。但是新华传媒在2011年规模效率为78.68%，说明规模效率是无效的。

通过规模效率的柱状图发现每一年8家文化出版上市公司中至少有三家的规模效率等于100%，并且每一年的8家文化出版上市公司各家的规模效率都接近于100%。在2011年新华传媒的规模效率在所有的文化出版上市公司中相对最低，为78.68%。

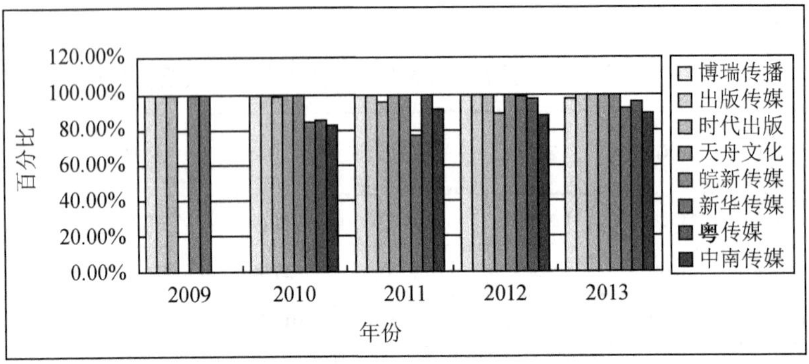

图 5　规模效率柱状图

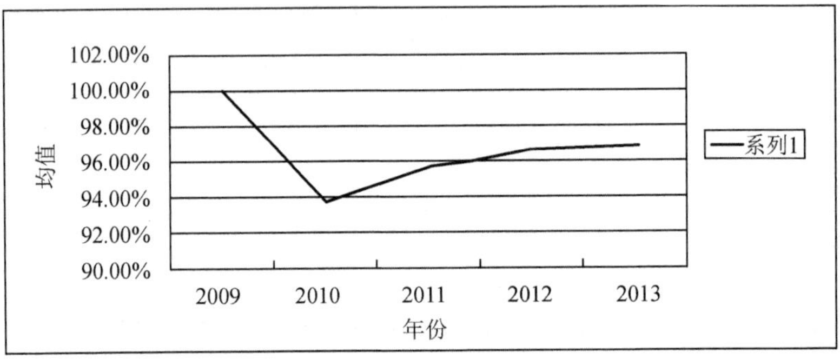

图 6　平均规模效率折线图

根据图 6 可以看出，我国 8 家文化出版上市公司的规模效率平均值 2009 年到 2010 年的规模效率的平均值直线下降，2009 年到 2012 年不断上升，但 2011 年到 2012 年期间上升趋势大幅度减缓，到 2013 年趋于平稳。

（四）潜在改进意见

表 5　根据 BCC 和 CCR 模型对文化出版上市公司应进行的改进

类型	指标	CCR	BCC
投入指标	固定资产	-9.57%	-9.39%
	其他资产	-3.21%	-5.53%
	员工数	-10.05%	-6.63%
产出指标	净利润	48.45%	53.62%
	营业收入	28.72%	24.82%

注：其他资产 = 总资产 − 固定资产

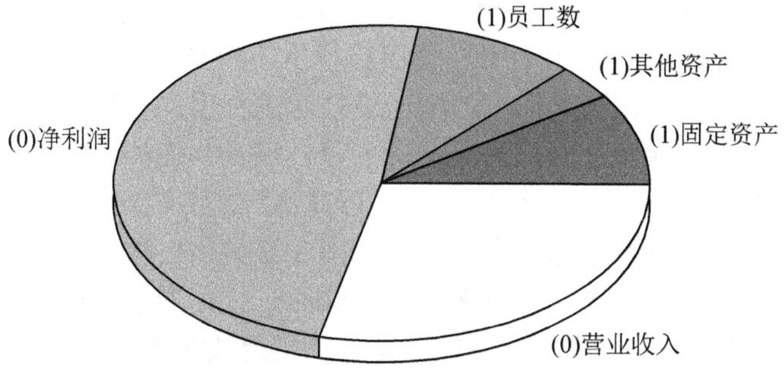

图 7　基于 CCR 文化出版上市公司潜在改进

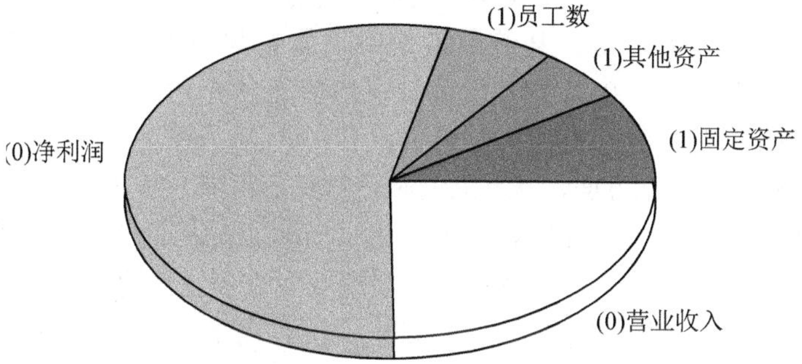

图 8　基于 BCC 文化出版上市公司潜在改进

依据表 6 和图 7 及图 8 可以得出，根据 CCR 模型投入指标中固定资产减少 9.57%，其他资产（总资产－固定资产）3.21%，员工数量减少 10.05%，则结果可以使净利润增加 48.45%，营业收入增加 28.72%。根据 BCC 模型投入指标中固定资产减少 9.39%，其他资产（总资产－固定资产）减少 5.53%，员工数减少 6.63%，则其结果可以使净利润增加 53.62%，营业收入增加 24.82%。

五、结论与建议

（一）结论

本文运用 DEA 分析法，对我国 8 家文化出版上市公司在互联网时代背景下的经营绩效进行分析，选取固定资产、其他资产、员工数为投入指标，净利润和营业收入为产出指标。结果表明在互联网时代背景下文化出版上市公司的规模效率、技术效率以及纯技术效率总体上表现为有效。具体得到以下结论：

（1）经过技术效率分析，我国 8 家文化出版上市公司总体上是有效的，但新华传媒2011—2013年的技术效率均低于80%，粤传媒在2010年和2012年的技术效率也低于80%，说明新华传媒和粤传媒技术效率方面是无效的，在不考虑规模因素影响的情况下技术的利用率有待改进。从技术效率均值分析，我国8家文化出版上市公司技术效率均值不断地发生变化，2009年到2011年技术效率均值呈“V”形变化，2011年到2013年直线下降。

（2）根据纯技术层面研究表明，我国8家文化出版上市公司在纯技术效率方面比技术效率情况好得多，在互联网时代背景下我国8家文化出版上市公司的纯技术效率基本上都为100%，是十分有效的。新华传媒2013年和粤传媒2010年的纯技术效率低于80%，表明在这两年它们的纯技术效率是无效的，说明新华传媒与粤传媒在考虑规模可变的情况下这两个年份的技术效率是无效的。从纯技术效率均值看与技术效率变化趋势是相同的，但2009年到2010年纯技术效率均值变化相对较慢，而2011年到2013年纯技术效率变化趋势相对较快。

（3）在规模效率方面，在互联网时代背景下我国8家文化出版上市公司的规模效率同样基本为100%，不过处在80%以上的年份明显比技术效率和纯技术效率的年份多，也说明它们在规模效率方面是良好的，但新华传媒2011年的规模效率是78.68%是无效的，主要是由于技术效率无效引起的。从规模效率均值看2009年到2010年规模效率均值急剧下降，2010年到2011年规模效率均值不断上升，2011年到2012年上升幅度减缓，到2013年趋于平稳。规模效率下降的主要原因是技术效率与纯技术效率的下降。

综上所述，在互联网时代背景下我国8家文化出版上市公司总体上在技术效率、纯技术效率以及规模效率方面是有效的，说明我国8家文化出版上市公司适应互联网时代背景的发展。

（二）建议

互联网时代有着独特的魅力，对于各个产业来说都是一种巨大的机遇。基于互联网时代背景以及投入产出指标的研究结果，提出以下建议：

（1）根据对互联网时代背景下我国8家文化出版上市公司技术效率、纯技术效率、规模效率的研究，我国文化出版上市公司应该在注重规模效率的同时，合理地提高技术效率与纯技术效率，提高技术的利用率。

（2）根据对饼状图的分析，在互联网时代背景下，文化出版上市公司想要提高净利润，增加营业收入，主要应该从减少固定资产、员工数和其他资产（总资产－固定资产）方面入手，提高员工的整体素质。这样可以使文化出版上市公司在互联网时代背景下更快更好地发展。

媒体融合背景下浙报传媒盈利模式演进研究*

靳莉娜　华宇虹**

［摘　要］报媒的发展随着新媒体的崛起而逐渐走向低迷，所以很多报媒企业纷纷采取媒介融合的方式寻求新的生机。浙报传媒作为行业龙头，自上市以来媒介融合经历了三个阶段的升级，相应地，其盈利模式也有三种类型的演进，每一模式都为企业的收益做出了贡献，因此本文以浙报传媒为例，从企业媒介融合的角度对浙报传媒不同发展阶段的盈利模式进行了探讨分析，希望为众多传统报媒企业提供经验和借鉴。

［关键词］媒介融合；盈利模式；浙报传媒

一、引言

随着互联网技术的迅速发展，网络新媒体也快速崛起。新媒体因其海量的信息、多媒体的内容展现形式以及交互式的传播方式，对传统纸质媒体产生了很大的冲击，报媒首当其冲。报纸的读者不断流失，发行量、印刷量以及广告收入也不断下滑，因此传统报媒企业迫切需要进行媒介融合转型。如何在转型过程中形成新的盈利模式，获得生机，是一个非常值得研究的问题。

* 本文系北京市社会科学基金研究基地项目《我国传统新闻出版企业与数字新媒体融合发展路径研究》的阶段性成果。

** 靳莉娜，北京印刷学院经济管理学院在读研究生，研究方向：传媒数字资源管理；华宇虹，北京印刷学院经济管理学院教授，硕士生导师，现任北京印刷学院财务会计系主任，研究方向：公司理财和产业研究。

盈利模式是企业生存与发展的决定性因素。企业是否盈利并且是否持续盈利是评判经营成果的最终标准，企业进行决策和资源配置都必须围绕如何提高盈利开展，否则企业将因不能应对激烈的竞争而被市场淘汰。盈利模式是企业在市场竞争中逐渐形成的，它需要企业根据实际发展情况及时进行调整及优化。本文利用盈利模式的构成要素和 Gary Hamel 的盈利模式模型对浙报传媒的盈利模式进行分析，探讨其如何寻找客户价值，定位利润来源，制订战略控制计划，创新经营业务，希望对其他传统报媒企业盈利模式创新具有借鉴意义。

二、浙报传媒盈利模式演进的动因

企业为应对市场宏观竞争的变化，需适时地对盈利模式进行调整以求满足发展的需要。与此同时，企业还需考虑自身的发展需求对盈利模式的影响。引起浙报传媒盈利模式的演进包括两个方面的原因，包括：

（一）宏观原因

（1）新媒体技术的发展：新媒体技术不断改变着人们的传统生活方式，公众对新媒体的依赖越发强烈。传统媒体只有顺应时代发展趋势，借助新媒体技术优势，进行产业融合与升级，才能摆脱逐渐衰落的窘境，重新焕发生机。

（2）分众化市场的需求：分众化是目前传媒行业的特点之一，分众化意味着客户需求变得多样并能形成不可忽略的小众市场。企业往往根据市场发展的特点对盈利模式进行动态调整，在确保大众市场的需求前提下，着重考虑分众化市场的需求。由浙报传媒平台运营可知，新闻媒体平台围绕大众市场展开，而数字娱乐平台等都是针对分众市场展开的。

（3）经济新常态要求：在中国经济进入新常态的背景下，经济下行压力仍将持续。现代信息技术、高新技术武装起来的互联网企业将成为企业发展的新趋势。传媒类企业应该积极适应经济增长新常态，浙报传媒继续紧抓战略机遇，加快推进媒体融合和产业创新，依托已经基本构建完成的新闻传媒、数字娱乐、智慧服务、文化产业投资“3+1”大传媒格局，全力打造大数据产业生态圈，提升核心竞争力。

（二）微观原因

（1）寻找新商机的需求：企业在经营的过程中只有不断寻求新的商机才能使企业获得更高收益，应对市场激烈的竞争。浙报传媒在寻求新商机的过程中开发了很多新兴业务，引起了企业经营状况的变化，只有改变盈利模式才能适应经营状况的变化。

（2）盈利模式的竞争：盈利模式作为一种竞争方式是决定一家企业盈利绩效的关键。浙报传媒与粤传媒、博瑞传媒等分别采取了不同的盈利模式，以求在剧烈的竞争中谋求更高的盈利绩效。企业通过盈利模式的改进不断优化内部结构，拓宽盈利渠道，为企业带来更高的收益。

（3）客户需求的变化：在媒介融合之前，客户对浙报传媒的需求是获取新闻资讯，然而随着时代的变化，客户需求越来越多样化。为了满足客户需求的多样化，企业积极进行媒介融合，拓宽业务板块，力争满足客户多样化需求。

总的来说，报媒产业的结构性调整走向深化，互联网不但对报媒具有替代效应，也通过媒体融合形成促进力，使报媒产业保持整体稳定增长的态势。浙报传媒的盈利模式在调整中稳步前进，在融合中寻求突破，使其在行业中保持领先地位。

三、浙报传媒盈利模式的演进分析

（一）浙报传媒发展轨迹的盈利要素特征分析

浙报传媒媒介融合的发展可以分为三个阶段，如图 1 所示。浙报传媒每一阶段选择的盈利模式都有所不同，第一阶段（2011 年以前）是“媒介＋资本”；第二阶段（2011—2016）是“3+1”互联网平台运营；第三阶段（2016年以后）是“四位一体”。浙报传媒跟随互联网发展的脚步，结合自身条件，不断创新其盈利模式，并为企业带来理想收益。

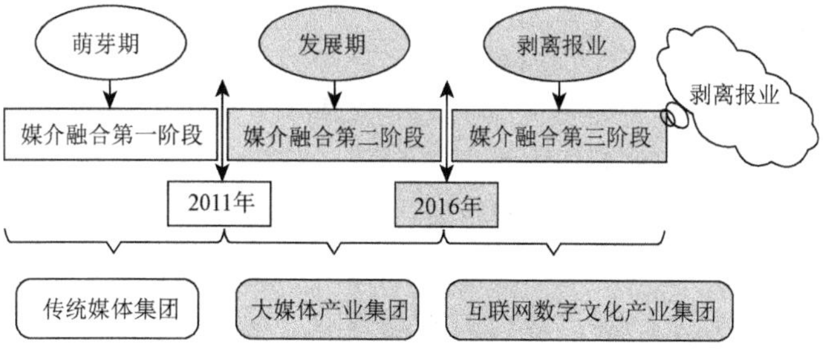

图 1 浙报传媒发展变化

基于企业每个发展阶段盈利模式构成要素的变化，其盈利模式也显示出不同的特征，下表归纳了企业盈利模式构成要素分别在三个阶段的一般特征。

表　浙报传媒盈利模式的构成要素特征

	传统媒体集团阶段	大媒体产业集团阶段	互联网数字文化产业集团阶段
利润点（客户价值）	新闻传播价值，服务聚集用户	客户需求拓展媒介入口	升级大数据产业生态圈平台
利润对象（目标客户）	报纸读者	报纸读者＋互联网用户	读者＋用户＋文化产业
利润源（收入来源）	报纸和广告收入	广告、网络推行和游戏运营收入	广告、网络推行和商品销售收入
利润杠杆（价值链）	“传媒＋资本”运作上市	“3+1”平台运营	建立“四位一体”大数据产业生态圈
利润屏障（核心竞争力）	传媒产业与互联网产业的融通	业务创新升级，平台运营	用户策略升级，大数据产业生态全平台

1. 传统媒体集团阶段

浙报传媒为顺应互联网发展趋势，积极将自身传媒业务与互联网进行融合以保持其核心竞争力，在维持自身优势的同时确立新的运作方式，制订新的战略计划，并利用“传媒＋资本”的盈利模式于2011年借壳 *ST 白猫上市。本阶段以向客户提供新闻服务为利润点，通过发行报纸和广告获得收入，并规划企业长期战略布局，提升传媒、资本的双杠杆运作能力，为未来长远发展提供基础保障。

2. 大媒体产业集团阶段

浙报传媒以满足用户的多样性需求为利润点，拓宽自身媒介入口，对原有业务进行升级创新形成新的核心竞争力，由单一的报媒企业三大业务逐渐增加了无限增值业务、在线游戏平台运营等。企业逐渐形成“3+1”的模式，即新闻传媒平台、数字娱乐平台、智慧服务平台以及文化投资平台。本阶段以“3+1”平台运营的盈利模式，布局全媒体融合战略，通过网络推行、游戏平台运营等新业务获得收益，建立“3+1”大媒体产业格局，以求实现经济效益的同时兼顾社会效益。

3. 互联网数字文化产业集团阶段

浙报传媒以升级传统用户策略为利润点，建立以用户和大媒体产业为依托的大数据产业生态圈形成新的利润屏障，通过网络推行及商品销售收入等获得收益。为适应外界环境的变化，企业在“3+1”平台运营模式的基础上通过该模式建立起以互联网为基础的基本平台，建立“四位一体”模式以提高自身的盈利能力，即建立大数据交易中心、互联网数据中心、大数据创客中心和大数据产业基金。企业优化“媒体产品运营—用户运营—

数据业务运营”的运营模式，建立“四位一体”的大数据产业生态圈，升级“信息枢纽—产业枢纽—大数据资产枢纽”，深入进行“业务表层—生态底层”的构建，以更好地迎接“大数据时代”的到来。

在这三个阶段中，浙报传媒根据自身情况及发展需求，选择了适合的盈利模式，集中资源重点发展互联网文化新兴业态。公司主营业务布局重点偏向三大领域，即数字娱乐产业、以电子竞技为主的垂直直播业务、大数据产业，力图打造国内领先的互联网数字文化产业集团。值得一提的是，在第三阶段中，浙报传媒将报纸业务从自身剥离出来，以建设成国内领先的互联网数字文化产业集团，继续走在全国主流文化产业集团的前列。

（二）浙报传媒 Gary Hamel 的盈利模式分析

根据 Gary Hamel 的盈利模式理论可知，盈利模式主要包括：核心战略，即公司竞争的基础；战略资源，即公司的优势资源；客户界面，即公司与客户的关系；价值网络，即以公司为中心，补足和扩大公司的自有资源。将浙报传媒互联网文化创业集团阶段整体业务做 Gary Hamel 分析，可知其盈利的动力和未来的发展趋势，如图 2 所示。

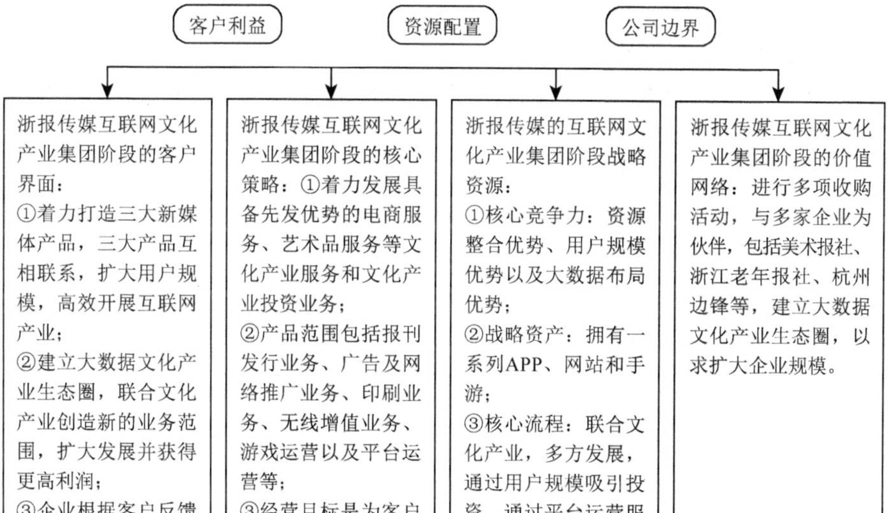

图 2 Gary Hamel 盈利模式分析

浙报传媒盈利模式的这四个组成部分之间相互联系，这种联系通过三个媒介表现出来：

1. 在核心战略与客户界面之间的媒介是客户利益——浙报传媒建立用户数据库，着力发展互联网产业，旨在数据时代的潮流中为客户提供优质的互联网服务。

2. 在公司的核心战略与战略资源之间的桥梁是资源配置——浙报传媒为目前整体业务的盈利整合了电商服务、艺术品服务、用户规模、大数据布局等众多资源，同时还通过收购的方式扩充业务类型，建立大数据文化产业生态圈，扩大企业规模，最终核心战略是着力发展文化产业服务和文化产业投资业务，使其成为目前最重要的业务线之一。

3. 在战略资源与价值网络之间的中介是公司边界——浙报传媒收购不同类型的传统媒体企业和新媒体企业，建立大数据文化产业生态圈，促进企业经营范围和规模的扩张。

浙报传媒互联网数字文化产业集团阶段的“四位一体”盈利模式，使各项业务之间相互协调、相互促进，产生了巨大的竞争优势，因此企业的成长良好。

四、浙报传媒盈利模式的财务绩效表现

（一）浙报传媒资产规模与营业收入、营业利润变化情况

浙报传媒盈利模式变迁导致盈利状况发生了明显变化，从图 3 可知浙报传媒的资产规模在不断扩大，营业收入和营业利润自 2011 年开展媒介融合开始也呈持续增长的状态，且企业的总资产数量增幅明显，这与企业升级演进盈利模式密切相关。

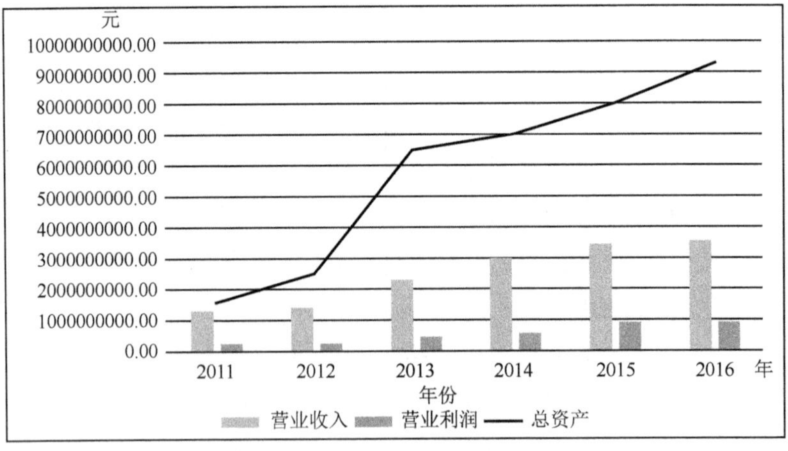

图 3 资产规模与营业收入、营业利润变化情况

2011—2016年，企业的总资产数量、营业收入、营业利润都呈持续上涨的趋势，这是企业收购杭州边锋和上海浩方抢占网游市场的先机，积极优化企业盈利模式的结果。

（二）浙报传媒盈利能力变化情况

由图4可知，浙报传媒2012—2016年的平均净资产呈递增的趋势，净利润也逐年上涨，净资产收益率起伏不大，净资产收益率2013—2015年期间出现上升，从2012年起虽然有小幅波动，但是始终保持在10%以上，这说明浙报传媒的资本经营能力比较稳定，企业经营状况良好。

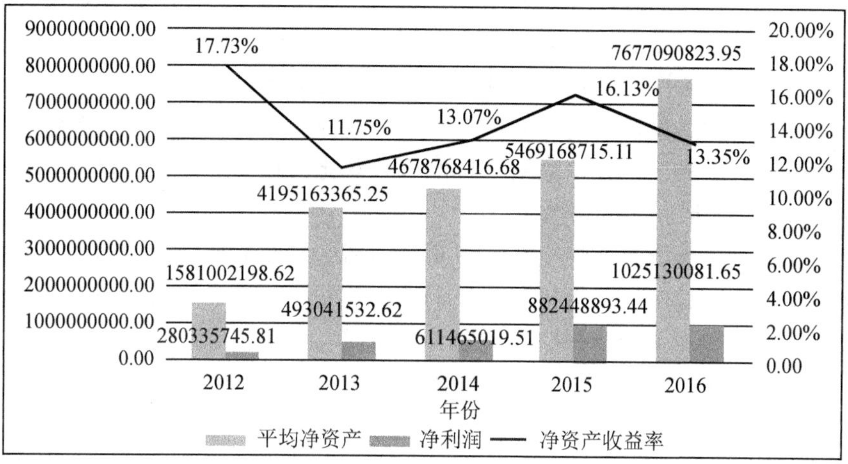

图4　资本盈利指标趋势

五、总结与借鉴

（一）总结

本文从浙报传媒的三个发展阶段的角度分析其盈利模式的演进，由“传媒+资本”模式升级为“3+1”平台运营模式，最后演进为目前的“四位一体”模式。浙报传媒盈利模式的成功之处在于利用资本运作并逐渐形成的“3+1”平台运营模式，它从新闻、娱乐、社会服务以及文化四个方面向客户提供多样的平台服务。浙报传媒深刻认识到互联网和大数据的未来趋势，其盈利模式最后演进为目前的“四位一体”盈利模式，建立用户规模巨大的数据库，全面实施了大数据产业投资战略，准备迎接新的数据时代的到来。其中，企业于2017年3月出售其新闻媒体传媒类资产和传统业务，这也就意味着企业放弃了原本的报媒企业转变为新型互联网文化娱乐公司，丢掉“包袱”，利用新的盈利模式积极转型，一直屹立在日新月异的时代和剧烈竞争的市场中。

（二）借鉴

浙报传媒盈利模式的演进是在外部环境和自身资源条件的共同作用下而进行的一定程度的调整，企业的性质和盈利模式也随着媒介融合的进一步发展而发生了变化，并为企业带来较高收益，其盈利模式值得其他刚起步或发展缓慢的传统报纸企业借鉴。

首先，利润点选择应该从用户和媒体产业的偏好和需求出发，不同属性的用户群作为企业的利润对象有不同的利润点，企业要想获得更高的利润，就必须考虑用户的规模以及用户的偏好等情况。因此企业应该创新业务板块，在满足大众化需求的前提下，有效提高企业竞争力，更多地提供个性化信息服务，充分挖掘用户价值和分众化市场需求，不断发掘自身特点和优势以适应激烈的市场竞争。

其次，在传统媒体快速衰落、互联网高速发展的今天，传媒类企业应该继续开拓新的市场和营销渠道以谋求自身发展。浙报传媒的平台运营让用户根据自身需求来选择服务平台并支付服务费用。企业除了依靠第三方支付渠道以外，还可以创建自己的营收渠道，以减少其经营中的支付成本，以提高企业的盈利能力。

最后，企业形象对企业的发展来说也至关重要，浙报传媒作为历史悠久、发展潜力较好的企业，为了保护自己利润不被竞争对手夺取而采取了一些手段形成利润屏障，在政府优惠政策的鼓励下，利用丰富的信息资源，开展高收益的业务，使企业有相较于其他报媒企业更良好的竞争力。所以企业在维持自己优势的同时，还应该注意培养企业的口碑，树立企业的良好形象，使企业在激烈的竞争中能够独树一帜，吸引更多用户，获得更长久的发展。

参考文献：

［1］蔡宁，王节祥等．产业融合背景下平台包络战略选择与竞争优势构建——基于浙报传媒的案例研究 [J]. 中国工业经济，2015，（05）：96-109。

［2］ 刘薇薇 . 媒介融合背景下云南报业战略转型研究 [D]. 昆明理工大学，2015。

［3］ 吴锋，罗赟杰 . 媒体融合发展的四种策略——基于国内 4 家上市新闻传媒单位的个案分析 [J]. 中国出版，2015，（02）：10-14。

［4］ 李舟 . 腾讯公司的盈利模式研究 [D]. 上海外国语大学，2014。

［5］ 李岩，李赛可 . 基于报纸盈利模式的报业发展分析 [J]. 编辑之友，2014，（05）：68-72。

［6］ 王知非 . 全媒体时代都市报盈利模式的变化 [D]. 安徽大学，2014。

［7］ 张立伟 . 纸媒数字化的五种盈利模式 [J]. 新闻记者，2014，（02）：3-10。

［8］ 阮晶晶 . 传媒“二次销售”赢利模式研究 [D]. 广西大学，2012。

中国动画产业策略研究*

——基于中日动画产业 SWOT 分析

陈亮亮　段　悦**

[摘　要] 日本动画产业起步早发展快，经过百年变迁，产业结构逐步趋于稳定，同时市场也达到了一定程度的饱和。我国动画产业与日本起步时间接近，20世纪末开始经历了较长的沉寂期，尽管近年来发展迅猛，但产业成熟度等方面较日本仍有一定差距。随着21世纪文化产业整体迅速发展，中日两国动画产业近几年都达到了新的高峰，同时也各自面临着不同的挑战，如何突破瓶颈期，找到下一步发展方向，实现动画产业产值新的飞跃是当前需要面对的问题。本文采用态势分析法，综合比较分析中日动画产业的优势劣势及机遇挑战，在分析总结日本动画产业的经验和问题的基础上对中国动画产业的发展提出建议。

[关键词] 中国动画；日本动画；态势分析

一、日本动画产业发展概况

日本动画产业发展稳定，在1947年至1995年达到第一个发展高峰，近五十年的时间让日本动画产业形成了较完备的生产运作体系，当前动画作品日趋商业化、市场化，尽管行业内部仍存在一些问题，但就产业整体而言利润稳步增收，动画产业现已成为日本的第三大产业。21世纪初，日

---

* 项目资助：国家社科基金青年项目“我国少数民族地区经济增长与经济扶持政策研究”（15CJY003）；校级配套项目（04190117001/030/003，20190116001/007）；双培计划虚拟教学团队建设项目（物流管理）（03150117003/002）。

** 陈亮亮，北京印刷学院经济管理学院讲师；段悦，北京印刷学院2016级物流管理本科生。

本动画行业市场规模继续不断增长，但最近几年增长速度开始放缓，市场慢慢趋于饱和状态，带来高效益的同时难以实现更大突破。

据《2017 年日本动画行业报告》显示，如图 1，2016 年日本动画产业市场按照广义定义数据，市场规模比 2016 年增长 9.9%，实现了连续 4 年市场规模增长，并首次突破 2 兆日元，达到 2 兆 9 亿日元的规模，但总体增速放缓。

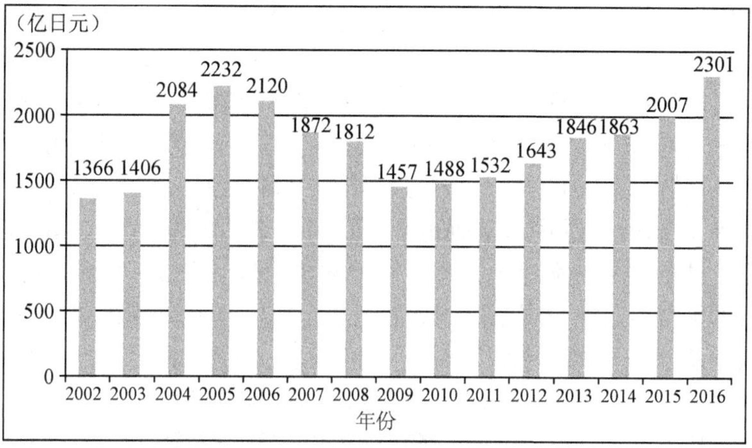

图 1　日本动画业界市场（狭义）分析

数据来源：《2017 年日本动画行业报告》

在影响市场的各项因素中，除录像、游戏销售外，大部分因素相较于上一年都有所增长。从表 1 可以看到日本动画业界的海外市场取得了最大幅度的增长。

表 1　动画业界市场（狭义的动画市场）　　单位：亿日元

	2010 年	2011 年	2012 年	2013 年	2014 年	2015 年	2016 年	前年比
TV	472	560	616	674	617	605	657	108.6%
电影	252	153	207	248	226	231	252	109.1%
录像	164	162	153	155	161	145	125	86.2%
配信	37	40	68	85	102	110	120	109.1%
商品化	260	244	267	265	266	258	304	117.8%
音乐	34	31	29	31	30	33	36	109.1%
海外	172	160	144	169	195	349	459	131.5%
游戏	25	97	109	116	142	139	133	95.7%

续表

	2010 年	2011 年	2012 年	2013 年	2014 年	2015 年	2016 年	前年比
现场演出	—	—	—	12	16	26	31	119.2%
其他	72	85	50	91	108	111	184	165.8%
合计	1488	1532	1643	1846	1863	2007	2301	114.6%

数据来源：《2017 年日本动画行业报告》

进一步从动画电影的角度分析中国市场下的日本动画。近年来，日本动画电影在中国发展势态强劲，中国市场已成为日本动画海外市场的重要组成部分，也是日本动画产业继续开拓发展的一个重要方向，开拓中国市场也会给在日本趋于饱和的日本动画市场带来新的活力。日本动画电影从 2015 年开始取得在中国的播出许可，当年年底的统计资料即表明动画电影带来的良好收益，2015 年日本动画电影的中国总票房达到了 6.1 亿元人民币，几乎与 2013 年的中国动画电影总票房齐平（如图 2）。2016 年 12 月在中国上映的《你的名字》，单片的大陆票房最终为 5.7 亿元人民币，更新了日本国产电影在中国票房市场的纪录。2016 年在中国市场上映的日本剧场版动画增至 9 部，中国区域内日本动画的配信也在同步继续增加，日本动画在中国开展全新动画商业模式引起中日两国相关行业的关注。

对于日本企业来说，中国市场存在众多的日本动画粉丝，从需求上供不应求，进军中国市场就必须解决如何跨越限制众多的高市场门槛，切合发展变化中的复杂文化市场，中日两国都需要考虑不断更新更有效的日本和中国动画商业合作模式。（本节数据皆来源于《2017 年日本动画行业报告》）

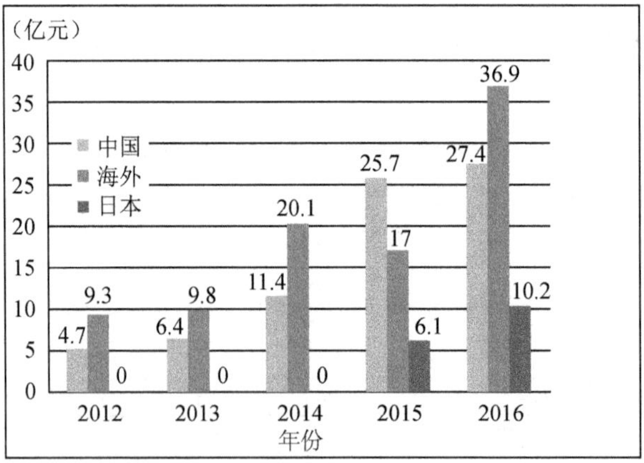

图 2　中国、海外、日本动画电影的中国市场分析

数据来源：《2017 年日本动画行业报告》

二、中日动画产业的态势分析比较

SWOT 分析法，即态势分析，是将与研究对象密切相关的各种主要内部优势（strength）、劣势（weakness）、外部的机会（opportunity）和威胁（threat）等，通过调查列举出来，并依照矩阵形式排列，然后用系统分析的思想，把各种因素相互匹配起来加以分析，从中得出一系列相应的结论。态势分析法最初用于对微观企业的分析，近年来也有用其对整个行业或产业进行分析的例子，但应用于中日动画产业分析的研究相对较少，本研究采用态势分析法对中日动画产业进行比较分析。

（一）内部条件分析

1．优势分析

日本动画产业最主要的外部优势即政府政策的支持。

首先，日本政府将动画产业定位为国家战略，确立了其在国家经济、文化和社会发展中的特殊地位。政府对动画产业的支持引导，使其作为文化产业的一部分既能服务于政治，又能够取得快速平稳发展，创造经济效益。

如"二战"期间由军部出资完成的《桃太郎的海鹫》及其姊妹篇《桃太郎的神兵》，虽有夸耀日本军国主义之嫌但却能在战争期间安抚在当时已经变动格局下的日本民众之心。战后较长时间里，日本政府为了保持经济的持续发展，将包括动画产业在内的文化内容产业作为了发展的首选。1996 年确立"文化立国"战略后，日本政府又相继出台了《文化艺术振兴法》《内容产业促进法》《新产业创造战略》重点计划等一系列相关法律和战略，进行动画产业版权保护。

其次，日本政府注重对拥有相关技能的人才的培养。不断吸收接纳，发展培养新的画师和各种文化创意人才，使日本动画产业在百年来得以葆有生机和活力。

日本动画产业链以漫画原创——出版社单行本发行——动画制作（包括电影动画和电视动画）——院线、电视台播放——音像出售和出租——形象授权——衍生品开发——多次滚动开发为基本构成，其中漫画原创和动画制作环节有着举足轻重的地位，文化创意人才则是这两个环节中最关键的构成要素。在"文化厅文化艺术的海外传播据点形成事业"这一项目中，2011 年日本文化厅预算中用于艺术家等人才培养的预算为 64.3 亿日元。2012 年用于艺术家等人才培养的预算费用为 60.13 亿日元，2013 年度的费用为 66.25 亿日元。在画师招募方面，日本文化厅委托项目新人动画人才培养计划 2017 年已经进入了第七年，“动画之卵”2017 年公开募集 4 部原创动画作品，从招募公告看，该项目预算 3800 万日元，片长 24 分钟，制作周期从 6 月一直到年度末，各部作品培养 6 ～ 8 名 30 岁以下的年轻动画师。

日本政府在 20 世纪 90 年代实施上述动画战略后，动画产业有了实质性的发展，日本动画产业由此进入了一个蓬勃发展的成熟时期。2001 年吉卜力的动画电影《千与千寻》获得奥斯卡大奖，其在日本市场的票房就达 304 亿日元，海外票房达 2500 万美元，为日本动画产业赢得了极高的盛誉。据日本媒体研究所统计，日本动画的市场规模 1975 年仅为 46 亿日元，1980 年为 120 亿日元，1990 年为 261 亿日元，1991 年猛增到 1069 亿日元，2002 年达到 10948 亿日元，之后继续攀升，至 2016 年市场规模已达 20009 亿日元。（如图 3）

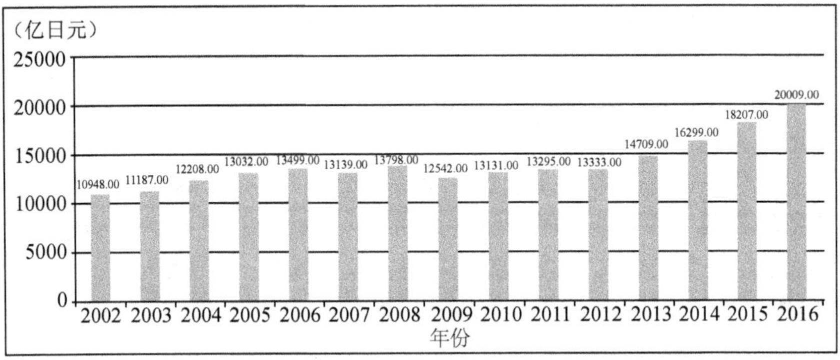

图 3　日本动画产业（宏观）市场分析

数据来源：《2017 年日本动画行业报告》

中国政府也给予了中国动画产业大力度的政策支持，但侧重角度与日本不尽相同。

动画产业是中国最具发展潜力的新兴产业之一，也是中国政府列为重点扶持的文化产业。2004 年起，针对原创动画片的扶持政策陆续出台，政府以税收优惠和补贴大力扶持国产动画。比如，动画制作公司可以向地方政府申请立项，只要动画片在电视台播出，制作公司就可以拿到补贴。2005 年起开始实施的《关于促进中国动画创作发展的具体措施》中规定，在动画片收视黄金时段，国产动画片的播出总量不得少于 60%，以期限制进口动画片的播放时长，促进中国动画的发展。自 2006 年 9 月 1 日起，更要求中国各级电视台的频道在每天 17 点到 20 点不能播出境外动画片，并要求国产动画片在少儿频道中每天播出量不少于 70%。这样的政策扶持确实使动画产业取得了短期的繁荣，但是长期看来却很难成为中国动画的竞争优势。

注重播放时长但对内容质量不作要求、鼓励原创作品但对抄袭作品不作惩罚，这样的政策条件催生了一批质量不尽如人意的国产动画，如 2011 年由沈阳非凡创意动画制作有限公司制作的动画片《高铁侠》，一经播出就被质疑从人物、情节、分镜头、对白上，几乎与十余年前的日本动漫《铁胆火车侠 1998 年》一模一样，被称为汉化版的《铁胆火车侠》。动画制作公司追求时长，投机政策优惠，急功近利的心态一度使中国动画的口碑一落千丈。

不过中国动画产业发展至今仍处于成长期，在目标群体和创作者年轻化、播出形式多样化的今天，科技进步为中国动画带来了更多的活力和更大的可能。视频网站的发展拓宽了动画的发行渠道，利用哔哩哔哩等大型动画视频网站、微信公众平台、微博营销号进行营销推广成效显著。

如 2016 年上映的动画电影《大鱼海棠》，2008 年就曾推出短片预告，但因为资金不足一直没有拍摄成片进行公映。但最终正是凭借导演梁旋的一条充满情怀的长微博，在自媒体时代铿锵发声一鸣惊人。导演梁旋发博讲述了从清华辍学创办公司的经历和自己制作《大鱼海棠》长片动画的决心，分享追梦经历并希望获得大家的帮助。自媒体时代微博带来的巨大影响大幅降低了《大鱼海棠》的宣发成本使电影顺利上映。最终《大鱼海棠》制作成本 4000 万元、宣发成本 3000 万元、票房 5.65 亿元，称得上是国产动画电影有史以来在商业上最为成功的寥寥几部作品之一。

网络和新媒体平台的繁盛无疑给如今中国动画工作者提供了一个极好的抒发情怀、引导舆论的机会，加之中国文化底蕴深厚，可取材的文化资源丰富，目前来看中国动画的创作空间和市场已经非常庞大。

2. 劣势分析

日本大力提升国家文化软实力，鼓励包括动画、漫画在内的日本流行文化走向世界的同时，却忽视了国内创造了日本流行文化的基层文创产业劳动者的权益。

日本程序员、创作者、设计师、漫画家、动画制作者一直从事着超长时间低工资的劳动，而日本一直在夸耀的 Cool Japan 战略（2015 年推出）却无法支援这些穷困的底层文化创意劳动者。作为 Cool Japan 战略的代表性行业，据日本 NHK 早新闻的报道，日本动画行业的平均年收入为 333 万日元，但动画师平均年收入 111 万日元，上色师平均年收入 195 万日元，原画师平均年收入 281 万日元，均达不到平均水平。伴随低工资的还有动画行业长时间的加班，动画行业从业者平均每月工作时间 262 个小时，其中有 15% 的从业者每月工作 350 小时以上。低廉的工资待遇难以满足动画从业者的生活需求，动画从业人数锐减，人才流失严重，动画产业人员流动率已高达 90%，许多原本从事动画制作的高级人才纷纷向游戏制作业流动。

2010 年以来，动画市场急速扩张，动画制作费用却不增反降。但其实近年来，日本动画行业基本没有技术革新，动画制作仍然过分依赖画师和老式 2D 技术，技术方面没有更多的利润空间而且人工费用仍然占有相当大的支出比重。所以依靠外包制作和压榨底层创作者来降低生产成本的方法在今天已经不再是万全之策，日本动画产业的市场利益分配和产业模式都需要进行变革。

比之日本动画产业的高效流水线作业，中国动画产业虽然投入大，但由于产业链相对不够完整，动画片制作周期长、制作成本高已成为市场竞争的一个较大劣势。

从制作成本来看，据中国产业信息网数据，中国创作一部 12 集（每部 10 分钟左右）的动画需要一年到两年，一部作品的成本大概是 1000 万元到 1500 万元，耗时长成本高，年产量比起日本动画产业相去甚远。我国的动画作品大都从 IP（Intellectual Property）改编，IP 来源主要为漫画和网文；动画制作成本高时长短，导致剧情紧凑但故事内容不够连贯；且动画衍生品少，与其他产业的合作力度小，利润相对低。结合 IP 来看，漫画创作或者动画制作受到美漫和日漫的影响大，而美国和日本的动画产业发展较早，2000 年左右已经进入了成熟期并有很多经典的作品已经进入了中国观众的视野，导致中国观众先入为主的观念很多，容易觉得中国动画剧情老套，题材重复。我们就很难再有招牌的动画作品在社会层面形成文化现象，并让读者、观众形成购买惯性。

中国动画产业还处在发展阶段，目前没有相对成熟的完整的产业链和足够的经验积累，难以形成品牌效应，仍需要继续发展培养文化创意人才并进行技术开发，即需要联动教育事业和人才培养相关政策的支持，以期实现更大发展。

（二）外部环境分析

1. 机会分析

根据《2017 年日本动画行业报告》数据显示，2016 年到 2017 年，新参加动画行业的企业增加，给市场带来了活力，而给日本动画行业带来冲击的是网络配信平台企业和游戏企业。即与日本动画业界市场发展现状相对应，分担制作成本开拓海外市场，同时进一步开发动画相关的手机游戏及其他商品，无疑是日本动画发展的新契机。

视频付费下载市场在日本持续增长，视频下载平台企业生机勃勃，不仅获得制作委员会模式制作的作品传输授权，还积极地参与制作新动画。而其中相当引人注目的是美国的 Netflix，Netflix 积极地投入资金与日本动画企业合作，其商业伙伴包括东映动画、TMS 等日本国内主要动画企业。即在外包制作这一方面，更多海外企业愿意注资日本市场参与合作，日本的游戏公司也在积极地向动画制作领域发展，以前游戏公司的动画制作限定在自己公司的作品中，而现在要投资更多类型的动画，游戏公司将会更积极地参与到动画商业当中，同时也有女性向的手游公司设立动画制作公司。在日本的游戏市场中，手机游戏的市场非常大，手机游戏也的确能够为游戏公司和动画公司带来相当大的利润。如 Aniplex、delightworks、型月共同开发的 FGO 手游就是成功的代表作，FGO 为相关各公司都带来了很多的利润。游戏企业进军动画的同时，动画企业也在游戏市场进行了探索。动画产业正在集成动画行业制作和游戏开发行业，力图实现漫画、动画、游戏、动画电影联动，并利用周边产品进一步开拓市场。日本动画产业的商业化模式仍有其存续价值，如今稳定的市场形态也为其未来几年的发展奠定了良好基础。

中国动画产业的机会则体现在两方面：一方面，向外继续注资日本企业，通过中日合作进一步开拓海外市场，学习借鉴日本动画产业的发展模式；另一方面，向内深入挖掘中国特色传统文化资源，弘扬发展民族精神，从自身出发寻找创作的灵感和题材。

2016 年共有 8 部中日合作的动画播出，尽管制作成本更高但画面质量显著提升。出品了《从前有座灵剑山》《一人之下》《时空使徒》的腾讯动画是最早做出中日合作动画的动画平台，其“UP2017 腾讯互动娱乐发布会”宣布，腾讯动画接下来将会继续加大海外合作力度。以海外人气动画小说资源满足国内市场需求作为开始，腾讯动画与日本各大公司合作为双方都带来不可估量的利益。而国内 IP，无论是取材自《西游记》的《大圣归来》，还是改编自网络小说的《全职高手》都取得了巨大的成功。

可见我国动画产业仍有巨大的潜在市场，消费者热情不减，如果能够学习日本的产业模式，在缩短制作周期、降低生产成本的基础上，注重产品内涵，加强动画电影、游戏市场的联动，进一步推动动画产业的商品化，相信中国的动画进入成熟期后将会有更大发展。

2. 威胁分析

日本动画产业面临的新的挑战——重新调整发展方向，准确定位。近年来，日本动画制作公司过分追求产量和取悦消费者，导致大部分作品内容无聊单一且空洞乏味。这种浮躁的心态难以呈现优质的作品，受众群数量呈现下降趋势。2001 年以来日本的动画作品放送数目激增且呈稳步增长趋势，2016 年制作动画新作 266 部续作 90 部，总数量比 2015 年又增加了 15 部（如图 4），但是销量却不尽如人意。2016 年全年 TV（电视）动画销量惨淡，据《2017 年日本动画行业报告》的数据统计，销量破万的动画仅有 8 部。剧场版、轻小说以及联动电视电影作品势头良好，但也无法掩盖动画行业高产量低销量的无力感。

同日本一样，对于中国动画产业来说，获取良好的观众认可度，也是未来发展必须经历的挑战。无论是加强海内外市场联动还是多注重推广营销，都需要受众群的支持和认可。如何提高产品质量挽回口碑，保证消费者的热情且抵御外来竞争是我国动画产业不得不考虑的问题。我国近年来口碑好、流传度高的动画作品，目标群体大都是儿童，“给大人看的动画”基本缺失，极大地制约了动画作品和衍生品的购买力。不能精准定位受众、拓宽产品市场将会给动画产业带来很大的局限性。

除此之外，外来竞争日益激烈对本土动画产业的发展限制更大。截至 2017 年 9 月 24 日，中国最大的弹幕视频网站哔哩哔哩播放量最高的 7 月新制作的前五名皆为日本动画，播放量分别为《实力至上主义的教室》4889k（次）、《笨女孩》2901k（次）、《博人传》2190k（次）、《徒然喜欢你》1998k（次）、《Fate》1749k（次），而除去《全职高手》，国漫反响平平，弃番率（放弃追逐更新）居高不下。所以，尽管日本动画内容质量下滑，但整体制作水准仍保持在较高的水平，因此中国动画在考虑内容的同时，制作团队、制作设备、制作技术都需要进一步向国际领先水平看齐。

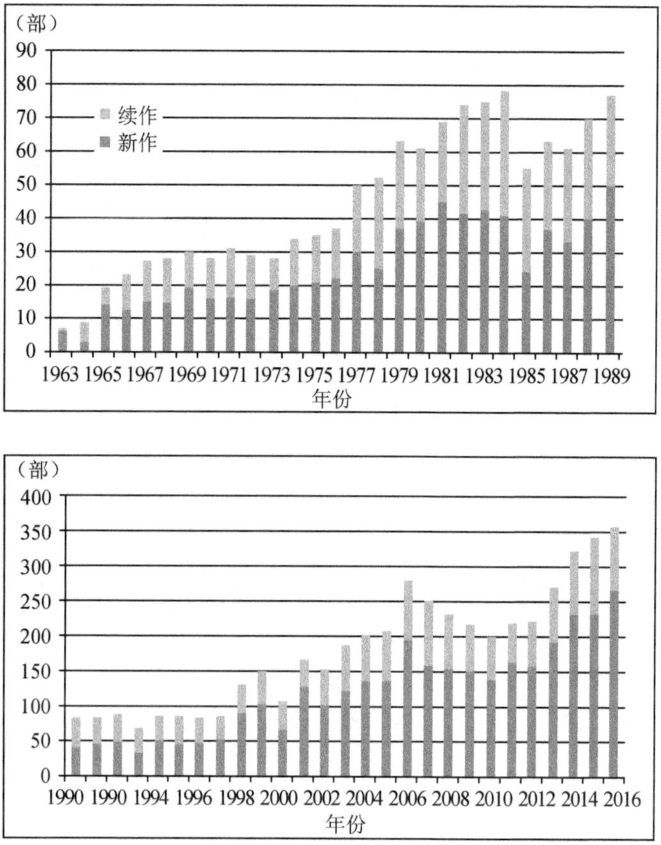

图 4　日本 TV 动画作品播出数目（1963—2016）

数据来源：《2017 年日本动画行业报告》

三、结论及对策

日本动画产业自 1917 年摄制第一部动画片至今已有一百年历程，依据表 2 来看，日本动画早期确立了政府提供政策支持、重视人才培养、多行业联动的基本发展模式后，动画行业的发展始终承袭这一规律。并在此基础上不断丰富产业内容、提高产业流畅度。如今产业内部确实存在口碑下降、基层从业者压力大等问题，不过从整体来看优势大于劣势，希望能够在国家政策的引导下，政府通过有效的手段对市场进行规范管理，企业借助于新的技术使日本动画产业取得新的发展。

表 2　日本动画产业的 SWOT 分析矩阵

外部环境分析（OT） 内部条件分析（SW）	机会（Opportunity）	威胁（Threat）
	1. 更多的海外企业愿意注资参与合作 2. 手机游戏及其他商品化市场扩大	1. 动画作品内容趋于单一，销量走低 2. 观众认可度下降
优势（Strength）	优势机会策略（SO）	优势威胁策略（ST）
1. 国家政策扶持且行之有效 2. 动画行业人才资源丰富	1. 政府加大扶持力度，培养更多优秀的技术人才和动画从业者 2. 继续推进动画作品商品化，提升产品附加值	1. 政府规范行业准则，把控动画内容，提高产品质量 2. 动画制作启用新人，努力实现技术个性和内容创新
劣势（Weakness）	劣势机会策略（WO）	劣势威胁策略（WT）
1. 基层文创产业劳动者权益无保障 2. 没有技术革新，过度压榨劳动力	1. 引进海外优势技术资源，实现本国技术革新 2. 开发多层次产业链，解放基层劳动力	1. 政府完善相关权益保障法 2. 动画企业利用已有的品牌资源优势，更新作品内容，提升新作口碑

而中国的动画产业聚合度相对差，从态势分析来看，很难确定其发展的主线。结合表 3 可以看出，综合态势分析中体现出的情怀优势、IP 热潮等积极因素和制作难度大、外来竞争强、口碑差等消极因素进行分析，中国动画产业仍需要树立大国意识，调整发展模式，以期实现动画产业的更大发展。

表 3　中国动画产业的 SWOT 分析矩阵

外部环境分析（OT） 内部条件分析（SW）	机会（Opportunity）	威胁（Threat）
	1. 中日合作动画反响良好 2. 国内观众对中国动画保持热情 3. 年轻的动画工作者有潜力和动力	1. 外来竞争强烈 2. 观众认可度不够
优势（Strength）	优势机会策略（SO）	优势威胁策略（ST）
1. 传统文化资源丰富 2. 新媒体平台和视频网站的发展拓宽了营销渠道	1. 动画创作者深入挖掘传统文化内涵，强调中国特色 2. 动画企业结合新时代新思想，拓宽发行渠道，吸收优秀人才	1. 政府出台相关政策，为中国动画壮大自身、走出国门保驾护航 2. 动画企业通过网络营销引导舆论，开拓产品市场

续表

劣势（Weakness）	劣势机会策略（WO）	劣势威胁策略（WT）
1. 制作周期长、制作成本高 2. 动画衍生品少，产业链不完整	1. 政府出台相关政策，培养新人才 2. 企业自主创新，革新技术，缩短制作周期，降低制作成本 3. 学习借鉴日本动画产业发展模式，完善产业链	1. 动画制作向精简发展，以质量取胜 2. 动画企业树立品牌意识，加大与相关行业的合作力度

基于对中日动画产业的 SWOT 分析，中国动画产业未来发展策略可以总结为人才培养、政策扶持及作品内容和制作技术创新三个方面。人才是实现民族振兴、赢得国际竞争主动的战略资源。具体到动画产业更是如此，只有不唯地域、不拘一格，更积极、更开放、更有效地集聚动画制作人才，壮大产业队伍，中国动画才能取得长足发展。同时，动画产业的发展也需要政府政策的扶持，国家的支持才是产业长久繁荣的不竭动力。在国家引导下加强中外人文交流，实现动画内容以我为主、兼收并蓄，讲好中国故事，展现真实、立体、全面的中国，才能实现产业发展和提高国家文化软实力的双赢局面。除此之外，科技创新更是国之利器，革新制作技术与实现作品内容创新同样重要。国家培养人才，产业需要吸收人才并将人才应用到制作技术革新的实践中去。希望中国动画产业能够在探索与示范应用中无愧于时代的进展，为科技强国和民族复兴贡献力量。

参考文献：

［1］《日本动画行业报告 2017》摘要（ACGdoge 于 2017 年 10 月 26 日刊发于 http://www.acgdoge.net/archives/21752）。

［2］陈晨．“中国特色”二次元产业：动漫衍生品市场现状与策略研究 [J]. 现代商业，2017，（27）：20-21。

［3］蒋莉莉．日本政府在动漫产业发展中的作用分析 [J]. 现代营销（下旬刊），2017，（09）：27-29。

［4］罗妍．从腾讯动漫的动画实践看国产动画产业发展新趋势 [J]. 视听，2016，（12）：11-13。

［5］赵冰．呼唤中国动画的美丽精神——从《魁拔》系列到《西游记之大圣归来》[J]. 当代电影，2015，（10）：161-163。

[6] 张梦蝶，秦文竹 .《大圣归来》：中国动画的逆袭——基于文化工业视角的中国动画式微与发展探析 [J]. 传媒，2015，（17）：72-74。

[7] 高晨 . 日本文化空间下日本动画的“狂欢化”色彩——兼论日本动画的无法模仿性 [J]. 东疆学刊，2013，30（04）：59-63。

[8] 陈强 . 从国家文化安全的角度看日本动画对中国动画发展的影响 [J]. 南京艺术学院学报（美术与设计版），2013，（05）：199-202。

[9] 尹良富 . 日本动画产业的主流投资模式——作品制作委员会模式及案例分析 [J]. 现代传播（中国传媒大学学报），2012，34（01）：87-91。

[10] 徐盟 . 日本动画对国产动画发展的启示——以宫崎骏的动画电影为例 [J]. 新闻世界，2011，（02）：108-110。

[11] 吴湛微 . 日本动画商业模式的演变及其借鉴意义 [J]. 学术交流，2008，（11）：244-249。

美国出版产业的发展及启示

李治堂　路盼盼*

[摘　要] 本文分析了美国出版产业的发展现状及在经济中的地位，重点分析了美国出版产业的结构、增加值的要素构成及劳动生产率的变化。相比美国出版产业，中国出版业无论在产业规模还是产业发展水平、产业竞争力等方面与美国出版产业都存在较大的差距，中国出版产业应继续深化市场导向的改革，利用现代数字网络技术，加快发展数字出版等新型业态。

[关键词] 美国；出版产业；增加值；结构变化

美国是世界经济强国，也是世界出版产业强国，出版产业在美国经济中具有重要地位。根据美国经济分析局的统计体系，出版业（互联网出版除外）、电影和录音业、广播和电信业、数据处理、互联网出版和其他信息服务业等均列于信息产业门类下。美国出版业包括报纸出版、期刊出版、图书出版、目录、邮寄名单和其他出版、软件出版等。另外，数据处理、互联网出版和其他信息服务业可以认为是新兴的出版活动。

一、美国出版产业发展现状分析

表 1　美国出版产业增加值　　单位：10 亿美元

年度	美国增加值	出版产业增加值	数据处理、互联网出版和其他信息服务业增加值
2003	11512.2	145.3	63.0

* 李治堂，北京印刷学院经济管理学院，教授，博士，硕士生导师；路盼盼，北京印刷学院经济管理学院，2017 级会计硕士。

续表

年度	美国增加值	出版产业增加值	数据处理、互联网出版和其他信息服务业增加值
2004	12277.0	160.7	74.2
2005	13095.4	172.5	71.8
2006	13857.9	161.4	81.6
2007	14480.3	190.4	64.6
2008	14720.3	186.4	71.3
2009	14417.9	174.9	66.4
2010	14958.3	181.5	69.2
2011	15533.8	184.7	72.0
2012	16244.6	191.5	80.2

数据来源：美国经济分析局，http://www.bea.gov/industry/index.htm

2012 年，美国增加值 162446 亿美元，出版产业增加值达 1915 亿美元，占美国增加值的 1.18%，其规模超过了机械、金属产品制造、汽车制造等很多传统的产业。数据处理、互联网出版和其他信息服务业增加值 802 亿美元，也超过了航空运输业的规模。

表 2　美国出版产业增加值增长率

年度	美国增加值增长率（%）	出版产业增加值增长率（%）	数据处理、互联网出版和其他信息服务业增加值增长率（%）
2004	6.6	10.6	17.8
2005	6.7	7.3	−3.2
2006	5.8	−6.4	13.6
2007	4.5	18.0	−20.8
2008	1.7	−2.1	10.4
2009	−2.1	−6.2	−6.9
2010	3.7	3.8	4.2
2011	3.8	1.8	4.0
2012	4.6	3.7	11.4

数据来源：美国经济分析局，http://www.bea.gov/industry/index.htm

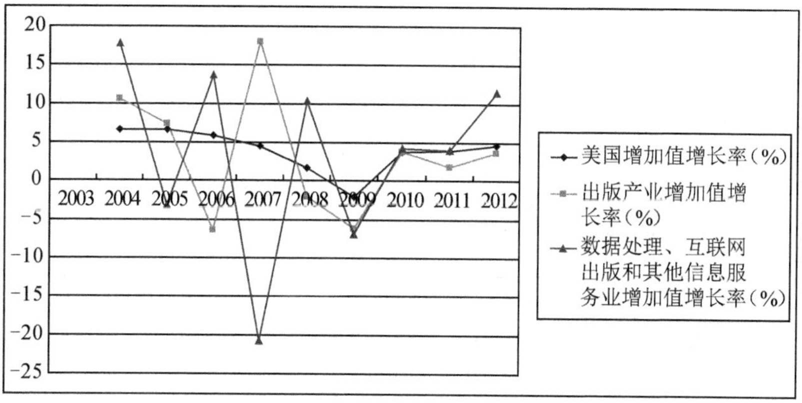

图1　美国出版产业增加值增长率

美国增加值除2009年负增长外，其他年份保持增长，2010年后经济走出低谷，增长率逐年提高。出版产业的增长率波动较大，2006年下降6.4%，而2007年高达18.0%，2010年后出版产业和经济增长保持较强的同步性。而数据处理、互联网出版和其他信息服务业增长率波动更为剧烈，对经济的变化更为敏感，从变化过程看，其变化和出版产业具有一定的反向变化特征，在2010年以后，同向变化特征更为明显，其增长率高于经济和出版产业的增长率。

二、出版产业在经济中的地位分析

出版产业是国民经济的重要组成部分，正从传统的出版向现代出版转变，信息技术的发展为现代出版业发展提供了巨大的动力和发展潜力。出版产业在经济中的地位，用出版产业增加值占全部增加值的比重来反映。

表3　美国出版产业增加值占全部增加值的比例

年度	出版产业增加值比例 (%)	数据处理、互联网出版和其他信息服务业增加值比例 (%)
2003	1.26	0.55
2004	1.31	0.60
2005	1.32	0.55
2006	1.16	0.59
2007	1.31	0.45

续表

年度	出版产业增加值比例 (%)	数据处理、互联网出版和其他信息服务业增加值比例 (%)
2008	1.27	0.48
2009	1.21	0.46
2010	1.21	0.46
2011	1.19	0.46
2012	1.18	0.49

数据来源：美国经济分析局，http://www.bea.gov/industry/index.htm

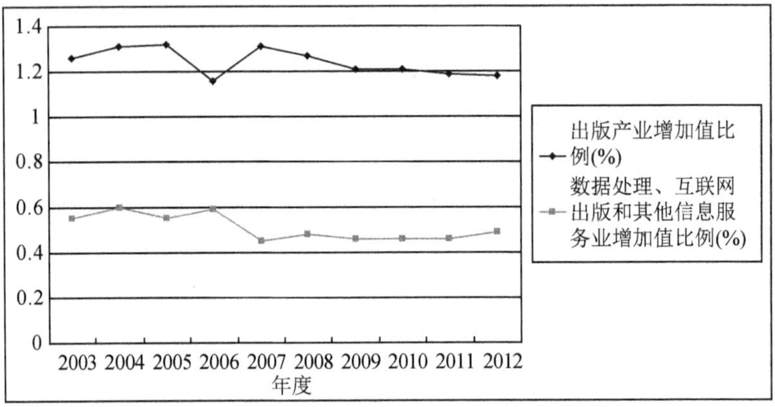

图 2　美国出版产业增加值占全部增加值的比例

出版产业增加值占全部增加值的比例随经济增长变化略有波动，2005年最高，达到了1.32%；2006年最低，为1.16%。2009年后逐步趋于稳定，大约占1.2%。数据处理、互联网出版和其他信息服务业增加值所占比例在2007年以前比较高，2007年大幅下降并逐步有所恢复，2012年达到0.49%。随着美国经济增长形势好转以及信息技术的进一步发展，数据处理、互联网出版和其他信息服务业还会有很大的增长空间，其比例将会进一步提高。

三、出版产业的结构及变化分析

出版产业结构主要指出版产业内部各部分在总体中的比例，随着产业环境和产业自身的变化，各部分在总体中的地位会发生变化。随着信息技术的发展，出版产业的技术、传播方式、商业模式等都会发生变化。

表 4　美国出版产业总产出构成

年度	报纸出版总产出百分比 (%)	期刊出版总产出百分比 (%)	图书出版总产出百分比 (%)	目录、邮政名录及其他出版总产出百分比 (%)	软件出版总产出百分比 (%)
2003	18.71	15.89	13.47	9.87	42.05
2004	18.09	15.67	13.19	9.56	43.50
2005	17.88	15.67	12.77	9.33	44.35
2006	17.13	15.84	12.33	8.74	45.95
2007	15.99	15.63	12.35	8.79	47.24
2008	14.57	15.09	12.33	8.50	49.51
2009	13.00	14.13	12.79	8.20	51.88
2010	12.34	13.83	13.45	7.01	53.37
2011	11.42	13.79	13.10	6.65	55.03
2012	11.21	13.42	12.76	6.25	56.36

数据来源：美国经济分析局，http://www.bea.gov/industry/index.htm

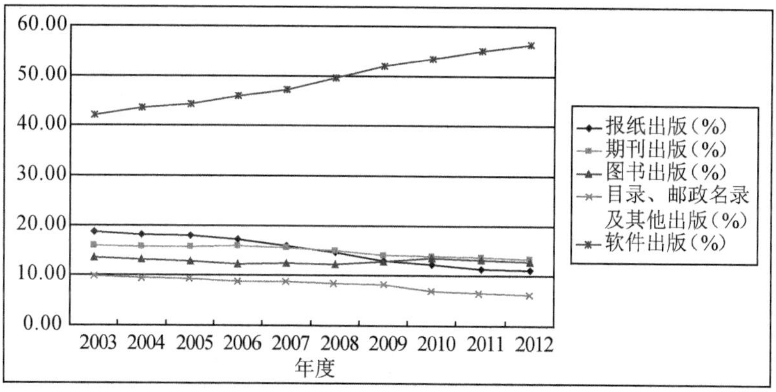

图 3　美国出版产业总产出结构变化

在出版产业总产出中，报纸出版所占比重逐年下降，从 2003 年的 18.71% 下降到 2012 年的 11.21%；期刊出版所占比重总体下降，从 2003 年到 2012 年下降 2.47 个百分点；图书出版总产出所占比重相对稳定，但也略有下降，2012 年的比重为 12.76%。报纸出版下降最快，说明在美国传统报纸出版受到数字出版的影响最大，转型的速度也最快。当前，美国报纸出版、期刊出版和图书出版总规模大体相当，期刊还超过了图书和报纸出版，说明美国期刊出版产业整体实力较强。目录、邮政名录及其他出版所占比重也逐渐下降，10 年下降了 3.62 个百分点。软件出版一直是美国近年来最大的部分，在总产出中的比重逐年提高，2012 年达到了 56.36%，在总体中占据绝对优势地位，10 年间提高 14.31 个百分点。可以预计，图书、报纸、期刊等传统出版在总体中的比重还会进一步下降，报纸会下降得更快一些，期刊、图书会下降得慢一些，软件出版的比重还会进一步提高。

四、美国出版产业增加值要素分析

产业增加值是产业提供的最终产品的市场价值，也等于总产值减去中间投入的部分，具体包括劳动者报酬、生产税净额和营业盈余等。

表 5　美国出版产业增加值要素构成

年度	劳动者报酬（%）	生产税净额（%）	营业盈余（%）
2003	49.2	1.2	49.5
2004	44.9	1.1	54.0
2005	43.0	1.1	55.8
2006	48.4	1.2	50.3
2007	45.2	1.1	53.7
2008	46.2	1.5	52.3
2009	47.2	1.7	51.1
2010	45.1	1.6	53.3
2011	47.5	1.6	50.9
2012	48.5	1.6	50.0

数据来源：美国经济分析局，http://www.bea.gov/industry/index.htm

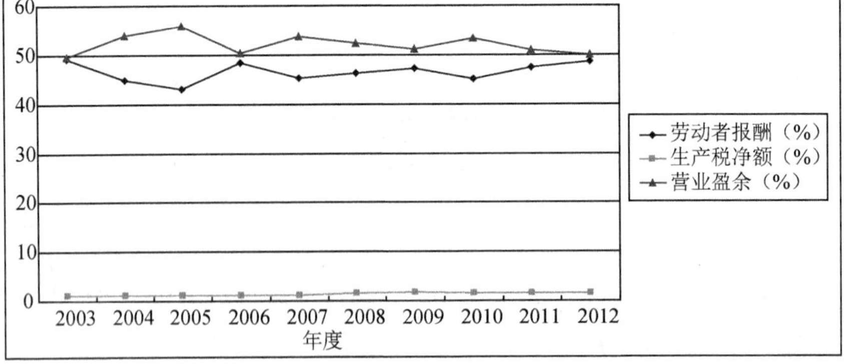

图 4　美国出版产业增加值要素构成

出版产业增加值中，劳动者报酬所占比例有一定波动，2012 年占 48.5%。生产税净额所占比重有所提高并逐渐趋于稳定，2012 年所占比重为 1.6%。营业盈余所占比重有所波动并逐渐趋于稳定，2012 年所占比重为 50%。劳动者报酬和营业盈余存在逐步接近到 50% 上下的水平，说明美国出版产业的营业盈余水平还是比较高的。

表 6　美国数据处理、互联网出版和其他信息服务业增加值要素构成

年度	劳动者报酬（%）	生产税净额（%）	营业盈余（%）
2003	52.9	1.8	45.3
2004	47.7	1.6	50.7
2005	51.0	1.8	47.2
2006	47.5	1.7	50.8
2007	47.9	2.3	49.7
2008	42.8	2.6	54.6
2009	45.2	3.0	51.9
2010	44.8	3.1	52.1
2011	47.4	3.5	49.2
2012	46.7	3.2	50.1

数据来源：美国经济分析局，http://www.bea.gov/industry/index.htm

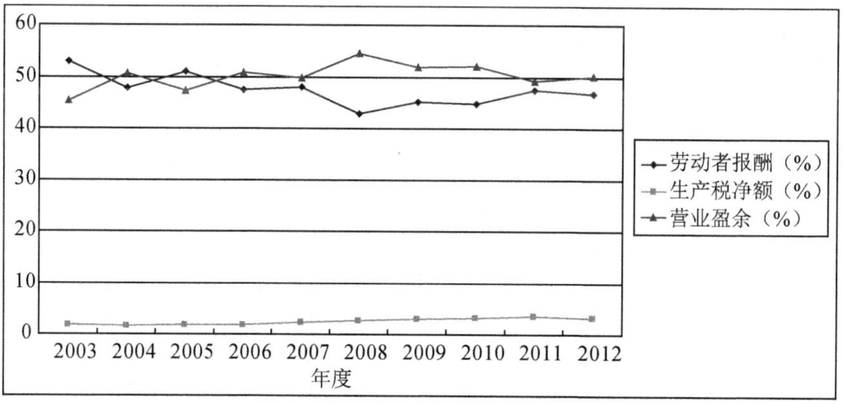

图 5　美国数据处理、互联网出版和其他信息服务业增加值要素构成

数据处理、互联网出版和其他信息服务业增加值中，劳动者报酬所占比例有一定波动，2012 年为 46.7%，比 2003 年下降 6.2 个百分点；生产税净额所占比重总体上升，从 2003 年的 1.8% 提升到 2012 年的 3.2%；营业盈余的比重从 2003 年的 45.3% 提高到 2012 年的 50.1%。

五、美国出版产业劳动生产率分析

劳动生产率是反映产业投入、产出效果和经济效益高低的常用指标。劳动生产率用增加值除以参与生产经营的职工人数得到。

表 7　美国出版产业劳动生产率　　单位：万美元 / 人 · 年

年度	出版产业劳动生产率	数据处理、互联网出版和其他信息服务业劳动生产率
2003	15.06	14.45
2004	16.90	17.75
2005	18.14	17.34
2006	16.95	19.34
2007	19.57	19.82
2008	19.50	22.14
2009	19.94	21.49
2010	21.68	22.47
2011	22.04	22.71
2012	22.77	23.94

数据来源：美国经济分析局，http://www.bea.gov/industry/index.htm

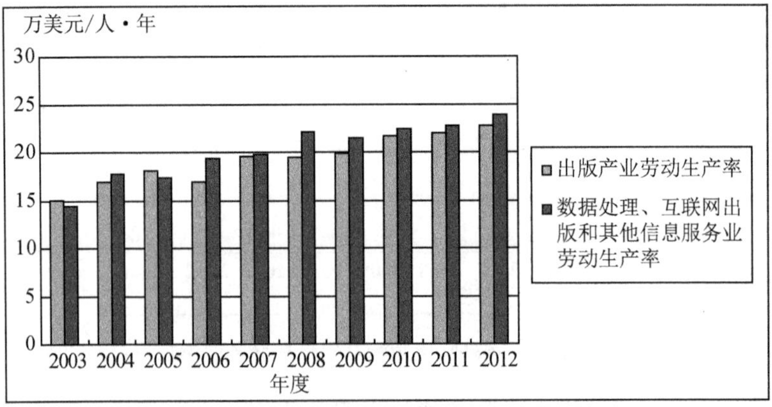

图 6　美国出版产业劳动生产率

2003—2012 年 10 年间，出版产业的劳动生产率逐年提高，由 2003 年的 15.06 万美元 / 人 • 年提高到 2012 年的 22.77 万美元 / 人 • 年；数据处理、互联网出版和其他信息服务业劳动生产率从 2003 年的 14.45 万美元 / 人 • 年提高到 23.94 万美元 / 人 • 年。

表 8　美国出版产业劳动生产率增长率

年度	出版产业劳动生产率增长率（%）	数据处理、互联网出版和其他信息服务业劳动生产率增长率（%）
2004	12.22	22.84
2005	7.34	−2.31
2006	−6.56	11.53
2007	15.46	2.48
2008	−0.36	11.71
2009	2.26	−2.94
2010	8.73	4.56
2011	1.66	1.07
2012	3.31	5.42

数据来源：美国经济分析局，http://www.bea.gov/industry/index.htm

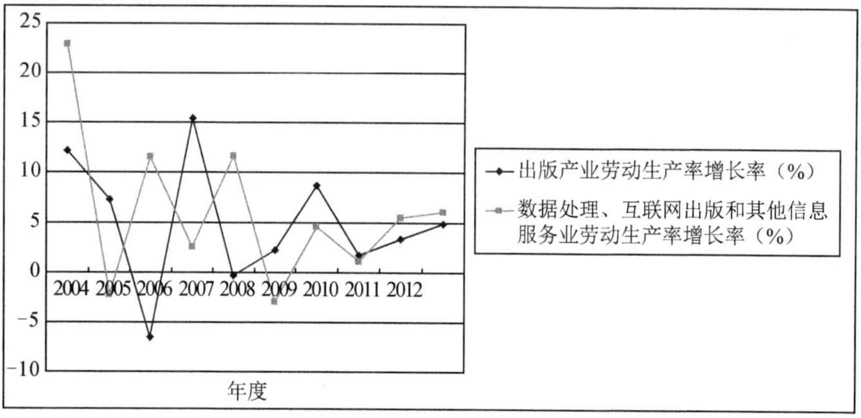

图 7　美国出版产业劳动生产率增长率

出版产业劳动生产率有较大波动，2007 年增长率高达 15.46%，2006 年则下降 6.56%，平均增长率为 4.9%，数据处理、互联网出版和其他信息服务业劳动生产率增长率 2005 年和 2009 年为负数，其增长率波动幅度较大，平均增长率为 6.04%。

六、对我国出版业发展的启示

美国出版产业发展表现出几个方面的特点：第一，美国出版产业总体规模较大，在整个经济中占有一定的比例；第二，在出版产业内部，软件出版增加值占一半以上，报纸、期刊、图书等传统出版所占比重下降；第三，数据处理、互联网出版和其他信息服务业得到较快发展，出版产业和信息产业的融合取得较大进展；第四，美国出版产业的生产税净额所占比例较低，税收负担较轻，营业盈余水平较高；第五，美国出版产业的劳动产率较高，仍保持一定的增长率。我国出版业和美国出版产业相比，存在一定的差距，产业规模还存在较大的差距，尽管数字出版发展较快，但是传统出版仍居于主导地位，特别是传统出版产业利用现代数字技术发展新型数字出版的能力不足，传统出版产业和信息产业的融合程度较低，产业的盈利能力和劳动生产率水平和美国出版业存在差距。

我国要建设成出版强国，需要进一步深化出版领域的改革，释放出版产业发展的活力和潜力，壮大出版产业规模。应加大传统出版产业与新型数字出版、互联网出版产业的融合发展，利用互联网技术和互联网思维加强出版产业渠道、平台和传播体系建设，加强内容生产和创新商业模式，推动跨媒体出版和多元化经营，建设一批具有较强竞争实力的出版传媒集团，提高出版产业的规模化和集约化水平，提升产业经营效益和综合实力。

美日韩文化产业发展经验及对我国的启示

关晓兰　范颖恩*

[摘　要] “他山之石，可以攻玉”，近些年文化产业的快速发展，取得了一些成绩，但同时也遇到了一些问题，因此以文化产业先进的国家作为榜样，从中汲取符合我国行情的经验，借助后发之势，迎头赶上。在我国文化产业作为一个新型产业，无论在产业规模化，发展的平衡性以及人们对文化产业的认识及消费方面与国外发达国家的文化产业都有着一定的差距，目前美日韩三国在文化产业行业处于佼佼者，通过对其三国的研究分析，从中汲取先进的经验，对我国今后文化产业提出合理的建议，从而更有效地加快文化产业发展的步伐。

[关键词] 文化产业；经验；启示

一、引言

文化产业作为一个全新的名词和产业时常被人说起，国际、国内对其并没有一个准确的定义和明确的范围，但已经在各个国家得到了快速发展，参照国内外对文化产业概念的界定来看，文化产业有狭义和广义之分。广义的文化产业是指在现代社会中出现的以创意性为核心的新型经济部门，其中包括广告、工艺品、建筑、电影、游戏软件、艺术表演、出版、电视等，还包括博物馆、美术馆、体育馆等；狭义的文化产业是以传统印刷、印刷拷贝、电脑储存三大复制技术为基础的文化产品和经营行业，总结其特征就是以文化创意为核心，通过某种媒介、平台、工艺手法等方法展示出来，

* 关晓兰，北京印刷学院经济管理学院管理学博士、副教授、硕士研究生导师，研究方向：信息资源管理；范颖恩，北京印刷学院经济管理学院会计专硕。

以产业化的方式制造的一种行业。

我国在 2003 年 9 月 4 日发布的《关于支持和促进文化产业发展的若干意见》中将文化产业定义为：从事文化产品和提供文化服务的经验性行业。2004 年国家统计局制定的《文化及相关产品分类》将文化产业界定为：为社会公众提供文化、娱乐产品及服务的活动，以及这些活动的集合。文化产业的范围包括 9 大类：（1）新闻服务；（2）出版行业及版权服务；（3）广播、电视、电影服务；（4）文化艺术服务；（5）网络文化服务；（6）文化休闲娱乐服务；（7）其他文化服务；（8）文化用品、设备及相关文化产品的生产；（9）文化用品、设备及相关文化产品的销售。

目前我国正处于转型期间，经济增长模式也正从生产型向需求型转变，人们的消费趋向也从物质消费转向精神消费，随着经济的增长传统靠劳动的经济积累已经不能满足人们的消费要求，其一定会从物质层面转向精神层面，文化产业的发展是未来经济发展的主要趋势和主要产业。

现在美国的电影，日本的动漫，韩国的游戏，已成为世界文化产业的标杆，而中国作为文化大国，有着五千年悠久的历史传承，在文化产业中较发达国家相比一直处于低迷的状态，因此为了将文化产业发展成我国新型的支柱产业，需要参照和借鉴发达国家的先进经验和模式。

二、文献综述

由于我国对文化产业的研究相对较晚，理论研究还不够充分和成熟，缺乏较强的可操作性的系统理论研究及相关著作，但近些年我国在文化产业安全方面的研究也取得了一些成果，对我国文化产业的发展及文化产业安全具有重要的理论价值和指导意义。

国外学者对文化产业的研究比较早，比较深入地研究了经济全球化形式下，文化产业对外开放与文化安全问题。萨谬尔•亨廷顿认为，冷战结束后国际冲突不再以意识形态阵营画线，而代之以“文明的冲突”。弗朗西斯•福山指出，全球化使文化更直接地与主权联结起来，发展中国家捍卫自己的文化也就是捍卫主权。约瑟夫•奈认识到美国统治全球的权力除了“硬实力”之外，还有一种“软实力”，即美国的文化和美国式的价值观。

国内对文化产业的研究开始于 20 世纪 90 年代，毕秀晶（2008）认为，创意产业对区域经济发展有着巨大的促进作用；王雪野（2014）在《文化创意人才培养模式研究》中提出，人才是创意的动力来源；高书生（2015）

在《我国文化产业发展的总体状况和主要特征》中提出，促进文化产业的健康发展就应快速打开文化产业和文化事业之间的通道，与建设社会主义核心价值观体系融为一体；胡惠林（2016）在《关于文化产业若干问题的思考》中指出，“能力不足”是目前我国发展文化产业、加强文化安全的最大问题，建议建立国家文化创新能力不足的安全预警和风险评估机制和标准。

综上所述，国内外研究为我们认识文化产业和文化产业安全领域提供了有益的参考和借鉴意义，文化产业安全是保证文化产业足够的竞争力以及该国对文化产业的控制权使其能足够应对各种生存的与发展的威胁，从而使本国的文化产业保持可持续性发展。

三、我国文化产业发展现状

我国文化资源丰富，但没有将丰富的文化资源转化为一条条完整的文化产业链条，只有相应的文化产品，而这些低端简单的文化产品并不能满足消费者的需求，更不能在国际市场上竞争，随着改革开放深入，我国文化产业在国际市场受到了不小的竞争，因此首先从自身原因分析。

发展迅速，但规模还需扩大。据国家统计局统计，2016 年全国规模以上文化及相关产业企业 5 万家，实现营业收入 80314 亿元，较 2015 年增长 7.5%，增速加快 0.6 个百分点；2016 年一季度共实现营业收入 19926 亿元，比上年同期增长了 11.0%，增速提高了 2.4 个百分点，文化产业占 GDP 的比重从 2012 年的 3.48% 提高到了 4.07%，文化产业迅速发展，但与 2016 年文化产业美国占 GDP 比重 24%、韩国占 GDP 比重 7%、日本占 GDP 比重 10% 相比，我国的文化产业规模还需进一步扩大和发展。

东、中、西部文化产业发展不均衡。2016 年，东部规模以上的文化及相关企业实现营业收入 59766 亿元，占全国 74.4%，中部、西部分别为 13641 亿元、5963 亿元，占全国比重为 17.0%、7.4%。但从增速上来看，西部地区增长 12.5%，中部地区增长 9.4%，均高于东部的 7%。因此中西部可以凭借着“一带一路”建设，突出西部特有的自然景观和历史积淀，将文化产业带出西部，走向全世界。不仅可以增加人民收入而且可以摆脱脆弱的自然环境，使经济建设向更绿色、更健康的方向发展。

消费增加，但动力仍旧不足。2016 年我国广播电视业服务业总收入 5030 亿元，全国出版、印刷和发行服务营业收入 23162 亿元，数字出版营业收入 5300 亿元，而 2016 年人均文化教育娱乐服务支出比重仅有 11%。文化产业作为一个新兴的行业，在中国巨大的消费市场中并没有完全发挥其潜力，其中尤其是农村市场，农村市场在文化产业市场中具有较大潜力，较之于城市市场，农村对于文化产业的便利性和选择性较低，并且文化产业在农村市场中处于一个停滞状态。但近几年，互联网的发展使农村市场逐步打开，并注入活力，如何才能真正满足农村市场日益提高的文化需求，是目前文化产业拉动内需，扩大规模的症结所在。

四、国外文化产业发展的状况

近些年，我国文化产业发展迅猛，国家也尤为重视对文化产业的扶持，但我国对文化产业的研究较国外晚，并且没有很快地形成产业链和打开市场，因此在国际竞争中处于弱势地位。目前处于文化产业顶端的国家，比如美国、日本、韩国等，对它们的发展模式和经验进行研究分析，再结合我国的实际国情，得出一些有利于我国文化产业发展的启示和建议。

（一）美国

当今世界的美国在文化产业中当之无愧是扮演着“老大”的角色，它的成长模式及积累的多年经验，是值得我们学习和借鉴的。美国早在 20 世纪二三十年代就已经认识到文化产业的重要性，并且利用政治手段推广到全球。美国在推动文化产业全球化的时候，实行了文化帝国主义策略，“这种策略的实质就是美国占领全球的文化市场，向全球的各个地区和国家输出美国意识形态、价值理念、文化习俗、商业规范、生活方式、不断提高美国文化对世界各国文化的影响力和渗透力的行为”。美国在面对西方文化产业利润丰厚的情况下，采取了全盘接受的态度，并通过移民政策来吸引各个行业的人才，为美国的文化产业发展奠定了坚实的基础。

美国文化产业拥有雄厚的基础设施，早期在美国大力发展市场经济中积累了先进的公司制度，产业模式、融资模式等，将这些先进的经验应用到文化产业的发展中，使文化产业拥有现代化的公司结构、企业文化和价值观念，进而文化产业得到了快速健康的发展。

美国其实是一个缺少历史文化积淀的民族，但美国有着良好的基础设施，较为完善的法律法规，吸纳了全球的移民，美国具有移民国家的多元性、开放性的特征，好莱坞、硅谷、华尔街引入了大量的顶级人才和巨额的资金。正是这种多元化的文化和民族促进了美国文化的创新。

美国的文化产业更像是一个跨国集团，许多的项目开发是由多个不同国家的公司合作完成的，比如当年风靡全球的电影《泰坦尼克号》其实是由 7 个国家 30 家公司协作完成的，背后不仅有巨大的资本支持，还有先进的生产系统、营销系统，这些因素共同提高了美国文化产业国际化的合作水平。

（二）日本

日本作为世界文化产业第二强国，文化产业是日本第二大支柱产业，尤其是日本的动漫产业，占全世界动漫的 60%，占美国动漫的 40%，占欧洲的 80% 以上，这些强大的市场占有力，离不开日本政府的支持。

日本经济产业省制定的《日本新经济增长战略》中指出，“将广义的创新发展到什么样的高度是‘新增长’中最重大的的课题。企业通过利用 IT 进行经营革新，劳动力素质的提升、服务业部门的高效化、依靠研发提高技术水平、商业模式革新及其产业化、全球化背景下产业结构升级、稳定的宏观经济环境等是其核心内容”。并且日本在《文化产业战略》中提出了“促进创新环境的形成并传播其魅力”“创造向海外传播日本魅力的基础”“以海外展开为视野强化文化产业的竞争力”等六大政策；2010 年，日本经济产业省发布了《面向文化产业立国》白皮书，进一步将文化产业作为 21 世纪的主打产业。

日本文化产业能在全球文化产业中占有一席之地，并与其他国家在竞争中发挥其竞争优势，更主要的是日本文化产业以内容为核心的战略布局和创新。与此同时，日本跨行业、跨部门地进行资源共享、互通有无，创作出让全球认同的动漫产业、动漫期刊、动画片、动漫电影，开发动漫游戏，打造相应的主题曲等，形成了完整的产业链和成熟的经营模式，日本文化产业的创新不仅仅是其内容的创新，还包括公司结构创新、人才培养创新、组织形式创新等，这些方面的创新不仅可以降低文化产业的成本，分散产业的风险，而且还大大提升了文化产业的创新效率和效果。

（三）韩国

韩国原本是个制造强国，20 世纪 90 年代亚洲金融危机后，韩国意识到单个经济支柱的风险，开始大力发展以低消耗、无污染、利润为核心的文化创意产业，将文化产业作为国家经济战略的支柱产业。2014 年韩国文化产业增加值达 377051 亿韩元，占 GDP 的 2.54%，2016 年韩国文化产业出口同比增加 9.7%，达 62.1113 亿元。韩国通过电视剧打开了世界的市场，随之而来的是韩国的男团、女团，应用强大的粉丝力量，促进韩国文化产业的进一步发展。

韩国文化产业的大力发展主要是有国家的大力支持，2015 年韩国文化体育观光部将设立的发展文化产业的专项基金提升至 2.2 亿美元，增幅 80%；2016 年 3 月 2 日朴槿惠大力称赞《太阳的后裔》，掀起中韩两国观剧潮。

韩国大力引进文化产业的创意人才，为了解决人才难题，成立了专门的教育机构，并开设相应的课程，培养文化创意的核心人才，并为人才建立相应的适合发展的制度，营造良好的创意环境，鼓励创意人才去海外进修学习，同时引进海外人才，使文化创意与国际接轨。

五、对我国文化产业发展的建议

（一）韩国文化产业的发展过程中，有效的经济扶持起到了重要的作用。所以我国应加大对文化产业的资金扶持，这些资金扶持一部分来自政府的直接拨款，另一部分以政府名义，吸引民间资本，让民间资本也参与到文化产业发展的过程中，并且吸引海外资本积极投入到我国的文化产业发展中来，这样更加有利于文化产业的创新和发展。加大社会资本的投入，扩大文化产业的规模，文化产业终究是一种经济活动，文化产品的发展不仅取决于其内容和质量，而且在于文化产业的规模，文化产业的规模的扩大主要是资本的投入，扩大文化产业的规模不仅可以创造大量的社会财富，而且可以提高文化产业在国际上的竞争力，通过各个部门的积极协调、整合，跨部门、跨行业、跨领域的合作沟通，再加上大型文化产业公司的运作，起好发展文化产业的带头作用，带动整个文化产业实质发展。

（二）从日本文化产业发展模式看，我国应加强对文化产业的创新。创新是文化产业发展的内在动力和主要源泉，文化产业是一个民族智慧的结晶，是我国悠久历史集中表现，也是我国意识形态的关键纽带。文化的兴盛和发展取决于文化的创新程度，我国的文化产业在国际上很难占有一席之地，主要原因是我国文化产业的创新能力不强，难以满足人们日益增长的精神消费的需求。这种状况引起了外国的强势文化对我国文化产生巨大威胁，因此可以充分利用互联网，做到跨行业、跨地区协作，随时随地沟通与创新。更重要的是对文化产业的人才的培养和引进，制定适合的文化创意人才的发展政策，并且提供舒适的环境，调动各方面人才的积极性，这样才能促进我国文化产业在不断创新中发展，从根本上保障我国文化产业的安全，提高人们对文化意识形态的凝聚力和对我国文化的认同感。

（三）美国文化产业的发展离不开法律制度的保障，我国政府应加强对文化知识产权的保障，给文化产业的发展提供一个有序的、健康的宏观环境。根据文化产业的发展需求以及随环境变化的发展模式，加强立法工作，通过法律手段来对文化市场进行规范。并且要严格执法，加强维权意识，对版权、伪造、假冒产品等违反知识产权的行为制定严厉的制裁措施，维护文化市场的健康运营，使文化企业和文化市场的经营活动符合社会公共利益目标。

（四）营造良好的产业环境。政府应加强文化产业的宣传，提高人们对文化产业的认同感，并且全面系统地传播文化产业的相关知识，培养新型产业的意识观念，提升人们对文化产业的重视，并培养人们的创新意识，打破对传统文化的陈旧看法，坚持以创新、先进文化为指导方向，以先进的理念创新文化产业的发展，保持继承与创新为一体的产业环境。

（五）从观念上增强文化产业安全意识。在经济全球化的时代，文化产业必然会受到冲击和挑战，必然会有一些优秀文化失传。在这种现实情况下，文化安全意识亟待加强，因此要坚持正确的舆论导向，大力弘扬时代的主旋律，另外要利用各种渠道向世界展现我国优秀文化和基本价值观念，让世界人民充分了解和接受中国文化，为我国争取良好的文化安全环境。

参考文献：

［1］ 蒋红军，于峰．以发展文化产业为路径提升文化软实力的思考 [J].2017，(7)。

［2］ 曲晓燕．推动文化产业创新发展—党的十八大以来文化部文化产业工作综述 [N]. 中国文化报，2017.10.19（008）。

［3］ 宋政．上海证券报 [N].2017，（6）。

［4］ 胡炜．试论文化产业发展与文化安全 [J]. 产业经济，2017，（9）。

［5］ 赵莜怂．创意文化产业的发展现状及趋势 [J]. 陕西教育，2017，（10）。

［6］ 舒雅楠，刘军．文化产业发展综述 [J]. 西昌学院学报，2014，（4）。

［7］ 张明．中国特色社会主义文化产业发展研究．2016。

[8] 方婧，邓胜利，陆伟 . 我国文化产业信息服务平台现状及特色分析 [J]. 武汉大学信息管理学院学报，2017，(1)。

[9] 吴德金 . 美国文化产业发展研究 . 2015。

[10] 庄严 . 日本文化产业发展创新的实现路径及经济效应分析 [J]. 现代日本经济，2014，(2)。

[11] 崔磊 . 日本文化产业发展的的特点及启示 [J]. 文化艺术研究，2016，(90)。

[12] 甘旭峰，一诺 . 日本文化产业发展经验对我国文化产业振兴规划实施的启示，2010，(6)。

[13] 武秀芳 . 韩国文化产业发展对我国政府的启示 . 2016。

[14] 王建彦，纪峰 . 英美日韩四国文化产业发展的经验及启示 [J]. 现代商贸工业，2017，(32)。

培生集团与中国教育出版集团传统出版与新兴出版融合发展现状比较分析

王梓薇*

[摘　要] 欧美发达国家传统出版与新兴出版融合发展已进入“深水区”，而我国还处于起步阶段。以培生集团与中国教育出版集团为例，比较两大集团传统出版与新兴出版融合的做法与成效，总结先进经验并找出差距，对正在积极探索推进传统出版与新兴出版融合发展的我国出版单位，具有十分重要的借鉴参考作用。
[关键词]

一、概况

（一）欧美国家传统出版与新兴出版

欧美发达国家的出版业市场化程度较高，出版传媒企业已有上百年历史，积累了多年市场化、集团化、国际化等管理运作经验。在数字化时代，面对传统出版收入趋向不稳定，以培生集团、爱思唯尔、汤姆森·路透、威立·布莱克威尔、牛津大学出版社等为代表的传统出版巨头在传统出版与新兴出版融合发展盈利模式方面也走在了世界前列。这些著名出版单位利用传统内容资源优势，通过汇聚大量数字内容资源，建构了数字出版内容的传播平台，再辅之以创新性的传播模式与品牌力量，最终得以盈利。2014年欧美传统出版业的一大趋势是出版商开始加速对新兴出版创新的试错，具体方案包括：强化出版商的传统角色、通过信息网络与创新来拓展

* 王梓薇，北京交通大学中国产业安全研究中心博士后科研工作站、北京印刷学院经济管理学院。

业务、尝试更具互动性的内容与新商业模式，以及向公众阐释出版的价值。可以说，这个方案是传统出版商关于传统出版与新兴出版融合发展思路的集中概括。

（二）中国传统出版与新兴出版

近年来，我国出版单位在融合发展上进行了积极有意义的探索。起初阶段，报社纷纷建立自己的网站。1997 年先后，《人民日报》最早建立了人民网，新华社推出新华网。随后，各家报社纷纷独自或以合作形式推出了名字不同的网站。后来，一些单位又探索了报、台、网等互动合作形式。2006 年，我国第一个专业报纸电视版项目启动，同时，一些报社与电信部门合作开设了手机报。2008 年，中文在线探索了同一内容的全媒体出版，《非诚勿扰》以文学版权为核心，即有纸质出版、在线出版，又不断开发衍生为影视、动漫等，实现版权价值最大化。2014 年以来，开启了传统出版与新兴出版融合发展的深入探索模式。受国家出台传统媒体与新兴媒体融合发展战略推动，人民日报、新华社等中央出版社纷纷加速推动传统出版与新兴出版融合发展。例如，人民日报社推动其移动客户端上线，使其传播方式在报、网、手机报、微博、微信等基础上继续扩展，已达 10 种载体；新华社致力于提供新闻信息集成服务，创办新华社新媒体专线，努力建造国内最大的党政客户端集群，在产品、渠道、终端、平台融合等方面取得了实质性进展。

（三）小结

总体上看，欧美传统出版巨头在传统出版与新兴出版融合发展过程中依然占据核心主体地位，而我国传统出版单位则迥然不同：目前在我国新兴出版领域暂时处于主导地位的是技术服务商，新兴出版产值绝大多数来自非传统出版单位的出版，虽然我国传统出版单位以多种形式参与新兴出版，但很难掌控主体业务，依然在主体业务之外运作。相比欧美出版巨头，我国出版企业的传统出版与新兴出版融合发展远未达到“深水区”。我国出版业距离真正意义上的传统出版与新兴出版融合发展还有一定差距。因此，研究国际大型出版集团在传统出版与新兴出版融合过程中提升市场竞争能力、经营管理能力和科技创新能力的做法与经验，将对正在积极探索推进传统出版与新兴出版融合发展的我国出版单位，具有十分重要的借鉴参考作用。

二、英国培生集团

（一）培生集团概况

1844 年，英国的 S．Pearson 父子成立了培生公司。发展到今天，培生已成为国际著名的出版与传媒巨头，是目前全球最大的教育服务公司和最大的图书出版公司，旗下拥有包括朗文、DK、爱迪生 • 韦斯利、维京等众多著名的国际出版品牌，以及培生教育、华尔街英语、环球天下、Longman School 等以培生为品牌的一系列教育相关企业。在 2015 年出炉的全球出版业 50 强排名中，培生集团位居榜首。培生集团总部设在英国伦敦，在全球 70 多个国家及地区拥有 4 万多名员工，目前培生三大主营业务集团分别是负责教育出版的培生教育出版集团、负责大众出版的企鹅出版集团以及负责商业信息服务的金融出版集团。其中，教育出版是集团的重中之重。2012 年，培生集团的业务依然分为教育、金融时报、企鹅三部分，教育带来的营业收入占集团全体的 76%，其地位不言而喻。

培生集团是全球领先的教育机构，在高等教育、中小学教育、专业教育、科技、工具书、流行读物等图书出版方面占有绝对优势，其读者对象从学龄前儿童一直延伸到博士后。同时，培生教育根据各国市场特点出版本土教材，适应当地读者要求。培生教育还出版针对各层次读者的技术图书，从电脑初学者到 IT 专家皆包含在内，因此，它也是世界上主要的技术出版商。此外，培生教育还拥有家庭教育网络公司、NCS 学习测试部门、培生宽带公司，提供教育测试评估、网络服务、软件生产等全方位与教育相关的业务，为全球读者提供优质的综合教育服务。培生集团在传统出版与新兴出版融合发展方面已取得了巨大成绩，其收入已占到总收入的 60%。

（二）融合发展做法与成效

1. 集团领导对传统出版与新兴出版融合发展的高度重视

一直以来，培生非常重视传统出版与新兴出版融合发展，表现在两个方面：一是集团领导充分认识到新兴出版的发展前景，支持所属公司进军新兴出版领域。例如，企鹅集团作为培生集团旗下的大众出版商，虽然主要经营纸质图书，在领导支持下却是第一个拥有自己网站并且第一个进行电子商务的出版商。早在十几年前就鼓励培生教育出版集团将数字平台运用于学术及专业类出版物。二是对传统出版与新兴出版融合发展给予资金支持，培生集团对数字化进行了长期投资，从 2007 年到 2011 年，投资在新兴出版内容方面的资金达 40 亿英镑。与此同时，集团还对新兴出版新技术进行投资，以便在将来更加激烈的竞争中取得胜利。培生集团认为，集团的未来收益主要还是来自新兴出版业务和国际业务。

2. 加强数字科技建设，搭建融合发展技术平台

1999 年起，培生集团就开始数字技术的建设，当年成立了世界上最大的技术出版企业——培生技术集团，培生也借此在数字出版领域有了很快的发展。2000 年，培生并购了将家庭和学校、个人课程和拓展课程、评价和测试结合的教育考试公司——国家计算机系统公司。自从金融时报集团将业务集中于数字化订阅后，2006 年培生集团先后收购了学生信息软件公司 Chancery 和苹果公司的 Powe、School 网络化软件，加强 FT. com 的推广，网络版《金融时报》的订户大大增加。2007 年，培生以 5.38 亿美元收购远程在线学习服务商 eCollege 公司。2012 年，培生宣布以 1.4 亿美元收购计算机考试服务商 certiport，斥资 6.5 亿美元收购了美国在线教育服务提供商 Embanet Compass Group Inc。2012 年，培生还宣布投资 Nook Media。此举将使 Nook 公司的电子阅读器、平板电脑与培生的学习资源进行无缝链接，有利于改善对电子资源的获得和利用。培生集团本身就拥有丰厚的内容资源，通过研发及并购获得的数字化技术为传统出版与新兴出版提供了强有力的信息和技术支持，实现了内容与技术和服务的有效结合与融合发展。一方面快速占领了新兴出版市场，另一方面也进一步刺激了其教育出版的销售。

3. 推动数字科技与传统内容结合，实现新兴出版

培生集团充分运用数字技术将服务融入到产品内容之中，不断开发出 CourseSmart eTextbook 出版产品，这些产品与纸版书的内容、格式一样，不过它不仅仅是纸版图书的电子版，还具有增值服务。这种电子版图书在价格上比纸版图书便宜，使用起来也更方便，用户只要上网就可以随时随地学习。如果想看纸版产品，还可以根据电子版图书打印自己想要的部分。其最精彩的部分还在于其增值服务价值。一般情况下，我们想要找到纸质书中所需的内容，只能根据目录一页页地去找，但是在这款产品上，用户只要输入关键词进行全文检索，就可以找到想要的内容，大大减少了用户的时间。培生集团利用内容优势，拓展新兴出版形式。从一开始在电子版图书中加入“评估”的内容，到后来有声读物、网上学习平台及根据读者个性化需求设计产品，新兴出版层出不穷。

4. 利用融合资源，提供优质和个性化定制服务

依托已构建好的数字化技术平台，培生出版视频音频、DVDROM、e-book 等大量的数字化学习资源，在 Mylab、fronter、e-college、coursesmart 等先进的数字化学习平台上，用户可以使用到丰富的数字化学习资源以及学习计划、网上测评、作业辅导、答疑讨论、学习过程记录与管理等个性化学习功能。通过培生集团全球最先进的语言测评系统为众多知名大学和机构提供 Versant、Write toLearn 等听说、读写在线测评产品；培生还为各类机构提供入学分级测评、学习过程评练、学习效果测评等专业服务；培生 PPDS（培生教师专业发展服务）业务帮助教师和学校管理者获得、改善和掌握有助于学生获得成功的各种技能。培生利用内容与技术资源为教育机构提供从数字化学习资源、技术平台搭建到平台与资源使用培训等数字化学习支持服务。

对众多的用户，统一的教育服务针对性不强，因此只有专注于个性化定制服务才能赢得市场。培生集团的教育类书籍出版既重视产品也重视服务。在产品上，培生集团通过在线平台研发教育类读物；在服务上，培生集团不断创新服务，适时推出了“培生的选择”。培生集团加强前瞻性的规划和组织，针对不同的用户需求，提供了多样化的品种，出版不同版本教材供读者选择与学习，甚至还可以定制，保证个性化需求得到满足。2012 年 2 月，培生集团与 Knewton 公司共同发布了双方合作开发的基于培生 MyLab / Mastering 的适应性学习产品，以向全球范围内数百万学生提供个性化学习服务。

三、中国教育出版传媒集团

（一）中国教育出版集团概括

中国教育出版集团成立于 2010 年，是我国第一个大型教育出版传媒集团。中国教育出版集团是隶属于教育部的中央国有大型文化企业，出版产品包括图书、期刊、音像制品、电子出版物、数字出版物等。该集团产品覆盖各级各类教育，从学前教育到高等教育，从职业教育到继续教育，从民族教育到对外汉语教育等，累计已有十余亿学生用过该集团提供的教材。中国教育出版集团由高等教育出版社、人民教育出版社、中国教育图书进出口公司等单位组成。2015 年全球出版业 50 强收入排名中，中国教育出版集团再次进入 50 强。

中国教育出版集团的新兴出版主要成就在高等教育和基础教育两大领域。高等教育领域建设了中国大学生在线、全国高校教师网络培训平台、高等教育课程资源共享平台三个重要平台。在基础教育领域，集团打造了“人教网”和“人教学习网”两个平台，建成了基础教育资源网站。中国教育出版集团在新兴出版领域虽然取得了一定的成果，但所有新兴出版业务的营业收入、利润数额加起来占集团总收入和利润的比例非常小。

（二）融合发展做法与成效

1. 集团领导对传统出版与新兴出版融合发展比较重视

中国教育出版集团虽然是一家传统教育出版机构，但在数字出版方面一直都比较重视，为了加快数字化转型，促进传统出版与新兴出版融合，集团已进行新兴出版的一些尝试。例如，开发了英语网络教材、西方经济学智能试题库多种数字产品，建设了人教学习网等网络学习平台。目前，集团正在采取了一系列促进传统出版与新兴出版融合发展的策略，有些正在实施，有些还在计划中。中国教育出版集团在传统出版与新兴出版融合发展的认识是深刻而超前的。

2. 推动数字科技与传统内容结合，实现新兴出版

中国出版教育集团通过技术创新和运营模式创新，利用多年积累的纸质图书、教材、音像等资源，实现了传统出版向互联网出版的进一步延伸。主要经营的网络产品包括实现了教材内容数字化、交互功能的电子课本，以及运用多媒体技术、透彻分析、拓展思维、点拨学习策略方法的“特级教师同步辅导”。其中，以人民教育出版社出版的《义务教育课程标准实验教科书英语（新目标）》纸质教材为蓝本，开发了以互联网为运行载体的教师版和学生版两个版本网络教材，《英语（新目标）》网络教材——《英语互动 Q 学堂》已经于 2009 年 6 月开始营销，现在已经实现盈利。

3. 建立网络平台，提供优质服务

一是建立了全国高校教师网络培训平台。依靠这个平台形成的“教师发展在线”，全国性教师网络培训体系，5 年内培训高校骨干教师近 20 万人次。二是建设了高等教育课程资源共享平台，即爱课程网。三是建设了中国大学生在线，要求学生在这个平台上实名注册，目前已经有将近 300 所高校的 200 多万名学生进行了注册，形成了一个面向大学生的网络社区。此外，人教学习网在线学习平台，面向学生、教师和家长用户，提供一站式服务。

四、传统出版与新兴出版融合发展的差距

培生集团是全球最大的教育出版机构，在新兴出版领域，不仅覆盖多种电子书内容，提供软件服务来提升读者阅读体验，还建设多平台的销售渠道，传统出版与新兴出版融合发展取得了较大成功，有很多经验与做法值得我们学习。中国教育出版集团作为一家传统教育出版机构，在新兴出版方面也一直比较重视，为推动传统出版与新兴出版融合发展进行了多种尝试，取得了一定成效。但与培生集团相比，中国教育出版集团在传统出版与新兴出版融合发展领域存在不足。

（一）数字化技术体系建设需要加强

培生集团的传统出版与新兴出版融合发展战略，是依靠自己对数字技术的研发，探索出能够盈利的商业模式，从而成功融合。而我国传统单位的新兴出版存在很多缺陷，包括中国教育出版集团在内的传统出版社大多没有掌握高新技术，数字技术研发能力不强，也缺乏这方面人才，出版社高度重视不够，对新兴出版战略的投资极其有限。所以，新兴出版业务只能依靠一些 IT 公司，这导致我国出版社无法壮大，在激烈的市场竞争中无法获得更多的市场份额。所以，我国出版业要向培生集团学习，学会创新数字产品，找到合适的经营模式，加大对数字技术研发的投入，同时培养复合型人才，为我国传统出版与新兴出版融合做好准备。

（二）利用融合资源提供个性化定制服务有待提高

培生集团数字出版的成功离不开先进的硬件系统，但其成功的关键在于教育内容的创新和系统化，向受教育者提供比传统教育形式更有价值、更高效的教育服务。培生教育集团提倡“个性化教育服务”，即为教师教学提供他们需要的内容，帮助他们掌握数字环境下教学和科研活动所需的技术能力，并且为教师们之间的交流提供方便的平台。中国教育出版集团对此提出从提供标准化教材向提供个性化教育服务转型方案，进行角色转换，从内容提供商转变为教育服务商。在由出版商向服务商的转型过程中，集团并不准备快速实现角色转化，而是计划分两步实行：第一步，通过数字出版提供课程出版 + 科研服务；第二步，以在线方式为教与学两方面提供一站式服务。中国教育出版集团利用融合资源提供个性化定制服务有待提高。

（三）顶层设计需要进一步完善

从资源方面考虑，中国教育出版集团的资源仍处于分散状态；从资金

方面考虑，集团发展新兴出版需要巨大的资金支持；从技术方面考虑，集团很难及时研发跟进数字化核心关键技术。所以要在集团设立数字学习机构，以整合内外部相关资源，明确现有新兴出版相关组织和业务在教育服务信息化中的功能定位，有效整合所属企业数字化资源的技术标准、运营平台和存储管理，建立共建共享机制。通过建立长效机制，加快出版主业转型升级，并加速拓展新型出版教育服务业务，从而形成集团整体合力。虽然这个计划还未实现，也没有开始，但集团能够认识到这点，传统出版与新兴出版融合大发展便指日可待。

（四）寻找适合自己的融合之路

对中国教育出版集团而言，已经建设的基础工程还没有在科研投入、生产规模、市场开发等方面取得完全突破，还在探索新兴出版的商业化模式，未形成稳定的商业化模式，新兴出版产业化也未完全实现。但是，中国教育出版集团已经取得的成果、正在实行或将实行的战略，显示出该集团加快推动传统出版与新兴出版融合发展的决心。培生教育集团可以如此成功地实行传统出版与新兴出版融合发展，中国教育出版集团没有理由退缩，集团只有发展好现有数字出版平台和终端阅读设备，通过国内外技术、业务、资本合作等形式发展新兴出版，在学习经验之余学会自主创新，寻找适合的新兴出版运营和盈利模式，这样才能攫取教育出版的黄金宝藏。

培生集团作为世界传统出版与新兴出版融合发展的领先者，中国教育出版集团作为国内传统出版与新兴出版融合的开拓者，很多地方值得国内其他传统出版商学习。但是由于每个出版社新兴出版起点、资金规模等的不同，不能完全照搬培生集团、中国教育出版集团传统出版与新兴出版融合的发展模式，需要其他出版集团结合自身特点，找准方向，适当改变策略，找到最适合自己的传统出版与新兴出版融合发展模式。

参考文献：

［1］任翔：《2014 年欧美数字出版的创新与变局》，载《出版广角》2014 年第 12 期。

［2］《2014 年媒体融合发展方兴未艾》，载 http://news.xinhuanet.com/politics/2014-07/22 /c 111174190 9.htm。

［3］ 杨海平、杨平：《中外出版集团管理案例与分析（2015）》，南京大学出版社 2013 年版，第 264 页。

［4］ 胡正荣：《传统媒体与新兴媒体融合的关键与路径》，载《新闻与写作》2015 年第 5 期。

［5］ 刘益、赵志伟等：《培生集团的经营管理与发展战略研究》，载《出版发行研究》2009 年第 12 期。

［6］ 刘益、刘寿先：《培生集团财务状况与财务战略研究》，载《中国出版》2010 年第 24 期。

［7］ 杨贵山：《三足鼎立教育为重——走近英国培生集团》，载《大学出版》2004 年第 3 期。

［8］ 周爽：《英国培生集团的经营战略研究及其启示》，载《出版广角》2013 年第 3 期。

［9］ 余敏主编：《出版集团研究》，中国书籍出版社 2001 年版，第 212 页。

［10］ 李红强：《国际出版集团的战略角色研究》，载《中国出版》2010 年。

［11］ 佚名：《培生集团的发展之路》，载《编辑学刊》2009 年第 2 期。

［12］ 伊丽：《培生集团高层隆重访华强化合作与宣传》，载《中国图书商报》2010 年 11 月 9 日第 4 版。

文化产业数字化发展研究

文化产业跨界融合模式研究

谢 巍 牛一荻*

[摘 要] 近年来，我国文化产业获得了较快发展，跨界融合是其进行产业转型升级的重要实践方式。文化产业跨界融合实践主要有两种形式：一是文化产业与其他相关产业的跨界融合；二是文化产业内部不同行业间的跨界融合。除了产业形态的融合形式之外，还有产业各要素之间的融合。产业跨界融合有助于新技术应用和技术创新，也会造成产业边界模糊，带动传统产业转型升级。文化产业跨界融合的驱动因素主要体现在四个方面，分别是：政策驱动因素、技术驱动因素、市场驱动因素和产业发展驱动因素。文化产业在进行跨界融合的过程中主要可以采用四种模式，分别为："产业链延伸"型跨界融合模式、"文化＋技术"型跨界融合模式、"文化＋资源"型跨界融合模式和"产品延伸"型跨界融合模式。

[关键词] 文化产业；跨界融合；转型升级；融合模式

一、文化产业跨界融合现状

近年来，在相关政策的大力支持下，我国文化产业获得了极大的发展。从2009年文化产业被上升到"国家战略性产业"的高度，到2012年被国家政策推动，向着成为国民经济支柱性产业发力，再到2014年推进文化创意和设计服务与相关产业融合发展，文化产业有着良好的发展态势。如

* 谢巍，北京印刷学院经济管理学院市场营销系，副教授，硕士学位（博士研究生在读），研究方向：传媒企业管理、消费者行为；牛一荻，北京印刷学院经济管理学院2017级企业管理专业研究生，研究方向：企业管理。

今，文化产业在不断进行业态裂变，跨界融合是其进行产业转型升级的重要实践方式。文化产业跨界融合实践可以简单概括为“文化+”，其表现形式主要有两种：第一，文化产业与其他相关产业的跨界融合；第二，文化产业内部不同行业间的跨界融合。

如今，文化产业进行跨界融合的成功案例之一就是文化旅游产业。顾名思义，文化旅游产业就是“文化+旅游”的产业跨界融合模式。这种融合模式一方面为传统文化产业发展带来了新的方向，提供了新的可能；另一方面为传统旅游产业的发展增加了新的内涵，注入了新的活力。此外，还有“文化+互联网”“文化+制造业”等多种跨界融合模式。文化产业内部行业间的跨界融合发展也方兴未艾。例如，在“影视+游戏”的融合发展模式中，有根据影视作品制作的网络游戏、手机游戏，如《刺客信条》等；还有根据大型网络游戏改编的影视作品，如《仙剑奇侠传》系列等。无论是何种融合形式，都为影视产业和游戏产业带来了不菲的收益，真正实现了双赢甚至是多赢，这正是产业跨界融合的直接结果。

除了产业形态的融合形式之外，还有产业各要素之间的融合，主要表现为资源的共同利用、人才的全面发展、科技的广泛普及、创意的无限发展、渠道的大量重叠，等等。此外，文化产业还有跨地域融合发展形式，比如美国迪士尼乐园在全球多个地区进行布局，建设新的主题乐园等。

二、文化产业跨界融合的理论基础

（一）产业融合理论

欧盟委员会（European Commission）在2010年颁布的“绿皮书”中对产业融合的概念进行了扩展式的定义，即“产业融合就是技术网络平台、市场以及产业联盟与合并三个角度的融合”，这是对产业融合的广义理解。近年来，许多学者结合我国的实际情况，也对产业融合理论进行了深入研究，总结归纳国内学者的观点，我们可以将产业融合理解为这样一个动态过程：在政府出台政策支持、放松管制和技术迅猛发展的基础上，不同产业之间或者相同产业的不同行业之间经历技术、产品、企业、市场融合等阶段，重新整合资源加以利用，使其边界交织呈现出模糊化的趋势，同时企业间合作关系不断加强，催生出新兴产业，创造出更大的经济效益的过程。总的来说，产业融合的形式可以概括为：产业渗透、产业交织、产业兼并与重组。不难发现，产业融合一方面涉及不同产业之间的融合，如“文化＋旅游”的融合模式催生出新兴的文化旅游产业；另一方面涉及相同产业内不同行业之间的融合，如“影视＋出版”的融合形式，产生了影视剧的许多相关衍生品，如音像、图书等。

（二）产业融合与转型升级

产业融合是一种全新的且富有生命力的经济现象，在当今经济发展过程中已经发挥出明显的积极作用，广泛存在于许多产业实践领域，对促进相关产业转型升级起到了非常积极的作用。产业融合有助于新技术应用和技术创新，带动传统产业的技术升级和产业结构升级；此外，新兴产业或高端产业与传统产业融合造成产业边界模糊，也会改变传统产业的产业属性，使其转换为新兴产业或高端产业，实现产业转型。目前，在制造业、旅游业、体育业等产业跨界融合发展方面已经开始形成了一些研究成果。在有关产业转型升级的研究中，研究思路主要有三个方面：一是对产业结构的调整模式进行研究；二是对产业链升级的形式进行研究；三是研究产业集群升级。从产业转型升级的方式来看，以产业融合尤其是产业跨界融合的视角来探讨的研究成果并不多；而在实践中，产业融合是新时代产业转型升级的新方式和最强有力的推手，这一点也是值得肯定的。因此，本研究对文化产业跨界融合模式进行分析，以新的视角分析传统产业的转型升级。

三、文化产业跨界融合的驱动因素

文化产业跨界融合的驱动因素主要体现在四个方面，分别是：政策驱动因素、技术驱动因素、市场驱动因素和产业发展驱动因素。

（一）政策驱动因素

文化产业跨界融合发展离不开政策的推动。2014 年，国务院发布《国务院关于推进文化创意和设计服务与相关产业融合发展的若干意见》，该意见中对文化产业增强创新动力、强化人才培养、培育市场需求等方面提出了全面的指导意见，表明了文化产业与其他相关产业融合发展的积极形式和光明未来，肯定了文化产业跨界融合发展是“发展创新型经济、促进经济结构调整和发展方式转变、加快实现‘中国制造’向‘中国创造’转变的内在要求”，为文化产业跨界融合发展提供了政策保障。2016 年，国家出台了《中华人民共和国国民经济和社会发展第十三个五年规划纲要》（以下简称《十三五规划纲要》），其中，第十六篇第六十八章第三节“加快发展现代文化产业”中明确指出，“推动出版发行、影视制作、工艺美术等传统产业转型升级”“推进文化业态创新，大力发展创意文化产业，促进文化与科技、信息、旅游、体育、金融等产业融合发展”，为文化产业发展指明了方向，为文化产业跨界融合实践提供了政策依据。相关政策的出台都为文化产业跨界融合发展创造了相对宽松的发展环境和广阔的发展空间，在很大程度上促进了文化产业与其他相关产业的深度融合。

（二）技术驱动因素

科学技术进步对产业发展有两个方面的影响：一是影响生产力构成要素，二是影响产业结构的构成。一般而言，科学技术通过创新驱动对文化产业结构产生作用，进而影响文化产业的发展进程，也可以认为技术创新是文化产业发展的根本推动力。互联网、信息和数字技术的发展极大地推动了文化产业的进步，为文化产业的跨界融合发展创造了条件，同时还催生出许多新兴产业。例如，数字出版产业就是在互联网和数字技术的推动下应运而生的，是传统出版产业与新兴数字技术融合而成的新型产物。数字出版产业的发展体现了产业融合的一种成果，具有广阔的发展前景。党的十八大报告和《十二五规划纲要》对文化产业和科学技术的融合发展做出了部署；《十三五规划纲要》将数字出版的概念引入国家规划，指出要加快发展网络视听、移动多媒体、数字出版、动漫游戏等新兴产业。科技创新已全面渗透融入到文化内容创作、生产、管理、传播、消费等各个环节，影响着文化产业的整体结构调整，推进文化产业发展繁荣，推进文化产业成为国民经济支柱性产业，提高国家文化软实力。

（三）市场驱动因素

随着我国经济的发展和人们生活水平的提高，文化产业的市场需求也在不断发生变化。消费者对于文化产品及服务的需求更加多元化，消费习惯和消费偏好也呈现出不同于以往的新特点。例如，在倡导全民阅读、建设书香社会的当今时代，传统出版行业难以满足消费者多元化的阅读需求和多样化的阅读方式，因此传统出版行业开始谋求转型，积极促进传统媒介与新型数字媒介的融合，以此来为出版行业创造更广阔的市场。还有，近年来兴起的文化旅游产业，这是文化产业与旅游产业跨界融合产生的新兴产业，它以文化创意为核心，强调创造一种文化符号融入旅游服务之中，为消费者营造出“旅游也是一种生活”的消费理念，以此来满足消费者“精神旅行”的内在需求。

（四）产业发展驱动因素

“文化+”的融合发展模式，是文化产业在当今时代发展大潮中生存并取得发展的一条必经之路。文化产业实现跨界融合发展，一方面来自外在因素的推动，另一方面来自自身发展的需要。随着市场经济深化发展，社会对文化的需求出现了井喷现象。这种现象为文化产业的发展提供了市场机会，同时也对文化产业自身提出了更高的要求，文化产业的资源、能力、产品、服务等要与需求相匹配。但是，文化产业自身依然存在一些问题，如产业发展习惯性依赖于传统，相关资源有限，产品质量良莠不齐，不同行业间资源分配不平衡等，这些问题都阻碍着文化产业的持续发展。文化产业要实现转型升级需要更多的优质资源，需要对产业结构进行调整，需要对资源进行合理分配，还需要在传统产业发展的基础上积极进行文化创新设计，这些都为跨界融合发展提供了机会。

四、文化产业跨界融合模式建议

文化产业在进行跨界融合的过程中可以采用多种模式。第一，关注产业链，实现与上下游产业的融合，即“产业链延伸”型跨界融合模式；第二，关注跨界融合过程，实现文化产业与技术的融合，即“文化+技术”型跨界融合模式；第三，关注跨界融合过程，实现文化产业与其他产业在资源方面的融合，即“文化+资源”型跨界融合模式；第四，关注跨界融合结果，实现文化产业的产品范围扩展与延伸，即“产品延伸”型跨界融合模式。

（一）“产业链延伸”型跨界融合模式

“产业链延伸”是将一条已经存在的产业链向其上下游尽可能地进行延伸和拓展，实质上是产业中各行业之间进行资源的相互利用，实现优势互补。产业链延伸一般分为两种情况，一是向产业链上游延伸，也就是延伸到生产制造、产品研发及设计等环节；二是向产业链下游延伸，也就是向产品市场方向进行拓展。文化产业的产业链延伸大多是文化产业内部的各个行业进行跨界融合发展。以中国保利集团旗下的保利文化集团股份有限公司为例，该公司在影业投资与电影院线管理、演出与剧院管理业务、艺术品经营与拍卖等多个领域拓展产业链，逐步完善“渠道+内容”的产业链条，同时积极尝试三项主营业务与IT网络、手机新媒体等新业态的对接，实现与消费者更近距离的接触。保利集团的产业链延伸是基于企业经营链条变长而形成集团式航母形态，深圳的腾讯公司、华侨城集团、雅图集团等都是这类文化航母企业的代表。

除了这种将产业链延长的线性延伸方式之外，还存在网状结构的延伸方式。这种类型的产业链延伸是将已经存在的产业链沿着某些网状结构尽可能地延伸拓展。出版行业的产业链延伸大多采用线性延伸和网状延伸相结合的方式，通过对产业链进行拓展，实现出版业的集聚。一方面，出版业打通出版、印刷、发行等出版上下游行业，进行资源整合。例如，有的出版社有自己的印刷厂、书店门店，这也是一体化发展的一种体现形式。另一方面，出版业以现有行业资源为基础，充分进行网状延伸。例如，“影视 + 图书”的产业链网状延伸带来了影视“周边产业”的利好发展；以图书和阅读为核心，结合文创产品、生活艺术、咖啡文化等，实体书店向复合业态转型发展等。

这些方式都是在产业链延伸的基础上实现了文化产业的跨界融合发展。“产业链延伸”型跨界融合模式是在现有的产业基础之上进行融合发展的，降低了融合难度，但融合方向和形式多样，因此，这种融合模式的成效也是显著的。

（二）“文化 + 技术”型跨界融合模式

依赖于互联网、信息和数字技术的高速发展，“文化 + 技术”型跨界融合模式的优势非常明显。“出版 + 数字技术”融合发展产生的数字出版业近年来发展势头十分迅猛。信息时代，读者阅读日趋碎片化，智能手机、电子书阅读器等移动阅读终端占据了部分市场，数字出版的产生和发展成为传统出版的有益补充，满足了读者多元化的阅读需求。还有，AR 技术（增强现实技术）等也开始被应用于出版行业。这项技术诞生于 20 世纪末，2013 年被第一次应用于纸质书的出版，从此便打开了“出版 +AR 技术”融合发展的大门。AR 技术在纸质书出版中更多的是被用来展示立体模型，因此得到了专业领域和教育领域出版企业的青睐。

除了出版产业与技术的融合外，还有游戏产业、影视产业等与技术的融合，这些产业的跨界融合带来了很多创新型产品形式，如网络游戏、网络文学、数字音乐、电子书等；还产生了很多基于互联网的创新型文化服务形式，如网上展览、网上博物馆、网上图书馆、网上拍卖等。“文化 + 技术”型跨界融合模式的发展能够给消费者带来更好的消费体验，使文化产业更加丰富多彩。

（三）“文化＋资源”型跨界融合模式

文化产业的跨界融合发展模式多种多样，但大多离不开资源的融合利用。文化产业吸收其他产业的资源进行发展也是一种融合的模式，即“文化＋资源”型跨界融合模式，也可以称为文化产业的跨界要素融合模式。2014年，阿里巴巴集团出资成立阿里影业集团；2015年，阿里巴巴集团又将旗下淘票票和娱乐宝资产注入阿里影业，阿里影业已成为阿里巴巴集团在香港市场的业务旗舰，也是阿里巴巴作为互联网企业与文化产业进行跨界融合的成功典范。在这种跨界融合模式中，资本是一种重要的融合资源，文化产业有了资本的注入，就有了发展的基础和实力。这样的模式也可以概括为“文化金融”。近年来，政府相关部门非常重视文化金融的发展。2010年，中国人民银行会同中宣部、财政部、文化部等九部委联合出台了《关于金融支持文化产业振兴和发展繁荣的指导意见》，在此意见的指导下，以银行为代表的金融业对文化产业的扶持力度不断加大。以银行为代表的金融机构对文化产业投入的资金已超千亿元人民币，可见投入力度之大。

文化产业除接收资金注入，形成“文化＋资本”或“文化金融”融合模式之外，还广泛吸纳人才资源，实现“文化＋人才”的跨界要素融合。在文化产业快速发展过程中，人才资源成为文化产业发展的重中之重。人才是文化产业跨界融合发展的设计者和实践者，具备综合素质和高文化素养的人才能够为文化产业跨界融合发展增添动力。“文化＋人才”的跨界融合模式有非常大的发展空间，是未来文化产业融合发展的一个大趋势，前景广阔。

（四）“产品延伸”型跨界融合模式

产品延伸是市场营销学中的概念，许多学者通过研究发现，产品延伸在很大程度上能够起到提高消费者忠诚度的作用。在文化产业的跨界融合模式中，聚焦于跨界融合结果，关注跨界融合产生的新产品及其特征，就是这种“产品延伸”型模式。对文化产业进行“产品延伸”型跨界融合有很多具体的方式。例如，影视产业与游戏产业融合，《仙剑奇侠传》系列影视剧是由网络游戏改编形成的影视作品，非常成功，这个系列的作品不仅为影视产业带来了新的发展方向，还孕育了“影视＋游戏”产业融合模式的萌芽。又如，动漫产业衍生品与陶瓷工艺产业的融合、影视业与制造业的融合等。电影《长江七号》放映后广受欢迎，以影视形象“长江七号”为基础制作的公仔玩具也获得了广泛的市场，一时间电影文化衍生品行业逐步发展起来。还有漫威漫画公司塑造了一系列超级英雄，不仅出版了系列漫画作品，还发行制作了系列电影作品，捧红一众好莱坞巨星的同时还带动了电影文化衍生品的发展，它将动漫产业、影视产业、娱乐产业、文化制造业以及主题乐园产业等融合在一起，形成多产业共同发展的模式，创造了巨大的收益，同时收获了极高的消费者忠诚度。"产品延伸"型跨界融合模式使文化产业在原有产品的基础上创造更丰富的新产品，利用消费者的消费偏好迅速占领市场，能够在较短的时间内，以较低的风险创造尽可能大的利润。

参考文献：

［1］李凤亮、宗祖盼：《跨界融合：文化产业的创新发展之路》，载《天津社会科学》2015 年第 3 期。

［2］钱小林：《产业融合理论分析》，载《湖南科技学院学报》2011 年第 2 期。

［3］董建中：《产业融合与传统产业的创新发展及转型升级——对深圳雅昌文化集团发展经验的再思考》，载《特区实践与理论》2015 年第 5 期。

［4］陈娇：《产业升级的三种不同思路研究：文献综述》，载《西安石油大学学报》（社会科学版）2011 年第 2 期。

［5］路平：《基于科技创新视角的文化产业发展研究》，武汉大学 2014 年博士学位论文。

［6］汪敏、张银侠：《引领文化产业发展的"文化 +"模式思考》，载《沈阳农业大学学报》（社会科学版）2017 年第 4 期。

［7］苏丹丹：《文化产业跨界融合正当时》，载《中国文化报》2014 年 3 月 12 日，第 6 版。

新技术融合创新背景下文化产业新业态发展研究*

刘　硕**

[摘　要] 新技术的产生与快速普及已经很大程度上改变了文化产品的形态、载体和传播媒介，人们接受文化产品的方式和途径也随之发生了很大变化，文化产业与新技术融合创新的进程已经开启。本文首先分析了数字技术、大数据、虚拟现实、自媒体等应用于文化产业的新技术形态的特点及对文化产业的影响，总结了文化与新技术融合创新的路径，归纳了文化产业发展新业态。研究表明，新技术在感官、媒介、互动交流等方面的优势确实能够提升传统文化产品的用户体验；新技术在文化产业中的普及应用以及文化产品新形态的产生，对当前的文化产业转型升级提出了新的要求；消费者的需求倒逼将成为传统文化产业和业内企业跨界、融合发展形成新业态的内在驱动力；以内容生产为核心的传统文化产业需要将更多的精力投入到技术融合、模式创新当中，基于经验的传统产业服务模式亟须向基于用户需求的全新服务模式转型。

[关键词] 技术；融合创新；文化产业；新业态

随着网络信息、视听、虚拟现实等新技术的高速发展与普及应用，文

* 本文受北京印刷学院北印英才选拔与培养办法资助（项目编号：04190117004/031）；北京印刷学院校级教学改革项目资助（项目编号：22150116007/013）；双培计划虚拟教学团队建设项目（物流管理）资助（项目编号：03150117003/002）。

** 刘硕，北京印刷学院经济管理学院物流管理系教师、系主任，讲师，经济学博士、应用经济学博士后，研究方向：大数据分析与处理。

化产业与新技术的融合创新步伐逐步加快，文化产品的新形态逐步进入人们的视野，使文化产品受众的需求较传统业态发生了较大变化。文化产品多重感官的内容传达与交互模式、以自我为中心的互动与社交形式等基于新技术产生的新事物、新模式越来越受到用户和市场的青睐，传统文化产业未来的发展路径和新业态日渐成为业界关注的话题。了解新技术的优势与特征，探索技术与文化产业的融合点和由此可能产生的新事物和新形态，掌握用户和市场的需求变动并据此重塑文化产业传统的生产和业务流程，把握文化产业新业态将为我国传统文化产业和业内企业的发展提供科学参考。

一、新技术背景下文化产业发展现状

随着我国科技创新步伐的进一步加快，新技术、新模式、新业态呈爆发式涌现，对我国的传统文化产业造成了很大冲击，使传统文化产业不得不走上新技术融合发展之路。新技术对于传统文化产业影响的起点可以归结为数字技术和以信息化为代表的新媒体技术，数字技术彻底改变了纸张在内容载体中的主体地位，信息技术颠覆了以实物转移为核心的内容传播媒介，载体和媒介的革新使人们对于文化产品的需求和消费习惯产生了重大变革，数字阅读、移动终端阅读逐步取代传统的纸质阅读成为主流阅读模式，成为此次变革的重要特征。新媒体技术的应用普及为文化产品即“内容”提供了更为丰富的载体，同时也使被动接受内容的用户具备了参与内容生产、生产内容和传播内容的渠道，使文化产业产品生产者和传播者的边界进一步模糊化，传统的文化产品生产运营模式亟须改善甚至重构，传统文化产业的业态革新已经初露端倪。

新技术对传统文化产业确实造成了一定冲击，但更为产业发展提供了新方向和新机遇。新媒体技术使文化产品可以搭载文字、图片甚至影音资料，使用户可以获得多重感官体验，虚拟现实（VR）技术更是在此基础上加入了“形”“感”的体验，在提升用户内容接受观感体验的同时为文化产业及业内企业开拓了全新的业务领域；互联网技术使用户与内容生产者、传播者之间的边界进一步模糊化，内容生产当前已经不是只有职业作家、影视编剧等专业人士才能实施的，任何处于互联网节点中的个人和机构都可以成为内容生产者介入文化产业生产过程，网络文学、网络视频以及近年来热度颇高的直播都是全民参与的自媒体文化产物，传统文化产业闭环式的生产运营模式已经被打破，并逐渐形成了开放式网络形态，文化产业与新技术融合创新正在创造文化产业新业态。

二、影响文化产业传统业态的新技术及特征

新技术与文化产业融合带来的并非只有文化产品形态的创新，更有新模式的出现，虚拟现实技术、3D打印和全息投影技术是文化产品形态创新的代表，而直播、小视频等自媒体则是文化产业新模式。因此，要把握技术对于文化产业发展的影响方向和新业态，就需要了解新技术的特征以及新技术与产业融合的契合点，以更好预测产业发展路径，为传统文化产业和业内企业的转型升级做好充分和前瞻性的准备。

（一）数字技术

数字技术是指将传统介质（如纸张、磁带、光盘等）中的文字、图片、声音、影像等内容信息转化为计算机能够识别的代码形式，并进行储存、传播和处理的技术。数字技术的出现，使文化产业所生产的产品能够以更为便捷的方式储存和传播，数字阅读即是数字技术与文化产业融合创新产生的典型阅读新模式，具备资源丰富、检索便利、终端设备方便携带等优势的数字阅读正为越来越多的读者追捧，加之人们生活节奏的进一步加快，碎片化阅读已经占据了相当的地位，这对传统出版、印刷行业带来了巨大的冲击。数字阅读并非是新技术融合产生的新文化产品，而是典型的传统文化产品消费模式的转变。这种模式的转变正在迫使传统的出版行业进行数字化转型，无法抓住转型关键时期的企业极有可能在这场变革中被淘汰。

内容的数字化使复合媒体形式的文化产品具备了技术可行性，同时也诱发了用户对于多种媒体形态文化产品的更高需求，单一的图文形态已经无法完全满足用户获取内容的需求。例如，当前文字的声音化已经具备一定市场规模，大量的“听书”资源为用户提供了新的内容获取途径，提升了部分用户特别是诸如视觉障碍、存在文字阅读困难群体获取内容的体验。因此，文字的声音化、影像化，甚至虚拟现实化都可能成为未来用户的需求方向，文字的声音化形成了“听书”，影像化形成了目前比较流行的“视频讲书”，虚拟现实化则是利用VR和全息投影技术复原书籍中的描述形成多重观感体验，这些都是已经出现的文化产业新事物，及时把握产品需求和市场动向将是行业和企业在当今这个技术、市场、用户需求日新月异

的环境下生存发展的大前提。

（二）大数据与云计算

大数据与云计算是近年来的前沿热点，在文化产业领域，大数据有助于挖掘掌握用户的行为特征和需求规律，有助于行业和业内企业先于市场做出响应，为用户提供更能够满足其需求的产品；云计算则为数字化的文化产品提供了海量的存储空间。

大数据是指无法通过现有主流（常规）技术和工具软件在可接受的时间内管理、处理和分析的数据集合。2013 年在业界被称为大数据元年，随着移动互联网在人们生活中各个领域的渗透，记录了人们社会生活轨迹和规律的数据就被逐步积累起来从而形成了大数据资源，这一资源当中同时也包含了用户对于文化产品特别是数字阅读、影音视听等方面的数据，这部分数据当中蕴含着用户的行为规律和潜在需求，随着数字化移动阅读用户群体的逐步扩大，这些数据中蕴含的价值是非常可观的。基于大数据的决策模式将会对传统的以业务为中心的文化产业和业内企业经营运作产生巨大影响，基于大数据的以用户需求为中心的服务模式将是文化产业及业内企业的必然选择。

云计算是互联网技术高度发达的产物，随着网络存储空间的逐步扩容以及网络传输速度的提速，越来越多的网络服务和资源被置于“云”中，用户现在只需接入互联网就可以快速检索并获得所需文化产品资源，进一步提升了用户获取文化产品的便捷性。

大数据和云计算使传统印刷出版业的支撑服务如物流服务也受到了很大影响。云计算大大降低了实体出版物的市场需求，大数据技术可以科学地预测市场需求，按需印刷技术可以实现依据订单快速生产，这都使印刷出版业当前的仓储、物流服务需求发生了重大变化。可以说，传统文化产业从生产到消费的供应链亟须重构。

（三）自媒体

所谓自媒体是指传播者通过互联网这一信息技术平台，以点对点或点对面的形式，将自主采集或把关过滤的内容传递给他人的个性化传播渠道。自媒体也是以互联网为技术核心发展而来的媒体形式，自媒体在我国早期的表现形式是博客、微博、微信、网络社区等。自媒体最大的特点在于其是由大众主导的内容生产和信息传播行为，大大提升了非专业媒体机构以及个人在内容生产和传播活动中的参与度和影响力。按照自媒体的定义，实际上目前热度很高的直播、网络文学等个人内容生产也可以纳入自媒体的范畴，这些热度很高的文化产业新模式正在改变着整个业态。

2016年被业界称为“直播元年”，直播已经形成了较为完整的产业链条，虽然直播行业还存在监管机制不完善等一系列问题，但并不妨碍其成为非专业媒体机构特别是个人内容生产和信息传播的一种重要形式。网络文学在我国已经存在了较长时间，为作者提供发布、出版、读者互动服务的网络文学平台在文化产业中的地位明显提升，很多网络文学作品由网络平台归集后正式出版，成为文化产品的重要组成模块。网络文学作者与专业作家最大的区别在于其内容生产会受到读者的直接影响，随着网络文学的连载，读者会发表自己对于作品的见解和意见，作者根据读者的反馈信息会有针对性地修正甚至重新规划作品内容，读者不再是作品内容的被动接受者，即网络文学使读者真正地参与到了文学内容生产过程当中，传统出版闭环式的生产模式已经被打破，传统的出版运营新业态已经初见端倪。

（四）虚拟现实技术

虚拟现实即VR技术，是通过建立人工构造的三维虚拟环境，使用户以自然的方式与虚拟环境中的物体进行交互作用、相互影响，主要包括模拟环境、感知、自然技能和传感设备等方面，是一种可以最大限度模拟空间环境感受的方法。虚拟现实技术在内容传播和感官体验方面具有其他媒体技术无法比拟的优势，首先，VR技术能够通过计算机强大的运算能力构建与现实或与设计者构想近似一致的场景，这一技术特性使重现现实场景和创造虚拟世界成为可能；其次，VR技术通过外部设备可以模拟人体感官，达到身临其境的效果，能够最大程度地提升用户对于环境、事件等内容的体验。VR技术在为人们提供更高级的内容体验的同时，也对传统文化产业产品的形态提出了新要求。

基于VR技术的全新形态文化产品目前越来越多地出现在市场上，随着技术的逐渐成熟和设备成本的逐步降低，VR产品的内容逐渐丰富，从最初的短时虚拟游乐园项目（如过山车、蹦极等）逐步扩充到虚拟密室逃脱等复杂程度更高、互动和感官体验更强的项目。除了娱乐形式的产品以外，VR技术正被逐步应用于教育和设计领域，如VR驾驶（车辆、飞行器等）训练设备，既是实际驾驶训练的有效补充，在学员不具备实际驾驶训练条件下可以在有限的空间内安全地实施实践教学；VR景观设计也是虚拟现实技术发展的一个重要方向，360度的仿真模拟场景设计突破了传统设计有限的空间体验，使用户能够更为深入和细致地体验设计者的作品，同时也能为设计者提供更为深入的用户反馈和发挥空间。可以预见，基于VR技术的文学作品场景设计、复原和感官体验在不久的将来会成为文化产业发展的一个重要方向，届时读者将能够身临其境地体验文学名著，传统的文化产品形态将进一步革新。鉴于感官和交互体验中的巨大优势，VR技术将会对我国传统文化产业提出更高的要求，既需要优秀内容的生产，还需要融合新技术创新内容表现形式，同时，也为我国文化产业的发展提供了新方向和新机遇，特别是为中国传统文化的承载和传播提供了科技创新的载体。

（五）3D打印技术与全息投影技术

3D打印又称三维打印，是一种快速形成技术，它以数字化模型为基础，运用粉末状金属或塑料等可黏合材料，通过逐层打印的方式构造物体。通过3D打印技术的概念不难看出，3D打印更接近于生产制造。虽然3D打印技术基础仍然是数字技术，但与VR形成虚拟化、交互感官性的场景不同，3D打印更多的是场景和设计产品的实物复原，目前该项技术主要应用于设计产品的实物制造、场景微缩再现等展览领域，同时也在文物修复工作中发挥着重要作用。

3D全息投影技术是一种利用干涉和衍射原理“完全”记录并再现物体真实三维图像的再现技术，在这种再现技术的帮助下，观者仅用肉眼就可观看到真实存在的立体的“虚拟的真实”。相对于3D打印场景和产品的“实”和“静”，3D全息投影技术更多体现的是场景的“虚”和“动”。3D全息投影形成的虚拟场景还有别于VR技术，VR技术需要专门的外部设备用以形成场景和感官体验，而3D全息投影技术并不需要外部设备，同时场景带来的实际感官体验也远没有达到VR的效果。鉴于3D全息投影的技术特点，其更多地被应用于场景展示，如“全息文物”既将珍稀文物进行投影化展示，这种全息展示方法有效地避免了文物的损坏，而且也能够在不需要外部设备的支持下使用户能够近距离观察珍稀文物的全貌。

3D打印和全息投影技术为传统文化产业的内容生产和展览展示提供了全新的载体，这必然会使传统文化产品形态和展示方式出现变革，更多的场景、物品重现将极大丰富文化周边产品，更为逼真和安全地展示载体将对场景再现和珍稀文物的保护提供更为有效的途径，进而提升用户对于文化产品的体验。

三、文化产业技术融合创新发展路径和业态革新模型

通过前文对影响文化产业发展的新技术进行分析，可以看出文化产业新业态的特征可以归结为产品形态的革新、生产者身份的多样、生产闭环的打破和供应链流程的重组，新技术融合创新背景下的文化产业发展路径和业态革新模型如下图所示。

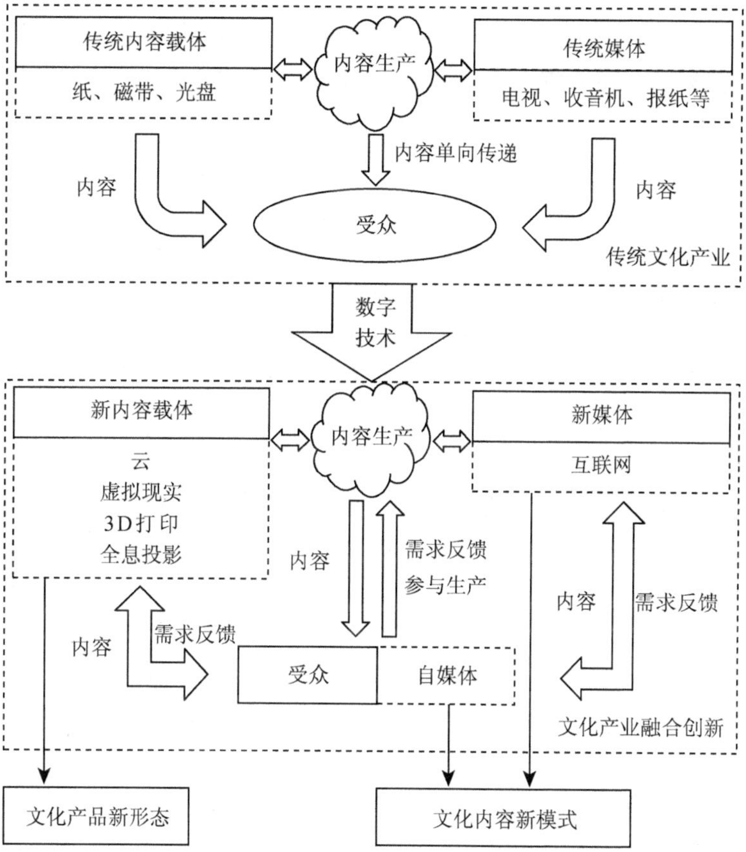

图　新技术融合创新背景下的文化产业发展路径和业态革新模型

如图所示的新技术融合创新背景下的文化产业发展路径和业态革新模型，传统的文化产业将在产品形态和模式两个层面产生变革。文化产品形态层面，全新的内容载体为市场和用户提供了更佳体验的产品，如VR技术、3D打印和全息投影技术，这些技术的应用将极大地改变娱乐、影视、教育、

设计、旅游、会展等文化产业相关行业，这些行业的传统内容将会被新技术载体以更为逼真有效地呈现，形成跨界融合创新的新业态；模式层面，新媒体技术形成的自媒体将打破传统文化产业特别是新闻出版业的生产闭环，形成用户参与生产、执行生产的全新生产模式，除了生产模式的革新以外，由自媒体形成的直播、音像、文学等形式也将对教育、旅游、会展等多领域产生影响。产品和模式的创新性和多样化在满足用户需求的同时还会诱发新需求，大数据和云计算技术将能够很好地捕捉和感知市场和用户的潜在需求规律，成为文化产业发展的引领者和驱动力。

四、结语

2014 年，我国出台了多个文化产业相关扶持政策，为“十三五”时期文化产业发展方向奠定了基调，即以“逐步发挥市场在资源配置中的决定性作用”作为主线贯穿我国文化产业发展路径，这意味着文化产业市场的竞争将更为激烈，能够及早把握市场和用户需求、具有较强创新力的优质文化企业将获得更好的发展空间，而固守传统运营模式、创新能力较差的企业将会被市场淘汰，融合新技术、创造新模式已经成为我国文化产业及业内企业必须积极面对的问题。

虽然新技术新模式给文化产业带来了诸多创新，但文化产业的核心即内容生产并未发生改变而且也不会随着技术模式的革新而发生变化，特别是目前新技术、新模式与我国传统文化融合程度还很低，新技术融合模式创新更多地成为产业噱头，这也正是产业融合创新初期最为常见的问题，因此，在新技术融合创新背景下，我国传统的文化产业应特别注意和牢固树立技术服务产业的意识，防止为了追求技术模式创新而忽视优质内容的生产，导致文化产业发展路径的偏离，应利用更好的技术、更为新颖的模式为我国优秀的传统文化服务，为需求日益多样化的市场和用户提供更为优质的文化产品，促进我国文化产业的繁荣。

参考文献：

［1］段一、胡耀华：《数字阅读：变革与反思》，载《中国出版》2010 年第 20 期。

［2］ 黄孝章、刘益：《大数据时代出版业发展趋势研究》，载《科技与出版》2014 年第 33 卷第 10 期。

［3］ 宋全成：《论自媒体的特征、挑战及其综合管制问题》，载《南京社会科学》2015 年第 3 期。

［4］ 孙漪南、赵芯、王宇泓、李方正、李雄：《基于 VR 全景图技术的乡村景观视觉评价偏好研究》，载《北京林业大学学报》2016 年第 8 卷第 12 期。

［5］ 陈晓龙、叶尔凡 • 艾尔肯、汪成源：《校园 3D 打印的探索 : 以关校同学对海关历史文化建筑的三维重建为例》，载《时代教育》2016 年第 7 期。

［6］ 郭婷婷：《浅析“全息文物”的几个特点》，载《北方美术》2016 年第 12 期。

［7］《2014 年文化产业政策奠定“十三五”期间发展方向》，2014 年 1 月 1 日，载 http://culture.people.com.cn/BIG5/n/2015/0110/c172318-26360027.html。

［8］ 史安斌：《VR 媒介重塑新闻业和文化创意产业》，载《中国广播》2017 年第 3 期。

互联网经济视域下教辅图书数字出版平台构建的探索研究*

范文静　王　蕾**

[摘　要] 教辅图书是指具有辅助学习作用的读物，适用于学生、教师及各类专业考试的备考人员等，常常被视为巩固知识、备战考试的必备资料。教辅图书在我国具有强大的读者群，连续几年创造每年约400亿元的市场规模，是许多出版社重要的出版品种。但是目前教辅图书在编写、出版、印刷、发行、售后环节均存在不少问题，如教辅作者、编辑队伍质量不高；大量同质品种充斥市场；印刷、发行大量重复劳动，浪费资源等。本文以互联网经济的视域，提出建立教辅图书市场的共享数字出版平台，以达到精准出版，提高出版质量，节约资源，优化教辅行业出版生态的目的。

[关键词] 教辅；数字出版；品质保证；节约资源；优化出版生态

教辅图书是根据教材或考试大纲编写的用以辅助学习的资料，适用于学生、教师及各类专业考试的备考人员等。教辅图书在我国拥有庞大的受众群，其与教材配套所表现出的助学、助考功能，使教辅图书成为广大学生、备考人员的刚性需求。据《2016年基础教育发展调查报告》的统计数据，全国中小学生人数超过1.6亿人，这些都是教辅图书的固定市场人群。《2015

---

* 本文受北京印刷学院社科类一般项目20190116002/028、EB201511和北京市博士后科研活动经费（10000200277）资助。

** 范文静，北京印刷学院经济管理学院文化产业管理系讲师，正在攻读清华大学新闻传播学院与北京印刷学院联合培养博士后，主要研究方向：文化产业管理、文化遗产保护；王蕾，北京印刷学院文化产业管理系讲师。

当当中国图书消费报告》统计，全国图书销售十大类别中，童书和中小学生教辅类居于前两位。除了中小学生，大学生对教辅类图书的需求同样惊人。2016 年《当当国民图书阅读消费报告》统计，“90 后”图书消费 TOP 10，其中 7 本是教辅书。未来，教辅图书市场仍将占据图书出版行业的半壁江山：一则，随着我国教育质量的提高，学生希望能通过教辅类图书巩固所学知识、提高学习技能、获得思维拓展；二则，随着科技进步与产业融合，社会各行业的工作人员都需要不断学习，而学习的效果多由考试体现，教辅图书也是各类专业考试的必备资料。因此，教辅类图书在图书市场上占据着不可或缺的重要地位。

一、教辅图书的特点

（一）时效性强

教辅图书的时效性表现为两个方面。一是教辅图书依托教材、课标、考试大纲进行编写。如果教材、课标、考试大纲发生改变，教辅图书就要重新编写。所以，绝大多数教辅类图书每年都需要更新，相较其他品类的书籍，“保质期”实在太短。二是教辅类图书一般配合寒暑假、考试季出版，销售的黄金时间多则两个月少则仅为几天，一旦错过黄金时间，对于销售可能是灾难性的影响。在每年更新、赶早上市的紧迫中，教辅图书行业面临巨大的压力。一些出版单位为了抢市场、赶进度，仓促之中甚至会压缩、省却编辑、校对时间，对图书品质造成影响。

（二）品类多

教辅类图书按照与教材的同步程度可分为软教辅和硬教辅。硬教辅与教材紧密同步，针对课程强化训练，紧贴考试大纲。硬教辅表现形式多为书籍，根据训练目的的不同又分为课程讲解类、随堂练习类、试卷类、专题类等。硬教辅类编辑和作者的从业门槛较低，常常会有粗制滥造的产品流向市场。软教辅以培养学生基本素质为主，表现形式多为期刊、报纸、套装书籍，但是由于其与课程的紧密程度较差，大多数只是课外资料。

表 1　教辅图书分类及特点

教辅	硬教辅	课程讲解类，如《教材全解》《重难点手册》	同步教材，被视为学习必需辅助资料，行业门槛低，内容品质差异大
		随堂练习类，如《天天练》《随堂练》	
		试卷类，如《期末冲刺 100 分》《单元测试》	
		专题类，如《作文技法》《完形填空与阅读理解》	

续表

教辅	软教辅	期刊，如《第一时间》《意林作文素材》	非同步教材，课外阅读材料，行业门槛高，内容品质大多较好
		报纸，如《语文报》《英语周报》	
		书籍，如《中华经典诵读本》《教育部阅读推荐书目》	

（三）增值服务多

如今图书销售不单单是售卖图书本身，读者也会在意书的增值服务，尤其是教辅图书，更需要有良好的延展性。如今，扫码听讲解、扫码看视频、扫码听语音等已经成为常见的图书增值服务。一些出版单位还会根据图书内容建立读者服务微信群，请作者在特定时间给读者答疑解惑。笔者通过调研了解到，很多学生希望得到互动性的增值服务，这些需求，促使教辅图书探索更多的出版形式。2015 年教辅行业的民营主力军之一——全品文教，成立在线教育品牌“全品学堂”，率先走上由传统教辅出版机构向在线出版转型的道路。

二、教辅图书市场现状及问题

（一）同质化严重

目前，全国 580 余家出版社 80% 以上都涉足教辅出版，市场上教辅图书品种类型丰富、数量巨大。由于学校老师不能直接统一订购教辅书，每年寒暑假都可在书店见到面对琳琅满目的教辅而不知从何选择的学生和广大家长。书店里各种习题集、作文选、教材解析、课时练习等均带有“名师”“名校”等字样，这些种类繁杂、看似高大上的教辅书，往往让人不知从何选起。

教辅图书巨大的市场份额的背后是多家出版社和企业的残酷竞争。市场上充斥着众多品种相似、封面相似、内容相似、编排方式相似、营销方式相似的教辅书，教辅图书的同质化越来越严重。笔者在实体书店的调研中了解到，绝大多数家长对于选择哪些辅导书存在困惑，这些面目相似的教辅书，是对社会资源的浪费。

（二）作者和编辑队伍水平不高

教辅图书作者和编辑队伍水平不高是教辅图书一直受到诟病的原因。良好的稿源是优质教辅图书的基础，可是如今教辅图书队伍中编写人员入职门槛低，水平参差不齐。市场上 70% 以上的教辅图书由民营企业策划发行，编辑资历浅、出版专业知识欠缺等问题普遍存在。甚至一些小型公司教辅编辑工作的日常就是“剪刀＋胶水”，一本书的“创作”过程就是在同类书上“东剪一块，西贴一块”的拼凑过程。

教辅作者则是一些“隐形人”似的存在，教辅书基本找不到谁是原作者。教辅作者与出版公司签订合同提供稿件，提供的内容抄编重复现象常有。教辅图书作者的稿酬大多一次性支付，一本试卷的报酬在3000～4000元，一本练习册的稿酬在5000～6000元。这样的市场现状下，无论从荣誉上还是金钱上，都难以给予一位优秀的作者与其付出相应的报酬，与此同时，浑水摸鱼的作者也没有相应的损失，教辅图书出现各种差错也就不足为奇。

（三）退货率高

教辅图书退货率高是教辅出版风险高的主要原因之一，多数寄售类教辅书的退货率为30%左右，有的高达60%。一般说来，图书退货率30%是警戒线，40%是危险线，50%是生命线。企业为保利益，库存书肯定不会直接销毁，而是改造后重新上市，势必影响图书品质。

由于纸张、人力等成本的约束，一些教辅企业虽然年销售额在增长，利润却在减少。2017年更是出现“有钱也买不到纸”的状况，图书纸张价格从2016年9月启动大幅涨价以来，至2017年10月上涨超过200%。由于利润减少，退货率高，账期拉长，三角债甚至多角债现象严重，教辅企业的风险不断加大。

三、教辅图书数字出版平台理念及可能性分析

教辅图书数字出版平台是基于互联网的信息技术，将生产、交换、分配、消费等经济活动智能化和大数据化，改变传统的组织生产方式，打破行业界限，实现生产流程和价值链重组，重塑出版传媒生态，形成开放竞争的市场格局。

（一）教辅图书数字出版平台的核心理念

教辅图书数字出版平台以出版企业、作者、读者等为服务对象，集图书的策划、出版、发行、销售、增值服务等于一体。作者、出版方等所有生产环节参与者均以股东身份参与图书利益分配。平台生产、销售等信息透明，以口碑、信誉为生存基础，进行优胜劣汰的自然选择。平台以考情、考纲、读者需求偏好等大数据等为生产资料，辅助出版社进行图书策划。依托信息技术对意向出版图书进行选择，并招募作者编写样章。读者对样章进行评价和预订，出版社根据读者需求按需出版、按需印刷，线上订购、

线下配送，直接变需求量为销量。线上图版模式实时互动、实时响应，满足个性化需求，解决了当前图书同质化、稿源差、退货率高等问题。

平台用户主要分三类：企业用户、作者、消费者。平台由图书孵化模块、图书编写模块、线上订购模块、图书印刷模块、线下配送模块、增值服务模块等组成。各模块特点和预期效果如表2：

表2　教辅图书共享数字出版平台功能分区及特点

平台功能分区	特点	效果
图书孵化模块	出版社、作者、学生、家长等均可以参与到图书孵化中，此模块是传统意义上的图书策划环节，群力群策，由平台管理方提取有效信息，出版单位根据信息反馈最终确定图书方案。	编读互动 全员参与
图书编写模块	作者用户通过提交专业技能证明，注册成为专业作者。作者信息进入信息数据库，对孵化出来的意向图书进行样章编写。书稿的内容简介、目录、样章提交到展示前端，读者进行评价。	专业素质 确保品质
线上订购模块	读者或需求者通过预读样章、作者资质等进行综合评价，对满意的图书进行订购。（为保证图书订购可以取消订单，收货阅读后仍可退货）	精准出版 控制退货
图书印刷模块	集中采购纸张、全国统一安排印刷，可以降低成本20%，所降低的成本，最终体现在代理商的折扣上。	降低成本
线下配送模块	优化发行，省市级代理商转化为服务商，管理本省市的县级代理商。发货、退货实行标准化管理，做到进、销、退一条龙服务。	优化发行 节约人力
增值服务模块	增值服务包括写作素材、讲义、多媒体课件、在线答疑等，读者可以通过提供策划方案、找错等智力反馈进行有奖兑换，也可以通过付费方式形成二次销售。增值服务进一步提高了图书质量，又增强了用户黏性。	服务增值 用户价值

（二）教辅图书共享出版平台可行性分析

1. 商业模式

教辅图书数字出版平台为互动型出版生态系统，该系统分为三个环：内环——内容创作圈，编辑、作者、出版社等提供内容，每一个内容提供者都是直接受益人也是责任人；中环——出版流通圈，省市级代理商转化为服务商，发货、退货实行标准化管理，做到进、销、退一条龙服务；外环——价值增值圈，读者、出版方、作者等多方互动，实现生产、消费的智能化和大数据化。

第一阶段：内环建设。平台管理方作为发起者，联系出版社，面向作者、编辑、印刷厂、发行商发起众筹。稿费、编辑加工费、纸张及印刷费均作为投资进入。全体参与者为股东，保证图书编印发质量。

第二阶段：中环建设。传统出版—发行—经销顺序链条转变为新型平台服务模式。发行环节减少，服务功能增强，成本降低，收益激增。

第三阶段：外环建设。聚集忠实读者，平台获得收益越大，投资收益比越高。

2. 效益分析

以一本五个印张定价 22.80 元的小学作业本，销量 50000 册为例。平台拥有集中出版优势，对印制和纸张供应招标，可降低费用 20%。

表 3　分立出版与平台出版成本对比　　单位：元

	策划	作者	编辑	录排	出版	印制	折扣	毛利	销量
分立方式	3000	3000	3000	800	10000	56000	15%～20%	2～3.16	30000
共享平台	0	0	0	0	0	70000	12%	1.34	50000

表 4　分立出版与平台出版效益对比　　单位：元

	策划	作者	编辑	出版	平台	合计
分立方式	3000	3000	3000	10000		67000
共享平台	6700	6700	6700	20100	26800	50000
占比	10%	10%	10%	30%	40%	100%

表 5　分立出版与平台出版风险对比分析

	分立出版	平台出版
图书质量风险	临时拼凑作者，缺乏长期合作，图书质量难以保证	作者、编辑、设计长期签约，股份合作，利益共享，质量充分保证
小品种订数风险	地方小品种订数少，不划算	聚集同类用户需求，集零为整
图书退货风险	没有很好的控制，会吃掉大部分利润	质量保证，订数预研，加上包装、流程规定，有效降低退货率
占压资金风险	所有费用先行垫付，资金压力巨大	编印发各方参与，前期费用压缩到极小，市场反馈不好不发，资金占压很少
图书品牌风险	树立品牌难度大，需多年培养	集合优势资源，直接使用品牌资源，占据市场高地

四、教辅图书数字出版平台建立的意义

（一）树立从业人员高度的责任意识与质量意识

2016 年“工匠精神”被写入政府工作报告，工匠精神包括敬业、精益、专注、创新等方面的内容。教辅图书内容创作过程是文化生产的过程，图书质量的高低直接影响着广大读者对知识的理解与运用，教辅图书生产更需要“工匠精神”的敬业和专注。教辅图书市场同质化、粗犷式的出版现状迫切要求从业人员的责任意识与质量意识的提高。教辅图书数字出版平台吸引内容参与者作为股东，将责任与利益直接挂钩，取代当前多作者一次性付酬的方式，高品质获得高收益。平台信息透明，一本书的作者、编者、出版者、印刷厂等信息直观、公开，约束每一位参与者真正把图书做精做细，每出版一种图书都是精品。

过去两百年，公司制奠定了全球经济财富的基础，未来一百年，则将是 B 型企业生根、发芽、在全球茁壮成长的阶段。B 型企业（B Corp）在营利的同时将社会使命融入公司基因，愿意为长期（与商业利益一致的）社会效益而牺牲短期商业利益。教辅图书数字出版平台汇聚企业和作者，以口碑和信誉为生存基础，为 B 型企业发展提供土壤，符合全球企业发展的未来方向。

（二）精准出版，节约社会人力物力资源

教辅图书不同于大众图书，需要严格的市场细分。以“少儿科普类图书”为例，这是一个看似明确实则非常模糊的概念，少儿的年龄段，如 3 岁、7 岁、11 岁实际上存在相当大的心理差异，这需要市场的明确定位。数字出版平台以读者需求为生产的起点，更加明确市场定位，满足个性化需求。同时，平台改变以往预估订数出版的方式，而是以网上读者的预订量为出版数，达到精准出版的目标，解决当前退货率高的难题，节约资源。预订过程大大节省了发行环节，将解放现今发行环节的众多人力资源。退换货过程也更加及时和严密，大量节省社会资源。

（三）符合信息社会发展趋势

信息社会的发展已经开始从“互联网 +”向“万物 +”转变，未来，“万物 +”将在大数据、云计算等技术的支撑下，挖掘万事万物的数据价值，衍生出新的应用类型和商业模式。教辅图书数字出版平台将生产者、消费者、经销者、管理者和调度者以及各种设备和服务联结起来，带动万物协同。

平台经过数据筛选、清洗、分析，逐步形成真实、海量的大数据，衍生出新的应用类型和应用模式。

五、结语

教辅图书以每年400亿元的大市场吸引了大量出版社和民营出版单位的参与，然而其同质化、退货率高的问题导致了大量社会资源的浪费。本文以互联网经济的视域，提出建立教辅图书市场的共享数字出版平台的探索实践。理论模型和探索体系正在不断优化，希望得到更多专家学者的指导、指正，以期达到精准出版，提高出版质量，节约资源，优化教辅行业出版生态的目的。

参考文献：

［1］谢青：《教辅图书出版现状的分析及其应对策略》，载《传播与版权》2017年第5期。

［2］黄文、黄俊：《浅谈教辅图书的数字化转型——以安徽教育出版社为例》，载《新闻研究导刊》2017年第8卷第18期。

［3］《TFboys高考被送模拟题，教辅业背后的富豪是谁？》，载 http://www.sohu.com/a/147227948_616824。

［4］孙黎、任荣荣：《公司制的未来——B型企业来了》，载《IT经理世界》2016年第17期。

数字时代传统出版企业数字化发展现状、问题与对策*

李宝玲　吴楠楠**

[摘　要]进入数字时代，数字化发展已经成为出版业发展的必然趋势。传统出版企业作为出版行业的主导者面临着前所未有的发展机遇和挑战。近年来，在国家政策的大力支持下，我国数字出版产业规模一直保持着强劲的增长势头，传统出版企业数字化进程也在不断推进，取得了显著的成果。但比较而言，传统出版业对数字出版总收入的贡献却很小，数字化水平相对较低，还存在一些亟待解决的问题，诸如定位不明确，资金技术短缺，盈利模式单一，法律制度不健全，数字出版人才缺乏等问题。本文在分析我国传统出版企业数字化发展现状、存在问题以及发展前景的基础上，针对性地提出了加快传统出版企业数字化发展的对策建议。

[关键词] 数字时代，传统出版企业；数字化；现状与对策

随着数字技术在出版领域的广泛应用，出版物形态不仅发生了革命性的变化，具备了多样化和立体化的特征，而且传统的出版流程和手段也发生了彻底改变。数字化发展已成为出版业的唯一出路和必然选择。中国传统出版业历史悠久，在传统出版的流程中，出版社处于主导地位。我国出

* 本文为北京市教委社科面上项目“全媒体时代出版企业数字化发展研究”（18190115/003）的研究成果。

** 李宝玲，北京印刷学院经济管理学院副教授，经济学博士，研究方向：电子商务、市场营销、企业战略；吴楠楠，北京印刷学院经济管理学院会计专硕（在读），企业管理（审计与内部控制）。

版数字化从20世纪70—80年代开始发展到现在已经近四十年。随着科技发展，数字化大潮来袭，传统出版企业的编、印、发生产流程已经不能跟上数字出版时代的步伐。“十二五”期间，我国政府出台一系列支持出版行业数字化的政策，引导整个出版业步入数字化进程，虽然取得了一定的成绩，但传统出版企业数字出版业务在总收入中所占比例依然很小，地位相对较弱。从2013—2017年中国数字出版产业年度报告发布的相关数据来看，数字出版90%以上的收入都来自网络游戏、网络广告和手机出版，而与传统出版相关的互联网期刊、电子书、数字报纸所占比重较小。2016年三者总计78.5亿元，只占到总收入的1.37%。传统出版数字化在数字出版产业总收入中所占的比重近五年来也是呈下降趋势。面对这一现状，我们不得不思考目前传统出版企业数字化为什么步履蹒跚，没有达到突飞猛进的发展。加快推进传统出版企业数字化进程，不仅是我国出版业发展的唯一出路，而且有利于将我国优秀的传统文化进行更为广泛的传播，扩大我国在世界文化中的影响力。本文基于传统出版企业数字化发展现状的分析，探讨数字化进程中存在的问题以及未来数字化发展前景，针对性地提出了加快传统出版企业数字化发展的对策建议。

一、传统出版企业数字化发展现状分析

面临着数字出版的巨大冲击，我国传统出版企业积极推进数字化转型，总体发展态势具有以下特征：

（1）传统出版企业数字化是在技术和潮流引领下的被动式数字化。截至2016年底，全国共有出版社584家。其中约有90%开展电子图书出版业务。中国网民的规模达7.51亿人，以互联网为代表的数字技术加速发展。在新兴数字出版企业中，中国知网已成为国内最大的传统期刊网络出版平台，北大方正、中文在线等图书出版企业已经占据中国电子图书市场90%以上的市场份额。数字出版企业在科技的带动下迅猛发展，增速惊人，而传统出版企业却在市场份额受到数字出版挤压后，在数字出版潮流的冲击下走上了数字化发展的道路。

（2）数字出版发展迅猛，传统出版企业在出版业的主导地位受到威胁。数字出版企业在网络平台搭建和市场把握方面优于传统出版企业，已经建立起一条完整的产业链（详见图1），可以绕过出版社直接与作者接触，获取资源和版权，甚至有的作者可以直接自己在微博、微信等公众平台上

运营自己的作品。数字出版抢占了传统出版业的市场份额。

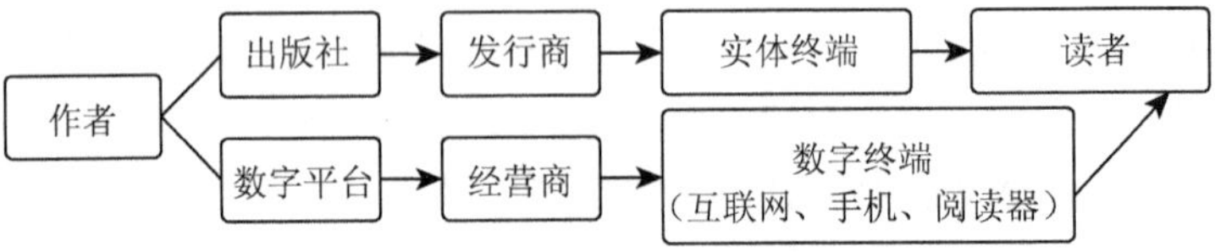

图 1　传统出版企业与数字出版企业产业链

（3）传统出版企业的数字化业务收入较少。很多传统出版企业把自己定位为数字化进程中的内容提供者，简单地将已有文字资源数字化处理后向读者出售或者把部分版权卖给一些技术提供商来获利，这使传统出版企业数字化发展过程中只能分取少数利益。根据 2013—2017 年中国数字出版产业年度报告数字显示，数字出版产业发展势头强劲，近 5 年一直保持着 30% 以上的增长率，而传统出版数字化占数字出版产业总收入的比重却逐年下降（详见下表），这说明传统出版企业数字出版业务收入增长远远低于网络游戏、网络广告和移动出版的增速，在数字出版产业链条上处于弱势位置，发展速度迟缓。

表　2012—2016 年数字出版产业总收入与传统出版数字化收入情况

年份	数字出版产业总收入 / 亿元	传统出版数字化总收入 / 亿元			传统出版数字化占数字出版产业总收入的比重
		数字报纸	互联网期刊	电子书	
2012	1935.49	15.90	10.83	31.00	2.98%
2013	2540.35	11.60	12.15	38.00	2.43%
2014	3387.70	10.50	14.30	45.00	2.06%
2015	4044.85	9.60	15.85	49.00	1.69%
2016	5720.85	9.00	17.50	52.00	1.37%

数据来源：根据 2013—2017 年中国数字出版产业年度报告整理

二、传统出版企业数字化过程中存在的问题分析

在政策和技术的推动下，我国数字出版业务发展迅猛，但传统出版企业在数字化发展方面仍存在一些亟待解决的问题。

（一）定位不明确

通过对多家传统出版企业分析可以发现，它们已经认识到数字化发展的必要性，加入数字化的大潮。但是，在数字化的过程中对自己的定位并不明确。它们数字化的方式多表现在将之前的纸质媒介转换成数字媒介或者自建平台直接销售自己的纸质产品或数字化产品。前者的数字化方式多被小型传统出版企业采用，但是简单地平移内容并没有将数字化的优势体现出来。后者多为有实力的大型企业为之，虽然也是走上了较具主动权的数字化道路，但是并没有充分利用平台的优势，缺乏对读者阅读喜好数据的分析，没有明确自己在数字化出版业务中的具体定位。

（二）资金技术短缺

数字出版是依托互联网普及与高科技发展兴起的。因此，要大力发展数字出版业务，就需要在技术层面投入大量的资金。而对于目前的传统出版企业来说，一方面，思想陈旧怕数字化不成损失惨重，所以在数字化方面的资金投入上畏首畏尾；另一方面，对于大多数传统出版企业来说，它们在之前的出版模式中，以书籍存货为主，而且很多出版社与实体书店的结算都是按季按年进行，这就导致传统出版企业可以拿出来进行数字化投资的流动资金并不多。更为关键的是，传统出版企业大多数都是中小出版社，规模比较小，而数字化门户网站、平台建设却需要大量资金投入，这对它们来说也是一道难题。

（三）盈利模式简单

目前传统出版企业数字化多采用两种方式：一是将现有的纸质图书报刊资源进行数字化处理，展现在读者的手机、电脑、阅读器等终端阅读工具上；二是进行内容的简单加工或者开创新的内容，将其发布在自己的平台上或者直接销售给技术提供商。这样的盈利模式不仅表现出传统出版企业在数字化发展中不积极的态度，更体现了其在数字化过程中的思想比较固化。这也就使其在数字化产业链中没有主动权，偏离核心地位，在利益分成上也比较被动。

（四）法律制度不完善

通过对我国出版、版权方面的了解发现，我国目前没有专门的数字版权保护法，仅有《音像制品管理条例》《信息网络传播保护条例》《著作权法》等法律涉及数字版权保护条款，但是这些条款大多内容简单、法条模糊、界定不清、可使用性低，对数字版权等纷争问题的处理参考意义不大。再加上在互联网这个大平台上，抄袭、复制、传播很容易发生，对侵权者的调查难度大，处罚也不容易实施，这就使很多出版社在数字化发展中表现得并不积极。因此，数字出版版权得不到有效保护也是数字化发展缓慢的主要原因之一。

（五）复合型出版人才不足

人才是推动企业进步的巨大力量。数字出版主要依靠的是优质的内容资源和互联网操作技术以及先进的管理、营销理念。数字出版是近四十年在我国兴起的，但却是近几年随着互联网普及而大热的。传统出版企业谋求数字化发展，但是其在互联网科技方面的人才储备并不多；而且数字化一体印刷的出现，也更新了传统的印刷方式；以及数字版权的侵犯问题时有发生，出版社也需要主动维权。目前出版社已有的人才难以满足传统出版企业在数字化发展过程中对互联网科技平台建设、数字化编辑印刷，以及精通政府出台的相应法律法规，能积极维权的复合型出版人才的要求。而且，在目前的人才市场中，这些新型出版人才也十分缺乏。

三、传统出版企业数字化发展前景分析

加快数字化发展进程，传统出版企业既要发挥自身的优势，抓住良好的发展机遇，又要勇敢面对数字化带来的巨大挑战。

（一）数字化发展的机遇和优势

（1）中国网民人数连年增加，数字出版需求前景广阔。截至 2017 年 6 月，我国网民规模达到 7.51 亿人，互联网普及率为 54.3%，较 2016 年底提升 1.1 个百分点（详见图 2）。互联网技术普及与数字化技术的快速发展，二者的有机融合，使我国数字出版面对着巨大的潜在用户群。数字出版的前景广阔，传统出版企业也应该增强对数字化发展的信心，积极主动投入到数字化中，以谋求更大的发展空间。

（2）国家政策的引导和支持。我国政府“十二五”“十三五”多项政策出台，对传统出版企业的数字化发展进行引导和支持。各级出版企业的决策层在领悟政策的同时一定会加大出版单位数字化发展的步伐，将数字化纳入出版企业的整体发展战略中。

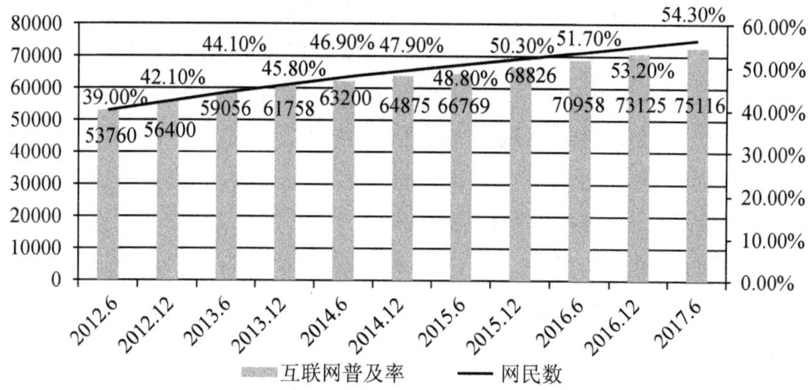

图 2　中国网民互联网普及率

数据来源：中国互联网发展中心《第四十次中国互联网发展状况统计报告》

（3）各级政府政策优惠和扶持。从 2008 年起，各地政府对数字出版的优惠和扶持政策纷纷出台，截至 2015 年 6 月全国范围内先后建立了数十家国家级数字出版基地，系统解决数字出版发展过程中的资金、人才、用地、产品研发等一系列问题。2013 年 3 月，“国家新闻出版广电总局”正式挂牌成立。2013 年 6 月底首批 70 家数字出版转型示范单位公布，图书出版企业有 25 家，中小出版企业 14 家。国家新闻出版广电总局表示将对其给予优先扶持。可见，我国从多个方面，用多种方法来推动传统出版企业的数字化发展。

（4）传统出版企业掌握丰富的内容资源。无论是传统出版企业还是新兴数字出版，内容为王，是出版行业不变的真理，传统出版企业作为内容产业，掌握着无数优质内容资源的版权，这使其在数字化发展中处于有利地位。

（5）传统出版企业行业经验丰富。虽然出版行业在进行数字化发展，传统的编、印、发流程受到巨创，可是在与作者的沟通、如何进行利益分红以及在新形式下对版权进行保护方面，传统出版企业主导行业多年，有着新兴出版行业难以比拟的丰富经验。

（二）数字化发展的挑战

（1）传统出版企业的体制结构固化。我国传统出版企业有出版社、杂志社、报社，多为事业单位或是从事业单位转制而来的国有企业，其体制结构固化发展不灵活。这就造成了传统出版企业习惯于原先的纸质出版经营模式，对新事物的接受迟钝，数字化转型难度大且动力不足。

（2）对数字化认识不够。多数传统出版企业对数字化认识肤浅，仅认为简单地把已有纸质资源转换成数字模式就是数字化，并没有认识到数字化的广阔外延，它还涵盖了内容资源深入加工，音乐、影视、游戏等诸多出版方式，传统出版企业数字化形式单一。

（3）数字版权的保护不到位。数字出版作为新兴产业，在数字版权保护方面的法律并不健全。数字出版传播速度快、范围广、容易复制的特点造成市场上很多非法传播，侵害版权的情况。法律和数字版权保护技术的不成熟威胁着我国传统出版企业的数字化发展进程。

（4）国外出版商渗透中国市场。在出版数字化方面，无论是在线运营还是电子书制作，西方发达国家均领先于我们， 开放我国数字出版市场，也就意味着引入了强大的竞争对手。这对国内数字化发展水平比较低的出版企业来说，无疑是巨大的威胁。

四、加快传统出版企业数字化发展的对策建议

传统出版企业要在数字时代谋求新的突破，加速数字化的进程，必须要拿出实际行动，解决目前的现实问题。依据本文的分析，笔者提出以下对策建议。

（一）明确产品定位，打造数字品牌

目前，传统出版企业在数字出版链条上处于弱势位置（详见图 3），一方面与之竞争的不仅有众多的行业老对手，还新增了网络原创和互联网内容提供商等，竞争十分激烈。而且在技术和平台建设运营方面传统出版企业远远不如互联网科技企业。因此，处于数字化发展过程中的传统出版企业首先，应该充分利用手中的大量优质资源，争取开创出优质内容。数字出版的本质还是“内容为王”。其次，应该进行市场细分，在大众出版、教育出版、专业出版领域找好自己产品的定位，对特定的读者群体阅读喜好进行分析，在巩固好老读者的同时，培养自己的数字化新读者群体。例如，《人民日报》对自己的定位：作为党的喉舌，在网络上很受读者喜爱。最后，打造出企业特色的数字化品牌，在数字化的大潮中既提升自身辨识度也有利于宣传。

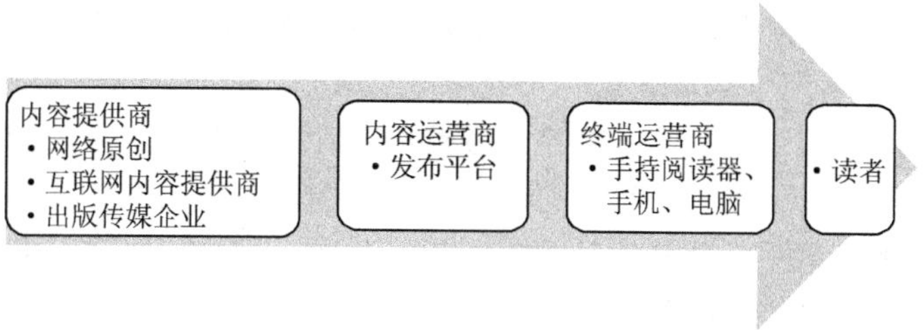

图 3　传统出版企业在数字出版链条上的定位

（二）寻求政府支持，加强企业间合作

面对数字化发展中资金短缺问题，第一，传统出版企业可积极寻求政府的资金支持和政策优惠，比如，政府加大国家级数字出版基地建设，在数字化发展方面投入更多的资金，并给予政策方面的倾斜。第二，对于大型传统出版企业来说，可以多投入资金独立进行数字化平台的建设，而对于多数小型传统出版企业，可以选择三五个甚至更多小出版社一起合作，共同出资，搭建公共平台，为多家出版社提供平台服务，不仅可以聚拢读者，还能加速数字化发展。第三，对于在平台搭建方面实在无力的出版社来说，可以选用微信公众号或者建立门户网站，又或者直接依靠大平台进行数字化信息的摄取和数字化产品的销售。

（三）探索多元盈利模式，增加数字化动力

要加快传统出版企业数字化发展，应该在盈利模式方面多做探索。首先，传统出版企业可以在进行读者需求调查的基础上，有针对性地开发优质数字化内容，满足读者的需求，从而获取盈利；其次，不论是通过自建平台、门户网站或者依附于其他平台，大批读者形成的流量可以带来巨额的广告收入；最后，在销售产品的基础上，选择销量高、热度高的作品，进行进一步的开发创造，还可以衍生出相应的电视剧、游戏、音乐等数字化内容，这些数字化内容可以为出版企业带来更为丰厚的利润。

（四）健全法律法规制度，避免网络侵权

首先，国家应该在数字出版方面尽快出台相应的法律，保证原创作者、出版社和数字化平台的合法权益。其次，为避免以后发生不必要的纠纷，传统出版社应该做好前期法律基础工作。在出版时，一方面，与作者签订图书出版合同，明确电子版权的内涵和外延，明确授予出版社的权利种类、作品使用方式、传播载体、媒介、授权的期限以及销售数据的提供与核查、结算方式；另一方面，出版单位与网络服务平台也应该签订详细的销售合同，避免平台擅自采取免费阅读等营销方式吸引读者而损害出版社和作者的利益。

（五）开展人才队伍建设，增速数字化发展

面对当下传统出版企业数字化发展中存在的新型出版人才缺乏问题，出版企业应该高度重视，可从引进、培养与留用三方面入手，积极开展人才扩充战略。第一，国外的数字出版优于我国，那么引进国外数字出版方面的人才，则可以为传统出版企业带来更先进的数字化经验；第二，出版社可以与国内高校的互联网、计算机、管理、法律专业进行合作，培养出一批懂互联网、熟练操作计算机、管理思想先进、精通法律的新型出版人才，为传统出版企业数字化发展注入新的血液；第三，人才的引进与培养重要，人才的留用更重要，这就要求出版社在员工的管理与福利方面多加关注，为其数字化的发展做好人才储备，定会加速传统出版企业数字化发展。

五、结语

数字出版是出版业发展的一个必然选择和趋势。数字出版物在互联网和高科技阅读工具的传递之下进入了大众视野，改变了读者的阅读方式和习惯。我国多数传统出版企业已经投入到数字化进程中，虽然出现了诸如数字化定位不明确、资金技术短缺、盈利模式单一、相关法律不健全以及新型出版人才缺乏等诸多问题，阻碍着传统出版企业数字化发展的积极性，延缓了数字化的进程，但是，随着社会发展、相关政策法律的健全，以及各级政府、企业、社会的多方努力，传统出版企业一定能找到自己在数字出版产业链中的定位，发挥内容优势，加快数字化发展的步伐。

参考文献：

［1］中国社会科学网：《2016 年全国新闻出版业基本情况》，载 http://ex.cssn.cn/xwcbx/xwcbx_zxgg/201707/t20170725_3590299.shtml。

［2］苗卉：《大数据时代编辑理念的更新》，载《新闻爱好者》2013 年第 7 期。

［3］张立：《2016—2017 中国数字出版产业年度报告》，中国书籍出版社 2017 年版。

［4］中国互联网发展中心（CNNIC）：《第四十次中国互联网络发展状况统计报告》。

［5］敖然：《2013 年度国内数字出版产业观察》，载《出版参考》2014 年第 2 期。

［6］段智玲：《数字化转型下传统出版企业面临的法律环境》，载《西部广播电视》2016 年第 13 期。

文化企业融合创新的机制及路径分析

谢　巍　朱玥晗*

[摘　要] 在文化产业体制改革和文化产业融合发展的背景下，文化企业通过融合创新实现企业发展。无论从国外文化企业的发展情况还是国内文化企业的发展情况来看，融合创新都是文化企业发展的趋势。从文化企业融合创新的基本要素来看，融合创新的主体是文化企业，融合创新的客体是文化产品。文化企业进行融合创新，受到多种动力因素的影响，包括新技术及应用、消费者需求变化、产业变革发展的需要等。在文化企业融合创新的过程中，主要通过技术融合、产品与业务融合、市场融合等方式实现融合创新。而文化企业实现融合创新，又以政府政策支持为重要保障。文化企业要实现融合创新，建议可采取以下三种路径：基于产品形态创新的路径、基于运营方式创新的路径和基于管理方式创新的路径。

[关键词] 文化企业；融合；创新；机制；路径

一、文化企业融合创新发展的背景

(一) 文化产业体制改革

在经济高速发展的中国，互联网的影响力日渐深入，新兴媒体呈现迅猛的发展态势，传统文化企业面临改革与发展的挑战。对于我国文化体制改革，从整体层面上来看，2003 年，国务院颁布《关于印发文化体制改革

* 谢巍，北京印刷学院经济管理学院市场营销系副教授，硕士学位（博士研究生在读），研究方向：传媒企业管理、消费者行为；朱玥晗，北京印刷学院经济管理学院 17 级传媒经济与管理专业研究生，研究方向：传媒企业管理。

试点中支持文化产业发展和经营性文化事业单位转制为企业的两个规定的通知》，原新闻出版总署随后也颁布了《新闻出版体制改革试点工作实施方案》，文化体制改革和出版体制改革拉开帷幕。2013 年，十八届三中全会会后发布了《中共中央关于全面深化改革若干重大问题的决定》（以下简称《决定》），《决定》关于文化体制机制创新有三个突破：一是提出文化体制改革的中心环节为激活全民族文化创造活力；二是明确要建立国有文化资产管理体制；三是提出改革、发展和管理“三位一体”的新思路。《决定》对加快文化体制改革有很多新提法，如“建立党委和政府监管国有文化资产的管理机构”“对按规定转制的重要国有传媒企业探索实行特殊管理股制度”，文化开放要“坚持政府主导、企业主体、市场运作、社会参与”，等等。

此外，财政部等部门印发了《关于鼓励和支持文化产品和服务出口的若干政策》《文化产业发展专项资金管理暂行办法》《宣传文化发展专项资金管理办法》《关于支持文化企业发展若干税收政策问题的通知》；商务部等部门出台了《关于进一步推进国家文化出口重点企业和项目目录相关工作的指导意见》《关于金融支持文化出口的指导意见》等。这些政策从财政、金融、税收、信贷等多个方面对“走出去”企业、项目和产品给予大力支持，对文化产业国际化发展起到直接的推动作用。

（二）文化产业融合与创新

2014 年，国务院发布《关于推进文化创意和设计服务与相关产业融合发展的若干意见》，对文化产业融合提供了政策性指导意见，其基本原则是“统筹协调，重点突破；市场主导，创新驱动；文化传承，科技支撑”，有利于提升国家文化软实力和产业竞争力，促进产品和服务创新，催生新兴业态，满足多样化消费需求。

2014 年，中共中央办公厅、国务院办公厅印发《关于推动传统媒体和新兴媒体融合发展的指导意见》，习近平总书记强调，“坚持先进技术为支撑、内容建设为根本，推动传统媒体和新兴媒体在内容、渠道、平台、经营、管理等方面的深度融合”。2015 年，新闻出版广电总局、财政部联合印发《关于推动传统出版和新兴出版融合发展的指导意见》，提出了创新内容生产和服务、加强重点平台建设、扩展内容传播渠道、拓展新技术新业态、完善经营管理机制和发挥市场机制作用六项推动融合发展的重点任务。这些政策都为文化企业融合发展、创新变革提供了指导和发展方向。

二、文化企业融合创新的趋势

随着网络和数字技术的发展与应用，在世界范围内掀起了文化企业融合发展的浪潮。从国外文化企业的发展情况来看，德国贝塔斯曼集团旗下子公司兰登书屋是全球最大的大众图书出版集团，在出版业务之外，企业还投资游戏业务，进入到影视领域。兰登书屋有自己的电影制作部门，也与福克斯公司合作投资电影，把兰登书屋出版的作品搬上大荧幕。日本朝日新闻社自 1995 年开始向社会提供网络信息服务和数字广播，除此之外，朝日新闻还积极从事展览会、音乐会、戏剧和体育事业等各种活动的策划和举办。为了扩展业务范围，朝日新闻还积极进行媒体融合创新的尝试，成立了 Media Lab，把消费者与媒体资源连接起来，提供新的消费体验。瑞士苏黎世传媒集团除出版旗下六十余种刊物外，在 2004 年开始涉足电子商务，创办的房地产交易网站如今成为瑞士最大的电子商务门户网站之一，这也是传统文化企业跨界融合发展的典型实例。

从我国文化企业的经营发展情况来看，同样显现出融合创新的趋势。作为中国数字出版的开创者之一，中文在线始终致力于创新业务模式。中文在线一方面，以文学 IP 为核心，深度开发影视、游戏、动漫、音乐、舞台剧、周边衍生品等，实现版权价值最大化；另一方面，不断发展“教育+”，营造教育出版新生态，目前已构建书香中国阅读平台、数字教材教辅平台、MOOC 平台三大平台。浙报数字文化集团依托游戏主平台，构建全产业链数字娱乐生态圈，其主要业务板块包括以优质 IP 为核心的数字娱乐产业、数字体育产业和大数据产业等。

三、文化企业融合创新的机制

从文化企业融合创新的基本要素来看，融合创新的主体是文化企业，融合创新的客体是文化产品。文化企业进行融合创新，受到多种动力因素的影响，包括新技术及应用、消费者需求变化、产业变革发展的需要等。在文化企业融合创新的过程中，主要通过技术融合、产品与业务融合、市场融合等方式实现融合创新。而文化企业实现融合创新，又以政府政策支持为重要保障。

（一）融合创新的基本要素

1. 融合创新的主体

融合创新的主体是文化企业。文化企业是独立的市场主体，拥有文化、创意等资源，向市场提供文化产品及服务。文化企业一方面提供满足消费者精神需求的文化产品及服务，承担着重要的社会责任；另一方面作为市场经济主体需要通过提供产品获取经济利益，追求经济效益。文化企业作为融合创新的主体，在文化市场上发挥着不可替代的作用。例如，文化央企华侨城文化集团注重与科技融合，实现创新发展。华侨城文化集团通过深入挖掘客家非物质文化遗产“凉帽”元素，导入 IP 开发和运营，结合现代科技应用，实现业务领域的扩展，广泛进入 AI（人工智能）、VR（虚拟现实）、AR（增强现实）等数字创意产业领域，提供 AR 明信片、AR 绘本、AR 唐宋古诗、VR 电影、AI 智能飞行机器人、AI 健康检测机器人、衍生文创用品等，涵盖教育、健康、娱乐、家居、文创产品等领域。

2. 融合创新的客体

融合创新的客体是文化产品，是文化企业提供给市场、满足消费者需求的各种物质产品及无形服务。文化产品既是文化企业获取经济效益的途径，又是展现社会效益的形式。例如，实体书店作为文化企业中的一员，提供的产品及服务既包括图书和音像制品，又包括专题讲座、文学沙龙等服务，还包括艺术及教育培训、休闲餐饮等休闲体验服务。实体书店业务范围扩展及业态创新形式都是书店融合创新的成果。

（二）融合创新的动力

文化企业融合创新受到多种因素的推动作用，主要有新技术因素、消费者需求因素和文化产业变革因素等。

1. 新技术及应用

在互联网技术日趋成熟、应用日益广泛的背景下，文化产业中的广告、媒体与出版行业成为最先遭遇网络冲击的行业，这些行业正在积极主动地通过 AI 技术、VR 技术、云计算、大数据创新等技术形式，依托互联网实现转型升级。当然，这些新技术也促使其他文化企业思考和变革，推动企业引进新技术，整合及创新企业业务。

2. 消费者需求的变化

随着社会经济的发展和人们生活水平的提高，消费者对文化产品及服务的需求越来越多元化，对文化产品及服务的消费过程呈现出文化性、体验性、互动性、趣味性等消费倾向。新媒体的发展、网络的普及、移动终端的便捷等都增加了这些消费倾向的可能性。如对于出版行业来说，消费者希望不仅仅是阅读图书，更希望增加阅读时的趣味性和生动性；有时，消费者不仅仅需要自己在阅读时想象，还希望获得一些具体的形象，此时，AR图书就能满足消费者的相关需求。例如，吉林电子音像出版社出版了“太空第一课”“恐龙时代”等主题图书，消费者使用手机下载APP，扫描书中相应页面，就会有太空飞船或恐龙等形象立体地呈现出来。一些消费者在阅读时还希望自己成为书中的角色沉浸到书中情境，或者希望亲身体验书中情境，此时，VR图书又能满足消费者的需求。例如，《大开眼界•恐龙世界大冒险》丛书，消费者可以用手机下载APP，戴上VR眼镜，进入虚拟实境的恐龙世界探险。

3. 产业变革发展的需要

文化企业要融合创新，除了外部的新技术因素和消费者需求因素外，还有文化产业自身变革发展的推动作用。文化产业要成为国民经济支柱性产业，文化产业对提高国家文化软实力和核心竞争力也起着重要的作用，文化产业也有着自身发展的内在动力。文化产业与旅游产业、体育产业等相关产业融合发展，文化产业内的影视业与游戏业、出版业与影视业等融合发展，文化产业吸收其他产业的资源、充分利用新技术等，都是文化产业变革发展的实践。这些实践落实到企业层面，体现为文化企业融合发展实践，既有文化企业融合创新发展的经验推广形式，也有政策指导下的文化企业实践开展形式。

（三）融合创新的过程

1. 技术融合

技术融合是文化企业融合创新的前提。文化企业吸收多种新技术，使传统文化企业在转型升级过程中有相应的技术基础，为文化企业融合发展提供了前提条件。以VR技术为例，VR技术对传媒业的发展起到了巨大的推动作用。将VR技术融入新闻报道，从而产生“VR+新闻”这一新兴概念，颠覆了传统新闻报道的形式，对传统新闻报道赋予更具有趣味性的“沉浸感”虚拟互动模式，这一技术的运用能够打破传统新闻在距离和空间方面的局限性，使观众增强体验感。此外，AI技术在新闻出版领域也开始有广泛的应用。2016年，腾讯率先将机器人写手引入媒体领域，目前，主要是在财经新闻和科技新闻领域应用。此外，交互机器人也丰富了人工智能技术在新闻生产中的角色。2017年，智能机器人“小融”入驻人民日报社，充分展现了互动聊天、通信查询、会议提醒等多重功能；《深圳特区报》定制的交互智能机器人“读特”，则展现了人机互动、人脸识别和红外感应等功能。

2. 产品与业务融合

产品与业务融合是文化企业融合创新的重要过程。包括出版企业在内的文化企业可以通过整合物质、技术、人力和管理资源，建立报刊、网络、手机、音视频等多种方式现代传播手段为一体的传播平台，积极开展新业务，改变文化产品生产方式，调整业务流程，推出新型文化产品。以澎湃新闻为例，澎湃新闻将其平台定位于“专注时政与思想的互联网平台”“致力于新闻追问功能与新闻跟踪功能”，构建网页、WAP、移动客户端等一系列新媒体平台，而各平台依据自身特点优化新闻报道的呈现形式，符合用户阅读习惯和需求。

3. 市场融合

市场融合是文化企业融合创新的必要条件。技术融合、产品与业务融合要以文化市场融合为导向，充足的市场需求、适当的目标消费群体规模，才能使技术融合、产品与业务融合的价值得到充分体现。技术融合与业务融合通过创造差异化文化产品面对和满足新的文化市场需求。目前，文化产业中的很多综合型文化企业重新进行市场定位，面向新的市场需求，其主营业务演变为旅游文化业务、演出及影视剧制作、互联网业务、文化交流或展览承办、动漫制作及其他文化相关业务如酒店业务和房地产业务等几项或多项组合。影视、戏剧、文学、动漫、游戏等领域在互联网用户娱乐消费的驱动下，形成多元化运作模式，跨界衍生成为常态，如腾讯互娱成立影视与版权业务部，开展跨平台的业务合作，文化产业运作模式在创新融合中竭力实现产业价值的最大化。

（四）融合创新的保障

文化企业实现融合创新，政府相关政策支持是重要的保障。2017 年，中共中央办公厅、国务院办公厅印发了《国家“十三五”时期文化发展改革规划纲要》，要求“着力扶持优秀文化产品创作生产，推出更多传播当代中国价值观念、体现中华文化精神、反映中国人审美追求的精品力作”；要求“加快发展文化产业，促进产业结构优化升级，提高规模化集约化专业化水平，促进文化产品和要素在全国范围内合理流动，促进文化资源与文化产业有机融合，扩大和引导文化消费，提高文化产业发展质量和效益”。2017 年，文化部印发《文化部“十三五”时期文化产业发展规划》，规划中指出“坚持跨界融合。推进‘文化 +’和‘互联网 +’战略，促进文化产业与文化事业、文化产业不同门类、文化产业与相关产业的深度融合，进一步拓展文化产业发展空间，为国民经济和社会转型升级注入文化活力”。这些都为文化企业融合创新发展提供了政策指导。此外，还有《国务院关于推进文化创意和设计服务与相关产业融合发展的若干意见》《关于推动传统媒体和新兴媒体融合发展的指导意见》和《关于推动传统出版和新兴出版融合发展的指导意见》等政策专门针对融合发展提供了指导意见，对文化企业融合创新发展提供政策保障。

四、文化企业融合创新的路径建议

文化企业要实现融合创新，建议可采取以下三种路径：基于产品形态创新的路径、基于运营方式创新的路径和基于管理方式创新的路径。

（一）基于产品形态创新的路径

文化企业在进行融合创新实践时，从市场及消费者的角度入手，关注消费者需求，以此为基础开发新产品或创新产品形态；再从产品反观价值创造过程，充分挖掘企业资源，吸收外部资源，采纳新技术等，这是一种基于产品形态创新的路径。例如，截至2016年底，故宫已经研究开发文创产品9170种，形成上百个产品系列，吸引众多消费者；故宫官方出品首款儿童类应用APP“皇帝的一天”，引领儿童合理安排时间，养成良好的生活习惯。故宫文创产品的消费者对传统文化和历史感兴趣，有学习知识、休闲娱乐、收藏等需求，以这些消费者需求为基础创新产品及产品形态，创造出广受欢迎的文创产品形式，实现融合创新。对于遭受网络极大冲击的报业企业来说，从市场端切入，满足消费者“听”的需求，也是一种融合创新之路。2004年前后，《华西都市报》和《成都商报》先后开展了“听报业务”，前者通过与广播媒体合作实现新业务，由听众调频至相应频段后收听；后者则是在听众拨打报社电话后，通过电话播送新闻详情。

（二）基于运营方式创新的路径

文化企业在进行融合创新实践时，关注业务运营，从文化产品生产过程的角度实施融合创新，这是一种基于运营方式创新的路径。对于业务范围涵盖产业链各环节的综合型文化企业来说，基于运营方式创新的路径可以是在文化产品生产的各环节中有一项或多项创新。例如，慈文传媒股份有限公司从IP源头到IP运营，再到IP变现进行全产业链开发；IP全产业链不仅体现在影视产业，还体现在影视与游戏联动方面。慈文传媒在将影视作品推向市场方面，早在 2013 年就涉足互联网，与各大视频网站深度融合，同时还加大对网络作品的投资力度。对于业务范围相对集中的文化企业来说，也可以以市场细分和目标市场新特征为基础实现运营方式创新。例如，2017 年，“为游客拍电影”成为横店影视城产业转型升级的一种新形式。针对消费者的影视深度体验需求，企业推出创新型的影视制作产品，包括 MV、微电影等。拍摄环节构成与真实影视拍摄基本一致。剧本都是提前设计好的，有几十部戏供选择，场景、服装、造型都是根据剧本情况固定下来的，形成流水线作业模式，拍摄效率很高。

（三）基于管理方式创新的路径

文化企业在进行融合创新实践时，关注企业内部管理，从资源配置和运用的角度实施融合创新，这是一种基于管理方式创新的路径。在文化体制改革背景下，传统文化企业建立现代企业制度，成为真正的市场主体，按照市场机制运行，实现企业扁平化管理，提高信息流动效率，提高决策效率。在文化企业内部可以采取项目制管理方式，分权到项目负责人，让项目负责人享有独立的决策权，提高项目运行效率。此外，文化企业需要进行人才管理融合，选拔和管理复合型人才，为文化企业融合创新提供智力保证。推动文化产业的融合发展，文化企业就要强化对人才资源的开发利用，建设熟悉消费者需求、熟悉文化产业形势、拥有现代化企业管理知识、具有互联网思维和融合创新能力的管理人才队伍和专业技术人才队伍。

参考文献：

［1］王梓薇、王美义、蒋艳枫：《传统出版与新兴出版融合发展机制探讨》，载《现代出版》2015 年第 6 期。

［2］周小不：《大数据时代 互联网＋文化产业》，载《青海科技》2016 年第 4 期。

古籍类文化遗产的数字化应用模式研究*

王　亮　张永贵**

［摘　要］：古籍是一种具有较高价值的文化遗产，前人对于古籍类文化遗产数字化的研究更多集中于还原、重现、检索等技术领域，较少有从信息资源管理和运营角度进行的集成应用研究。本文将从信息资源管理和运营过程中的技术细节角度出发，梳理古籍类文化遗产的发展历程，并提出多种分辨率图片自适应加载方法、防盗链和防批量获取版权保护机制和基于云的内容自动同步机制等契合新时代古籍数字化发展的关键技术问题，可为以下问题提供切实可行的解决方案：使古籍资源的存储更为永久和安全，解决了使用和保护之间的矛盾问题；提供便捷、高效的文献资源管理系统，实现数据信息的共享和再利用；为古籍文化和学术研究开辟新途径；为弘扬和促使传统文化走向现代化提供支撑。

［关键词］古籍；文化遗产；数字化

一、研究背景

世界上有许多伟大的民族，都曾创造过辉煌灿烂的文明，但都没有得以流传下来，最后只是成为了历史的遗迹。其中一个重要的原因，就是文明的载体缺乏连续性，没有记录下来，难以流传。而在中国，存世古籍负载着厚重的中华文明，凝聚着民族智慧，是祖先留给我们的一笔庞大的精

* 基金项目：2018 年北京印刷学院研发计划项目“馆藏特色资源的数字化集成及其应用研究”。

** 王亮，北京文化安全研究基地副教授，管理学博士，主要研究方向：文化产业数字化发展；张永贵，国家图书馆出版社发行部主任，副编审，研究方向：古籍出版物营销。

神遗产。据专家估计，中国存世古籍总计在 10 万种以上，如果计入碑刻、家谱等，共有 15 万种左右，总册数就难以估量了。据调查，在我国仅公共图书馆系统收藏的古籍就达 2750 万册，其中善本 250 万册。以《中华再造善本》系列古籍为例，其来源非常广泛，如图 1 所示。

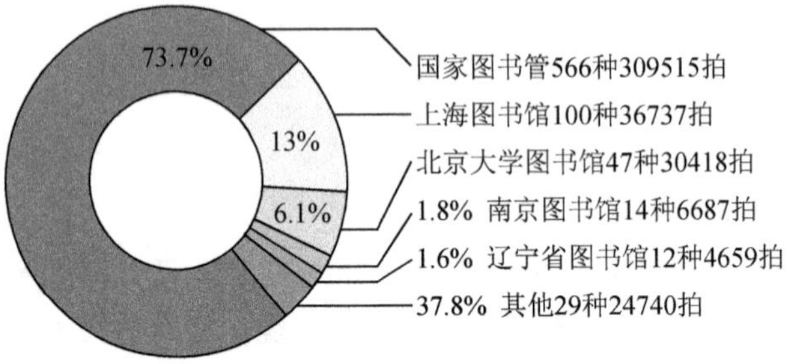

图 1 《中华再造善本》底本来源图书馆分布图

数据来源：《中华再造善本》出版单位

古籍数字化大约兴起于 20 世纪 90 年代，当时仅限于电子文本阅读，也因为计算机的普及程度低，参与此项工作的范围极其有限。2007 年 1 月，国家正式实施中华古籍保护计划，国务院办公厅发布《关于进一步加强古籍保护工作的意见》(国办发〔2007〕6 号)，从国家和政府的层面提出在“十一五”期间，必须也应当大力实施和推进“中华古籍保护计划”。同时，制定和出台了一系列行政规范性文件，如《国务院关于公布第一批国家珍贵古籍名录和第一批全国古籍重点保护单位名单的通知》（2008）、《文化部关于进一步加强古籍保护工作的通知》（2011）等。2015 年 4 月 24 日，第十二届全国人民代表大会常务委员会第十四次会议审议并通过了修订《中华人民共和国文物保护法》，从法律的角度进一步明确和加强了对文物古籍的保护，并将《文物保护法》上升到继承中华民族优秀的历史文化遗产、促进科学研究工作、进行爱国主义和革命传统教育、建设社会主义精神文明和物质文明的新高度。

随着现代计算机科学技术的飞速发展，互联网已经基本实现了全覆盖，信息管理已成为了当前符合时代需求的新型管理方式，也就随之诞生了“数字化信息”和“数字出版”等相关概念。2016 年《中华人民共和国国民经济和社会发展第十三个五年规划纲要》明确提出“加快发展网络视听、移动多媒体、数字出版、动漫游戏等新兴产业”，这是“数字出版”首次列入国家五年规划纲要，表明数字出版发展已纳入国家战略顶层设计。古籍类文化遗产的数字化应用则是通过“数字化信息管理”的方式将善本古籍资源进行存储和保护，它不仅是解决古籍保护与使用矛盾的方式，更是与时间赛跑的过程。

二、古籍数字化的应用与发展

（一）国内情况

我国历史悠远、文化底蕴深厚，各大图书馆对于古籍类文化遗产均有不同程度的积累。例如，蒋晨在文献中对我国典型的省级社科院下属图书馆馆藏特色资源情况进行了调研，从数据可以发现，多数图书馆都拥有自己的特色资源，其中“古籍”类特色资源更是典型代表，如图 2 所示。

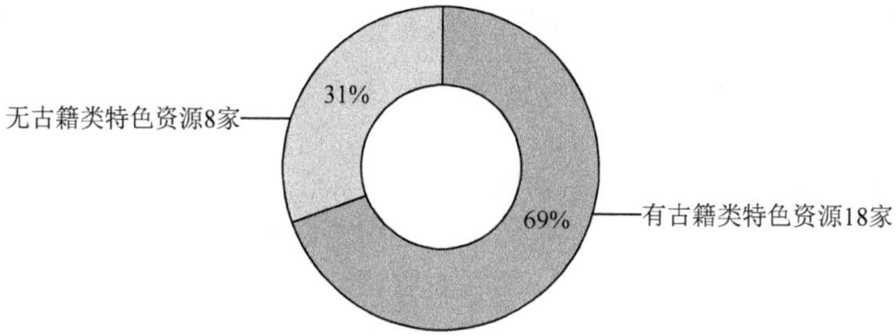

图 2　我国省级社科院下属图书馆古籍类资源情况

数据来源：蒋晨，《国内社科院图书馆特色资源调查分析》，载《图书馆杂志》2014 年第 5 期。

我国图书馆的信息化研究和实践已有数十年的发展历史，古籍类文化遗产的开发利用则萌芽于 20 世纪 90 年代中期。从 20 世纪 90 年代中期至 21 世纪初进入了稳步发展阶段，在这个阶段，部分图书馆在信息化浪潮的背景下开始有意识地开发特色资源。从 21 世纪初至 2009 年进入快速发展阶段，在这个阶段，少数图书馆在互联网兴起的背景下开始进行基于互联网和数据库的特色资源产品开发。2009 年开始，随着《文化产业振兴规划》《中共中央关于深化文化体制改革　推动社会主义文化大发展大繁荣若干重大问题的决定》《国家“十二五”时期文化改革发展规划纲要》和《关于推动传统出版和新兴出版融合发展的指导意见》等文件的出台，古籍类文化遗产的开发利用进入了爆发式发展阶段，如图 3 所示。

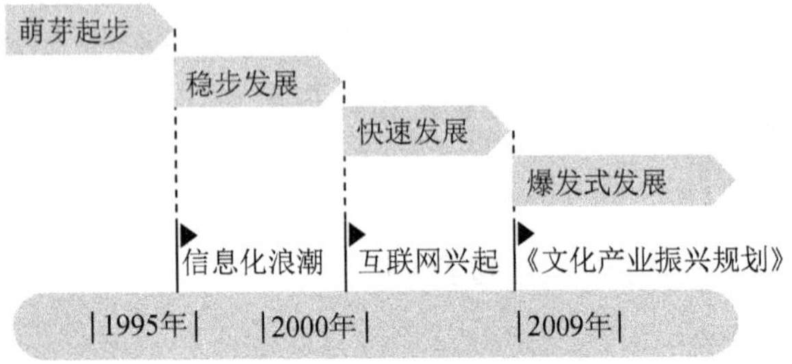

图 3　我国古籍类文化遗产开发的发展历程

数据来源：黄晓斌、蒲筱哥，《我国图书馆特色数据库建设的现状、问题与对策》，载《情报科学》2007 年第 5 期。

在上述发展历程中，对于古籍类文化遗产的研究主要集中于开发和利用模式研究、基础理论和技术研究、问题与对策研究三个方面。下面选取典型文献逐一进行说明。

1. 开发和利用模式研究

宋亚军提出了区域图书馆联盟的概念，即在一定区域或一定类别范围内建立图书馆联盟并共享特色资源、统一规范标准，以降低开发成本并提高服务质量。鲁方平针对馆藏古籍开发过程中出现的"信息孤岛"问题进行了分析，从资源获取、资源加工、建设步骤、经费分配和版权管理等方面提出了古籍数字化开发模式和框架结构。徐大平等人指出，古籍特色资源开发的核心应以地方特色资源为主，如地方志等历史文化的特色资源。建议低成本、小规模切入，分步实施、逐步系列化、规模化。关富英等人把"众包"的概念引入到古籍类文化遗产建设中，希望使用户不仅成为资源的接收者，也成为资源的发布者，从而降低工作量和成本。

2. 基础理论与技术研究

何建新等人分析了古籍类文化遗产加工过程中从选题规划、元数据采集到信息检索等方面的标准和规范相关问题。刘毅力提出了一种基于 UML 的古籍数据库建模方法，将标准的软件工程方法和流程引入古籍数据库建设中。唐海萍采用开源技术架构对古籍数据库系统的分析与设计进行了研究。章杰鑫等人研究了信息技术及图像处理技术，构建了一种基于双层 PDF 的古籍数字化全文检索模型，以在古籍原版图像上实现全文检索和定位。顾磊等人对古籍全文文本化涉及的图像获取、版面分析和自动分割与识别等问题进行了探讨。

3. 问题与对策研究

冯红娟等人通过对古籍特色资源数据库的比较研究，分析了目前中文古籍数据库的建设现状及存在的问题，提出中文古籍统一检索系统建设的设想。张文亮等人通过访问和网络调查等方法研究了我国古籍数字化工程相关标准现状，分析了现行标准存在的问题，提出了适应我国古籍数字化建设的标准体系框架，并为我国古籍数字化标准的建设提出优化策略。高娟等人对近三十年来中国大陆地区古籍数字化的主要成果进行总结，指出古籍数字化工作应从简单的文献揭示向有序的知识组织发展，分析了实现这一目标面临的问题和制约因素，并提出了建议。

（二）国外情况

国外古籍类文化遗产的开发利用相对我国起步较早，并具有规模大、产品种类齐全、更新速度快、商业模式明晰等特点。如美国国会图书馆的“美利坚记忆工程”，旨在开发和利用古籍类文化遗产，它以历史文献、图书、图像和音视频为主要资源进行数字化，并形成信息系统为用户提供服务。大英图书馆将本馆的国内外古籍进行了分类整理并数字化，形成了包括文学、历史、音乐和艺术等多方面的特色资源数据库。法国国家图书馆的特色资源数字化建设则由国家相关部门统一组织，完成了如“查理五世皇帝的时代”等特色数据库。

很多国内学者也对国外馆藏特色资源开发和利用情况进行了梳理和分析。例如，侯爱花采用网络调查的方法，对哈佛大学图书馆等 2014 年美国高校综合排名前 20 名的高校图书馆进行了调研，总结了它们的特点和优势。

由于历史和文化方面的差异，国外图书馆的特色资源与我国相比有较大差异，其开发和利用方法也不尽相同，但国外古籍类文化遗产开发中的组织管理方法和运营模式等方面的经验可以为我国相关工作提供借鉴。

三、古籍数字化过程中的关键技术问题分析

古籍数字资源应用系统是一项系统性工程项目，因为古籍善本的资源数量大、要求高，必须在设计和开发的前期有详细的规划和明确的梳理工作，保证通过古籍数字资源应用系统可以很好地实现古籍数字化的目的，真正将古籍数字化的价值体现出来。前人对于古籍类文化遗产数字化的研

究更多集中于还原、重现、检索等技术领域，较少有从信息资源管理和运营角度进行的集成应用研究。我们通过对现有古籍数字化系统及其用户的调研，梳理总结了现阶段古籍数字化过程中的关键技术问题。主要包括如何在尽量降低前期数字化加工工作量的前提下，以统一的解决方案实现图文对应的全文检索和印章检索；如何实现兼顾运行效率和展示效果的阅读体验；如何针对盗链和批量获取，实施版权保护机制；如何实现兼顾互联网用户和机构局域网用户个性化需求的自动内容同步。

（一）以全文检索和印章检索为目的的分层标引方法

在调研中我们发现，古籍数字化的全文检索技术主要有两种：一种是基于双层 PDF 的全文检索技术，另一种则是彻底的文本化。前者受 PDF 格式本身的限制，对数字化古籍的多元化应用和阅读体验还是有较大影响的；后者则只能展示内容而无法展现古籍原貌。而对于古籍印章检索的研究更是提及甚少。针对上述问题，我们提出一种以全文检索和印章检索为目的的分层标引方法，它利用基于 XML 和 Schema 的元数据技术，对数字化古籍进行分层标引，利用这些标引把图像、印章和文本的相对位置和关系进行链接，并存储于数据库中，从而实现灵活的、可对照的全文检索和印章检索，如图 4 所示。

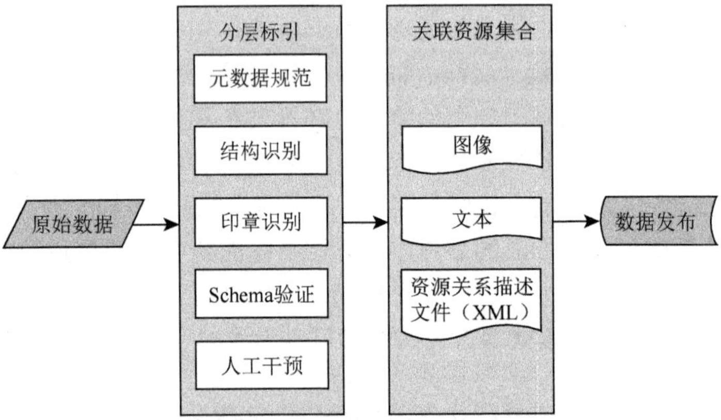

图 4　以全文检索和印章检索为目的的分层标引方法

（二）多种分辨率图片自适应加载技术

与其他大众数字化阅读产品不同，古籍类文化遗产一般对阅读体验的要求很高，往往需要利用高分辨率图像来展示资源细节。高分辨率必然导致大文件尺寸，在给用户阅读流畅度带来影响的同时，也对资源提供者的网络带宽提出了较高要求，尤其对于互联网用户来讲，影响更为明显。

在前期研究过程中我们发现，微软 Deep zoom 技术可以实现根据用户的阅读需求加载不同分辨率的图像，以求在运行效率和展示效果之前取得平衡。但是 Deep zoom 在应用于古籍数字化的时候也有两个非常棘手的问题：一是 Deep zoom 技术依托 Silverlight 框架，兼容性相对较差，不利于资源的跨平台发布；二是 Deep zoom 技术需要将图像进行复杂的切割和加工，对于由大量图像构成的古籍数字资源来讲，势必带来巨大的加工工作量。

针对上述问题，我们提出一种多种分辨率图片自适应加载技术，它利用标准化的 HTML5、CSS3、JQuery 和 Ajax 技术，实现用户阅读需求的自动判断。当用户对分辨率要求不高时，加载低分辨率图像；当用户需要浏览细节时，部分加载高分辨率图像。同时，多种分辨率的图像无须资源发布者进行先期处理，而是由系统自动完成，如图 5 所示。

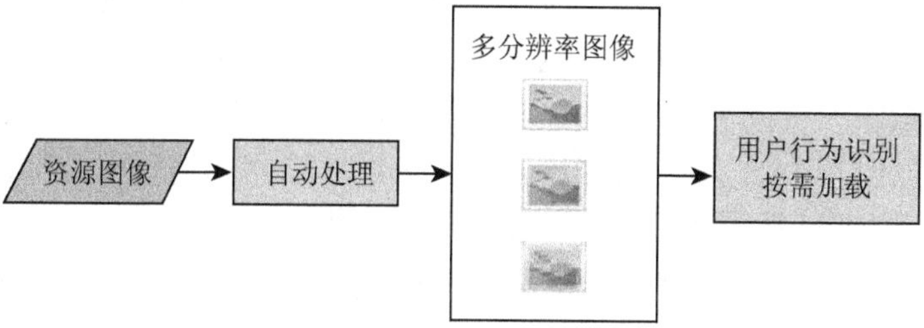

图 5　多种分辨率图片自适应加载技术原理示意图

（三）防盗链和防批量获取版权保护机制

对于包括古籍类数字化文化遗产在内的所有有权属的数字资源，版权保护都是最为关键的问题之一。版权保护不仅对于权利所有者意义重大，也跟资源运营者的利益息息相关，而资源运营者的利益则在一定程度上决定了特色资源开发和数字化集成这项工作是否能够长期健康发展。

在前期研究过程中我们发现，古籍数字化的版权保护机制主要有两种：一种是对于资源本身的保护，如数字水印；另一种是基于权限控制的保护，如身份认证。而进行版权保护的另一种思路则是增加盗版者的盗版难度和成本，因此我们提出一种面向防盗链和防批量获取版权保护机制，在上述两种防护机制的基础上，引入基于杂凑算法的资源文件无序化和基于 URL

重写的资源地址虚拟镜像，以实现资源的防盗链和防批量获取，如图6所示。

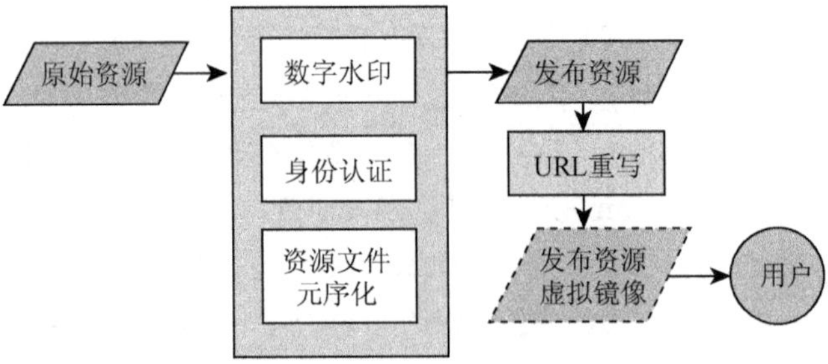

图6 防盗链和防批量获取版权保护机制原理示意图

（四）基于云的互联网和局域网内容自动同步机制

以古籍为代表的馆藏特色资源，一般是以高分辨率图像和数据库为主要载体的，如果仅仅依靠单一的互联网系统，很容易因为网络带宽限制而影响阅读体验。因此，可以利用“集中管理 + 分散应用”的方法，将资源分散到各个机构用户的局域网中，同时利用云技术实现数据同步。这样既能有效降低中心负载、实现更为优秀的用户体验，又能实现资源的集中控制和管理。

基于上述调研，我们提出一种基于云的互联网和局域网内容自动同步机制，它在互联网上建立云端数据存储，并根据局域网用户权限和内容资源列表，在互联网和局域网之间实现选择性的自动内容同步，如图7所示。

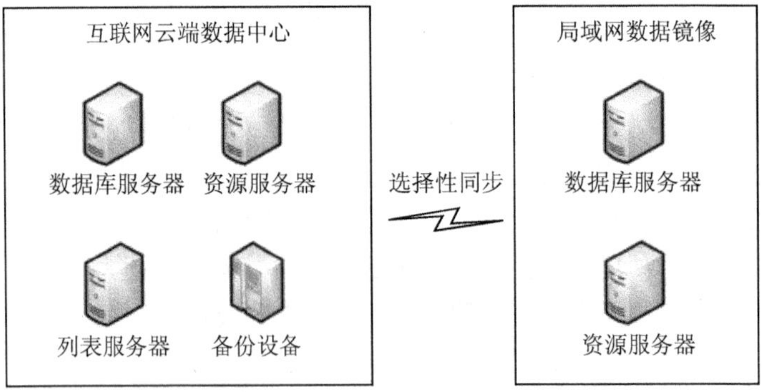

图7 基于云的互联网和局域网内容自动同步机制原理示意图

四、总结

古籍数字化使古籍资源的存储更为永久和安全，解决了使用和保护之间的矛盾问题，也提供了便捷、高效的文献资源管理模式，实现了数据信息的共享和再利用，同时为古籍文化和学术研究开辟了一条新途径，为弘扬和促使传统文化走向现代化提供了必要条件。古籍数字资源应用系统的设计与开发意义和价值是显而易见的，主要体现在以下几个方面。

1. 使古籍资源的存储更为永久和安全，解决了使用和保护之间的矛盾问题

中华五千年优秀文化的传承和发展一直都在延续，尽管历代都曾对卷帙浩繁的古籍文献资料做了很多抢救整理的工作，但经过各朝各代、主观人为的编纂和删修，以及因承载介质或时代、自然等原因造成的减损、流失，许多古籍善本都不可再生地彻底消失了。封藏于高阁之中的古籍文献资料在呼唤人们重新发现和认识它们的价值。古籍数字化，是当代技术进一步为古籍整理工作提供的一个新途径、新方法，通过复制、转存等一系列过程，可以使古籍资源的存储更为永久和安全，在永久真实地保存古籍资源原貌的同时，使其内容可以得到无限期的存储，解决了使用和保护之间的矛盾问题。还可以利用现代化的科学信息技术，对古籍资源进行整理和深度挖掘，发现其中对现代文明社会发展有益、有价值的部分，为世界人民的和谐共生而服务。

2. 提供了便捷、高效的文献资源管理系统，实现了数据信息的共享和再利用

通过古籍数字化，开发设计古籍数字资源应用系统，建设大型的古籍数据库，实现文献资源在需求与供给方面的精细化和信息化管理，为出版社和图书馆以及相关高校、科研机构等搭建一个更为便捷、高效的文献资源管理系统，使文献资源的管理不再只局限于纸质图书资源和面向有限的读者用户，而是转变为面对庞大的网络信息资源和无限的虚拟用户。将古籍原典、历朝历代整理成果数字化，进而形成一个庞大精深的立体知识化服务体系，使数据库建设成为连续性的、开放式的，实现数据信息的共享和再利用。搭建在互联网上的数字古籍资源图书馆以及古籍数字资源应用系统，将使人类的精神文化宝库跨越时空，在全人类面前实现资源共享。

3. 为古籍文化和学术研究开辟了一条新途径

古籍数字资源应用系统可以为古籍文化和学术研究提供科学和理论的支撑，提供贴近科研人员和专家学者所需的现代学术典籍资源，进一步推进传统文化的现代化进程，为学术研究提供了新的动力。古籍数字化是与文化传承和学术研究息息相关的，古籍数字资源应用系统的使用和推广可以使海量信息查询、字词频分析等成为现实，通过现代化信息统计等古人难以实现的方法和功能，为学术研究和数字人文拓展一片新的研究领域。数字人文必将对现代图书馆的工作产生深刻的变革和影响，因此，作为数字古籍资源图书馆建设的重要组成部分之一，古籍数字化工作应该充分利用数字人文的研究成果，从文本挖掘、语义分析、文本可视化和古籍语料库等多方面进行古籍数字化的深度开发，与学术界互动，为古籍文化和学术研究开辟一条新途径。

4. 为弘扬和促使传统文化走向现代化提供了必要条件

古籍数字化是延续民族文化的重要手段，一个民族的文化精神可以说是一个民族生存下去的理由和灵魂，对传统的扬弃，决定着这个民族文化精神的统一性、传承性和创新性。通过古籍数字资源应用系统，我们对传统文化进行全面整理的同时，也是对传统文化的再学习，在对传统文化的深入了解与接触的同时，也能进一步增强我们的民族自尊心和对民族文化的自信心，取其精华、弃其糟粕，弥合文化的断层，增强民族凝聚力，使中国传统文化获得健康的发展，树立文化自信，推进社会的稳定和谐进步。另外，将汗牛充栋的中华文化典籍数字化，建立在以互联网为基础的大平台中，让古老的中国文化借助现代科学信息技术再现辉煌，让全世界人们感受到东方文化恒久弥新的魅力，也可以使全球范围的炎黄子孙能够方便、快捷地学习了解本民族的文化。借助古籍数字化的迅速、准确性等特点，进行传统文化的传递和交流，使传统文化在信息传播的深度、广度、速度上达到质的飞跃。

参考文献：

［1］ 段泽勇、李弘毅：《古籍数字化的回顾与展望》，载《图书馆理论与实践》2009 年第 2 期。

［2］ 郝俊勤、王丽明、李淑：《促进图书馆特色馆藏建设之探讨》，载《现代情报》2003 年第 10 期。

［3］ 蒋晨：《国内社科院图书馆特色资源调查分析》，载《图书馆杂志》2014 年第 5 期。

［4］ 黄晓斌、蒲筱哥：《我国图书馆特色数据库建设的现状、问题与对策》，载《情报科学》2007 年第 5 期。

［5］ 宋亚军：《区域图书馆联盟自建特色资源整合服务机制研究》，载《图书馆学研究》2014 年第 1 期。

［6］ 鲁方平：《公共图书馆特色数字资源库建设探索与实践》，载《科技情报开发与经济》2012 年第 10 期。

［7］ 徐大平、郎菁：《地方特色专题数据库选题若干问题研究——以陕西地区为例》，载《情报杂志》2012 年第 2 期。

［8］ 关富英、李书宁《众包——图书馆特色资源建设路径新选择》，载《图书馆杂志》2015 年第 2 期。

［9］ 何建新、刘峰：《图书馆特色数据库质量控制探讨》，载《新世纪图书馆》2011 年第 5 期。

［10］ 刘毅力：《基于 UML 的图书馆自建特色数据库的探索》，载《现代情报》2009 年第 2 期。

［11］ 唐海萍：《基于 B/S 的图书馆自建特色数据库的研究与实现》，载《现代情报》2009 年第 2 期。

［12］ 章杰鑫、潘悟云：《古籍数字化技术的新思路》，载《语言研究》2014 年第 1 期。

［13］ 顾磊、赵阳：《古籍全文文本化中存在的若干问题》，载《图书馆学研究》2013 年第 20 期。

［14］ 冯红娟、张文静、梁蕙玮：《中文古籍资源统一检索系统初探》，载《图书馆学刊》 2014 年第 10 期。

［15］ 张文亮、尚奋宇：《我国古籍数字化标准体系现状调查及优化策略》，载《国家图书馆学刊》2015 年第 6 期。

［16］ 高娟、刘家真：《中国大陆地区古籍数字化问题及对策》，载《中国图书馆学报》2013 年第 7 期。

［17］ American Memory, http://memory.loc.gov/ammem/index.html.

［18］ The British Library, http://www.bl.uk/.

［19］ Bibliotheque Nationale de France, http://www.bnf.fr/.

［20］ 侯爱花：《美国知名高校图书馆的特色馆藏建设与服务》，载《图书与情报》2014 年第 5 期。

网络自制综艺先导节目的运营与管理*

——以《奇葩说》先导节目为例

樊　帆　黄孝章**

[摘　要] 随着"网络自制综艺元年"的到来，爱奇艺、腾讯视频等国内各大视频网站纷纷涌入网络自制综艺的大潮，为了更好地促进网络自制综艺节目的传播与盈利，实现网络自制综艺节目的粉丝变现，制作精良的网络自制综艺先导节目非常必要。本文通过分析比较《奇葩来了》和《奇葩大会》两档"奇葩系列"先导节目的节目内容、节目嘉宾、节目机制和节目目的，提出了网络自制综艺先导节目运营与管理的相关建议。

[关键词] 网络自制综艺；先导节目；运营与管理

2015 年被称为我国的"网络自制综艺元年"，国内各类视频网站逐步加大自制综艺投入力度，拓宽网络自制综艺内容领域，以爱奇艺、腾讯视频等为首的国内自制平台迅速崛起，两年来，它们逐步占领市场份额，成为网络自制 IP 中的佼佼者与获利者。

一、对网络自制综艺及其先导节目的界定

网络自制综艺节目属于网络自制节目的范畴，尽管"网络自制综艺"的提法已比较常见，但目前暂无权威人士给予其科学的界定。笔者认为，

* 基金项目：基于互联网思维的传统出版与新兴出版融合发展研究（项目编号：E-a-2013-08）。

** 樊帆，传媒经济与管理 2016 级研究生；黄孝章，经济管理学院信息管理与信息系统专业教授。

网络自制综艺就是依托互联网大数据背景，以互联网为传播渠道，由视频网站出资或影视公司、传媒公司与视频网站合资的方式，策划、制作、运营和传播，旨在满足网民多元化收视需求的新型综艺节目，包括网络自制选秀节目、网络自制脱口秀节目等。

网络自制综艺先导节目是在网络自制综艺节目开播前制作与播放的综艺节目，它与预告片有所不同，并非是对正式节目的剪辑和掠影，而是具有完整综艺内容的“启下篇”，其实质和根本是在二次盈利的同时，对正式节目所进行的造势营销。

随着互联网与新媒体的发展，4G 与 WiFi 技术的普及，受众对于互联网视听生活的内容要求、质量要求和社交要求越来越深入，网络自制产业的发展日渐丰满。网络自制综艺节目在“娱乐至死”时代迎合了更多传媒组织、广告主、受众与传媒人的发展需求，成为助力网络自制产业升级的重要力量。

为了促进网络自制综艺的传播，网络自制综艺先导节目的运营与管理变得尤为重要，先导节目的成败，在一定程度上影响着网络自制综艺节目的传播效果和盈利情况，“互联网＋时代”，网络自制综艺先导节目的运营与管理需要不断创新和发展。

二、《奇葩说》先导节目运营与管理创新从《奇葩来了》到《奇葩大会》的运营管理进阶

爱奇艺自制综艺《奇葩说》在第三季和第四季分别推出了《奇葩来了》和《奇葩大会》两档先导节目，其中，《奇葩来了》接档《康熙来了》停播，一时间掀起了“‘康熙’走了，‘奇葩’来了”的话题热潮，这部由爱奇艺出品、米末传媒制作的先导节目首次为广大网民呈现了“新奇葩”的历练与选拔过程，为 2016 年 3 月 15 日在爱奇艺上线的《奇葩说》第三季开播赚足了眼球，《奇葩说》第三季总招商破三亿元，被称为“现象级”网络自制综艺节目。

《奇葩来了》和《奇葩大会》虽然均在马东、米末传媒、爱奇艺等传媒人、传媒产业组织的策划与推动下，依靠大数据技术支持，敏锐捕捉到网民需求，成功击中受众痛点，但《奇葩大会》作为《奇葩说》第四季的先导节目，相比第三季的《奇葩来了》而言，在运营与管理上具有更多的创新性，主要体现在以下几个方面：

第一，节目内容创新。在IP竞争的热潮中，原创内容何以脱颖而出再一次印证了即便是在互联网时代，维亚康姆公司总裁雷石东所提出的“内容为王”从未过时。《奇葩说》的受众定位在“80后”和“90后”人群，其话题的选择、台词的特色都紧扣该人群的内心世界，如“漂亮女人该拼事业or男人”“催婚是爱还是变态”等。如表1所示，在《奇葩说》第三季先导节目《奇葩来了》中，作为节目看点被列出的多有“巨乳”“裸模”“嫩模”“美少女”等关键词，噱头十足，虽然符合其受众人群的“口味”，但不免落入俗套，博人眼球的意味甚浓。而在2017年1月20日开播的《奇葩说》第四季先导节目《奇葩大会》中，如表2所示，节目看点的设置在能够带来点击率的基础上而不现低俗字眼，先导节目内容设置的正面化和积极性有所提升。

表1 《奇葩来了》节目列表

播出时间	期数	节目看点
2016年1月15日	第一期	巨乳女索抱高晓松 史航表白颜如晶
2016年1月16日	第二期	蔡康永遭粉丝寻仇 师洋王韵壹重现人间
2016年1月22日	第三期	高晓松疯抢尔康 裸模苏紫紫震撼演讲
2016年1月23日	第四期	马东竟加钱听评书 黄山为二次元代言
2016年1月29日	第五期	蔡康永竟疯抢嫩模 马薇薇飙走心金句
2016年1月30日	第六期	高晓松展情诗大法 美少女靠撒泼晋级
2016年2月5日	第七期	蔡康永竟曝小S虚伪？马晓康收官决斗
2016年2月6日	第八期	奇葩凶猛出街 高晓松再遭表白

表2 《奇葩大会》节目列表

播出时间	期数	节目看点
2017年1月20日	第一期	何炅遇故人竟尴尬落泪？李银河预言婚姻消亡
2017年1月27日	第二期	何炅加盟马晓康最强说话天团竟被说没逻辑 蛇精男坚称没整容遭“教育”
2017年2月3日	第三期	高晓松惹怒老奇葩 何炅自曝芒果台从无内斗
2017年2月10日	第四期	马薇薇霸气奇袭最Low教授 现场赌一万块
2017年2月17日	第五期	马东首评三导师 营销号揭秘炒作黑幕

第二，节目嘉宾组织创新。学者张家治曾在《话说名人效应》一文中对名人效应进行过阐述，他将人们对名人的态度分为三类，即对名人的崇敬、对名人的“虚捧”以及将名人当成营私牟利的工具。笔者认为，名人效应不仅需要受众理智看待，更需要传媒人理智运用，在网络自制综艺节目中，恰到好处地运用名人效应进行运营与管理是其传播和盈利的重要手段。如表3，在《奇葩大会》中，名人嘉宾占比大幅提升，既有李开复、贾伟等商界名流，又有李银河、王珮瑜等文人贤士，还有谷大白话、娱八婆等微博红人，相较《奇葩来了》中的王韵壹、师洋和史航来说，名人嘉宾所涉及的领域更加多元、人生阅历更加丰满、社会影响力更加正面，不仅为受众带来了娱乐和消遣，而且在节目传播的涵化效果方面起到了积极的作用。

表3 《奇葩来了》《奇葩大会》名人嘉宾一览表

先导节目	嘉宾
《奇葩来了》	王韵壹、师洋、史航等
《奇葩大会》	李开复、谷大白话、刘梓晨、李银河、王珮瑜、贾伟、娱八婆等

第三，节目机制创新。《奇葩来了》和《奇葩大会》两个先导节目虽都被定性为说话类真人秀选秀节目，而前者由于直接全面呈现“新奇葩”的选拔过程而更侧重于“选秀”，后者因号称是“史无前例的先锋青年观点集会”而更侧重于“分享”，致力于打造一个传播“平台”。洛可可设计公司创始人贾伟通过阐述其18岁、28岁和38岁的三次人生历练向受众分享了自己的人生故事，展示了自己的人生态度；京剧“余派”老生第四代传人，京剧第一女老生王珮瑜通过分享自己的京剧生涯而向更多人传递国粹京剧的力量。这种综艺节目中的分享机制使原本攻击性很强的《奇葩说》更多了一些温暖与柔情，使节目成为“最会说话的人”所聚集的平台，这不仅巩固了原有的粉丝群，且进一步拓展和开发了更多的潜在受众。

第四，节目目的对比。《奇葩来了》作为《奇葩说》第三季的先导节目，其目的明确，宗旨清晰，就是为了第三季《奇葩说》挑选“新奇葩”，并为其节目的开播做好造势，积攒更多有效粉丝。《奇葩大会》则更具野心，其目的除了为《奇葩说》第四季的开播做铺垫，为《奇葩说》输送人才外，马东、米未传媒更是抱有将其打造成与《奇葩说》同样重量级的网络自制综艺的决心，联合其赞助商KFC一道，线上线下有机联动，促进更大规模化粉丝变现，也正是在这样的目的驱动下，《奇葩大会》的影响力将会更为深远。

三、网络自制综艺先导节目运营与管理建议

从《奇葩来了》到《奇葩大会》的运营管理创新可以看出，先导节目对于网络自制综艺节目的意义非同小可，为了更好地促进网络自制综艺节目的传播与盈利，实现网络自制综艺节目的粉丝变现，笔者就网络自制综艺先导节目进行的运营与管理提出以下几方面建议。

第一，IP热潮中的初心——内容为王。IP就是知识产权，即Intellectual Property。腾讯集团副总裁程武认为，IP的实质就是经过市场验证的用户的情感承载，或者是说在创意产业里面，经过市场验证的用户需求。“用户情感共鸣”是这个概念里的核心元素，它不仅仅是一种符号，而是知识产权和创意产业里面代表的情感，而在网络自制综艺的用户体验中，能够让广大用户产生情感共鸣的根本在于内容，内容为王是网络自制综艺先导节目的初心。借助于互联网大数据的力量，目标受众的内容需求我们尽可知晓，不难看到的是，受众内容需求的娱乐化、低俗化趋势愈演愈烈，更多更好的原创内容、精品内容、正能量内容理应成为我们执着的方向。

第二，名人效益的根本——正面涵化。巧用名人效益能够为网络自制综艺带来更多的关注度和影响力，这种关注和影响对受众具有潜移默化的影响。正如乔治·格伯纳涵化理论所说，受众很容易受到媒介传播内容潜移默化的影响，他们被这种“拟态现实”所蒙蔽，进而在行为上、思想上、观念上与这种“拟态现实”保持一致，与媒介接触的时间越长，深度越强，这样的涵化作用将越发显著。名人在这一涵化过程中起到了推波助澜的作用，如果只追求综艺效果，在选择名人嘉宾时一味注重噱头和看点，不顾其价值观的正确与否，对受众所造成的深远负面影响必将有违传媒人的职业担当。

第三，传统机制的转变——平台思维。平台思维、共享经济等概念在“互联网+”的背景下逐渐成熟，滴滴打车、摩拜单车等平台的成功印证了这一思维的重要性与紧迫性。网络综艺自制及其先导节目有必要将这种思维方式借鉴到节目的策划、制作、运营和管理之中，让更多的受众变为参与者，让更多的参与者更具主动权，使网络综艺自制先导节目真正平台化，

让出资方、制作方和受众真正成为在此平台中的共享利益受益者。

第四，变现盈利的捷径——粉丝经济。随着互联网社交生活发展的深入和黏性的加强，互联网中所凝结的粉丝族群早已成为互联网经济市场中的一把利剑，通过网络自制综艺及其先导节目集结粉丝族群、拓展粉丝族群，进而衍生线上线下的粉丝经济是网络自制综艺及其先导节目实现变现盈利的捷径。湖南师范大学新闻与传播学院院长蔡骐认为，社会化网络时代的粉丝经济模式有三，一是以偶像为核心的明星经济模式，二是以内容为核心的 IP 运营模式，三是以社群为核心的合伙人商业模式，三者均适用于网络自制综艺及其先导节目的变现盈利。笔者认为，从长远来看，网络自制综艺及其先导节目更应当关注于后两种模式的规模粉丝变现，在创造“现象级”网络自制综艺及其先导节目的同时，将其升华为粉丝文化，让粉丝参与构建该文化产业链，从而促进网络视听的产业发展与产业创新。

结束语：随着互联网技术的不断发展和应用，形式、制作、内容各异的网络自制综艺节目层出不穷，也引起了人们的广泛关注，先导节目作为促进网络自制综艺节目发展的一种重要手段，其运营与管理显得尤为重要，笔者通过剖析爱奇艺自制综艺《奇葩说》先导节目运营与管理模式的创新，提出了网络自制综艺先导节目运营与管理的相关建议，对促进网络自制综艺节目的健康发展具有较好的现实意义。

参考文献：

［1］360 百科词条，http://baike.so.com/doc/24231866-25023222.html。

［2］360 百科词条，http://baike.so.com/doc/23636437-24190096.html。

［3］刘玉菡：《名人效应在公益传播中的应用》，吉林大学 2015 年硕士学位论文。

［4］李清：《IP 热潮的背后与泛娱乐思维下的未来电影》，载《当代电影》2015 年第 9 期。

［5］蔡骐：《社会化网络时代的粉丝经济模式》，载《中国青年研究》2015 年第 11 期。

我国传统期刊与数字新媒体的融合发展创新研究*

华宇虹　徐冲冲**

[摘　要] 期刊在促进文化信息传播、丰富人们现实生活、实现学术交流繁荣等方面具有重要作用。移动互联网技术的发展和智能数字终端设备的普及对传统期刊出版商的生存与发展造成冲击。本文旨在探讨传统期刊与数字新媒体的融合创新路径，总结经验教训，以资借鉴。

[关键词] 期刊；数字新媒体；融合发展

一、引言

不同于报纸、图书，期刊以其独有的方式在促进文化信息传播、丰富人们现实生活、实现学术交流繁荣等方面具有重要作用。随着移动互联网技术的发展和智能数字终端设备的普及，传统纸介质期刊刻板的印刷风格及其所承载的内容已无法适应媒体环境和受众需求的变化，逐步在数字新媒体的有声、立体、影像世界中黯然失色。技术进步带来了边际成本的大幅降低，新媒体与纸媒成本和利润空间的对比，前者具有碾压级别的优势。同时，在反馈交流机制上，数字新媒体的社群式互动、聊天群、交互式阅读、非线性阅读等方式，直接提高了阅读效率和阅读体验，这些都是传统期刊

* 本文系北京市社会科学基金研究基地项目《我国传统新闻出版企业与数字新媒体融合发展路径研究》的阶段性成果。

** 华宇虹，北京印刷学院经济管理学院教授，硕士生导师，现任北京印刷学院财务会计系主任，研究方向：公司理财和产业研究；徐冲冲，北京印刷学院2014级研究生，研究方向：传媒产业经济。

无法比拟的。

数字内容产品在购买、携带、表现形式、互动性等方面所具有的压倒性优势使传统期刊行业受众减少，客户流失，广告费被截流。变革孕育伟大，与新媒体的融合发展成为传统期刊行业直面挑战的唯一选择。

关于传统期刊与数字新媒体的融合发展，仁者见仁，智者见智，业界和学界认为媒介技术是媒介融合的基本条件和基础，认为期刊的“互联网+”“是一个战略体系，是数字化的高级阶段，期刊出版和互联网的融合不仅仅是互联网工具的使用，而是涉及各方面的体制机制创新”，并提出建立“互联网+”期刊出版生态体系。关于期刊转型发展的有效路径的构想，学者们从构建平台、改变盈利模式、培育品牌以及完善版权保护机制等方面进行了探讨。但是这些讨论仍显零散，对此进行系统的归纳总结及分析论证，对我们全面认识期刊与数字新媒体的融合发展现状具有重要意义。

二、传统期刊的数字化发展历程

随着互联网、移动互联网技术的不断更迭及广泛推广，新闻、财经、时尚、学术等各类期刊杂志逐步意识到数字业务的巨大潜力，确认数字技术的发展及数字产品市场的开拓是其发展的现实基础及未来希望之所在，纷纷开启其数字化进程。

（一）PC 端建设

在期刊的数字化进程开启阶段，反应敏锐的期刊杂志为更好地应对市场竞争，纷纷推出了自己的官方网站，迈出传统期刊与数字媒体融合发展的第一步。期刊杂志的 PC 版一般追求与纸媒内容、版式完全一样，力图使读者享受原汁原味的原版阅读乐趣，如《三联生活周刊》。其电子杂志除在自己的网站销售外，读者也可以通过悦读网、读览天下等订阅渠道购买阅读。相较于纸质版，其电子杂志可以实现自由翻阅、缩放下载、保存等，十分便捷，且价格更加优惠。

传统期刊企业建设官网平台，发布网络版期刊供读者浏览，其目的不仅限于扩大期刊的影响，扩大期刊杂志销量。如《大众摄影》杂志借助网络平台，加强了与用户之间的联系，搭建了与用户间交流沟通的平台和渠道，互动的实效性大大提升，随时随地都能了解到用户间的交流内容及用户所反馈的意见或建议信息。网站建设则使《第一财经周刊》跨出了其数字化进程中的重要一步。并随同第一财经传媒旗下的日报、电视、广播等完成了其多媒体平台布局，为日后发展打下了坚实的基础。

（二）移动端建设

随着移动互联技术和移动智能终端的发展，在 PC 用户增长趋于平稳放缓的大趋势下，手机、平板电脑等移动智能终端的用户数量急剧增加。

2010 年，《南方都市报》《南方周末》在苹果系统上开发了客户端。2011 年，《第一财经周刊》顺应形势变化推出了手机和 iPad 的双端 APP 应用。其中，iPad 版应用成为苹果商店最畅销中文电子杂志，一经推出下载量就高达 350 万次。当前，《第一财经周刊》《三联生活周刊》《南都周刊》《新民周刊》《中国国家地理杂志》《周末画报》《凤凰周刊》《新周刊》《时尚•芭莎》《中国新闻周刊》《壹读》《Timeout 上海》《Timeout 北京》等传统媒体杂志都相继在苹果、安卓等操作系统中开发了客户端，许多杂志 APP 表现优异。截至 2015 年 7 月《三联生活周刊》在安卓市场的总安装次数为 37 万次，《壹读》《Timeout 上海》《Timeout 北京》在 VIVA 畅读的订阅数量分别为 38.9 万、18.9 万、6.4 万。

（三）社交平台建设

作为最具互动性的社交产品，微博、微信这两个社交平台快速崛起，并成为移动互联时代人们获取资讯的重要渠道。顺应这一趋势，无论本身的定位、层次、地域为何，新闻、财经、时尚、学术等各类期刊杂志纷纷开设新媒体社交平台，在传统杂志的数字化转型中进行了另一番有益的探索和尝试。

微博及微信均同时支持文字、图片、视频，因此在推广及展示期刊杂志品牌价值、品牌文化，推介期刊杂志内容时能够做到图文并茂，用户体验度良好。微博和微信能够拉近期刊杂志与用户群体的距离，既有利于保持老用户的忠诚度又有利于培养新用户。《大众摄影》杂志开通了微博账号和微信公众账号，定期推送摄影相关的理论知识与摄影作品，并且推荐与摄影相关的器材，以供广大摄影爱好者们参考。通过这两个社交平台，《大众摄影》提升了与用户的黏性和交互性，丰富了自身的传播渠道。《博物》杂志运用以微博为主，微信为辅的新型整合营销传播方法吸引了一批忠实的顾客，也正在以其自身魅力发展着新的目标受众。2015 年新增开微信公众号，推送阅读量平均 10000+ 人 / 条。@ 博物杂志微博截至 2016 年 4 月拥有粉丝 333 万人，微博平均评论量 1500 条。

三、传统期刊与数字新媒体的融合创新路径

数字技术的发展为期刊行业的发展带来无限想象力，也造就了传统期刊行业的各种勇敢开拓及尝试。

（一）出版模式创新

市场销售数字已经证明了具有价值和想象力的内容产品，在与移动网络技术融合后会变得更有活力。全球 APP 大致分类用户覆盖率及活跃度的分布情况，充分说明了移动互联网和 APP 在我们生活中占据的重要位置。APP 前所未有的整合性、集成性和改进性的特点适合当下即时性、互动性、广泛性的新型传播环境，并成为新媒体时代能够影响全局走向的重要因素。相对于微博、微信，在移动互联网时代，APP 是期刊数字化出版的最佳形式。

根据呈现方式的不同，传统期刊出版商的 APP 可分为以《南都周刊》《南方人物周刊》《南方娱乐周刊》等为代表的独立型 APP 和以《三联生活周刊》《外滩画报》为代表的整体型 APP 两类。独立型期刊 APP 与纸刊同步出版，内容大多来自于纸刊，且采取独立成册的包装形式。为提高用户活跃度，迎合广告主的需要，整体型期刊 APP 可以取消“期”的概念，将期刊内容打散，重新编排，逐日更新，以更好地满足移动互联时代受众对于内容产品即时性、碎片化的阅读需要。整体型期刊 APP 对于期刊出版商的内容编辑和技术水平提出更高要求，而且，在 APP 的升级换代中，传统期刊出版商已在逐步调低纸质期刊内容比例，将新媒体部门采编的原创性内容投入进去，使其更富活力。

（二）营销模式创新

数字新媒体以其“轻内容”及“互动性”吸引了大量年轻读者的关注，其高信息量及快速传播特征，也使众多广告主趋之若鹜。传统期刊通过与数字新媒体融合进而进行营销模式创新将大有可为。

媒体融合中，就传统媒体而言，最有价值的是基于数字技术形成的庞大用户数据库。期刊出版商可以在大数据中挖掘需求和价值。基于数据分析寻找新的细分市场，捕捉新的市场需求，明确自身定位，实现品牌的精准营销，是各期刊出版商致力于努力寻求突破的发展方向。目前，在互联网影响下成长起来的新一代互联网网民，已成为消费的主力军。通过对自己核心用户的数据分析，传统期刊出版商的各类营销活动更加精准，更加具有针对性。如瑞丽社区已拥有庞大的注册用户，其数字网络、手机媒体

等都拥有数量极其可观的注册会员，将这些信息与瑞丽原有的平面杂志会员汇总整合，就形成了独一无二的瑞丽数字化用户数据库。这也有利于瑞丽最大限度地收集、记录、分析用户的行为轨迹和兴趣所在，敏锐地发掘新的市场需求，挖掘客户价值。

（三）管理模式创新

传统媒体时代期刊杂志多为单线条的垂直型管理结构，优点和缺点都十分明显。但是随着科技的进步、媒介产品的多样化，以及传统纸媒与互联网新媒体的融合发展等要素变化，传统期刊出版商的管理工作更加复杂化，原有的管理模式面临挑战。

技术的创新必然带来管理制度的创新与组织结构的变化。传统期刊杂志与新媒体业务的交叉性模糊了原有部门的界限，使单一的组织机构的生产活动涉及更多平衡和调节，管理结构呈现网状交叉特点。比如，数字化媒体形态下产品的定时发布更新，对服务性的互动社区、博客、论坛日常的管理维护都是需要同时兼顾的项目；组织机构品牌信息的传播，基于数字新媒体信息库的数据分析、数据挖掘需要兼而有之。传统期刊出版商与数字新媒体的融合发展，让现行的组织机构管理目标变得更加多元化，组织内部运营工作的正常进行要兼顾部分和整体的利益。因此，平衡处理复杂交叉的业务，协调多方利益成为组织管理的关键。

（四）盈利模式创新

在我国，发行、广告和品牌营销是传统期刊的三种主要盈利方式。品牌营销作为较为“高级”的营收模式，应用并不广泛，传统纸质期刊的主流盈利模式一是期刊销售收入，二是广告销售收入。但是由于受众较窄、发行量较小、发行成本的上升，以及新媒体对受众的分流作用等不利因素，一些期刊为节约成本陷入缩减发行量的恶性循环中。因而使这两种依附于纸质媒体的盈利模式也逐步式微。数字新媒体技术赋予期刊传统盈利模式以新的含义，传统期刊与数字新媒体融合发展过程中不断有创新性表现。

品牌是期刊在业界的无形资产。在品牌经营方面，传统期刊出版商仍可大有作为。官网的精心主题策划、双微形式的自媒体服务平台、建立与读者和专家的近距离密切关系等方式都是对期刊品牌的有效经营和维护。与数字新媒体的融合使传统期刊尤其是专门类期刊通过品牌经营，成功跨界涉足电子商务及衍生产品销售。如对于户外运动爱好者和摄影爱好者而言，《国家地理》不仅是一本纸质期刊，与其相关的产品和服务——图书、摄影、旅游、户外用品等所形成的巨大的产业链也承载着他们外溢的关注和热情。

四、融合创新中的矛盾与突出问题

（一）传统期刊的数字化转型中存在能力短板

期刊出版商要进行数字化转型，与数字新媒体融合发展，就势必要面对自己并不擅长的技术领域。传统期刊在与数字新媒体的融合中已开始同时应对优质内容生产与数字新媒体技术支持两大核心问题。

移动互联网时代并不是以量取胜的时代，优质的信息内容仍然是期刊等出版企业的核心竞争力。互联网时代反而更加放大了“内容为王”的要求。作为一直以优质的内容生产为己任的传统期刊出版商，如何保证自己输出的信息对受众有价值，如何吸引受众关注是移动互联时代其必须积极应对的新难题。

数字技术目前是传统期刊出版商的一个软肋。网站、APP、微博、微信的建设、开发、持续运营、维护等对从业者的教育背景及个人素质提出较高要求，目前传统出版商在这方面的力量储备相对薄弱，有些工作只能由专业公司协助完成。

（二）期刊数字化转型中的版权保护机制不到位

产品经济价值的变现是所有合作方关注的焦点，版权就是出版过程中双方面临的最大问题之一。新媒体时代是一个版权社会，新媒体技术给现代版权保护制度带来的冲击全面而深刻。数字出版的版权不能得到充分保护，数字出版的技术手段、授权模式和保护体系等版权保护机制不完善，网民缺乏正确的版权保护意识，缺少一个社会范围的健康运营环境等，都导致数字出版的产业链无法正常的循环。

尽管我国在传统媒体与新媒体版权保护方面已做出不懈努力，但与融合发展中的期刊出版商所需要的健康的网络环境、健全完整的版权保护机制比还有明显差距，是行政管理部门需要迫切解决的难题。

（三）传统期刊的商业运营模式尚需持续优化

数字技术的发展有利于不同于传统期刊的商业模式的发展。新媒体的成本优势使传统期刊固有的运营模式开始被挑战。目前来看习惯使用免费信息的中国网民增加了期刊成熟商业模式形成的难度。同时，期刊数字化的营利渠道较为单一，对创新收入模式的探索也不够，商业发展模式尚不成熟，这些都对期刊的发展速度与规模造成了不利影响。

经过几年发展，目前期刊的付费内容多停留在以第三方付费的方式供读者阅读，远没有成熟。如何将 B2B 模式转化为企业（出版商）对消费者（读者）营销的 B2C 模式，出版企业如何直接接触自己的受众群体，掌握有关受众的第一手资料，真正实现以受众为中心，是值得我国传统期刊探索的重要问题。

（四）期刊 APP 的专一发展与富媒体属性的矛盾

从实践来看，在技术上可集文字、图片、声频、视频于一体的富媒体型期刊 APP，为传统期刊出版商带来的并不是纯粹的机遇，也夹杂着矛盾与困惑。

APP 属于轻量型应用，比较适合以单一的媒介元素为传播内容，在技术上也较易实现，因此大多期刊出版商选择了向专精方向发展。如《时尚芭莎》《周末画报》等主打图片内容的时尚类、摄影类的期刊 APP，《南都周刊》《外滩画报》等主打文字内容的新闻综合类的期刊 APP，以及专业的视频 APP 和专业的网络广播 APP。但是期刊 APP 的专精发展与富媒体属性之间存在天然的矛盾，并未充分挖掘出其全部的潜能。《外滩画报》APP 曾经想将采访视频融入 APP 之中，但是文字内容和视频内容完全是两种不同的编辑思路，如想实现视频与文字的完美融合难度很大，对传统期刊出版商的策划与制作能力提出了更高要求。

（五）期刊行业的人才向新媒体"迁徙"

数字新媒体对传统出版商的冲击除了受众注意力的转移外，与其他行业类似，在积极拥抱互联网及移动互联技术，实现产业升级的过程中，人才成为致胜的一个关键因素。

传统传媒行业的从业者，从记者、编辑到管理层，由于大环境、薪酬福利、制度管理、职业发展规划等各类因素，出现了向互联网传媒迁徙的新趋势。诸多传统媒体企业的大咖加盟新兴的网络平台媒体就是这个趋势的证明，专业高素质人才的持续流失将给传统期刊出版商的未来发展造成潜在隐忧，必须审慎对待。

五、传统期刊与数字新媒体融合发展的对策建议

（一）找准着力点，增强核心竞争力

在与新媒体的融合中，传统期刊如要寻求经济效益和长远发展，就应

当找准业务重心及主要的着力点。

1. 细分市场，精准定位

顺应传媒受众的信息需求的多元化趋势，市场细分成为传媒发展的基本方向与要求。

通过分析受众需求差异，可以实现期刊品牌的精准定位，有利于期刊的品牌差异化发展。比如，“《ELLE 世界时装之苑》在发展之初就将品牌定位于高端市场，为消费者展现的是欧美国际流行的奢华时尚内容。与之相对的，是《瑞丽》一直坚持实用性与东方时尚的品牌理念，市场定位为 18 ～ 35 岁的年轻时尚女性提供形象顾问服务”。两者根据其需求差异性对市场进行细分，找到定位市场利基点，提供差异化的产品服务。率先发现新的消费增长点的企业，通常能够获得市场的嘉奖。

2. 精心策划，内容为王

内容建设是所有传媒文化产业赖以发展的根基，传播形式与媒介形态只是使呈现的方式不同，优质的信息内容始终是获得市场和受众认可的通行证。

专业化期刊应该是当下杂志转型中，最容易找到捷径的类型。比如，以商业为主的《经济学人》《彭博商业周刊》，以人文地理为核心的《国家地理》《孤独星球》，这些专业化期刊只要抓住专业化读者这一小群受众，精益求精地优化内容和服务，提供一系列服务读者的产品自然可以留住用户，并逐步扩大读者群，得到更为长远的经济收益。

（二）加强版权保护，盘活版权资源

1. 加强版权保护的立法

我国正处于互联网初级发展阶段，互联网行业发展正呈现出蓬勃的生命力，行业整体的自律性明显不够。视频网站在版权保护方面的先行经验，为纸媒提供了很好的借鉴。

目前在互联网上，我们缺少对作品版权的强有力的法律保障。互联网经济可以说是建立在诚信基础上的经济模式，互联网立法的完善和信用体系的建设情况对互联网经济的发展影响深远。另外，在加强政府监管和立法监督等强制管理的基础上，国家应该鼓励互联网行业自主探索，形成以行业自律规范为补充的治理体系，促进互联网消费诚信体系的建设。

2. 科学合法进行版权开发

英国著名文化产业专家霍金斯曾经说过，“版权是文化产业可流通的货币，可创造经济价值”。例如，曾红遍两岸三地的《步步惊心》《仙剑奇侠传》等网络文学，其所衍生出的电视剧、电影、游戏等周边产品带来了巨大的经济收入和流量。期刊虽不同于图书出版，但是依然需要充分做好版权保护，实现附属版权的开发盈利，利用委托、授权等多种方式，对原创版权进行跨行业、跨领域的版权增值开发。

（三）探索互联网环境下期刊与富媒体的融合发展

“互联网 +”下期刊出版工作的创新，首先在渠道的拓展，其次在数据的利用，最后是技术的更新迭代。

媒介社交化使内容越来越呈现出即时、互动、分享的特点，信息传播的方式也必须要顺应趋势，以碎片和聚合的方式抓住受众的时间和注意力。期刊的内容编辑、发行和传播方式更是要顺应趋势，并主动寻找自身媒介显性和隐形的受众。在选题、传播渠道、呈现方式上更多地去适应受众需求。

对包括期刊在内的所有传统出版来说，立足主业，寻找新的利润增长点都是一门发展中的必修课。期刊出版也要顺应趋势，整合自身已有资源，真正发挥互联网对推动传统期刊出版转型发展的能量。

（四）人才发现与管理创新

互联网时代的人才管理需要在人才发现、发掘上创新。对人才发现的途径完全可以扩展到全媒体中，在多种媒介上广泛搜求。互联网时代发现人才方式众多，比如，期刊在数字化再造的过程中，编辑可以在企业自有的各种网络后台深入发掘用户中潜藏的人才；也可以在微信、微博、社交平台等各种互联网社交工具所自发形成的各种自媒体圈、互动圈发现企业需要的人才。

任何的激励考核体系都是为了更好地凝结团队力量，更好地完成工作。现代企业的竞争最终就体现在人才的竞争上。人才是传统期刊业最积极活跃的要素，创新的激励考核体系一定要能够激励从业人员积极拥抱互联网，拥抱变化，不断提高自身的综合素质，促进行业良性发展。

参考文献：

［1］汪小靖：《〈传媒〉期刊的数字化转型构想》，武汉理工大学 2014 年硕士学位论文。

［2］谢文亮：《互联网＋下期刊出版的体制机制创新》，中国科技期刊研究。

［3］唐若晗：《〈大众摄影〉杂志的数字化转型探讨》，华中师范大学2016年硕士学位论文。

［4］向玉萍：《〈新民周刊〉的新媒体发展战略》，复旦大学2014年硕士学位论文。

［5］郭玉环：《新媒体时代我国城市生活类杂志的媒介融合研究》，山东师范大学2016年硕士学位论文。

［6］谷明杰：《新媒体环境下的整合营销传播——以〈博物〉杂志为例》，载《科技与传播》2016年第5期（下）。

［7］刘雨涵：《期刊的APP数字出版研究》，山东大学2014年硕士学位论文。

［8］欧阳斐斐：《我国新媒体版权保护环境问题分析》，载《编辑之友》2016年第6期。

［9］王欣然：《时尚期刊数字化发展之路探析——以〈瑞丽〉品牌为研究对象》，暨南大学2013年硕士学位论文。

［10］徐妙、郭全中：《国外期刊互联网转型的现状与策略分析》，载《出版发行研究》2016年第9期。

［11］《版权是文化产业可流通的货币》，载新浪博客，http://blog.sina.com.cn/s/blog_3e5335b10100bptr.html。

教育出版数字化转型思考

蔡春霞*

[摘　要] 在数字融合背景下，我国数字出版取得了快速发展，随着教育信息化的全面推进，传统出版教育开始思考其数字化转型，目前市场上的数字教育产品多为纸质资源的简单数字化，教育出版数字化面临内容资源缺乏特色、盈利模式不成熟、缺乏数字出版专业人才等问题。随着政府政策扶持的力度加大，以及互联网、全媒体和信息技术的快速发展，教育出版数字化转型面临着巨大的挑战和机遇，教育出版单位可以通过政府和企业的战略规划、深度挖掘内容资源、探索多样化的盈利模式、培养复合型的人才队伍等方式突破其面临的困境，实现教育出版的数字化转型。

[关键词] 教育出版；数字化；盈利模式；优质内容资源；复合型人才培养

在数字出版大潮的冲击下，在中国出版中占据主导地位的教育出版也开始试水数字化转型，并且在国外一些知名教育出版集团如培生、圣智、麦克劳－希尔等数字化业务发展理念的影响下，业内人士意识到我国教育出版数字化面临的主要问题是如何从教育内容提供商向教育服务提供商转变。在信息技术飞速发展的今天，教育出版如何把握机遇，突破其面临的困境，实现这一转变，是教育出版数字化转型必须思考的问题。

一、教育出版数字化转型的机遇

在数字融合背景下，我国的数字出版近几年取得了快速发展，2016年，

* 蔡春霞，北京印刷学院经济管理学院讲师，博士。

数字出版产业实现营业收入5720.9亿元，比2015年增长29.9%；2015年的数字出版产业整体收入规模为4403.85亿元，比2014年增长30%，也就是数字出版产业已经连续两年实现30%的快速增长。与此同时，在美国及一些发达国家，教育出版的数字化程度已经非常高，如世界领先的培生出版集团2016年营业收入为45.52亿英镑，数字及服务收入占比68%，同比增加3个百分点。该集团开发了多个教学数字化在线产品及平台，成功地将学生信息、评价、授课和成绩整合成一体化的学习环境，如为高校开发的在线远程学习平台e College，对学生信息进行及时跟踪管理的系统Power School，配合高校教材开发的“My Lab”在线软件等。在PreK-12教材和服务市场，培生、麦克劳-希尔、霍顿·米夫林-哈考特三家已经占据北美90%的市场份额。

国际教育出版集团的数字化以及国内教育信息化的全面推进，促使传统出版教育思考其数字化转型。目前市场上也开发了大量的数字教育出版产品，如教材光盘、电子书、在线学习网站、学习类APP、网络公开课、数字资源库等，但这些数字产品多为纸质资源的简单数字化，在互联网、大数据、全媒体和信息技术快速发展的背景下，教育出版数字化面临挑战的同时，也带来了巨大的机遇。具体表现如下：

1.政策引导扶持为教育出版转型营造了环境。2016年，数字出版“十三五”时期发展规划、总局财政部2017年出台《关于深化新闻出版业数字化转型升级工作的通知》等，相关部门一系列政策法规的出台，积极推动了我国数字出版产业的规范化建设，为我国数字出版的发展起到了指导性的作用，出版单位在政策的有效指引下，思路更加明确。

2.数字化使信息的获取和检索更加方便快捷和灵活，也符合大众在互联网和智能终端普及的背景下，移动化、碎片化的阅读和学习习惯。近年来，从微博到微信、移动直播、音视频等社交媒体在人们的生活中扮演着越来越重要的角色，像带有听书功能的移动平台国内已经先后出现200多个，喜马拉雅FM、蜻蜓FM等有声读物平台市场竞争格局初步形成。

3.教育教学需求也在发生变化，在教育信息化时代，运用信息技术改变课程设计、创新教学方法、改进教学效果以激发学生的学习兴趣的数字化教学产品，成为教育教学的最大需求。像开放式网络课程、微课堂、各种教育APP等，正改变着知识的传播和应用方式。传统的纸质教育出版物已经不能满足教育发展的现实需求。

4. 我国技术驱动的数字化模式使教育出版数字化的技术障碍减小。我国的数字出版革命是由 IT 公司、互联网企业等技术商驱动的，传统出版单位作为内容提供商收取版权费。也就是中国的出版企业数字化是基于新技术的出现倒逼出版业实现数字化，这种技术先行的模式也使教育出版数字化的技术障碍较小。

二、教育出版数字化转型的困境

虽然教育信息化全面推进给教育出版数字化带来了机遇，但是教育出版数字化也面临很多困难。

1. 教育出版单位数字化的动力不足

一方面，教育出版长期依赖相对垄断的教材出版能使其有稳定利润来源，所以数字化的动力不足；另一方面，教育出版数字化的巨大投入也使很多教育出版单位对数字化转型望而却步。

我国以教材、教辅为主的教育图书，一直占有 60% 以上的市场份额，由于教材出版只有国家相关机构认证的出版社才能够出版教材，所以教育出版单位具有一定的垄断地位，再加上庞大的学生基数和高考制度，以及终身学习的不断普及，教育出版长期依赖相对垄断的教材出版就有稳定的收入和利润。虽然近年来学习型技术产品的替代性以及学龄人口的减少等原因使教材出版的利润下降，但多数教育出版单位由于还没有危及生存对数字化仍处于观望状态，有的教育出版单位虽然认识到数字化是出版发展的必然趋势，并采取积极的态度努力开发一些数字产品来应对数字化时代的到来，但是由于急功近利、急于求成，数字化的效果并不好。另外，数字化建设动辄几十万元甚至上百万元的巨大投入使很多教育出版单位，特别是中小教育出版单位对于数字化建设不是那么强烈。所以，教育出版数字化很大程度上还停留在简单地制作配套教材教辅电子书和附赠光盘这一初级阶段。

2. 内容资源缺乏特色

对教育出版来讲，无论是否数字化，其内容资源都很关键，所以在出版业有“内容为王”的说法。我国教育出版由于较大的市场需求以及教材的垄断，相对其他类型出版社竞争较小，所以内容大多是高考指挥棒下对于考试内容的梳理、对考点的整理和相关练习，内容缺乏创新，存在严重的同质化，没有对数字内容进行深度挖掘和整合。近几年教育出版数字化转型虽然取得了一定的成效，结合了名师视频、动画、游戏、在线题库等丰富形式，但很多教育出版单位的产品受标准教学大纲、标准教材内容和结构的限制，内容仍然很单一，同质化严重，这就使数字化产品缺乏创新，使教育类出版海量信息中可用于数字化的有效内容资源很少，缺乏特色和竞争优势，阻碍了教育出版数字化的步伐。

3. 盈利模式不成熟

目前，我国教育出版数字化产品的盈利模式比较单一，很多在线教育产品打着免费赠送的旗号，多是纸质出版物的附属品，这些产品一般不能独立销售，更没有自己单独的盈利模式。付费性质的在线教育产品如MOOC，盈利模式也很有限，MOOC 主要靠售卖在线教育系统获利；非营利的数字化教育产品多是公益性质，如“爱课程”网站由国家、地方政府和大学共同投资，使更多的人可以通过此网站获取免费知识。教育出版数字化要走的更远，必须有多样化盈利模式保证自己的收入，这是教育出版数字化需要考虑的一个重要问题。

4. 数字出版专业人才缺乏

数字出版的特点要求相关人才既要熟悉传统出版流程，还要具备数字出版技术、数字产品营销、数字产品设计以及数字产品管理等技能，传统出版从业人员已经熟悉的一整套选题、论证、编辑、出版流程模式已经完全不适用于数字出版了。现在很多出版单位虽然设立了数字出版部门，但从业人员中大多是学习计算机的技术人员，缺乏编辑、出版理论知识，无法提供全面的技术支持。我国高校的专业设置中对于数字出版专业培养的专业人员也很少，导致数字出版行业对于既熟悉传统出版流程，又懂数字技术的复合型人才需求旺盛。

三、教育出版数字化转型的策略和思考

1. 从战略层面对教育出版数字化统筹规划

传统教育出版企业向教育服务商转型已经是大势所趋。有关政府管理部门和行业协会应加大政策引导支持和宏观协调力度，制定完善行业规则，统一规范技术标准，强化市场监管和数字版权保护，营造良好的政策环境和市场环境，尽快协助解决数字出版经营主体自身无法协调和解决的突出问题，为数字出版产业的健康持续发展扫除障碍、提供保障，借助政府的力量推动产业加快发展。教育出版企业层面应该将教育出版数字化提升至

企业战略的层面，统筹规划，需要重点解决的问题是原创性教育出版资源的深挖和整合、数字化出版专业人才的培养、以读者为中心的出版服务体系的建立和完善，以及尽快形成成熟稳定的盈利模式等问题。

2. 深度挖掘，积极开发优质内容资源

教育出版数字化转型是为了更好地呈现教育内容以满足市场需要，所以最终起决定性作用的还是内容。深度挖掘教育内容资源，是教育出版数字化转型的关键环节。内容资源的挖掘是对纸质内容的价值创新和增值服务，以满足市场多样化、多层次和个性化的内容服务需求。所以教育出版数字化应当对内容的建设和开发进行顶层设计和全面规划，对教育资源从产品设计、产品内容、产品形式、营销渠道等多方面进行整体规划。

首先，产品设计应在尊重教育产品本身特点和教育教学规律的前提下，研究先进的教育理念，找到教与学、产品和服务的最佳表现形式进行产品设计，使数字化教育产品不但能完成知识传授，还能给学生提供差异化产品，提高学生的学习兴趣、开阔学生视野；从教师的角度，可以简化教师工作量，提高教师的教学能力，促进教师使用数字化工具设计课程内容，改善学习效果。

其次，教育出版单位要加强内容资源的建设，重视教育产品的差异，对教育资源进行创新性挖掘，以满足用户的个性化需求。教育出版数字化依赖于内容资源的丰富性，目前教育出版集团所掌握的内容资源虽然同质性严重，但是教育出版单位在教育领域的专业性使其有能力深耕细作，对其内容进行深挖和整合，从而可以开发多样化的数字化产品。这一点我们可以向培生教育集团学习，培生教育集团以其完善、全面的产品为各个年龄段的学生提供满足他们需求的产品和服务，在 K12 教育上，培生教育集团目前共有 109 项数字教育产品和服务；在高等教育上，培生教育集团有 131 项数字教育产品和服务，且在多种学科内占据世界领先地位，在职业教育上，培生最大的特色就是开展各种资格认证和相关的培训课程，它旗下的华尔街英语更是在世界范围内都取得了很多用户的支持和信赖，除了英语，培生在金融及相关服务、卫生保健、信息技术、军事、教育学术等领域的资格认证同样受到权威肯定。

3. 探索多样化的盈利模式

虽然我国的教育数字出版的盈利模式不成熟，仍然处于摸索阶段。但教育出版单位也应该认识到，在明确自身核心竞争力和读者定位的前提下设计多元化的教育数字出版赢利模式。下面将介绍几种盈利模式：

（1）图书增值盈利模式。这种盈利模式是最常见的盈利模式。它利用纸质出版物强大的客户群体进行在线教育出版物的销售。培生教育集团的一种盈利模式就是在纸质出版物的基础上，开发出在线作业系统和学生学习平台等数字资源，为学生量身打造适合自己的学习方式。

（2）应用平台 + 数字内容盈利模式。以 2016 年的产业“黑马”有声书为例，根据 Audible（亚马逊有声书平台）统计，2016 年全球消费者听书总时长达到 20 亿小时，Audible 平台上可供收听的有声书达 32.5 万种，订阅用户平均收听了 17 本有声书。2016 年全年亚马逊有声书平台新增了 2 万多本有声书，订阅用户增长超过 60%，海量内容成为有声书吸引读者（听者）的基础。企鹅兰登书屋与演员黄磊合作的有声书《七堂极简物理课》在喜马拉雅 FM 独家上线，7 天的付费收听总数超过 5.6 万次，这一数字已经超过市场上同期纸质畅销书的平均销量。

（3）服务盈利模式。培生集团将自己定位为教育服务企业。以培生的 VUE 为例，Pearson VUE 为全球有考试需求的单位和个人提供考试服务。它的客户既有证书颁发机构，也有参加考试人员。对于双方提供的不同的考试服务使培生能够向两方都收取一定的费用。在线教育出版的产品和服务是离不开的，因此，出版社在发展在线教育出版时应注意发展教育服务，提高售后服务质量，提升用户的用户体验。

（4）合作共赢模式。培生与亚马逊就是与企业合作盈利的典型代表。培生提供内容，亚马逊提供平台，双方合作将资源转化成产品，对于双方都是有益的。另一个例子是高教社与网易合作的“中国大学 MOOC”，它将“爱课程”的免费数字资源拿来吸引用户，同时开发了一套“高校云”系统作为学校的在校教育平台，向学校售卖，所得利润双方按照比例分成。这种合作方式一般用于两个实力较强的企业，强强联合能够创造出更大的价值。

（5）广告盈利。靠广告费盈利的方式是“互联网 +”时代下互联网企业的典型做法。它将优质的内容资源聚集于互联网平台，免费向用户开放，等到吸引到足够的用户后，庞大的用户资源就吸引了大量的广告商。这些广告商是网站盈利的来源。在线教育网站可以效仿这种做法，以内容吸引用户，以用户吸引广告。

4. 加强复合型人才队伍建设

在任何企业中，人才都是核心竞争力，对于教育出版数字化转型而言，需要的是复合型出版人才。以霍顿·米夫林－哈考特为例，其人才团队汇聚了来自 IBM、微软、甲骨文等科技和传媒企业的精英，从而使霍顿·米夫林-哈考特集团具有不同于一般团队的思维方式，如该团队在开发内容时就会考虑给读者的最佳传递方式，纸质版和 APP 以不同的内容形式展现给读者，而很多教育出版单位都是纸质书发行后再将其电子化。还有培生教育集团旗下拥有现代营销学之父菲利普·科特勒、管理学界的权威斯蒂芬·P. 罗宾斯和诺贝尔经济学奖获得者保罗·克鲁格曼等在内的众多全球顶级作家作者。教育出版数字化转型过程中需要的复合型人才队伍，可以通过引进方式吸收数字化方面的专家和专业人才，也可以对现有队伍中的人员进行培养和培训，以强化从业人员的综合素质，或者通过大学培养出版人才。美国出版单位对出版人才的培训和继续教育有诸多借鉴之处，美国哥伦比亚大学等高校都设有专门培养出版人才的专业和培训出版业务的机构。纽约佩斯大学、斯坦福大学、纽约大学出版中心等已经形成了较为完善的出版人才培训体系和浓厚的出版研究学术氛围，每年向美国输出大批数字出版人才。

参考文献：

［1］尹导 . 美国 PreK-12 教育出版数字化发展情况及其启示 . 中国编辑 [J]2017.2, 92-97。

［2］王楠 . 培生教育集团与中国教育出版传媒集团在线教育出版比较研究 [D]. 青岛科技大学 .2017 年 6 月。

［3］李梦霞 . 论中国教育出版的数字化转型 [J].2017 年 4 月，244-245。

［4］任晓霞 . 媒体融合背景下如何助推教育出版数字化转型 [J].2016 年第 8 期，103-106。

［5］王燕杰 . 我国教育出版数字化转型策略研究 [D]. 郑州大学 . 2017 年 5。

［6］郭华良、陈健 . 教育出版数字化转型中的问题及对策 [J].2015 年第 2 期，68-69。

裂变与重构：数字化时代 4A 广告公司的生存与转型思考 *

郭　瑾　花　月　陈静怡 **

内容提要：任何行业，包括广告行业在内，都是不断发展变化的。近年来，随着互联网的飞速发展，处于数字化时代中国广告公司的生存与发展境遇更是变化万千，最突出的一点是，原本在神坛之上的 4A 公司渐渐走下神坛，创意工作室、互联网广告公司等甲方广告部门崭露头角。本研究运用案头资料收集、深度访谈等方法，扫描数字化时代中国广告公司的行业格局，聚焦 4A 广告公司的困境与进路。研究发现，当前中国广告行业格局已发生显著变化，与 21 世纪初 4A 公司为代表、创意策略型公司为主导的垄断竞争格局不同，以创意工作室、互联网广告公司、大数据营销公司为代表的新生力量正在颠覆旧有秩序，4A 公司在发生裂变与重组，行业格局在重构，这恰恰也是广告行业进入新一轮成长期的必经之路。

［关键词］ 数字化；裂变；重构；4A 公司；转型

改革开放以来，中国广告行业取得傲人成绩。虽然起点低，但发展速度迅猛，经过近 40 年的努力，中国广告市场总体规模已跃居世界第二。2016 年全国广告经营总额达 6489.13 亿元人民币，广告从业人员 390 多万人，广告经营单位 87.5 万户。全球知名集团及广告公司均在国内设立了分支机构，并将中国确立为重要的发展重心。近十余年来，这些外资广告公司在

* 北京市大学生科研项目“数字化时代中国广告公司的生存与发展境遇调查”项目编号：22150116005/149。

** 郭瑾，北京印刷学院新闻出版学院讲师，博士。

中国广告业规范化、规模化发展方面均起到引领作用。同时，一批国内本土广告公司也在不断发展壮大。然而，互联网技术的发展不仅改变了人们的生活方式，而且颠覆和重构了包括广告公司在内的众多行业格局。

近两年来，以国内优秀的外资及本土广告公司组成的 4A 广告公司成员组织面临着互联网发展的冲击。虽然这些公司也在不断充实新媒介新技术人才，并在此方面不断加大投入，或并购有潜力的新媒体技术型公司，但是仍受到制度性因素，以及媒介环境变迁、人才流失（资深广告人离职开设创意热点、独立广告工作室等）、新兴互联网公司崛起等方面的冲击。如何把握行业的这种趋势以及这种趋势究竟会如何影响行业格局至关重要。目前，虽然也有一些行业媒体、调查公司时刻保持对广告业的观察，但是，相关专题报告仍付之阙如。本文在案头文献与深度访谈调研基础上，对焦中国 4A 公司，旨在以点带面为了解中国广告行业格局提供一种有益的视角。

一、何为 4A 广告公司

在探讨数字化时代 4A 公司的生产与发展前，有必要先对 4A 公司做一个简单的概念梳理。

“4A”称谓源自美国，最早仅仅是 The American Association of Advertising Agencies 的缩写，即“美国广告代理协会”。由于该组织名称里有四个单词的头字母为 A，故简称 4A。该协会对成员公司有很严格的标准，所有 4A 广告公司均为规模较大的综合性跨国广告代理公司。此外，由于该组织中的各大广告公司都致力于非凡创意以及为客户提供专业服务，从而促使众多广告公司争相希望加入该组织。后来世界各地都以 4A 为标准，萃取其核心规则如从事广告业、符合资格、有组织等，纷纷成立地方性 4A 协会。

在中国，有香港 4A 广告协会、广州 4A 广告协会（1996 年成立），还有中国 4A 协会（2005 年成立）。香港 4A 的中文名称叫香港广告商会，协会中有上千家广告公司会员单位，这些会员均要求年营业额至少达到 5000 万港元。广州 4A“广州市综合性广告代理公司协会”，它是在跨国 4A 公司进入中国的大背景下成立的广州地区知名广告公司自律、自我规范性组织，2004 年更名为广州诚信广告代理商协会（The Association of Accredited Advertising Agents of Guangzhou）。2005 年，在中国商务广告协会的倡导下，中国 4A 正式成立。它不仅集聚了在中国的大型外资国际广告公司，同时还吸纳了本土实力最强、规模最大的综合广告代理商。协会宗旨为“一流服务、一流创新、一流实力、一流诚信”。中国 4A 的会员单位从成立之初的 28 家已发展到 93 家。

总体来说，全球各地 4A 基本上都是当地最好的广告公司集合体。本文研究的对象为中国 4A 协会对应的会员单位。

二、数字化：把握中国 4A 公司现实境遇的时代关键词

近年来，有关 4A 公司已死的声音甚嚣尘上，一度引发行业的口水仗。网络上有关此话题的讨论沸沸扬扬，有正有反有中立。例如，有人说《4A 已死》《再见了，4A 公司》《4A 的衰落，是“乙方思维”的衰落》，也有人回应《4A 死不死，还轮不到你们瞎逼逼》《广告公司是怎么来的都不知道，你还“4A 必死”喊个什么劲！》，还有一些持中立态度的盘点，如《独立广告公司的黄金时代，谁能牢牢把握住话语权？》等。而理解广告公司真实境遇绕不开数字化的时代背景。

近观我国广告业，2016 年中国广告经营额攀升至 6489.13 亿元，较上年增长 8.63%。其中，网络广告经营额达 2902.17 亿元，同比增幅 32.9%，相较于 2015 年增幅略有放缓，但增长率大大领先于电视、报纸、杂志、传统户外等传统媒体，占据中国广告营业额分类排行首位。同样，2016 年移动广告市场规模也已达到 1750.2 亿元，同比增长达到 75.4%，保持高速增长。据估算，2019 年中国移动广告市场规模将达到 5000 亿元，在网络广告市场的渗透率将接近 80%。以网络和移动广告为代表的数字广告成为行业重要发力点。这一发展离不开互联网发展上升到国家战略层面的大背景。

2016 年 3 月 15 日，第十二届全国人民代表大会第四次会议上，国务院总理李克强在政府工作报告中将 2015 年提出的“互联网 +”转变为了“+互联网”，看起来是“+”的位置做出了小小改变，但意义却截然不同。正如《IT 时报》记者在梳理政府工作报告关键词时的解读，“互联网 +”意味着一切以互联网为主，指挥中心在外部，而“+ 互联网”则仍以本我为主，此时互联网则是以渠道和手段身份出现。国家对互联网认知和定位的改变必然影响到广告行业。奥美负责汽车业务的周若愚在深访中指出：“‘+ 互联网’可以理解为在传统行业上加入互联网的服务，但在现代生活中，其实有很多传统行业并不适合生硬地加入互联网元素。而‘互联网 +’则是将传统行业重新洗牌，用互联网思维来为传统行业开辟新的发展模式。”

关于互联网的角色是当下包括广告业在内各行业需要思考的问题。

互联网技术发展不仅改变了人们的生活方式，而且颠覆和重构了包括广告公司在内的众多行业格局，它打破了广告公司的技术壁垒以及所赖以生存的模式。具体而言，以数字化为核心的互联网带来消费者需求和生活方式升级，这必然要求企业传播升级、渠道升级。广告学者指出，“互联网带来了一个全新的世界，作为一种高维媒体，互联网比以往任何大众媒体升级都更具有深远的意义。它重塑了组织、整合了资源，其实最关键的是，它将原来把持在机构手里的权力打碎，转移到了每个个体手中”。同样，它还稀释了广告公司的利润来源——策划创意代理和媒介代理的盈利点，挑战了中国 4A 广告公司（由外资及优秀本土广告公司组成）引以为傲的管理体系与方法论。

三、内忧外患：4A 公司面临的时代挑战

近年来不少文章对 4A 公司未来何去何从的论战性、盘点性文章较多。本研究在这些文献梳理的基础上，结合行业人士深度访谈，包括对不同类型广告公司的资深人士、即将进入广告业的新人，以及已经离开广告行业的“老”广告人的访谈，将 4A 公司面临的挑战归纳为两大方面：一是外部环境变迁的挑战，二是内部机制更新换代的挑战。这些挑战均体现于以下三种矛盾中。

（一）“去乙方化浪潮”与“专业空心化”之间的矛盾

数字营销协会（ Society of Digital Agency）2015 年度报告显示，27% 的品牌正在进行“去乙方化”，减少甚至停止与乙方的合作，而转向自建“内容中心”。美国在线影片租赁提供商 Netflix 甚至把广告投放、程序化购买等业务收归公司内部业务，实现对产品数据和客户数据的有效控制。2016 年 4 月，全球最大的移动通信公司之一 Sprint 也结束了与阳狮旗下创意和营销公司 Deutsch 长达两年的合作，转而将创意和内容制作交给自家内容制作机构 Yellow Fan。这股浪潮席卷各地广告业。

当然，“去乙方化”不仅针对 4A 公司，而是针对所有广告行业代理商，但这种趋势对于稳定收取代理费避免恶意竞争的大型 4A 公司来说影响更深。高阳在其公众号“智高气阳”中撰文指出，“4A 公司的运作机制是代理制，代理制形成的初衷是通过分工形成专业机构从事专业事务的高效组织模式，但是在实际的运作中却形成了短期化的‘乙方思维’。作为代理公司，无论是项目制还是合作时间稍长的年度制，乙方都没有动力为品牌

的长远发展考虑，短视是代理制度设计下广告公司最符合经济逻辑的行为方式”。的确，在这样服务品质和服务意识之下，常常会导致品牌的长远发展和战略性规划无人负责。

同时，数字化作为推动力，也为企业方赋能，使其有了更多脱离乙方“高价”服务的能力和资本。互联网时代，数字化技术同时为企业和广告公司提供了更多创意实现、消费者洞察，以及与消费者沟通的诸多手段。以往，企业只有通过广告公司，特别是大型综合广告代理公司的专业工具才能获得的市场及消费者资料，现在往往通过互联网技术运营公司以及互联网技术型公司就能得到，从而使企业可以绕开传统广告代理公司，进而使用内部自营广告公司或广告部门“自营内容”，减少了大笔经费。例如，可口可乐成立了旗下新闻编辑室。4A公司作为大型综合代理公司的代表，其在传统时代所拥有的传播产业链优势在数字营销时代，很多环节被技术型公司所拥有的优势取代。

不过，广告人面对上述矛盾，总体乐观。在本土公司与国际4A都有多年从业经验的资深创意人陈邵团在访谈中指出，“甲方有做内容的团队。这个是一个新的变化。但是说这个现象会不会普及，变成一个甲方的标配，它会持续还是改变，还不知道，只是说现在有这样的趋势”。甲方建立自己的广告部门，确实会对广告代理公司产生影响，但4A公司旭日因赛集团的副总经理刘颖昭认为，甲方成立内部创意部分是给广告公司一种激励，“我觉得甲方自己成立内部创意部门，目的不是为了取代广告公司，而是为了给广告公司一个激励，一个动力。我们服务的网易和腾讯，他们内部都有创意部，但很多项目经常还是要比稿的，我们往往是胜出更多的”。他认为，首先，企业成立内部创意部，不是为毁灭广告公司，而是为了激励广告公司创作出更多优秀作品；其次，广告公司不可能包办甲方所有服务，其内部仍有很多事情需要完成。例如，微信、微博、内宣、领导讲话，以及小的视频剪辑、年会等。曾在4A公司工作数年，如今经营自己移动脱口秀栏目“路边摊”的罗易成在深访中也表示，目前甲方的广告团队还是多专注公司内部事务，虽然这对4A公司有影响，但还没有对4A公司构成威胁，“去乙方化”短期内在中国还难以变为现实。

（二）“快速反应”与“庞大体系”之间的矛盾

数字化时代的典型传播特质是互动性、体验性、即时性，特别是在微信、微博为主导的社交传播渠道中，对于事件、新闻等的快速反应，成为企业日常传播的关键。而4A公司的体系化、程序化反而制约了这种快速反应的能力。

在传统广告时代，好创意需要有好的传播渠道承载，广告的重点业务之一也体现在媒介资源购买上，广告主70%以上的广告预算花费在媒体上。因此，不少资本型公司将重心放在媒体经营的“量”上，而忽略了内容的“质”，由之陷入“媒体本位主义”。陈绍团先生在访谈中指出，“以前只是卖资源，我买到这个电台或者报纸，或者超级女声之类的节目，然后把（广告主的）信息传达出去就可以了，是典型的硬广告。可是，现在媒介的碎片化造成了你光靠卖资源，你的影响力、效率都不会很高，很多钱都白花了，反而是内容比较好，花很少的钱，基本上就可以达到效果”。

然而，行业周知的是，购买资源也是4A公司的优势之一，但品牌的长远发展不可能假手于任何一个品牌保姆或品牌管家，必须由广告主共同担当，广告公司也应该从广告主本身入手，而非简单依赖于“媒体本位”。访谈的另一位资深创意人也提到：“以前做品牌，很多公司都在做顶层传播，但只是‘空中’做做广告。现在则更多落在专注产品创新、人群年轻化，或者高端化突破。以前定位、媒介、广告、公关都是其中的一环，现在还增加了社群、口碑、数据入口等，范围涉及更宽。”4A公司曾在广告行业内树立的专业标准，在数字化时代中也需要不断更新内涵。正如在奥美工作的周若愚先生所言，“由于广告创意行业的更新速度太快，直接导致即便是4A公司也面临反应不及时的问题。更新的技术，更快的反应速度，更超前的观念都是4A急需跟上脚步的地方”。

然而，4A公司的快速反应能力恰恰受制于曾经的优势，即庞大的机构与体系化管理。陈绍团在给年轻广告人的建议中婉转指出，“我不太建议去比较老牌，传统的4A公司或者其他的靠关系和资源取胜，视野比较窄的公司，这对年轻人的锻炼没什么好处。我对4A不是有偏见，而是说4A现在这个时段，找不到一个转型的方向。因为背负的负担太重了。这么一个大的系统能转的话，那我一个个体户更容易转”。

首先，从整体来看，一个完善的系统既包含了4A广告公司内各个小系统，也包含了整个营销传播产业链的大系统。4A广告的运营系统看起来很完善，但在传统传播环境中多年积淀的经验，反而容易导致因循守旧，无法对接到整个营销传播产业链的大系统。

其次，从效率来看，高效率是基于系统存在的，是将系统内外的各个经营要素通过整合的方式，使之高效率地运行。而人才培养细分化也导致各司其职，效率打折。陈绍团指出，“分工太细，效率很低，每个人都有不能越过的界限就像同桌画在桌子上的线一样，手不能放过来，举个例子，如果我是一个做创意的人，但是我认为策略和创意是不分家的，我应该全盘的掌握。但如果我这么做，策划部门或者客户部门就会觉得我侵犯了他们的权利，让他们没有饭吃，所以 4A 这种死板的体系就造成了他的灵活的空间很小，很笨拙。另一个方面，4A 培养出来的人过于细分，广告行业本来就是一个细分行业了，这样就更会造成每个人视野都很窄”。

数字媒体广告增速让大多数大体量的 4A 广告公司有些来不及反应，新兴的数字营销广告公司则利用其掌握的大数据精准营销，根据用户的年龄、性别、地域、上网时间、浏览历史等进行个人定向，帮助企业精确找到用户。而以创意和客户洞察力见长的 4A 公司，在“碎片化”时代想要通过技术整合各种类型媒体，将其碎片化信息搭建为有序的营销架构，将面临转型困难。如刘颖昭所言，“因为本身国际公司的机构是比较庞大的，分工又过于专业和细化，并没有特别强调每一个人真正地具有多面的一个能力，这是一个，另外就是机构的流程是比较冗长和复杂的。所以往往它是不能够直接地反映到客户的一些比较急迫的需求和一些战略的一些目的”。

（三）“人才急缺”与“人才流失”之间的矛盾

早在七八年前，一些资深创意人就开始脱离 4A 公司成立独立工作室。近年来这种趋势不仅没有减退，反而形成一股小小的洪流，甚至由其引发了关于 4A 何去何从的质疑。

4A 公司作为创意人才的行业“黄埔军校”，人才济济，但近年来出来创办自己工作室的资深创意人比比皆是，如 2009 年前阳狮大中国区 ECD 王懿行与资深广告人湛祥国联合创办独立广告公司 VK35，2013 年屡屡囊获戛纳金狮奖的 4A 创意人杨烨炘、邓斌、黄海波、肖坤联合创立天与空，陈绍团创立找马品牌管理与创意 (上海) 有限公司，曾在国际知名广告公司 W+K 做创意的李三水创办“W”广告公司，等等。2015 年很多优秀创意作品排行榜上，4A 公司不再独霸榜单，众多创意热店、独立广告公司榜上有名。这些公司小而美，灵活性强，在社交时代能够做到快速反应。

在深访中，某创意人指出这些小而美的公司因为资源不足，反而能从小处入手，从应对数字时代的传播和创意本质入手。更重要的是，这些公司的创始人与合伙人很多都出身 4A 公司，既了解 4A 的方法论、掌握 4A 的创意工具，同时又懂得变通，原本是 4A 公司最重要的资源。他们的流失对人才至上的 4A 公司来说是一种最大损失。他们反过来也成为 4A 公司最强有力的竞争者。

除了创意热店之外，还有像鼓山、楼氏、留几手等段子手类型的新型广告公司。甚至新世相、咪蒙等大 V 善于创作内容，利用独家新媒体矩阵渠道承接内容业务的自媒体，以及涉及创意的偏技术执行类公司如 VR 公司等，对 4A 公司都会是个巨大的挑战，这些公司的“人才”也是 4A 公司所急缺的。

四、裂变重组：4A 公司在变通中探寻迭代升级

数字时代既是最坏的时代也是最好的时代。对于传统广告来说，冲击显然是巨大的。互联网广告传播速度快、受众面积广，形式容易创新，审批也相对更加容易。与之同时，互联网广告的制作水准也在全面平民化，传统广告创意形式乃至生产创意的各大公司也因此被倒逼变革。4A 公司在各种声音中，也在不断探寻转型的路径。

（一）再认知 4A 四宝

WPP 年报的 2009—2014 年的五大传播集团的营业利润率走势图中，除了宏盟徘徊在 6%～9%，WPP、IPG、阳狮等都在 12% 且有稳定增长的势头。WPP 2017 年 Q3 季度的财报中，可以看到 WPP 总体营收增长了 6.1%，同比有机增长 5.3%。美国、英国、德国、澳洲、法国的数据都是增长的态势。所以 4A 也并非像许多文章中所下的定论“4A 已处于寒冬”。

周若愚在深访中认为，“大公司一定有大公司病，但反过来，大公司也一定有它的独到之处，不然生意怎么可能做那么大？4A 是行业的巨人，从资源、从平台、从规范的流程等对于人的培养意义还是很重要的。没学会走，就要跑通常不可行。尤其对于职场新人来说，4A 帮助广告人学会最基本的流程、最基本的创意技巧、最基本的职场规则。不要小看这些，这是你成功的起点之一”。

资源、平台、规范、人才仍是其他公司无法匹敌的 4A 四宝。虽然在数字营销时代，4A 曾拥有的部分传播资源优势会被技术取代，但仍然可以依仗全球客户资源，发挥全球服务优势，用资本打通技术环节，打通跨平台融媒体优势。不过，在这种转型过程中须注意由此可能导致的技术困难与成本失控问题。

（二）转型中的典型操作方式

1. 奥美尝试打通隔阂，完成沟通创新协作

奥美周若愚在访谈中指出，“如今在奥美，我们就在不断尝试进行大

公司内部的360度协作，即将奥美广告、公关、互动等不同子公司之间的隔阂打破，而借助项目组的形式把相对应的人捆绑起来，让项目磨合人与人的情感，从而完成协作”。例如，“曾经只做活动执行的奥美公关如今也有了创意团队，也有了能做Digital技术的团队。不同团队之间的区分变得不明显，而每一个人扮演的角色也越来越多。这都是互联网时代要求每一个从业人员必须拥有的技能。当然，能够在单一领域做到极致的匠人同样能够获得尊重，但对人才能力多元化的要求被提到了前所未有的高度”。

2017年8月13日，奥美在官方微博发出的一条消息轰动了整个行业。“#BeOne 奥美正转型成为单一品牌的整合代理商，更好地为数字时代的新一代营销客户服务。”这既印证了之前我们在访谈时，奥美员工透露的变革措施，同时也体现了以奥美为代表的4A公司应对数字时代转型的魄力与决心。

2. 旭日因赛内部试错，引入创意热店管理模式

与奥美做法不同的是，一些4A公司会在内部变通地引入“创意热店管理模式”。例如，广州旭日因赛广告公司副总经理刘颖昭在访谈中提到：“公司内部也会成立一些专门针对本土品牌的小型事业部，或者是一些独立的小型创意热店。做一些更加精致的、反应灵活的项目，同时还会在内部培育一些所谓的公众号，或者小网红，让这些小网红来推出社交品牌。让大家能看到大公司在社交方面也会有一些灵活的、能够创造话题的东西，它们也在改变。”

3. 通过并购，弥补数字化基因不足

黄升民教授曾指出，中国4A的不足之处在于缺乏中国本土数据库；DCCI创始人兼总裁胡延平指出，中国4A公司面临的最大危险是缺少技术基因，因此快速增强数字技术实力是4A公司转型的一个重要方式。从近年来发生的案例来看，不少4A公司最普遍的做法是通过收购改变公司的数字基因。例如，2011年，知名4A公司智威汤逊广告公司与阳狮集团分别先后收购北京4A互动与上海网帆两家本土知名数字代理商。这种方式相对来说较为快速，但是否能够真正做到公司文化融合与业务互补；并购能带来暂时业绩增长，但是否能带来战略转型，这些都仍有待时间检验。

（三）抓住不变的传统，洞察变化的新潮，不断提升自己是转型的不二法则

数字化时代，一切都是快速变化的。即使目前胜在快速反应和量身定制的创意热店，也面临着扩大规模还是保持小而精的选择。变，终将是互

联网终的常态，从传统行业转而加入互联网服务，用互联网思维开辟新的发展模式是包括4A公司在内整个广告行业的大势所趋。正如罗易成在访谈中提出的问题，“我现在只是想知道在微信之后，下一步出来的能够和微信抗衡的一个社交的应用软件到底是什么，它也会改变我们的传播”。新事物永远在出现，只是数字化时代让变化的可能性变得更广了。抓住不变的传统，洞察变化的新潮，不断提升自己，那么不管时代怎么变化，我们都可以快速适应。

“4A不会死，也不会等死。面对问题，改造不足，不断加快变革速度，其实任何一家公司都是在这样做的。只不过未来究竟能有多少4A成功转型，还有待观察。”正如一位被访人这样提到的，如果仅仅根据个别声音极端地判定4A公司已死不免武断，固然如今的4A公司与当年的辉煌巅峰相比有所衰落，但它们在壮士断腕的魄力下转型改革，对中国广告行业格局的影响至关重要。

参考文献：

［1］中国广告协会编著：《2016年中国广告市场报告》，中国工商出版社2017年版，第20-21页。

［2］百度百科，https://baike.baidu.com/item/4A%E5%B9%BF%E5%91%8A%E5%85%AC%E5%8F%B8/848971?fr=aladdin。

［3］中国4A官网，http://www.china4a.org/index。

［4］中国广告协会编著：《2016年中国广告市场报告》，中国工商出版社2017年版，第113页。

［5］郝俊慧：《2016年政府工作报告解读》，载http://www.sohu.com/a/63228013_110683。

［6］刘佳佳：《#Beone，只是“奥美红旗帜飘扬”战略的一小部分》，载http://www.sohu.com/a/165040737_174744。

［7］智高气阳：《4A的衰落，是“乙方思维”的衰落》，载http://www.3023.com/3/LWXtd96s.html。

［8］戴尔蒙西：《4A广告——商业模式OUT了》，载http://www.managershare.com/post/117271。

［9］奥美官方微博，https://weibo.com/1685350281/FgUsqmGeW?type=comment#_rnd1511852553967。

［10］韩奕：《4A转型的四大节点》，载http://blog.sina.com.cn/s/blog_4c4760a90100ymbh.html。

媒体融合环境下《第一财经周刊》的数字化转型研究*

吴宇飞　华宇虹**

[摘　要] 传统期刊的数字化发展，是在新媒体的冲击和“互联网+”背景下的一种新的传播方式和发展路径，突破了传统期刊原有的发展瓶颈。本文基于对媒介融合发展和传媒产业融合趋势的共识，以《第一财经周刊》这一典型对象为例进行深入研究，以探索传统期刊的发展新路径。

[关键词] “互联网+”；媒介融合；期刊转型

引言

随着数字技术和信息技术的发展，媒体融合发展已成共识，传统媒体与数字新媒体的融合趋势势不可当。在这样的大背景下，作为我国传统媒介重要代表的期刊行业需要通过变革，大胆探索创新才能向前不断发展。传统期刊与新媒体融合的过程，也是与互联网融合的过程，这其中两者产生的开放、协同、交互等多元化的传播方式，有助于期刊本身在目前激烈的传媒竞争中实现优胜劣汰，为实现人们的幸福生活提供精神、知识支撑，并最终推动传统期刊行业的发展进步。

《第一财经周刊》于2008年2月25日由上海东方传媒集团有限公司

---

* 本文系北京市社会科学基金研究基地项目《我国传统新闻出版企业与数字新媒体融合发展路径研究》的阶段性成果。

** 吴宇飞，北京印刷学院经济管理学院在读研究生，研究方向：会计制度与会计实务；华宇虹，北京印刷学院经济管理学院教授，硕士生导师，现任北京印刷学院财务会计系主任，研究方向：公司理财和产业研究。

（SMG）的子公司第一财经创刊发行。上海东方传媒集团是由上海广播电视台发起出资并设立的一家台属、台控、台管的控股企业集团公司。其核心业务是传媒产业，同时集报刊发行、网络媒体等相关业务于一体，是国内唯一一家集广播、电视、日报、网站、杂志于一体的中国专业财经媒体公司。其旗下的财经板块，创办于2003年，提供财经新闻和信息服务，拥有电视、广播、日报、杂志、网站等业务。第一财经是我国目前最具影响力的专业财经资讯供应商之一，一直以为读者提供崭新而富有价值的商业新闻服务为特色，并致力于将自己打造成为全球最具影响力的财经资讯平台。本文将以《第一财经周刊》的数字化转型为分析对象，探索研究《第一财经周刊》的数字化发展历程和数字新媒体融合创新路径，以期获得经验和启示。

一、《第一财经周刊》与数字新媒体融合的动因

数字新媒体在阅读体验、便利性等方面对传统媒体造成倾轧，作为一家传统期刊企业，《第一财经周刊》必须与之融合求变。

1. 期刊受众阅读习惯和阅读需要的改变

随着科技进步，时代变迁，公众接受信息的方式也在发生变化。读者阅读习惯的改变已是不争的现实，人们的注意力逐渐向移动阅读、碎片化阅读、个性化阅读方向发展，纸质媒介的单一形态决定了其所承载的内容以及表达形式，与当下受众多元化、生动化的表达需求无法匹配。同时，传统期刊刻板的印刷风格，也在数字新媒体的有声、立体、影像世界中黯然失色。

2. 媒介间的边界日益模糊

纸质媒介的形态决定了其所承载的内容和表达形式无法适应媒体环境的变化。互联网新媒体拥有的无限扩展的存储空间，使其不拘泥于一本杂志的空间。新媒体环境下，数字技术使媒介间的边界日益模糊，其他形态的媒介及其承载的内容，都变成了可以共享传输的数据。新媒体突破了时间、空间的束缚，为信息的传播、保存提供了更多选择。这些都是媒介融合的可能性和基础，也是媒体融合的方向。

3. 数字媒体在功能、容量等方面优势明显

移动智能手机的普及最大程度地为受众和消费者带来了便利。无论在获得、携带还是功能阅读方面，传统纸媒都无法与数字媒体产品媲美：互

联网渠道的售卖使数字产品唾手可得；智能手机易于携带，且在手机内存足够的情况下，可同时安装多个期刊客户端应用；在反馈交流机制上，数字新媒体的应用客户端上所附带的社交评论、交互式阅读等阅读方式，也使阅读效率和阅读体验得到优化。根据“摩尔定律”所示，当一个内容呈现的产品所附带的技术因素越多，它使信息的传播维度也越细致，性能越完备，受众除了有更良好的体验外，心理上所感知的商品附加值也越大，当处于同一售卖价格时，受众必然会抛弃单一而选择多元化的内容产品，这也正是纸质期刊与数字媒体期刊的区别。

二、《第一财经周刊》的数字化发展历程

《第一财经周刊》的数字化发展经历了以下三个发展阶段（见图1）。

图1 《第一财经周刊》数字化发展历程

1. 官网的建设

如图1所示，随着互联网的快速发展及普及，第一财经传媒迅速做出反应，于2007年10月为《第一财经周刊》注册了官方网站域名，这也是这本一直以传统方式发行的财经期刊向数字化迈进的第一步。《第一财经周刊》虽创刊较其他主流财经期刊更晚一些，但是数字化进程并不慢，其开设的第一财经周刊网站因其独到的、有深度的、有态度的原创商业新闻和深度解读等内容获得了互联网用户的青睐，点击率很高，表现十分抢眼。正是在这一时期，《第一财经周刊》背后的第一财经传媒完成了集日报、电视、广播、期刊、网站的多媒体平台布局，为《第一财经周刊》打下了坚实的基础。

2. 手机、iPad双端应用

随着移动互联技术和移动智能终端的发展，在PC用户增长趋于平稳放缓的大趋势下，手机、平板电脑等移动智能终端的用户数量在急剧增加。2011年，《第一财经周刊》顺势推出了手机和iPad的双端APP应用。其中，其iPad版应用成为苹果商店最畅销中文电子杂志，一经推出下载量就高达

350 万次。布局 APP 客户端，一方面，能够融合媒体资源，开拓传播渠道与提升媒体影响力；另一方面，也在迅速抢占移动阅读市场份额，为数字化转型做好准备。同时，通过软件向订阅用户进行推送，可以方便用户更好地利用碎片化的时间进行阅读，也增加了受众人群，提升了资讯的时效性。

3. 微博账号和微信公众号的开设

随着以微博、微信为代表的社交平台的快速崛起，把微博和微信作为获取资讯的重要渠道的用户越来越多，加之自媒体对传统媒体的蚕食进一步加大，为遏制这一趋势的发展，《第一财经周刊》开设了微博账号和微信公众号。目前以微博中最具代表性的新浪微博为例，《第一财经周刊》的粉丝为 354 万人。通过这样的社交平台，《第一财经周刊》提升了与用户的黏性和交互性，同时也为自身传播提供了多种渠道。

三、《第一财经周刊》与数字新媒体融合创新路径

《第一财经周刊》与数字新媒体融合创新的路径如图 2 所示。

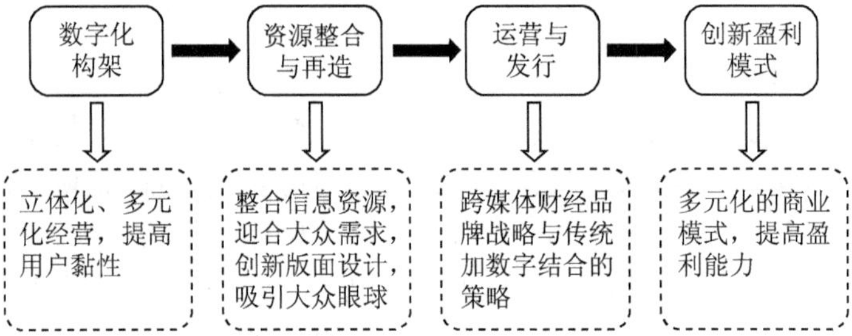

图 2 《第一财经周刊》的数字化创新路径

1.《第一财经周刊》品牌的数字化构架

相比其他财经类期刊，《第一财经周刊》背靠资本实力雄厚的上海东方传媒集团，在资本运营方面拥有得天独厚的优势，因此《第一财经周刊》在立体化经营模式转型上得以顺利开展，实现跨媒体形态的经营，从原本单一的平面纸媒发展成为期刊、门户网站、智能手机、平板电脑等不同媒介形态组成的立体化、多元化的资源配置共享和使用的数字化架构。《第一财经周刊》品牌的数字化发展是在原有的平面纸媒期刊品牌的基础上，依托上海东方传媒集团的资源优势，以数字新媒体为发展方向，衍生出新

的品牌产品，并不断提高用户的数量和受众读者黏性。即从三个角度：第一，平面纸媒的角度；第二，网站平台的角度；第三，手机等智能联网设备的角度。构建立体化多选择的综合系统产品形态构架，不但实现了对资源的充分利用及合理配置，同时还使《第一财经周刊》的品牌价值得到大大提升，增强了企业的竞争实力。

2. 内容资源整合利用与再造生产流程

在数字化发展之前，《第一财经周刊》品牌对拥有的信息资源，在传统的选稿审稿和文字修饰加工后，除了在《第一财经周刊》上使用外，似乎别无用途，由于传统平面期刊受到版面篇幅的影响，很多超出篇幅的精彩的、丰富的信息资源不能有效利用，造成对优秀宝贵资源的极大浪费。但是在数字化发展后，数字媒体为《第一财经周刊》丰富的财经信息资源打开了一扇数字传播的大门，使其在资源整合利用，多媒介传播和增加品牌内容的丰富性等方面开创了前所未有的新纪元，形成一种内容繁富、渠道多样的信息资源整合成果。

《第一财经周刊》在内容设计上，无论是平面媒体还是数字媒体都秉承着期刊最初的定位，以年轻化、时尚化为主题贯穿始终，最突出的特色是迎合广大受众读者的阅读需求。在数字媒体的版面设计上，其设计风格以简洁舒适为主，以便更好地突出内容。以《第一财经周刊》的 APP 为例，整体页面内容设计简约，界面清爽，高度重视用户的视觉体验，每期周刊的封面也都是创意十足，勾起了读者阅读的兴趣。界面设计借鉴了 Monocle 杂志的设计理念，如每页七栏排布、大图、大量留白，空白处增添细小的设计元素，适当的时候添加风趣实用的图表等，这些都减少了传统杂志给读者的视觉压迫，简洁清爽并给人留下精致的印象，更进一步提升了阅读的便捷性。

3. 运营模式与发行策略的创新发展

《第一财经周刊》的核心运营思路是一种典型的跨媒体财经品牌战略。《第一财经周刊》充分依托上海东方传媒集团搭建的电视、广播、报纸以及第一财经网站多渠道的跨媒体平台，将“第一财经”这一独特的品牌价值通过发行网络共享、收视人群共享、人力资源共享以及产业价值链的共享打造出来。通过立体化跨媒体平台的支撑，《第一财经周刊》不但可以全面覆盖国内中高端公司人群，而且在保证最新的财经资讯内容获取的同时，还能提供有特色的原创财经资讯内容，保证了“内容为王”的目的。

此外，通过微博、微信这一“双微”平台作为多媒介的拓展渠道，推广电子版的期刊订阅，实现盈利手段的多样化和效益最大化。

从发行上来看，为了应对新媒体对传统媒体的冲击，《第一财经周刊》采取了传统发行方式加数字化发行方式相结合的策略。《第一财经周刊》在发行渠道方面的全面性比其他同类型的财经期刊更为突出。同时，《第一财经周刊》为每周发行的期刊，为确保内容的及时性，通过发行电子版期刊，在“双微”平台及网站的内容推送等多维方式经营，避免了传统的采、编、印、发行时效滞后的缺点。这对于及时满足读者阅读需求、增强与读者之间的互动性以及降低发行成本都是至关重要的。

4. 盈利模式的创新发展

传统期刊业的主流盈利模式是期刊销售加广告代理收入，即首先生产制作期刊销售给读者，然后将受众群体注意力销售给特定的广告投放商完成“二次售卖”。在这种盈利模式下，传统期刊的收入渠道过于单一，加之不同类型的期刊只针对自己特有的一部分客户群体，期刊售卖的收入极其有限，主要收入渠道则是依靠广告收入。在数字技术不断发展及与新媒体的不断融合的大背景下，作为期刊的内容部分可以为企业带来多层次的产品内容销售，使传统期刊可获得多重收入，从而实现从固定单一的收入渠道向多元多媒介的收入渠道转变。《第一财经周刊》的数字化转型让原本一次性利用的内容资源得到再次利用，将单一的商业模式拓展为多元化的商业模式。这里主要体现在《第一财经周刊》的订阅付费内容。在新媒体业务中，周刊通过网站、iOS 和 Android 等多个平台作为内容载体，借鉴了传统的纸刊理念，将纸刊原本的经典栏目中最精华的部分免费呈现给用户，以更好地吸引读者。当读者被这些原创内容吸引后，可以通过下载 APP 应用的方式付费下载成品化产品，花费远低于购买纸质期刊的价格而获得阅读全部期刊完整内容的权利，而购买方式可以是单期购买，也可以是长期的订阅。随着我国互联网付费模式的发展，期刊的受众群体有能力也愿意对期刊进行订阅。以 iOS 平台为例，在过去八年中，《第一财经周刊》APP 在 Apple Store 的付费杂志排行榜中连续多年稳居前十。电子期刊的内容与纸质期刊的内容几乎一致，发行时间也与纸质期刊同步出版。这种处理模式也是目前应用较为广泛的期刊客户端模式。

此外“第二次销售”的广告收入也是其盈利点。在数字化发展模式下，新媒体促进纸质期刊发行量提高的同时，也促使广告收入呈现出增长趋势。

越来越多的《第一财经周刊》的广告商将其广告投放方式从单一的平面纸质媒体转向有更大受众规模的互联网、移动终端等。通过设置视频广告、内嵌广告、弹出广告等，将内容与广告进行有机结合，通过用户有效地访问和广告精准投递等手段，提高广告的点击率，进一步延伸和扩展杂志广告的版面空间，克服纸质杂志版面的不足。同时，期刊根据不同定制内容的特点有针对性地植入广告内容，实现广告效率的最大化。

四、启示与借鉴

1. 细分市场，精准定位

随着互联网时代信息需求越来越多元化的发展趋势，市场细分成为期刊业数字化发展的基本趋势与要求。而对财经期刊市场进行细分，通过分析受众需求差异，可以实现期刊的精准定位，有利于期刊的差异化发展，避免同质化造成的负面影响。比如，《财经》在发展之初就将品牌定位于高端市场，为商业精英人士提供财经内容。与之相比，《第一财经周刊》将自己的品牌定位于广大的普通公司人群，这一精准定位也让其在竞争激烈的财经期刊市场迅速站稳脚跟。两者根据其需求差异性对市场进行细分，提供差异化的产品服务。而率先发现消费者新的划分依据的企业，将能获得市场先机与巨大利润。

2. 内容建设，奠定基础

无论是平面媒体还是数字媒体，高质量、有特色、有独到视角的内容才是期刊发展的核心与根本。内容建设成为财经期刊品牌发展的重中之重。目前财经期刊发展因其内容同质遭遇到发展瓶颈，而财经期刊要寻求品牌差异化，就需要在产品内容的创新上下一番功夫。首先，在选题方面进行创新。紧扣当今时代发展前沿的选题，是期刊内容吸引读者注意力的保障。其次，在表现形式上创新。将色彩冲撞强烈的原创图片配合文章刊发，吸引受众注意力。随着现代人们生活节奏的加快，人们越来越倾向于碎片化时间阅读，不喜欢阅读长篇大论，反而喜欢三五分钟就可读完的精短文章，再配上生动的图片更能有效刺激人们的阅读神经。伴随“读图时代”的到来，图片符号也成为财经期刊内容不可或缺的一部分。而财经期刊的封面图片是否具有冲击性成为吸引受众注意力的关键，也是期刊销售量的敲门砖。《第一财经周刊》就以其有特色的封面设计赢得广大读者的芳心。把关财经期刊的内容，才能使其在数字化发展的路上走得更远。

3. 优化团队，培养人才

从《第一财经周刊》在移动端应用所呈现出的内容来看，大部分仍是纸质版期刊内容的移植，编辑与读者的互动性不强，读者的参与度不够，并没有从传统框架中走出来。对于财经期刊而言，许多目前仍是传统的编辑部模式，虽然增加了电子版的编辑队伍，但是无论从人员规模还是组织结构来看，都需进一步探索谋求改变，以使自己的采编团队更加适应数字化的发展趋势。

人才培养和建设是传统财经期刊数字化转型的一个重要的前提条件。财经期刊行业的组织机构领导者可以选择通过招聘、外派学习等方式在企业内部培养相应的技术人才。一个财经周刊想要在数字化进程中获得成功，拥有一支核心的、相对稳定的采写编辑内容队伍是至关重要的。适当的人才流动是可以接受的，但是应确保其核心人员的完整性。在数字化浪潮的大背景下，技术人才在拥有专业技能的同时，也要有快速取得、理解、分析、诠释和表达各种信息和想法的能力。因此，企业对技术人才的培养也要关注其人文素养与互动意识，使其也能适应并跟上信息时代种种新的沟通需求。更多突破传统的复合型人才的培养能够最终实现数字一体化的内容采编和信息服务的平台构建，实现网络化传播和多媒体化经营。

参考文献：

［1］刘雨涵：《期刊的 App 数字出版研究》，山东大学 2014 年硕士学位论文。

［2］汪小靖：《〈传媒〉期刊的数字化转型构想》，武汉理工大学 2014 年硕士学位论文。

［3］施磊：《财经类杂志的新闻生产——以〈第一财经周刊〉为例》，复旦大学 2013 年硕士学位论文。

［4］黄健源、黄奎：《〈第一财经周刊〉VS 美国〈商业周刊〉》，载《传媒》2010 年第 5 期。

［5］翟羽茜、安珊珊：《传统杂志的数字化转型与融合发展——以康泰纳仕集团下属杂志为例》，载《新闻世界》2016 年第 2 期。